YINGKE® 盈科

盈科全国业务指导委员会系列丛书

企业数据合规
基础实务与专题指南

盈科律师事务所／编

张　宾／主编

法律出版社 LAW PRESS·CHINA
——北京——

图书在版编目(CIP)数据

企业数据合规：基础实务与专题指南／盈科律师事务所编；张宾主编. -- 北京：法律出版社，2023
ISBN 978-7-5197-7393-9

Ⅰ.①企… Ⅱ.①盈…②张… Ⅲ.①数据管理－科学技术管理法规－研究－中国 Ⅳ.①D922.174

中国版本图书馆CIP数据核字(2022)第238116号

企业数据合规：基础实务与专题指南
QIYE SHUJU HEGUI: JICHU SHIWU YU ZHUANTI ZHINAN

盈科律师事务所　编
张　宾　主编

策划编辑　朱海波
责任编辑　朱海波
装帧设计　汪奇峰　臧晓飞

出版发行　法律出版社	开本　710毫米×1000毫米　1/16
编辑统筹　法律应用出版分社	印张　27.5　　字数　450千
责任校对　邢艳萍	版本　2023年1月第1版
责任印制　刘晓伟	印次　2023年1月第1次印刷
经　　销　新华书店	印刷　三河市兴达印务有限公司

地址：北京市丰台区莲花池西里7号(100073)
网址：www.lawpress.com.cn　　　　　　　　销售电话：010-83938349
投稿邮箱：info@lawpress.com.cn　　　　　　客服电话：010-83938350
举报盗版邮箱：jbwq@lawpress.com.cn　　　　咨询电话：010-63939796
版权所有·侵权必究

书号：ISBN 978-7-5197-7393-9　　　　　　　定价：98.00元

凡购买本社图书，如有印装错误，我社负责退换。电话：010-83938349

盈科全国业务指导委员会系列丛书编委会

总 主 编　李　华

出版统筹　郭　琪　丁　萌　张思媛　张静彤

本书编委会

主　编　张　宾

编委会成员

郭卫红　张　良　邓　燕　王秋杨　王　阳　邵永飞
鲁　蕊　马福忠　李江明　孟　雅　陶海洋　王　鹤
吴兴哲　陈建彬　周文颖　姜斯勇

序 言 一

非常高兴收到张宾律师邀请,为他的新书《企业数据合规:基础实务与专题指南》作序。本书是一本关于数据安全、个人信息保护方面的实务类、工具类书籍。

人类社会大致经历了农耕时代,以蒸汽机为代表的第一次工业革命时代,以内燃机、电力为代表的第二次工业革命时代,以计算机、互联网为代表的第三次信息革命时代。按照行业的理解和认识,我们目前身处互联网的下半场,或者称为 Web 3.0 时代。Web 3.0 时代最大的特点是过去的人与人之间的互联,会进一步发展为人与物的互联、物与物的互联,主要涉及的技术有物联网、大数据、人工智能、区块链等,人类也将进入数字经济时代。在数字经济时代,数据作为一种新的生产要素已经提升到了和土地、资本、人力等并驾齐驱的基础地位。同样地,在数字经济时代,网络安全、数据安全、个人信息的保护越来越受到全社会的关注。

华中科技大学法学院也十分重视这些高新技术在法学领域的实践和应用,依托华中科技大学强大的理、工、医科背景,近年来开展了法律与高科技相关学科的交叉研究并取得了丰硕成果。2019 年 9 月,华中科技大学法学院与清华大学法学院、上海交通大学凯原法学院、东南大学法学院、四川大学法学院、西南政法大学人工智能法学院共同发起成立中国计算法学发展联盟,积极推进人工智能法学学科建设与学术研究。2020 年,华中科技大学法学院还与该校人工智能与自动化学院、信息中心、计算机学院以及湖北省高级人民法院合作,设立了湖北司法大数据研究中心,建设司法大数据库、"线上+线下"审判实践基地、实验中心,开发虚拟仿真法学课程。作为中国计算法学发展联盟发起单位之一和湖北司法大数据研究基地所在单位,华中科技大学法学院创设了人工智能法律硕士研究生专业方向,努力打造互联网、大数据、云计算和人工智能时代复合型应用型计算法学人才培养高端教育平台。

张宾律师，毕业于华中科技大学光学与电子信息学院，获得工学硕士学位。毕业后在国家知识产权局工作多年，其间又在职攻读了中国政法大学民商法方向的研究生，后从事律师工作。可以说，他的工科、法学双重教育背景和多年知识产权行政执法机构工作的经历，对从事科技、知识产权相关的法律实务工作是大有裨益的。随着时代的进步，新的技术、新的热点不断出现，不可避免会出现跨学科、跨行业的法律问题和纠纷。在发展数字经济的大趋势下，数据安全的问题就是典型的跨学科、跨行业的问题，在此情况下，强化数据治理、保障数据安全，是促进数字经济持续健康发展的客观需要和基础保障。

在数字经济时代，数字经济核心产业占整个国民经济的比重越来越高，随着数字技术对整个社会方方面面的渗透，数据安全的风险也在扩散和叠加，数据安全面临越来越复杂的网络环境，技术的迭代升级速度越来越快，相应的应用场景越来越多，对立法、司法、执法都带来了新的挑战。近年来，《网络安全法》《数据安全法》《个人信息保护法》等相关法律法规和司法解释的密集出台，正是从法律层面对加强数据安全、保护个人信息呼声的有力回应。

张宾律师等作者，均是在网络安全数据合规领域深耕多年的专家，作为法律实务一线的从业人员，敏锐且前瞻性地认识到，数据保护、数据合规领域的若干问题，如数据的合理利用和数据保护如何寻求平衡，数据本身的无形性、开放性、易流动性所带来的现实保护难度，数据的权属问题，数据保护、流转、交易等各环节的具体规制，人脸识别技术应用的场景，网络爬虫的边界，算法治理等，这些问题对于行业相关企业来说，既是现实存在的，也是迫切需要厘清和规制的。

本书作为数据安全、个人信息保护方面的工具类、实务类书籍，凝聚了作者的理论研究和实务经验。本书贵在系统全面地搭建了数据安全法律实务领域的框架。基础篇介绍了数据安全领域的法律法规体系，从法律、行政法规、司法解释、部门规章、标准等多层级、多维度对整个法律体系进行了梳理，同时针对重要的法律规范进行了解读和分析，能够让相关行业人员快速了解整个法律框架体系；实务指引篇基本涵盖了数据处理的实务操作层面的各个环节；专题篇就目前的热点问题一一进行了理论和实务方面的探讨和研究，包括网络爬虫、人脸识别、数据交易、公共数据，以及涉及数据和计算机系统的刑事问题，同时，针对金融行业、交通行业的数据合规实务单独展开了讨论和研究。

本书系统而全面的法律规范的梳理,有针对性的实务指引环节的具体操作,若干专题深入浅出的研究和案例分析,相信无论是对相关企业,还是对企业的高级管理人员、法律合规从业者以及律师同行等,都会有所裨益。本书也可以供政法院系的师生作为数据安全、个人信息保护实务方面的专业参考读物。

法律是实践的学科,律师是专业的职业,从事律师工作需要的不仅是对法律的热爱,也需要久久为功的专注和持续投入,祝愿张宾律师在职业道路上继续秉持开放的心态,不断学习新的知识,积累实务经验,时刻保持自己的专业优势,未来在实务和理论上,有新的成就和建树!

是为序!

汪习根

教育部长江学者特聘教授、华中科技大学法学院院长

2022年9月8日

序 言 二

金秋时分，正是硕果累累的收获季节，欣闻张宾律师的新作《企业数据合规：基础实务与专题指南》即将出版，我感到由衷地高兴，并向他表示祝贺。

党的十八大以来，习近平总书记站在统筹中华民族伟大复兴战略全局和世界百年未有之大变局的高度，围绕"发展数据经济"这个重大课题，提出了一系列新思想新战略，为我国数字经济发展指明了方向。当今世界，新一轮科技革命和产业变革加速推进，以人工智能、大数据、云计算、区块链、5G、物联网、量子信息、虚拟现实等为代表的新一代信息技术广泛应用，以及算法的不断改善，驱动了全球互联网的蓬勃发展以及数据的大爆发。

数字经济是未来发展的重要方向，其健康发展有利于推动构筑国家竞争新优势。可以预见，未来数字技术与人类生产交汇融合，不断催生新产业新业态，加工和存储的数据仍将继续扩展，涵盖交通、零售、工业、教育、卫生、政务等社会经济各个领域。数据已成为社会经济发展新的驱动力，并将重新定义大国博弈的空间。未来国家层面的竞争力将部分体现为一国拥有数据的规模、活性以及解释、运用的能力。

我国的网络安全、数据安全经历了几年的摸索正在走向成熟，形成了从顶层设计到配套政策落地实施在内的相对完整的规划体系。2015年，全国人大常委会审议通过新《国家安全法》并实施，替代1993年的《国家安全法》。2015年《国家安全法》强调"总体国家安全观"，国家安全的概念从传统的主权、国土以及政权安全延伸至非传统领域的经济安全、科技安全、信息安全、网络安全、文化安全等。配套法规建设方面，形成了以《国家安全法》为总纲，《网络安全法》、《数据安全法》和《个人信息保护法》三部法律（"三驾马车"）为基础的法律监管体系，并以一些部门规章以及政策性文件等作为补充。在这样的背景下，张宾律师结合其团队近几年的理论研究和实务经验总结而撰写的这部书可以说恰逢其时。

  我和张宾律师认识多年，亦师亦友，作为他的长辈和朋友，见证了他在实务工作中的诸多努力和辛勤耕耘，其业务也从知识产权、科技企业的投资并购延伸至数据安全、区块链等前沿领域，在这些领域办理了大量诉讼和非诉案件，并且撰写了不少的专业文章、开展法律讲座、发表演讲。我们知道，律师的工作是忙碌的，也是辛苦的，能在忙碌的工作之余还坚持理论研究、著书立说，需要的是对所从事行业的真爱和热忱。希望他继续保持这样的专注度，在专业领域久久为功、水滴石穿，取得更大的成绩。

  是为序！

张洪伟
新华社技术局
2022年9月

序 言 三

恭喜张宾律师的新作《企业数据合规：基础实务与专题指南》一书即将付梓，可喜可贺！

盈科律师事务所是一家全球化法律服务机构，总部位于北京，目前在中国区拥有107家分所，盈科全球法律服务网络覆盖法国、德国、英国等89个国家的158个城市。在盈科的平台上涌现了一批优秀的专业律师，他们深耕某些法律服务领域，孜孜追求，张宾律师是其中专业律师的优秀代表。张宾律师曾在国家知识产权局系统工作多年，从事律师工作以后，一直专注于TMT、科技互联网行业，为行业有关单位提供知识产权、股权投融资、网络数据等综合的企业法律服务。律师执业以来，为众多大型企事业单位提供过法律服务，作为法律专家受邀为北京市贸促会、北京市电子商务协会、航天科工集团等开展过法律讲座，致力于打造中国专业的、有影响力的TMT科技网络法律师团队。

2021年，中国网络安全数据合规领域进入监管新时代，9月《数据安全法》生效实施，11月《个人信息保护法》生效实施，与之前已经生效的《网络安全法》共同构筑了我国网络安全数据合规法律层面的"三驾马车"。立法的相继出台，也意味着执法的日趋严格，企业在面对各行政部门监管的同时，还面临行业的监管。为帮助企业更好应对日益严格的监管，盈科于2021年8月成立了全国网络数据安全合规中心，旨在帮助企业在业务发展和法律监管之间寻求合规的平衡，为客户建立全球化、可落地的数据安全治理体系，并在此基础上提供个人信息安全影响评估、个人信息保护合规审计、数据出境安全评估、网络安全审查申报以及涉网络类法律纠纷案件处理等专项法律服务。张宾律师参与了全国网络数据安全合规中心的创办，并担任首届"全国网络数据合规论坛"主持人，"数据合规沙龙"发起人等，现担任该中心副主任一职。本书也是盈科全国网络数据安全合规中心成立后出版的第一部专业法律书籍。

本书历时一年多，经过前后多次修订、完善后最终成稿。参与本书创作的作者，都是深耕网络安全数据合规领域多年的专家，编委会成员中，既有对数据合规行业有深入研究、有丰富行业背景的专业律师，也有行业的相关技术人员，既有理论高度也是对众多实务项目经验的总结。

本书内容翔实、逻辑严密、体系完备，分为基础篇、实务指引篇、专题篇三大部分。基础篇对数据合规现有法律体系进行了系统梳理，对《数据安全法》《个人信息保护法》进行了重点解读；实务指引篇则围绕数据处理的各环节，涵盖了企业数据资产盘点、数据分类分级，以及数据处理的各环节等，为企业开展数据合规业务提供了方向和指引；专题篇分析了目前实务中出现问题较多的数据爬虫、人脸识别等数据应用场景以及算法治理等社会热点，并且分行业对金融行业、汽车行业等数据处理量巨大且监管相对集中的行业、相关企业应如何合法合规处理数据提供了思路和建议。

总体来说，本书较为详细地梳理了现有数据方面的法律规范，为相关企业合规处理数据提供了全面的指引。期待张宾律师团队以本书的出版作为新的契机，为国内企业在网络安全、数据合规领域保驾护航，为中国的网络安全、数据合规事业，作出新的努力和贡献！

梅向荣

盈科律师事务所全球董事会主任

2022 年 9 月 19 日

目 录
CONTENTS

第一篇 Part 1 基础篇

第一章 企业数据合规概述 / 003
第一节 前言 / 003
　一、Web3.0 与数据 / 003
　二、信息时代数据保护大环境 / 004
　三、企业面对数据安全问题的挑战 / 005
第二节 企业数据合规的内涵 / 006
　一、企业开展数据合规的重要性 / 006
　二、企业数据合规法律实务关注要点 / 006
　三、企业数据合规实务内容 / 008

第二章 数据保护相关法律体系 / 012
第一节 数据合规法律体系框架 / 012
第二节 法律 / 017
　一、前言 / 017
　二、《民法典》中涉及数据和个人信息的条款 / 017
　三、《刑法》中涉及数据和个人信息的罪名 / 019
　四、《网络安全法》中涉及数据和个人信息的条款 / 022
　五、《电子商务法》中涉及数据和个人信息的条款 / 025
　六、《消费者权益保护法》中涉及数据和个人信息的条款 / 027
第三节 行政法规 / 027
　一、《关键信息基础设施安全保护条例》/ 028
　二、《征信业管理条例》/ 029

第四节　司法解释 / 030
　　一、《关于审理使用人脸识别技术处理个人信息相关民事案件适用法律若干问题的规定》/ 030
　　二、《关于审理利用信息网络侵害人身权益民事纠纷案件适用法律若干问题的规定》/ 030
第五节　部门规章及规范性文件 / 031
　　一、《网络安全审查办法》/ 031
　　二、《数据安全管理办法》(征求意见稿) / 032
第六节　地方性法规及规范性文件 / 032
　　一、《深圳经济特区数据条例》/ 032
　　二、《上海市数据条例》/ 033
第七节　标准 / 033
　　一、《个人信息安全规范》的出台背景 / 034
　　二、重要内容 / 034

第三章 《数据安全法》 / 036

第一节　立法目的、适用范围、重要概念 / 036
　　一、立法目的 / 036
　　二、适用范围 / 037
　　三、重要概念 / 038
第二节　监管体系、数据安全管制 / 039
　　一、监督管理体系 / 039
　　二、数据安全管制 / 042
第三节　数据分类分级及安全保护义务 / 045
　　一、数据分类分级 / 045
　　二、数据安全保护义务 / 046
第四节　数据存储与出境、执法及司法配合义务、报批义务、数据交易 / 048
　　一、数据本地化存储与出境 / 048
　　二、执法、司法活动中数据处理者的配合义务 / 048
　　三、向外国司法或者执法机构提供数据的报批义务 / 049
　　四、数据交易 / 050

第四章 《个人信息保护法》/ 051

第一节 立法目的、适用范围及重要概念 / 051
一、立法目的 / 051
二、适用范围 / 052

第二节 个人信息处理的基本原则 / 053
一、合法、正当、必要、诚信原则 / 053
二、目的明确和最小必要原则 / 053
三、公开透明原则 / 054
四、质量及安全保障原则 / 054

第三节 个人信息处理的具体规则 / 054
一、个人信息处理具体规则的一般规定 / 055
二、敏感个人信息的处理规则 / 062
三、国家机关处理个人信息的特别规定 / 064

第四节 个人信息处理活动中个人的九大权利 / 065
一、知情权 / 065
二、决定权 / 067
三、查阅权、复制权、可携带权 / 068
四、更正权、补正权 / 069
五、删除权 / 069
六、要求解释、说明权 / 070

第五节 个人信息处理者的义务 / 070
一、个人信息处理者的安全管理要求 / 070
二、人员设置要求 / 071
三、合规审计义务 / 072
四、个人信息保护影响评估制度 / 072
五、发生安全事件时处理者采取补救措施和通知的义务 / 073
六、大型互联网平台的个人信息保护义务 / 074
七、受托人的个人信息保护义务 / 075

第六节 监督管理体系 / 076
一、关于顶层设计条款的说明 / 077
二、各监管部门具体分工 / 077
三、监管部门的监管职责及监管手段 / 078
四、投诉举报反馈通道 / 079

第二篇 Part 2 实务指引篇

第五章 数据资产盘点 / 083

第一节 数据资产盘点的相关概念和定义 / 083
一、数据资产、数据资产管理及数据治理 / 083
二、数据资产盘点 / 085

第二节 数据资产盘点原则和步骤 / 086
一、盘点原则 / 086
二、数据资产盘点八大步骤 / 087

第六章 数据分类分级制度 / 091

第一节 数据分类分级制度概述 / 091
一、数据分类分级制度的主要规定及重点解析 / 091
二、数据分类分级的含义及其意义 / 092
三、数据分类分级原则 / 093
四、《数据安全法》体现了我国数据分类分级实施路径的思路转变 / 094

第二节 数据分类分级框架 / 095
一、数据分类框架 / 095
二、数据分级框架 / 097

第三节 数据分类方法 / 097
一、数据分类流程 / 097
二、个人信息识别与分类 / 099
三、公共数据识别与分类 / 100
四、公共传播信息识别与分类 / 101

第四节 数据分级方法 / 101
一、数据分级要素 / 101
二、基本分级规则 / 103
三、一般数据分级规则 / 104
四、定级方法 / 105

第五节 数据分类分级实施流程 / 113
第六节 个人金融信息分级示例 / 115
　　一、《个人金融信息保护技术规范》对个人金融信息的分级 / 115
　　二、个人金融信息安全级别对应关系 / 116

第七章 | 重要数据保护制度 / 117

第一节 重要数据概述 / 117
　　一、重要数据概念的提出与发展 / 117
　　二、重要数据的定义 / 119
　　三、重要数据识别的基本原则 / 121
　　四、重要数据的识别 / 121
　　五、相关法律责任 / 123
第二节 重要数据处理者的安全保护义务 / 124
第三节 重要数据处理者组织机构的设置 / 126
　　一、相关规定 / 126
　　二、相关分析 / 127
第四节 重要数据风险评估制度 / 128
　　一、相关规定 / 128
　　二、相关分析 / 129
　　三、重要数据安全风险评估方法 / 130

第八章 | 数据的收集 / 131

第一节 数据处理原则总结 / 131
第二节 数据收集相关法律规定 / 132
第三节 数据收集技术介绍 / 133
第四节 数据收集具体场景问题解析 / 134
　　一、能源行业数据收集具体场景——以某省能源局能源管理中心平台为例 / 134
　　二、保险行业数据收集具体场景 / 136

第九章 | 数据的存储 / 141

第一节 数据存储的合规要点 / 141

　　　　　一、境内存储 / 141

　　　　　二、存储期限 / 143

　　　　　三、个人信息存储的要求 / 144

　　第二节　数据存储合规建议 / 145

　　　　　一、充分披露 / 145

　　　　　二、制定合格的隐私政策 / 146

　　　　　三、采取有效加密和去标识化、匿名化 / 146

　　　　　四、实施有效的控制措施 / 146

　　　　　五、保留完整的审计日志 / 147

　　　　　六、保留完整且客观的时间表 / 147

　　　　　七、违规通知 / 147

　　第三节　数据存储安全实践 / 148

　　　　　一、对数据安全的威胁 / 148

　　　　　二、数据存储安全原则 / 149

　　　　　三、如何保护数据存储资产 / 149

　　　　　四、数据存储安全控制措施 / 149

　　第四节　关于云存储 / 151

　　　　　一、云存储服务水平协议的重要性 / 151

　　　　　二、多个云备份数据的合规性 / 153

第十章　数据传输及跨境 / 157

　　第一节　数据传输及跨境的法律体系及应用场景 / 157

　　　　　一、数据跨境的法律体系 / 158

　　　　　二、数据跨境的应用场景 / 160

　　第二节　数据跨境的分类及不同分类项下的跨境合规要求 / 161

　　　　　一、数据跨境的分类 / 161

　　　　　二、不能自由出境的数据的不同合规要求 / 162

　　第三节　数据跨境特殊行业概述 / 168

　　　　　一、医疗行业 / 168

　　　　　二、汽车行业 / 169

　　　　　三、金融行业 / 170

　　第四节　我国数据跨境的试点建设 / 170

　　第五节　全球数据跨境规范概述 / 171

　　　　　一、欧盟 / 171
　　　　　二、日本 / 172
　　　　　三、美国 / 173
　　　　　四、俄罗斯 / 173
　　　　　五、新加坡 / 174
　　　　　六、印度 / 174
　　　　　七、部分国际组织 / 175
　　第六节　企业数据跨境传输挑战和应对 / 176
　　　　　一、哪些企业将会面对挑战 / 176
　　　　　二、企业数据跨境传输将会面对哪些挑战 / 176
　　　　　三、企业数据跨境传输如何应对 / 177

第十一章　数据的访问、导出、复制、加工及对外提供 / 180
　　第一节　数据的访问 / 180
　　　　　一、法律规范 / 180
　　　　　二、合规指引 / 181
　　第二节　数据导出、复制、加工 / 183
　　　　　一、法律规范 / 183
　　　　　二、合规指引 / 184
　　第三节　数据对外提供 / 186
　　　　　一、法律规范 / 186
　　　　　二、合规指引 / 187

第十二章　儿童个人信息保护 / 192
　　第一节　相关法律概念 / 192
　　　　　一、个人信息 / 192
　　　　　二、敏感个人信息 / 193
　　　　　三、儿童个人信息 / 194
　　第二节　《儿童个人信息网络保护规定》亮点解读 / 195
　　　　　一、监护人同意制度 / 195
　　　　　二、网络运营者特殊保护义务 / 196
　　　　　三、明确信息主体享有的各项权能 / 196
　　第三节　儿童个人信息处理的合规指引 / 198

一、处理原则 / 198
二、收集 / 198
三、存储 / 198
四、使用 / 199
五、传输 / 199
六、删除 / 199
七、其他注意事项 / 199

第三篇 Part 3 专题篇

第十三章 人脸识别场景数据合规 / 203

第一节 人脸识别技术与人脸信息 / 204
一、人脸识别技术的内涵 / 204
二、人脸信息的内涵及特征 / 205

第二节 人脸识别技术运用的主要场景 / 206

第三节 人脸识别技术商用场景的法律风险研判 / 208
一、民事责任 / 208
二、行政责任 / 209
三、刑事责任 / 213

第四节 对于人脸识别商用场景的合规建议 / 215
一、密切关注行业立法与监管态势 / 215
二、信息收集环节之关键——获得用户的单独同意 / 216
三、信息存储环节之关键——采用安全措施存储 / 216
四、信息使用环节之关键——主动删除规则 / 217
五、依法进行个人信息保护影响评估 / 217
六、全面建设数据安全合规体系 / 217

第十四章 "网络爬虫"的合规研究 / 219

第一节 网络爬虫及相关概念 / 219
一、网络爬虫 / 219
二、Robots / 219

三、互联网搜索引擎服务自律公约 / 220
第二节 网络爬虫出现的背景及影响 / 220
　　一、商业背景 / 220
　　二、技术背景 / 221
　　三、网络爬虫的影响 / 221
第三节 爬虫问题的法律分析 / 222
　　一、法律法规依据 / 222
　　二、爬虫引发的纠纷 / 225
第四节 合规指引 / 236
　　一、收集数据方 / 236
　　二、被爬取数据方 / 236
　　三、企业被诉不正当竞争的应诉思路 / 236

第十五章 | 算法治理及自动化决策 / 238
第一节 算法治理的相关概念 / 239
　　一、大数据杀熟 / 239
　　二、信息茧房 / 242
　　三、应用算法推荐技术 / 242
　　四、自动化决策 / 243
　　五、用户画像 / 243
　　六、个性化推荐或者定向推送 / 243
第二节 自动化决策 / 244
　　一、自动化决策的法律特征及其法律风险 / 244
　　二、《个人信息保护法》关于"自动化决策"的相关规定 / 245
　　三、利用个人信息进行自动化决策应遵循透明度原则 / 245
　　四、利用个人信息进行自动化决策应遵循公平合理原则 / 247
　　五、为个人提供不针对个人特征的选项或者为个人提供便捷的拒绝方式 / 248
　　六、个人用户享有的请求说明权和拒绝权 / 250
　　七、自动化决策具体应用分析 / 252
　　八、进行自动化决策的个人信息处理者具体合规操作 / 256
第三节 算法推荐技术 / 257
　　一、《算法规定》的适用范围及规制对象 / 257

二、算法推荐服务的监管 / 259

三、对算法推荐服务提供者实施分级分类管理 / 260

四、算法推荐服务应遵循公开透明原则，以保障用户知情权、选择权 / 261

第四节　企业算法治理的合规性建议 / 262

一、关注数据来源合法合规 / 263

二、评估将数据用于自动化决策、用户画像、个性化推荐的必要性 / 263

三、事前进行个人信息安全影响评估并留存相关记录 / 264

四、制定相关规则制度，将合规要求纳入产品设计环节 / 264

五、建立畅通权利响应渠道，并确保能够响应权利请求 / 264

第十六章 | 数据合规中的刑事合规 / 265

第一节　刑事合规司法实践 / 265

一、刑事合规概述 / 265

二、我国企业合规刑事抗辩第一案 / 266

三、我国刑事合规制度的发展 / 267

四、企业合规在刑事案件处理中的几种结果 / 269

五、我国刑事合规激励机制的发展方向 / 271

六、刑事合规适用的罪名范围 / 272

七、涉企犯罪适用刑事合规激励机制的条件 / 272

第二节　适用刑事合规激励机制的程序 / 273

一、人民检察院主动提出或应企业、个人申请而适用刑事合规 / 274

二、企业出具《企业合规承诺书》/ 274

三、由第三方组织介入开展调查、评估、监督 / 274

四、企业出具整改方案或计划 / 274

五、第三方组织审查合规计划 / 275

六、企业根据整改方案自行整改 / 275

七、第三方组织进行检查、评估、考核 / 275

八、人民检察院召开公开听证会 / 275

九、对涉案企业作出从宽处理决定 / 275

第三节　数据处理中的刑事法律风险 / 276

一、通过计算机信息系统处理数据的刑事风险 / 276

二、数据收集、使用中的刑事风险 / 276
　　三、未尽数据保护义务的刑事风险 / 276
第四节　数据相关罪名解析 / 277
　　一、非法获取计算机信息系统数据罪 / 277
　　二、侵犯公民个人信息罪 / 283
　　三、拒不履行信息网络安全管理义务罪 / 286

第十七章 | 数据要素交易 / 293

第一节　数据要素交易发展现状 / 294
　　一、国外数据要素交易情况及特点 / 294
　　二、国内数据要素交易的发展历程 / 296
　　三、国内的数据要素交易模式及特征 / 297
　　四、国内数据要素市场交易存在的问题及挑战 / 302
第二节　数据要素交易主要内容 / 303
　　一、数据交易基础——数据资产 / 303
　　二、数据资产估值和定价 / 306
　　三、数据定价模式探索 / 307
　　四、数据确权 / 308
　　五、数据要素交易的商品形态 / 312
第三节　数据要素交易主体及流程 / 313
　　一、数据要素交易的相关主体 / 313
　　二、数据要素交易流程 / 315
第四节　数据要素交易的合规 / 318
　　一、数据产品合规 / 319
　　二、交易主体合规 / 320
　　三、交易过程合规 / 321

第十八章 | 公共数据 / 322

第一节　认识公共数据 / 322
　　一、公共数据定义 / 322
　　二、公共数据范围 / 323
　　三、公共数据权责 / 324
第二节　公共数据流通 / 326

　　　　一、公共数据共享 / 327

　　　　二、公共数据开放 / 329

　　　　三、公共数据开发利用 / 335

　　第三节　公共数据安全及合规 / 340

　　　　一、公共数据安全及合规政策 / 340

　　　　二、公共数据安全及合规技术 / 343

　　　　三、公共数据安全及合规建议 / 344

第十九章 | 汽车行业数据合规 / 349

　　第一节　汽车行业数据合规监管框架 / 349

　　　　一、国家产业政策与行业发展战略 / 350

　　　　二、法律 / 350

　　　　三、行政法规 / 351

　　　　四、部门规章与规范性文件 / 351

　　　　五、地方性法规与规范性文件 / 351

　　　　六、国家与行业标准 / 352

　　第二节　汽车行业数据合规的重要概念 / 352

　　　　一、汽车 / 353

　　　　二、汽车数据 / 354

　　　　三、汽车数据处理和汽车数据处理者 / 359

　　第三节　汽车数据处理的原则 / 360

　　　　一、合法、正当、最小必要和等级保护原则 / 360

　　　　二、"车内处理"原则，除非确有必要企业不得向车外提供 / 362

　　　　三、默认不收集原则，除非驾驶人自主设定，每次驾驶时默认设定为不收集状态 / 364

　　　　四、精度范围适用原则，根据所提供功能服务对数据精度的要求确定摄像头、雷达等的覆盖范围、分辨率 / 365

　　　　五、脱敏处理原则，尽可能进行匿名化、去标识化等处理 / 365

　　第四节　汽车数据处理者的合规义务 / 367

　　　　一、处理个人信息的合规义务 / 367

　　　　二、处理重要数据的合规义务 / 370

　　　　三、重要数据处理的内部责任体系 / 372

　　第五节　汽车数据安全监管部门及处罚 / 373

　　　　　一、汽车数据安全监管部门 / 373
　　　　　二、法律责任 / 373
　　第六节　关于智能网联汽车的规定 / 375
　　　　　一、智能网联汽车监管体系 / 375
　　　　　二、智能网联汽车的定义 / 377
　　　　　三、智能网联汽车数据 / 378
　　　　　四、智能网联汽车合规重点 / 382
　　　　　五、智能网联汽车数据合规建议 / 385

第二十章 | 金融行业数据合规 / 387
　　第一节　金融行业数据合规的法律规范 / 387
　　　　　一、涉及金融业数据的规定与标准列举 / 387
　　　　　二、对重要规定与标准的简要说明 / 391
　　第二节　金融数据合规的各重要概念 / 395
　　　　　一、金融数据与个人金融信息 / 395
　　　　　二、金融业机构 / 397
　　　　　三、金融数据与个人金融信息的生命周期 / 397
　　第三节　金融数据分类分级 / 399
　　　　　一、金融数据，按照数据安全定级 / 399
　　　　　二、个人金融信息，按照敏感程度分级 / 400
　　　　　三、个人金融信息需经双重定级 / 402
　　第四节　金融数据合规建议 / 402
　　　　　一、原则：坚守底线思维 / 403
　　　　　二、关于数据的分类定级合规建议 / 403
　　　　　三、围绕金融数据生命周期的合规建议 / 405
　　　　　四、完善数据保护制度与数据安全组织建设 / 411
　　　　　五、完善个人便捷行使救济权的制度 / 411
　　　　　六、金融科技升级与合规 / 412
　　　　　七、建立透明的信息公开制度 / 412
　　　　　八、金融数据跨境合规要求 / 413

第一篇

基础篇

第一章　企业数据合规概述

第一节　前　　言

一、Web3.0 与数据

最近,笔者看了一个不到两分钟的短视频。该视频拍摄于1995年,内容是一位美国著名的脱口秀节目主持人在采访一位年轻人。两人对话主要过程如下:

主持人:"关于互联网的这个东西你知道吗?"

年轻人:"知道。"(背后传来观众的哄堂大笑)

主持人:"它到底是什么?"

年轻人:"它已经变成了一个人们发布信息的地方,每个人都可以拥有自己的主页,公司都在那里,最新信息都在那里,很疯狂。你可以给别人发电子邮件,这是新事物。"

主持人打断了年轻人:"是的,但你知道,批评一些你不完全理解的事情很容易,我记得几个月前,有一个突破性的公告,在互联网上或在某些计算机交易中,他们将播放棒球比赛,您可以在计算机上收听棒球比赛。""但是,我只是在想,收音机会响铃不同吗?"(背后传来观众更大的哄笑声,喝倒彩的声音,鼓掌声等杂音持续了一段时间,年轻人也尴尬地笑笑)

年轻人自信地说:"这是不同的。(通过互联网)你可以随时收听棒球比赛。"

主持人:"我明白了,所以它存储在你的一个记忆交易中,好像录音机铃声。"说完主持人大笑不止,台下观众喝倒彩声再次响起,年轻人也尴尬地笑笑……

相信有读者也看过这个视频,这个当年的年轻人就是比尔·盖茨(Bill Gates),微软公司的创始人、前世界首富。随着计算机进入千家万户和互联网的快速发展,微软公司也成为科技互联网的翘楚,常年位居全球十大科技公司榜单,比尔·盖茨也成了一代又一代人的偶像、无数创业青年心中的神。

举上面这个例子,是想说明,我们正在经历一个什么样的世界,身处什么样的时代?毫无疑问,我们正身处一个日新月异、技术快速发展迭代的时代。有人粗略地将人类经历的时代划分为农耕时代、以蒸汽机为代表的第一次工业革命时代、以内燃机为代表的第二次工业革命时代和以计算机互联网为代表的信息时代。信息时代大体上又可分为上半场和下半场。计算机互联网的普及是上半场,而人工智能、物联网、互联网3.0(网络俗称的Web3.0)则代表着信息时代的下半场。在信息时代的下半场,数据和伴随而来的网络安全、数据安全、数据合规是全社会都需要面对的问题,不单单针对某一类企业或个人。

自从进入21世纪之后,企业能够获得的数据量大幅增加。随着物联网等技术在社会各个层面的渗透,从人与人之间的互联,到人与物的互联,再到物与物的互联,产生的数据还会呈几何级数增长。数据已经与我们的工作、生活息息相关、如影随形。随着应用场景的拓宽,数据的来源也会多种多样,作为市场和商业环境参与主体的企业也需要遵守大量的有关数据安全、数据合规的法律法规。

二、信息时代数据保护大环境

在数字经济时代,数据是继土地、劳动力、资本、技术之后,支撑经济发展的新型生产要素。[①] 数据安全正在成为关乎国家安全与社会经济发展的重大问题。施雷姆斯案(Schrems案)就清晰表达了欧盟对于美国威胁欧洲数据安全的忌惮之心。Schrems案发生于2011年,奥地利律师马克西米利安·施雷姆斯(Maximillian Schrems)在翻阅脸书(Facebook)(现已改名为Meta)持有关于他的1222页信息后,发现了一些他认为自己已经删除的细节,以及一些他没有同意分享的细节,随后Schrems向爱尔兰数据保护专员提出了投诉。2020年7月,欧盟法院颁布了施雷姆斯二案(Schrems Ⅱ案)的判决,正式宣布欧盟—美国有

---

① 参见《中共中央、国务院关于构建更加完善的要素市场化配置体制机制的意见》,2020年3月30日生效。

关个人数据的隐私盾协议无效。在该案件的判决中,欧盟法院认为,"欧盟居民无法在美国获得与欧盟境内同等的充分保护,违反了《欧盟基本权利宪章》"。此案判决后,欧盟数据保护委员会提出数据传输方要进行个案审查,确保数据接收方所在国家可以对个人数据提供充分的保障。[①]

为了应对日益加剧的数据安全问题,几乎每个管辖区域的监管机构都已经或者正在实施法律法规,要求企业履行数据安全和保密义务。比如:美国采取的方式是按行业来保护个人信息的机密和安全(如分门别类地制定了有关医疗保健、金融、信用度、学生以及儿童个人信息的联邦法律);欧盟等国家和地区会制定统一的标准,但会加强对某些类型的高度机密信息(如医疗保健信息、性取向、工会成员身份等)的保护,把这些标准当作法律来执行则有赖于各成员。[②]

我国2017年以来陆续颁布了数百个涉及网络数据安全的法律法规、部门规章、司法解释和行业技术规范。2021年我国数据合规监管进入新时代:2021年9月实施的《数据安全法》、2021年11月实施的《个人信息保护法》与2017年6月实施的《网络安全法》,作为我国数据合规领域的基础性法律,与其他配套监管法律法规共同构建了我国的数据治理立法框架。立法的相继出台,也伴随着执法的日趋严格,自《数据安全法》《个人信息保护法》颁布以来,针对数据安全及个人信息保护涌现出一大批案件。

三、企业面对数据安全问题的挑战

对于很多企业来说,面对着数据安全领域庞杂的法律法规及相关标准,凭借企业自身的能力完成数据合规体系的搭建、应对数据安全问题,几乎是一项不可能完成的工作。企业在面对数据安全领域的难题时,不禁要问应该保护什么样的数据,如何寻找数据保密和数据合理使用之间的平衡,遇到数据安全事件该如何应对等诸如此类的问题。

此外,涉及数据安全问题,企业既要面对国家网信办、工业和信息化部、公安部等众多部门的交叉监管,还面临行业的监管。例如,2021年是金融领域的合

---

① 参见《因跨洋数据传输问题,Meta公司或退出欧洲市场》,载腾讯网:https://new.qq.com/rain/a/20220207A08WR800。

② 参见[美]詹姆斯·R.卡利瓦斯、[美]迈克尔·R.奥弗利:《大数据商业应用:风险规避与法律指南》,陈婷译,人民邮电出版社2016年版,第18页。

规建设年,自 2021 年 1 月以来中国银保监会已累计对金融行业的违法违规处理数据行为开出多张罚单,其中不乏百万级别的高额罚单。同时,相关监管机构还对主管人员和负责人予以禁业、罚款等严重处罚。这些案例给金融行业敲响了警钟。

再者,数据的高价值、流动性、可复制性,导致数据泄露事件、数据来源不合规、数据共享不可控、数据分析违法等问题层出不穷。由于违规处理数据行为可能需要提供者和接收者承担连带法律责任,因此,数据合规审计已经成为企业选拔供应商及合作伙伴时不可或缺的一部分。

第二节　企业数据合规的内涵

为了应对上述挑战,降低法律风险,企业应当重视数据合规,有条件的应当打造和部署一个以管理体系为基础、能够协助技术体系落地的数据合规体系。

一、企业开展数据合规的重要性

网络安全、数据合规是信息时代企业必须要面对的问题,这里面有以下几个原因:

第一,数据合规是法律规定的重要合规义务。我国的《网络安全法》《数据安全法》《个人信息保护法》以及众多境外数据保护法规均明确要求企业建立数据合规制度。

第二,建立数据合规体系,能够降低企业运营的风险和损失,更好地应对监管执法和诉讼。数据不合规可能会为企业带来重大的经济和声誉损失,包括政府罚金、诉讼赔偿、用户流失等。企业的数据合规体系可以证明企业已充分尽到数据保护的义务。

第三,企业的数据合规体系可以提升用户信任度和市场竞争力,保护企业声誉。数据不合规引发的媒体负面报道将会影响企业商誉,企业的数据合规程度将成为企业竞争力的体现。

二、企业数据合规法律实务关注要点

企业在开展数据合规实务工作中,应重点关注以下几个方面的内容。

(一)个人信息的处理

企业经营中涉及海量数据的收集、分析、使用、第三方融合等处理行为,特别是涉及大量敏感个人信息的处理行为,如金融业务中涉及银行账户、存款信息、房产信息、信贷记录、征信信息等大量个人金融信息,实名认证环节涉及面部识别特征等大量个人生物识别信息,都会触发国家对于敏感个人信息更为严格的合规要求。例如《个人信息保护法》规定:企业只有在具有特定的目的和充分的必要性,并采取严格保护措施的情形下,方可处理敏感个人信息;企业处理敏感个人信息应当取得个人的单独同意;企业应当向个人告知处理敏感个人信息的必要性以及对个人权益的影响。

(二)重点监管业务数据的处理

不同的企业,根据其自身所处行业和具体业务的开展情况,涉及的相关业务数据也不同。企业在开展数据合规的工作中,需要区分哪些业务数据是法律法规重点监管的业务数据,对相应业务数据的处理需要特别关注。例如,物流业务及商用车交易业务涉及全程精准定位、行踪轨迹、行驶证、驾驶证、身份证信息等敏感个人信息,也涉及物流运输全流程监控及车辆行踪轨迹等业务数据,可能还涉及关键基础设施数据,因前述业务数据涉及国家主权安全,因此相关企业需要根据法律的特殊监管要求约束其数据处理行为。根据工业和信息化部于2021年9月15日发布的《关于加强车联网网络安全和数据安全工作的通知》规定:企业应该加强数据分类分级管理。企业要建立数据管理台账,实施数据分类分级管理,加强个人信息与重要数据保护。定期开展数据安全风险评估,强化隐患排查整改,并向所在省(区、市)通信管理局、工业和信息化主管部门报备。

(三)第三方数据融合

不少企业业务场景中除了上述提到的个人信息及业务数据外,还存在应当进行合规评估的委托第三方数据处理、为第三方提供个人信息的第三方数据融合行为。例如,有些企业以数据分析服务为主营业务,在其开展业务的过程中必然会涉及第三方数据融合的问题。再如,在委托催收、委托第三方开展商业保理、保险、借贷等金融业态中,金融机构和类金融机构与合作伙伴开展有关业务时也面临第三方数据融合的问题。由于涉及第三方数据融合的业务场景中往往伴随着大量的个人信息以及外部海量的第三方数据,因此,第三方数据融合面临着越来越严格的数据保护法律和监管要求,需要结合相关法律法规进行第三方数据来源、数据共享第三方、数据分析等行为的合规审计与整改。

(四)具体法律风险

数据引发的法律风险涉及刑事风险、行政监管风险及民商事风险三类。

1. 刑事风险

企业涉数据业务,在刑事方面有被认定为侵犯公民个人信息罪,非法获取计算机信息系统数据罪,非法利用信息网络罪,帮助信息网络犯罪活动罪,拒不履行信息网络安全管理义务罪,掩饰、隐瞒犯罪所得罪等罪名的可能。根据目前我国单位犯罪的理论,单位员工尤其是高级管理人员代表单位对外开展业务活动过程中发生的违法犯罪行为,往往会被认定为代表单位意志,其法律后果会及于单位,给单位带来刑事责任。如果单位在是事前通过企业合规明确禁止员工从事违法犯罪行为,则可以将企业从员工个人的违法犯罪行为中切割出来,从而免于承担法律后果。

2. 行政监管风险

企业涉数据业务,在行政方面有以下风险:涉及增值电信业务经营许可(ICP)、电子数据交换(EDI)、网络安全等级保护、网络安全服务等资质准入;业务场景、使用场景的特别监管;用户协议、隐私政策等平台治理风险;跨境传输;境外监管协调;法律法规、政策文件变更等。

2022年3月28日至2022年4月3日,《中国人民银行及其分支机构行政处罚周报》显示,多家机构及公司被行政处罚,行政处罚措施主要包括警告、罚款。该周报显示因违规处理数据而被处罚的行为主要包括未按规定准确、完整、及时报送个人信用信息,违反信用信息采集、提供、查询及相关管理规定,未按规定履行客户身份识别义务,未按规定保存客户身份资料和交易记录等。

3. 民商事风险

企业涉数据业务,在民商事方面可能有以下风险:侵犯知识产权风险、不正当竞争风险、合同签署履约风险、数据资产交易风险、重大安全事件风险、不可抗力风险等。

三、企业数据合规实务内容

数据合规,是企业数字化经营良性发展的重要保障。主动做好数据合规,意义不仅在于满足政府监管需求,更为关键的是帮助企业避免损失、稳固数字化经营的收益。企业数据合规比一般合规更加复杂也更加专业,故聘请专业律师团队协助企业进行数据合规审查是必要的。企业数据合规旨在帮助企业建立完整的数据管理体系,并协助企业落地技术体系,使企业数据合规具有制度和技术双重保障。

企业开展数据合规工作,包括:(1)建立企业数据合规组织工作小组,包含关键岗位的选拔、审核及培训;(2)对企业数据资产进行梳理,并根据法律要求评估合规风险,提出合规整改建议;(3)搭建数据管理制度体系,包括制度、文书、内外协议、数据处理流程与权限设置、应急方案等内容;(4)法律团队协助技术团队进行技术落地,建立技术体系;(5)对关键岗位员工及普通员工进行针对性的培训和定期的监管制度解读;(6)发生数据安全事件或者争议案件时的应对处理;(7)根据监管的动态和业务的发展进行持续性合规。具体工作包括以下内容。

(一)数据资产体系梳理

1. 业务数据梳理,形成数据流程图及数据资产目录

全面了解和梳理业务所涉及的数据类型及数据处理行为,以法律标准通过技术手段梳理出企业的数据资产。该工作是所有数据合规工作的基础。

2. 形成数据合规差异化分析报告

根据梳理结果分析数据处理行为的法律风险并对不同的风险等级进行划分,形成数据合规差异化分析报告。

3. 提出合规风险排查及整改建议

针对梳理出的数据资产情况及法律风险,提出针对性的解决方案。

(二)数据管理体系建立

1. 数据分级分类管理体系

对企业已经建立分级的核心数据进行分级分类合规审视,对尚未进行分级分类处理的数据,制定数据分级分类的判断规则,以协助技术人员通过分级分类识别模型对数据进行系统的分级分类,并制定数据分级分类制度规范。

2. 数据处理流程管理体系

建立对数据的收集、存储、使用、加工、传输、提供、公开、删除等各个处理环

节的流程管理体系。

3. 员工数据处理权限

为了规范企业不同岗位、不同级别的员工处理信息的权限,为企业设置员工数据处理权限管控及管理制度规范。

4. 数据安全技术体系

为保障前述合规建议方案及制度体系的落地,法律人员协助技术人员建立数据安全技术保障体系。

(三) 数据处理行为专项评估、论证、整改

1. 个人敏感信息处理合规

针对业务中的个人敏感信息处理行为开展评估。

2. 数据跨境传输合规

对企业业务数据是否进行跨境传输以及跨境传输路径合规进行评估论证。

3. 数据分析、营销推广等合规

对企业个性化推荐、数据营销推广等数据处理行为进行评估。

4. 第三方数据融合合规

企业如果存在利用大量的第三方数据建立数据化的风控模型和向第三方提供大量数据的数据共享行为,需要对前述第三方数据融合行为的合规性进行评估。

5. APP 合规专项审查

针对企业的 APP 进行合规专项审查及隐私政策的数据合规审视。

(四) 数据合规管理规范

1. 制定企业数据合规管理办法

在充分了解企业自身相关业务的基础上,制定包含企业数据合规流程及业务处理原则的数据合规管理办法。

2. 建立数据合规工作组织

为企业开展数据合规工作提供指导,根据法律的要求,对企业如何安排合规小组组织架构、岗位职责、选拔条件提供建议和制度流程。

3. 制定企业数据合规自查清单

企业制定数据合规自查清单,由业务管理人员或者法务人员根据该清单核

查业务是否合规。

4. 制定企业个人信息保护合规指南

为了指导企业数据合规的实操落地,针对员工全员或者特殊业务部门制定隐私政策合规指南、个人信息保护指南以及企业经营数据合规指南等合规手册。

5. 完善制度文书及协议

起草完善隐私政策、用户协议、未成年人信息使用声明等 APP、网页展示端的文书。起草完善企业对内员工管理、对外业务合作所需的制度及协议。

(五)合规培训与政策解读

1. 合规培训

由于员工是数据实际处理人,且数据不像商业秘密仅有特殊的岗位才能接触,因此出于法律要求及降低风险和法律责任的目的,需要针对所有员工提供入职培训课程,并针对不同业务部门的业务数据合规培训、高风险岗位如管理岗位和法务部等特殊部门进行常态化合规培训。

2. 政策解读

为企业提供与企业业务密切相关的监管政策的解读,为企业业务开展进行合规性论证。

(六)安全事件响应

1. 制定应急预案和响应流程

为应对数据安全可能引发的安全事件,企业制定如何快速处理数据合规问题的应急预案及处理流程。

2. 制定反不正当数据竞争及数据腐败制度

为企业应对外部爬虫、内部相关人员售卖企业数据等行为制定反不正当竞争制度和反数据腐败制度。

3. 进行数据泄露、侵权事件处理及舆情分析

企业一旦发生数据泄露或者其他数据侵权事件,进行舆情分析和法律风险分析,并制定处理计划。

4. 借助外部法律团队应对监管约谈、通报、整改、代理纠纷案件

在企业遇到行政监管调查、约谈、通报、整改及民事、刑事诉讼等情形时,借助外部法律服务团队为应对相关事件提供法律支持和响应流程。

第二章　数据保护相关法律体系

第一节　数据合规法律体系框架

数据合规同一般法律业务均涉及法律、法规、部门规章层级的规定,所不同的是,数据合规业务在实操过程中还需进一步参考国家及行业相关标准。详见表 2-1-1。

表 2-1-1　数据合规法律法规及相关标准

规范层级	序号	生效(发布)时间/标准号	名称
法律	1	20170601	中华人民共和国网络安全法
	2	20210901	中华人民共和国数据安全法
	3	20211101	中华人民共和国个人信息保护法
	4	20190101	中华人民共和国电子商务法
	5	20121228	全国人民代表大会常务委员会关于加强网络信息保护的决定
	6	20210101	中华人民共和国民法典
	7	20210301	中华人民共和国刑法(2020 修正)
	8	20210601	中华人民共和国未成年人保护法
行政法规	1	20160206	电信条例(2016 修订)
	2	20220501	互联网上网服务营业场所管理条例(2022 修订)
	3	20130315	征信业管理条例
	4	20110108	计算机信息系统安全保护条例(2011 修订)

续表

规范层级	序号	生效(发布)时间/标准号	名称
行政法规	5	20110108	互联网信息服务管理办法(2011修订)
	6	20200201	国家政务信息化项目建设管理办法
	7	20210901	关键信息基础设施安全保护条例
司法解释	1	20170601	最高人民法院、最高人民检察院关于办理侵犯公民个人信息刑事案件适用法律若干问题的解释
	2	20210801	最高人民法院关于审理使用人脸识别技术处理个人信息相关民事案件适用法律若干问题的规定
	3	20210101	最高人民法院关于审理利用信息网络侵害人身权益民事纠纷案件适用法律若干问题的规定(2020修正)
	4	20181109	检察机关办理侵犯公民个人信息案件指引
	5	20191101	最高人民法院、最高人民检察院关于办理非法利用信息网络、帮助信息网络犯罪活动等刑事案件适用法律若干问题的解释
地方性法规	1	20220101	深圳经济特区数据条例
	2	20220101	上海市数据条例
	3	20210901	广东省数字经济促进条例
	4	20210301	浙江省数字经济促进条例
	5	20210601	广东省社会信用条例
	6	20210101	天津市社会信用条例
	7	20200501	河南省社会信用条例
部门规章及规范性文件	1	20130901	电信和互联网用户个人信息保护规定
	2	20220215	网络安全审查办法
	3	20180712	国家健康医疗大数据标准、安全和服务管理办法(试行)
	4	20120315	规范互联网信息服务市场秩序若干规定

续表

规范层级	序号	生效(发布)时间/标准号	名称
部门规章及规范性文件	5	20190613	个人信息出境安全评估办法(征求意见稿)①
	6	20190528	数据安全管理办法(征求意见稿)
	7	20210222	互联网用户公众账号信息服务管理规定
	8	20110108	计算机信息网络国际联网安全保护管理办法(2011修订)
	9	20220301	互联网信息服务算法推荐管理规定
	10	20210817	禁止网络不正当竞争行为规定(公开征求意见稿)
	11	20210917	关于加强互联网信息服务算法综合治理的指导意见
	12	20211114	网络数据安全管理条例(征求意见稿)
	13	20191001	儿童个人信息网络保护规定
	14	20211001	汽车数据安全管理若干规定(试行)
	15	20170701	移动智能终端应用软件预置和分发管理暂行规定
	16	20190410	互联网个人信息安全保护指南
	17	20190810	关于引导规范教育移动互联网应用有序健康发展的意见
	18	20191111	教育移动互联网应用程序备案管理办法
	19	20210501	常见类型移动互联网应用程序必要个人信息范围规定
	20	20190303	APP违法违规收集使用个人信息自评估指南
	21	20191128	APP违法违规收集使用个人信息行为认定方法

---

① 本书引用了部分规定的征求意见稿进行相关问题的解读,旨在给读者提供一个参考,了解将来可能的发展方向或政策规定,并不能作为正式的依据。正式的规定请读者关注将来发布的正式稿。

续表

规范层级	序号	生效(发布)时间/标准号	名称
标准文件	1	GB/T 35273—2020	信息安全技术　个人信息安全规范
	2	GB/T 41391—2022	信息安全技术　移动互联网应用程序(APP)收集个人信息基本要求
	3	20210428	信息安全技术　网联汽车采集数据的安全要求(草案)
	4	20200120	信息安全技术　个人信息告知同意指南(征求意见稿)
	5	GB/T 39335—2020	信息安全技术　个人信息安全影响评估指南
	6	GB/T 37964—2019	信息安全技术　个人信息去标识化指南
	7	TC 260—PG—20204A	网络安全标准实践指南——移动互联网应用程序(APP)系统权限申请使用指南
	8	TC 260—PG—20202A	网络安全标准实践指南——移动互联网应用程序(APP)收集使用个人信息自评估指南
	9	TC 260—PG—20203A	网络安全标准实践指南——移动互联网应用程序(APP)个人信息保护常见问题及处置指南
	10	TC 260—PG—20205A	网络安全标准实践指南——移动互联网应用程序(APP)使用软件开发工具包(SDK)安全指引
	11	T/TAF 078.1—2020	APP用户权益保护测评规范　超范围收集个人信息
	12	T/TAF 078.2—2020	APP用户权益保护测评规范　定向推送
	13	T/TAF 078.3—2020	APP用户权益保护测评规范　个人信息获取行为
	14	T/TAF 078.4—2020	APP用户权益保护测评规范　权限索取行为
	15	T/TAF 078.5—2020	APP用户权益保护测评规范　违规使用个人信息
	16	T/TAF 078.6—2020	APP用户权益保护测评规范　违规收集个人信息
	17	T/TAF 078.7—2020	APP用户权益保护测评规范　下载分发行为

续表

规范层级	序号	生效(发布)时间/标准号	名称
标准文件	18	T/TAF 078.8—2020	APP用户权益保护测评规范 移动应用分发平台管理
	19	T/TAF 078.9—2021	APP用户权益保护测评规范 移动应用分发平台信息展示
	20	T/TAF 078.10—2020	APP用户权益保护测评规范 自启动和关联启动行为
	21	T/TAF 077.9—2022	APP收集使用个人信息最小必要评估规范 短信信息
	22	T/TAF 077.10—2021	APP收集使用个人信息最小必要评估规范 录音信息
	23	T/TAF 077.11—2021	APP收集使用个人信息最小必要评估规范 通话记录
	24	T/TAF 077.12—2021	APP收集使用个人信息最小必要评估规范 好友列表
	25	T/TAF 077.13—2021	APP收集使用个人信息最小必要评估规范 传感器信息
	26	T/TAF 077.14—2021	APP收集使用个人信息最小必要评估规范 应用日志信息
	27	T/TAF 077.15—2021	APP收集使用个人信息最小必要评估规范 房产信息
	28	T/TAF 077.16—2021	APP收集使用个人信息最小必要评估规范 交易记录
	29	T/TAF 077.17—2021	APP收集使用个人信息最小必要评估规范 身份信息
	30	T/TAF 079—2021	移动智能终端及应用软件生物特征识别安全规范

续表

规范层级	序号	生效(发布)时间/标准号	名称
标准文件	31	T/TAF 080—2021	移动智能终端及应用软件用户个人信息保护实施指南 第7部分:定向推送
	32	T/TAF 051—2021	移动智能终端及应用软件用户个人信息保护实施指南 第5部分:终端权限管理
	33	T/TAF 085—2021	移动智能终端及应用软件用户个人信息保护实施指南 第9部分:注销账户
	34	T/TAF 081.1—2021	移动智能终端应用软件调用行为记录能力要求 总则

第二节 法 律

一、前言

就法律层面而言,毫无疑问,《数据安全法》《个人信息保护法》和《网络安全法》是数据安全领域的三大法治基石。鉴于《数据安全法》及《个人信息保护法》的重要性,笔者将对其在后面的章节详细展开解读分析,本节简单介绍《民法典》《刑法》《网络安全法》《电子商务法》《消费者权益保护法》中涉及数据和个人信息的条款。

二、《民法典》中涉及数据和个人信息的条款

2021年1月1日,《民法典》生效。《民法典》中对于数据的保护主要集中在人格权编的第六章,该章对隐私权与个人信息分别进行了法律上的界定。规定个人信息中的私密信息,适用有关隐私权的规定,没有规定的,适用有关个人信息保护的规定。此外,该章对于个人信息处理的原则和条件,处理个人信息豁免责任的情形,自然人对其个人信息享有更正、删除权,信息处理者保障个人信息安全的义务,国家机关保障个人信息安全的义务等内容进行了规定。所涉条文主要有第1034条、第1035条、第1036条、第1037条、第1038条、第1039条。具

体内容见表2-2-1。

表2-2-1 《民法典》中涉及数据和个人信息的条文

条文序号	条文内容
第一千零三十四条 [个人信息]	自然人的个人信息受法律保护。 个人信息是以电子或者其他方式记录的能够单独或者与其他信息结合识别特定自然人的各种信息,包括自然人的姓名、出生日期、身份证件号码、生物识别信息、住址、电话号码、电子邮箱、健康信息、行踪信息等。 个人信息中的私密信息,适用有关隐私权的规定;没有规定的,适用有关个人信息保护的规定。
第一千零三十五条 [个人信息处理的 原则和条件]	处理个人信息的,应当遵循合法、正当、必要原则,不得过度处理,并符合下列条件: (一)征得该自然人或者其监护人同意,但是法律、行政法规另有规定的除外; (二)公开处理信息的规则; (三)明示处理信息的目的、方式和范围; (四)不违反法律、行政法规的规定和双方的约定。 个人信息的处理包括个人信息的收集、存储、使用、加工、传输、提供、公开等。
第一千零三十六条 [处理个人信息 豁免责任情形]	处理个人信息,有下列情形之一的,行为人不承担民事责任: (一)在该自然人或者其监护人同意的范围内合理实施的行为; (二)合理处理该自然人自行公开的或者其他已经合法公开的信息,但是该自然人明确拒绝或者处理该信息侵害其重大利益的除外; (三)为维护公共利益或者该自然人合法权益,合理实施的其他行为。
第一千零三十七条 [信息更正、删除权]	自然人可以依法向信息处理者查阅或者复制其个人信息;发现信息有错误的,有权提出异议并请求及时采取更正等必要措施。 自然人发现信息处理者违反法律、行政法规的规定或者双方的约定处理其个人信息的,有权请求信息处理者及时删除。
第一千零三十八条 [信息处理者保障 个人信息安全]	信息处理者不得泄露或者篡改其收集、存储的个人信息;未经自然人同意,不得向他人非法提供其个人信息,但是经过加工无法识别特定个人且不能复原的除外。 信息处理者应当采取技术措施和其他必要措施,确保其收集、存储的个人信息安全,防止信息泄露、篡改、丢失;发生或者可能发生个人信息泄露、篡改、丢失的,应当及时采取补救措施,按照规定告知自然人并向有关主管部门报告。

续表

条文序号	条文内容
第一千零三十九条 [国家机关保障 个人信息安全]	国家机关、承担行政职能的法定机构及其工作人员对于履行职责过程中知悉的自然人的隐私和个人信息,应当予以保密,不得泄露或者向他人非法提供。

三、《刑法》中涉及数据和个人信息的罪名

我国尚未形成数据犯罪的罪名体系,目前刑法规定涉及数据和个人信息的罪名可以分为以下几类。详见表2-2-2。

表2-2-2 《刑法》中涉及数据和个人信息的条文

条文序号	条文内容
第二百八十五条 [非法侵入计算机信息系统罪] [非法获取计算机信息系统数据、非法控制计算机信息系统罪] [提供侵入、非法控制计算机信息系统程序、工具罪]	违反国家规定,侵入国家事务、国防建设、尖端科学技术领域的计算机信息系统的,处三年以下有期徒刑或者拘役。 违反国家规定,侵入前款规定以外的计算机信息系统或者采用其他技术手段,获取该计算机信息系统中存储、处理或者传输的数据,或者对该计算机信息系统实施非法控制,情节严重的,处三年以下有期徒刑或者拘役,并处或者单处罚金;情节特别严重的,处三年以上七年以下有期徒刑,并处罚金。 提供专门用于侵入、非法控制计算机信息系统的程序、工具,或者明知他人实施侵入、非法控制计算机信息系统的违法犯罪行为而为其提供程序、工具,情节严重的,依照前款的规定处罚。 单位犯前三款罪的,对单位判处罚金,并对其直接负责的主管人员和其他直接责任人员,依照各该款的规定处罚。
第二百五十三条之一 [侵犯公民个人信息罪]	违反国家有关规定,向他人出售或者提供公民个人信息,情节严重的,处三年以下有期徒刑或者拘役,并处或者单处罚金;情节特别严重的,处三年以上七年以下有期徒刑,并处罚金。 违反国家有关规定,将在履行职责或者提供服务过程中获得的公民个人信息,出售或者提供给他人的,依照前款的规定从重处罚。 窃取或者以其他方法非法获取公民个人信息的,依照第一款的规定处罚。 单位犯前三款罪的,对单位判处罚金,并对其直接负责的主管人员和其他直接责任人员,依照各该款的规定处罚。

续表

条文序号	条文内容
第二百一十七条 [侵犯著作权罪]	以营利为目的,有下列侵犯著作权或者与著作权有关的权利的情形之一,违法所得数额较大或者有其他严重情节的,处三年以下有期徒刑,并处或者单处罚金;违法所得数额巨大或者有其他特别严重情节的,处三年以上十年以下有期徒刑,并处罚金: (一)未经著作权人许可,复制发行、通过信息网络向公众传播其文字作品、音乐、美术、视听作品、计算机软件及法律、行政法规规定的其他作品的; (二)出版他人享有专有出版权的图书的; (三)未经录音录像制作者许可,复制发行、通过信息网络向公众传播其制作的录音录像的; (四)未经表演者许可,复制发行录有其表演的录音录像制品,或者通过信息网络向公众传播其表演的; (五)制作、出售假冒他人署名的美术作品的; (六)未经著作权人或者与著作权有关的权利人许可,故意避开或者破坏权利人为其作品、录音录像制品等采取的保护著作权或者与著作权有关的权利的技术措施的。
第二百一十九条 [侵犯商业秘密罪]	有下列侵犯商业秘密行为之一,情节严重的,处三年以下有期徒刑,并处或者单处罚金;情节特别严重的,处三年以上十年以下有期徒刑,并处罚金: (一)以盗窃、贿赂、欺诈、胁迫、电子侵入或者其他不正当手段获取权利人的商业秘密的; (二)披露、使用或者允许他人使用以前项手段获取的权利人的商业秘密的; (三)违反保密义务或者违反权利人有关保守商业秘密的要求,披露、使用或者允许他人使用其所掌握的商业秘密的。 明知前款所列行为,获取、披露、使用或者允许他人使用该商业秘密的,以侵犯商业秘密论。 本条所称权利人,是指商业秘密的所有人和经商业秘密所有人许可的商业秘密使用人。
第二百二十五条 [非法经营罪]	违反国家规定,有下列非法经营行为之一,扰乱市场秩序,情节严重的,处五年以下有期徒刑或者拘役,并处或者单处违法所得一倍以上五倍以下罚金;情节特别严重的,处五年以上有期徒刑,并处违法所得一倍以上五倍以下罚金或者没收财产: (一)未经许可经营法律、行政法规规定的专营、专卖物品或者其他限制买卖的物品的; (二)买卖进出口许可证、进出口原产地证明以及其他法律、行政法规规定的经营许可证或者批准文件的; (三)未经国家有关主管部门批准非法经营证券、期货、保险业务的,或者非法从事资金支付结算业务的; (四)其他严重扰乱市场秩序的非法经营行为。

续表

条文序号	条文内容
第三百一十二条 [掩饰、隐瞒犯罪所得、犯罪所得收益罪]	明知是犯罪所得及其产生的收益而予以窝藏、转移、收购、代为销售或者以其他方法掩饰、隐瞒的,处三年以下有期徒刑、拘役或者管制,并处或者单处罚金;情节严重的,处三年以上七年以下有期徒刑,并处罚金。 单位犯前款罪的,对单位判处罚金,并对其直接负责的主管人员和其他直接责任人员,依照前款的规定处罚。
第二百八十六条 [破坏计算机信息系统罪]	违反国家规定,对计算机信息系统功能进行删除、修改、增加、干扰,造成计算机信息系统不能正常运行,后果严重的,处五年以下有期徒刑或者拘役;后果特别严重的,处五年以上有期徒刑。 违反国家规定,对计算机信息系统中存储、处理或者传输的数据和应用程序进行删除、修改、增加的操作,后果严重的,依照前款的规定处罚。 故意制作、传播计算机病毒等破坏性程序,影响计算机系统正常运行,后果严重的,依照第一款的规定处罚。 单位犯前三款罪的,对单位判处罚金,并对其直接负责的主管人员和其他直接责任人员,依照第一款的规定处罚。
第二百八十六条之一 [拒不履行信息网络安全管理义务罪]	网络服务提供者不履行法律、行政法规规定的信息网络安全管理义务,经监管部门责令采取改正措施而拒不改正,有下列情形之一的,处三年以下有期徒刑、拘役或者管制,并处或者单处罚金: (一)致使违法信息大量传播的; (二)致使用户信息泄露,造成严重后果的; (三)致使刑事案件证据灭失,情节严重的; (四)有其他严重情节的。 单位犯前款罪的,对单位判处罚金,并对其直接负责的主管人员和其他直接责任人员,依照前款的规定处罚。 有前两款行为,同时构成其他犯罪的,依照处罚较重的规定定罪处罚。
第二百八十七条之一 [非法利用信息网络罪]	利用信息网络实施下列行为之一,情节严重的,处三年以下有期徒刑或者拘役,并处或者单处罚金: (一)设立用于实施诈骗、传授犯罪方法、制作或者销售违禁物品、管制物品等违法犯罪活动的网站、通讯群组的; (二)发布有关制作或者销售毒品、枪支、淫秽物品等违禁物品、管制物品或者其他违法犯罪信息的; (三)为实施诈骗等违法犯罪活动发布信息的。 单位犯前款罪的,对单位判处罚金,并对其直接负责的主管人员和其他直接责任人员,依照第一款的规定处罚。 有前两款行为,同时构成其他犯罪的,依照处罚较重的规定定罪处罚。

续表

条文序号	条文内容
第二百八十七条之二 [帮助信息网络犯罪活动罪]	明知他人利用信息网络实施犯罪,为其犯罪提供互联网接入、服务器托管、网络存储、通讯传输等技术支持,或者提供广告推广、支付结算等帮助,情节严重的,处三年以下有期徒刑或者拘役,并处或者单处罚金。 单位犯前款罪的,对单位判处罚金,并对其直接负责的主管人员和其他直接责任人员,依照第一款的规定处罚。 有前两款行为,同时构成其他犯罪的,依照处罚较重的规定定罪处罚。

1.通过计算机信息系统处理数据的刑事风险

当前,数据成为网络的核心要素,并且主要产生自网络,通常都是存放在计算机信息系统里面,如以各种手段侵入计算机系统获取数据信息,就可能涉嫌犯罪,具体罪名包括非法侵入计算机信息系统罪,非法获取计算机信息系统数据、非法控制计算机信息系统罪,破坏计算机信息系统罪,提供侵入、非法控制计算机信息系统程序、工具罪。上述罪名构建了对计算机信息系统数据的保护体系。

2.数据收集、使用中的刑事风险

数据是信息的载体,保护数据是为保护信息安全。在数据的收集、使用中可能触犯的罪名还有侵犯公民个人信息罪、侵犯著作权罪、侵犯商业秘密罪、非法经营罪、掩饰隐瞒犯罪所得罪等。

3.未尽数据保护义务的刑事风险

《数据安全法》第四章给数据处理者设定了数据安全保护义务,如数据处理者不履行该义务则可能涉嫌犯罪,相关的罪名有3个:拒不履行信息网络安全管理义务罪、帮助信息网络犯罪活动罪、非法利用信息网络罪。

四、《网络安全法》中涉及数据和个人信息的条款

2017年6月1日,《网络安全法》生效,该法的立法目的系保障网络安全,维护网络空间主权和国家安全、社会公共利益,保护公民、法人和其他组织的合法权益,促进经济社会信息化健康发展。就网络中的关键数据信息、个人信息的保护,该法亦作出相关规定,尤其是对个人信息的保护是里程碑式的。该法首次以法律形式对个人信息进行了界定,明确了个人信息的具体保护方式。所涉条文详见表2-2-3。

表 2-2-3 《网络安全法》中涉及数据和个人信息的条文

条文序号	条文内容
第十八条 [促进数据资源开发利用]	国家鼓励开发网络数据安全保护和利用技术,促进公共数据资源开放,推动技术创新和经济社会发展。 国家支持创新网络安全管理方式,运用网络新技术,提升网络安全保护水平。
第二十一条 [网络安全等级保护制度]	国家实行网络安全等级保护制度。网络运营者应当按照网络安全等级保护制度的要求,履行下列安全保护义务,保障网络免受干扰、破坏或者未经授权的访问,防止网络数据泄露或者被窃取、篡改: (一)制定内部安全管理制度和操作规程,确定网络安全负责人,落实网络安全保护责任; (二)采取防范计算机病毒和网络攻击、网络侵入等危害网络安全行为的技术措施; (三)采取监测、记录网络运行状态、网络安全事件的技术措施,并按照规定留存相关的网络日志不少于六个月; (四)采取数据分类、重要数据备份和加密等措施; (五)法律、行政法规规定的其他义务。
第二十七条 [禁止危害网络安全的行为]	任何个人和组织不得从事非法侵入他人网络、干扰他人网络正常功能、窃取网络数据等危害网络安全的活动;不得提供专门用于从事侵入网络、干扰网络正常功能及防护措施、窃取网络数据等危害网络安全活动的程序、工具;明知他人从事危害网络安全的活动的,不得为其提供技术支持、广告推广、支付结算等帮助。
第三十一条 [关键信息基础设施保护制度]	国家对公共通信和信息服务、能源、交通、水利、金融、公共服务、电子政务等重要行业和领域,以及其他一旦遭到破坏、丧失功能或者数据泄露,可能严重危害国家安全、国计民生、公共利益的关键信息基础设施,在网络安全等级保护制度的基础上,实行重点保护。关键信息基础设施的具体范围和安全保护办法由国务院制定。 国家鼓励关键信息基础设施以外的网络运营者自愿参与关键信息基础设施保护体系。
第三十七条 [关键信息基础设施数据的境内存储和对外提供]	关键信息基础设施的运营者在中华人民共和国境内运营中收集和产生的个人信息和重要数据应当在境内存储。因业务需要,确需向境外提供的,应当按照国家网信部门会同国务院有关部门制定的办法进行安全评估;法律、行政法规另有规定的,依照其规定。
第四十条 [建立用户信息保护制度]	网络运营者应当对其收集的用户信息严格保密,并建立健全用户信息保护制度。

续表

条文序号	条文内容
第四十一条 [个人信息收集使用规则]	网络运营者收集、使用个人信息,应当遵循合法、正当、必要的原则,公开收集、使用规则,明示收集、使用信息的目的、方式和范围,并经被收集者同意。 网络运营者不得收集与其提供的服务无关的个人信息,不得违反法律、行政法规的规定和双方的约定收集、使用个人信息,并应当依照法律、行政法规的规定和与用户的约定,处理其保存的个人信息。
第四十二条 [网络运营者的个人信息保护义务]	网络运营者不得泄露、篡改、毁损其收集的个人信息;未经被收集者同意,不得向他人提供个人信息。但是,经过处理无法识别特定个人且不能复原的除外。 网络运营者应当采取技术措施和其他必要措施,确保其收集的个人信息安全,防止信息泄露、毁损、丢失。在发生或者可能发生个人信息泄露、毁损、丢失的情况时,应当立即采取补救措施,按照规定及时告知用户并向有关主管部门报告。
第四十三条 [个人信息的删除权和更正权]	个人发现网络运营者违反法律、行政法规的规定或者双方的约定收集、使用其个人信息的,有权要求网络运营者删除其个人信息;发现网络运营者收集、存储的其个人信息有错误的,有权要求网络运营者予以更正。网络运营者应当采取措施予以删除或者更正。
第四十四条 [禁止非法获取、买卖、提供个人信息]	任何个人和组织不得窃取或者以其他非法方式获取个人信息,不得非法出售或者非法向他人提供个人信息。
第四十五条 [监督管理部门的保密义务]	依法负有网络安全监督管理职责的部门及其工作人员,必须对在履行职责中知悉的个人信息、隐私和商业秘密严格保密,不得泄露、出售或者非法向他人提供。
第六十四条 [侵犯个人信息权利的法律责任]	网络运营者、网络产品或者服务的提供者违反本法第二十二条第三款、第四十一条至第四十三条规定,侵害个人信息依法得到保护的权利的,由有关主管部门责令改正,可以根据情节单处或者并处警告、没收违法所得、处违法所得一倍以上十倍以下罚款,没有违法所得的,处一百万元以下罚款,对直接负责的主管人员和其他直接责任人员处一万元以上十万元以下罚款;情节严重的,并可以责令暂停相关业务、停业整顿、关闭网站、吊销相关业务许可证或者吊销营业执照。 违反本法第四十四条规定,窃取或者以其他非法方式获取、非法出售或者非法向他人提供个人信息,尚不构成犯罪的,由公安机关没收违法所得,并处违法所得一倍以上十倍以下罚款,没有违法所得的,处一百万元以下罚款。

续表

条文序号	条文内容
第六十六条 [违反关键信息基础设施数据境内存储和对外提供规定的法律责任]	关键信息基础设施的运营者违反本法第三十七条规定,在境外存储网络数据,或者向境外提供网络数据的,由有关主管部门责令改正,给予警告,没收违法所得,处五万元以上五十万元以下罚款,并可以责令暂停相关业务、停业整顿、关闭网站、吊销相关业务许可证或者吊销营业执照;对直接负责的主管人员和其他直接责任人员处一万元以上十万元以下罚款。
第六十七条 [利用网络从事与违法犯罪相关的活动的法律责任]	违反本法第四十六条规定,设立用于实施违法犯罪活动的网站、通讯群组,或者利用网络发布涉及实施违法犯罪活动的信息,尚不构成犯罪的,由公安机关处五日以下拘留,可以并处一万元以上十万元以下罚款;情节较重的,处五日以上十五日以下拘留,可以并处五万元以上五十万元以下罚款。关闭用于实施违法犯罪活动的网站、通讯群组。 单位有前款行为的,由公安机关处十万元以上五十万元以下罚款,并对直接负责的主管人员和其他直接责任人员依照前款规定处罚。
第七十六条 [释义]	本法下列用语的含义: …… (四)网络数据,是指通过网络收集、存储、传输、处理和产生的各种电子数据。 (五)个人信息,是指以电子或者其他方式记录的能够单独或者与其他信息结合识别自然人个人身份的各种信息,包括但不限于自然人的姓名、出生日期、身份证件号码、个人生物识别信息、住址、电话号码等。

五、《电子商务法》中涉及数据和个人信息的条款

2019年1月1日,《电子商务法》生效。《电子商务法》中涉及数据合规、网络安全的内容包括:电子商务经营者收集、使用用户个人信息的规定,在平台服务协议和交易规则中明确个人信息保护的权利和义务,电子商务平台经营者记录、保存平台上发布的商品和服务信息、交易信息的规定,电子商务经营者向主管部门提交电子商务数据信息的义务,从事跨境电子商务经营者数据跨境的特殊要求等。涉及个人信息保护的条文包括第5条、第23条、第24条、第25条、第32条、第76条、第79条、第81条、第87条等。第76条规定了电子商务平台经营者处理个人信息应承担的义务,与违反相关义务的责任承担。详见表2-2-4。

表 2-2-4 《电子商务法》中涉及数据和个人信息的条文

条文序号	条文内容
第二十三条 [收集使用个人信息应守法]	电子商务经营者收集、使用其用户的个人信息,应当遵守法律、行政法规有关个人信息保护的规定。
第二十四条 [信息的更正删除权]	电子商务经营者应当明示用户信息查询、更正、删除以及用户注销的方式、程序,不得对用户信息查询、更正、删除以及用户注销设置不合理条件。 电子商务经营者收到用户信息查询或者更正、删除的申请的,应当在核实身份后及时提供查询或者更正、删除用户信息。用户注销的,电子商务经营者应当立即删除该用户的信息;依照法律、行政法规的规定或者双方约定保存的,依照其规定。
第二十五条 [主管部门信息获取及保障信息安全义务]	有关主管部门依照法律、行政法规的规定要求电子商务经营者提供有关电子商务数据信息的,电子商务经营者应当提供。有关主管部门应当采取必要措施保护电子商务经营者提供的数据信息的安全,并对其中的个人信息、隐私和商业秘密严格保密,不得泄露、出售或者非法向他人提供。
第二十六条 [经营者守法义务]	电子商务经营者从事跨境电子商务,应当遵守进出口监督管理的法律、行政法规和国家有关规定。
第三十条 [经营者保障网络安全的义务]	电子商务平台经营者应当采取技术措施和其他必要措施保证其网络安全、稳定运行,防范网络违法犯罪活动,有效应对网络安全事件,保障电子商务交易安全。 电子商务平台经营者应当制定网络安全事件应急预案,发生网络安全事件时,应当立即启动应急预案,采取相应的补救措施,并向有关主管部门报告。
第三十一条 [经营者交易信息的保存]	电子商务平台经营者应当记录、保存平台上发布的商品和服务信息、交易信息,并确保信息的完整性、保密性、可用性。商品和服务信息、交易信息保存时间自交易完成之日起不少于三年;法律、行政法规另有规定的,依照其规定。
第三十二条 [经营者应制定经营规则]	电子商务平台经营者应当遵循公开、公平、公正的原则,制定平台服务协议和交易规则,明确进入和退出平台、商品和服务质量保障、消费者权益保护、个人信息保护等方面的权利和义务。
第七十九条 [经营者违法责任]	电子商务经营者违反法律、行政法规有关个人信息保护的规定,或者不履行本法第三十条和有关法律、行政法规规定的网络安全保障义务的,依照《中华人民共和国网络安全法》等法律、行政法规的规定处罚。

续表

条文序号	条文内容
第八十条 [经营者违法处罚]	电子商务平台经营者有下列行为之一的,由有关主管部门责令限期改正;逾期不改正的,处二万元以上十万元以下的罚款;情节严重的,责令停业整顿,并处十万元以上五十万元以下的罚款: …… (四)不履行本法第三十一条规定的商品和服务信息、交易信息保存义务的。 法律、行政法规对前款规定的违法行为的处罚另有规定的,依照其规定。

六、《消费者权益保护法》中涉及数据和个人信息的条款

《消费者权益保护法》明确经营者收集消费者个人信息应遵循合法、正当、必要原则,对于已经收集的个人信息经营者负有保密义务。详见表 2-2-5。

表 2-2-5 《消费者权益保护法》中涉及数据和个人信息的条文

条文序号	条文内容
第二十九条 [收集、使用消费者个人信息]	经营者收集、使用消费者个人信息,应当遵循合法、正当、必要的原则,明示收集、使用信息的目的、方式和范围,并经消费者同意。经营者收集、使用消费者个人信息,应当公开其收集、使用规则,不得违反法律、法规的规定和双方的约定收集、使用信息。 经营者及其工作人员对收集的消费者个人信息必须严格保密,不得泄露、出售或者非法向他人提供。经营者应当采取技术措施和其他必要措施,确保信息安全,防止消费者个人信息泄露、丢失。在发生或者可能发生信息泄露、丢失的情况时,应当立即采取补救措施。 经营者未经消费者同意或者请求,或者消费者明确表示拒绝的,不得向其发送商业性信息。

第三节 行 政 法 规

国务院发布的数据合规领域重要的行政法规主要有《关键信息基础设施安全保护条例》《征信业管理条例》《计算机信息系统安全保护条例》《电信条例》《互联网上网服务营业场所管理条例》等。下面就《关键信息基础设施安全保护

条例》和《征信管理条例》进行简单分析解读。

一、《关键信息基础设施安全保护条例》

（一）背景

2021年9月1日，《关键信息基础设施安全保护条例》生效。关键信息基础设施，即指基础电信网络、重要互联网基础设施等电信行业网络设施，是互联网经济时代的重要网络基础设施，关系到互联网经济的整体发展。保障关键信息基础设施的安全，对于维护国家网络安全、网络空间主权和国家安全、保障经济社会健康发展、维护公共利益和公民合法权益具有十分重大的意义。

从网络诞生起就伴随着网络攻击，新冠疫情暴发以来，高级持续性威胁、网络勒索、数据窃取等事件频发，危害经济社会稳定运行。2020年，葡萄牙、巴西、意大利等国的能源、电力企业被勒索软件攻击，导致基础设施受损，对全产业链产生连锁影响。为保障经济有序发展，作为《网络安全法》的重要配套立法，2021年7月30日国务院出台该条例。

（二）内容

《关键信息基础设施安全保护条例》分为总则、关键信息基础设施认定、运营者责任义务、保障和促进、法律责任、附则六章。

"总则"明确了该条例出台的目的，即为了保障公共通信和信息服务、能源、交通、水利、金融、公共服务、电子政务、国防科技工业等重要行业和领域的网络设施、信息系统的安全，进而维护网络安全、国家安全及公共利益。明确了各方责任，即关键信息基础设施的保护由国家网信部门统筹，其他相关部门、省级人民政府有关部门依法履行相应职责，规定应强化和落实关键信息基础设施运营者主体责任。

"关键信息基础设施认定"一章要求相关责任部门应制定关键信息基础设施认定规则，且认定规则的制定需要考虑网络设施、信息系统等对于相关行业核心业务的重要程度，网络设施、信息系统等一旦遭到破坏、丧失功能或者数据泄露可能带来的危害程度，对其他行业和领域的关联性影响。

"运营者责任义务"一章规定了关键信息基础设施运营者对于关键信息基础设施应建立安全保护措施、网络安全保护制度和责任制度，设置专门安全管理机构并明确其职责等内容。

"保障和促进"一章对国家、国家网信部门、保护工作部门等相关部门为维护关键信息基础设施应承担的责任、履行的义务进行了明确。

"法律责任"一章则主要对关键信息基础设施运营者未依法建立安全保护措施、网络安全保护制度和责任制度，未设置专门安全管理机构，未依法进行报告而需承担的责任进行了规定。

二、《征信业管理条例》

（一）背景

2013年3月15日，《征信业管理条例》生效。互联网数字经济的发展已然渗透到各行各业，征信行业也不例外。因征信机构需要通过采集、分析大量数据来判断企业及个人的信用状况，为更好地贯彻"征信为民"的发展理念，满足新时代征信业规范发展的需求，切实保障征信市场主体的合法权益和信息安全，国务院出台了该条例。

（二）内容

《征信业管理条例》主要是针对征信机构的业务活动及征信机构的监督管理进行规定，适用于在我国境内从事个人或企业信用信息的采集、整理、保存、加工，并向信息使用者提供的征信业务及相关活动。

首先，《征信业管理条例》对于个人信息的采集应取得信息主体的同意，对采集范围及禁止采集的信息进行了规定，如禁止采集宗教信仰、基因、指纹、血型、疾病和病史信息，个人的收入、存款、有价证券、商业保险、不动产的信息和纳税数额信息。其次，明确征信机构应确保其信息的准确性，不良信息的储存期限，按规定使用、向他人提供个人信息。再次，信息主体对其个人信息享有的更正权及对错误信息可提异议等。最后，严格法律责任，对征信机构或信息提供者、信息使用者违反该条例规定，侵犯个人权益的，由监管部门依照该条例的规定给予行政处罚；造成损失的，依法承担民事责任；构成犯罪的，依法追究刑事责任。

第四节 司法解释

涉及数据合规领域的纠纷包括民事纠纷和刑事纠纷,相关司法解释亦涵盖这两方面,如《关于审理使用人脸识别技术处理个人信息相关民事案件适用法律若干问题的规定》《关于审理侵害信息网络传播权民事纠纷案件适用法律若干问题的规定》《关于审理利用信息网络侵害人身权益民事纠纷案件适用法律若干问题的规定》《关于办理利用信息网络实施黑恶势力犯罪刑事案件若干问题的意见》《关于办理非法利用信息网络、帮助信息网络犯罪活动等刑事案件适用法律若干问题的解释》《关于办理侵犯公民个人信息刑事案件适用法律若干问题的解释》《检察机关办理侵犯公民个人信息案件指引》等。下文就其中涉及数据或个人信息的部分司法解释的内容予以归纳分析。

一、《关于审理使用人脸识别技术处理个人信息相关民事案件适用法律若干问题的规定》

2021年7月27日,最高人民法院发布该规定,于2021年8月1日生效。该规定共16条。第1条规定了本规定的适用范围,界定了人脸信息的处理这一概念,并明确人脸信息属于《民法典》第1034条规定的"生物识别信息"。第2条至第9条主要围绕利用人脸识别技术获得的人脸信息侵害自然人人格权益的情形、责任、不承担责任的例外情形及举证责任承担进行规定。剩余条款则规定了人民法院支持物业业主申请不以人脸识别作为验证方式而以其他方式验证,阐明了信息处理者采用格式条款与自然人订立要求自然人授予其无期限限制、不可撤销、可任意转授权等处理人脸信息的权利的合同,经信息主体申请,法院可认定该格式条款无效。

二、《关于审理利用信息网络侵害人身权益民事纠纷案件适用法律若干问题的规定》

2020年12月29日,最高人民法院发布该规定,于2021年1月1日生效。该规定对"利用信息网络侵害人身权益民事纠纷案件"进行界定,即利用信息网络侵害他人姓名权、名称权、名誉权、荣誉权、肖像权、隐私权等人身权益引起的纠纷案件;明确可将侵权人与网络服务提供者列为共同被告;规定了认定网络服务提供者采取的删除、屏蔽、断开链接等必要措施是否及时的具体考量因素,即进一步明确平台服务者对网络信息审查义务的范围;确定网络服务提供者最终承担责任需考虑其过错程度、考虑其对网络信息侵权是否明知,并具体规定了衡量网络服务者过错程度、是否明知侵权的考虑因素。以上一系列规定都使得网络侵权纠纷的法律规定进一步明确和细化,弥补了法律的漏洞,增强了实操性。

第五节 部门规章及规范性文件

随着《网络安全法》、《数据安全法》、《个人信息保护法》及《关键信息基础设施安全保护条例》等上位法的出台,各部委为进一步落实上述法律规定的执行,相继发布了系列数据安全相关的部门规章及规范性文件,主要包括《数据安全管理办法(征求意见稿)》《网络安全审查办法》《儿童个人信息网络保护规定》《汽车数据安全管理若干规定(试行)》《工业和信息化领域数据安全管理办法(征求意见稿)》《国家健康医疗大数据标准、安全和服务管理办法(试行)》《APP违法违规收集使用个人信息行为认定方法》《APP违法违规收集使用个人信息自评估指南》《关于开展APP违法违规收集使用个人信息专项治理的公告》《互联网个人信息安全保护指南》《电信和互联网用户个人信息保护规定》等。

一、《网络安全审查办法》

2021年12月28日,国家互联网信息办公室、国家发展和改革委员会、工业和信息化部、公安部、国家安全部、财政部、商务部、中国人民银行、国家市场监督管理总局、国家广播电视总局、中国证券监督管理委员会、国家保密局、国家密码管理局联合发布《网络安全审查办法》,于2022年2月15日生效。该办法的出台落实了《国家安全法》《网络安全法》《数据安全法》《关键信息基础设施安全保护条例》的规定,确保关键信息基础设施供应链的安全,切实维护国家网络安全。该办法主要明确如何从国家整体层面保障网络。具体而言,确定了网络安全审查相关制度规范的制定,网络安全审查的组织由网络安全审查办公室负责;关键信息基础设施运营者采购网络产品和服务,网络平台运营者开展数据处理活动适用本办法;对网络安全审查的原则予以确定。

二、《数据安全管理办法》(征求意见稿)

2019年5月28日,国家互联网信息办公室发布《数据安全管理办法》(征求意见稿)。在《数据安全法》出台之前,该办法专门提出了"数据安全"这一概念,与《网络安全法》中"网络安全"概念相区别,使得数据安全的保障有法可依。依据数据处理的流程对相应的处理行为进行规制,在"数据收集"一章中,规定了数据收集应遵循的原则,对网络爬虫爬取数据进行了量化规制,规定禁止因信息主体授权采集信息的不同而提供差别化服务,规定运营者以经营为目的收集重要数据或个人敏感信息的,应明确数据安全责任人。在"数据使用"一章中,规定在数据使用过程中应对数据进行分级分类,采取相应的加密措施,规定了数据共享前应对风险予以评估,规定了数据的注销及删除等。

第六节 地方性法规及规范性文件

随着《网络安全法》《数据安全法》的出台,各地也相继出台了配套的地方性法规,以更好地规范企业数据的处理,促进数据经济的发展。与数据相关的地方性法规主要有《深圳经济特区数据条例》《上海市数据条例》《广东省数字经济促进条例》《浙江省数字经济促进条例》等。

一、《深圳经济特区数据条例》

2021年7月6日,深圳市人民代表大会常务委员会发布《深圳经济特区数据条例》,于2022年1月1日正式生效。该条例是为了规范数据处理活动,保护自然人、法人和非法人组织的合法权益,促进数据作为生产要素开放流动和开发利用,加快建设数字经济、数字社会、数字政府,根据有关法律、行政法规的基本原则,结合深圳经济特区实际,制定该条例。

该条例从个人数据、公共数据、数据要素市场、数据安全四个维度对于数据的收集、处理等问题作出了规定,确认了个人的数据权益并规定了处理个人数据"最小必要"原则等。同时,该条例对 APP 收集个人数据进行了规制,最后对大数据"杀熟"、个性化推荐、"人脸识别"数据的使用以及未成年人个人数据保护等实践中的热点问题作出了回应。

二、《上海市数据条例》

2021 年 11 月 25 日,上海市人民代表大会常务委员会发布《上海市数据条例》,于 2022 年 1 月 1 日正式实施。该条例同《深圳经济特区数据条例》的出台目的一样,均不仅仅为规范处理数据的行为,更为了促进数据依法有序自由流动,保障数据安全,加快数据要素市场培育,推动数字经济更好服务和融入新发展格局,对社会经济的发展尤其是数字经济的发展有重要的规范和推动作用。

该条例中有三大亮点:第一,在第 67 条规定在浦东新区设立数据交易所并运营,规定浦东新区鼓励和引导市场主体依法通过数据交易所进行交易。由此,数据交易所的功能定位于中间平台,"数据交易所搭台,数据交易主体唱戏"是上海数据交易的主要模式。第二,在第 69 条规定建设临港新片区"离岸数据中心",创造性地提出了低风险跨境流动数据目录,这是国内数据跨境制度探索的重大进步。第三,在第 71 条规定支持浦东新区加强数据交易相关的数字信任体系建设,创新融合大数据、区块链、零信任等技术,构建数字信任基础设施,保障可信数据交易服务,体现了上海市正在探索数据交易强化技术监管,构建数字化生态创新。

第七节 标 准

对于数据的处理除需要遵守相关法律法规外,另一类重要的规范也需要重视并遵守,即国家或相关行业出台或即将出台的涉及数据安全的一系列标准。

主要有《信息安全技术 个人信息去标识化效果分级评估规范》(征求意见稿)、《信息安全技术 移动互联网应用程序(APP)收集个人信息基本规范》(征求意见稿)、《网络安全标准实践指南 移动互联网应用程序(APP)中的第三方软件开发工具包(SDK)安全指引》)(征求意见稿)、《信息安全技术 网络数据处理安全规范》(征求意见稿)、《网络安全标准实践指南 移动互联网应用程序(APP)系统权限申请使用指引》、《网络安全标准实践指南 移动互联网应用程序(APP)个人信息安全规范指引》(征求意见稿)、《信息安全技术 个人信息告知同意指南》(征求意见稿)、《汽车数据安全管理若干规定(试行)》、《常见类型移动互联网应用程序必要个人信息范围规定》、《信息技术安全 个人信息安全影响评估指南》、《网络安全标准实践指南 移动互联网应用程序(APP)个人信息保护常见问题及处置指南》、《网络安全标准实践指南 移动互联网应用程序(APP)收集使用个人信息自评估指南》、《信息技术安全 网络安全等级保护基本要求》、《信息安全技术 个人信息安全规范》、《个人信息处理法律合规性评估指引》、《信息安全技术网联汽车采集数据的安全要求》。

由此可见,与数据相关的标准之多,其中,多数系与个人信息相关,下面就与个人信息相关且较为重要的《信息安全技术 个人信息安全规范》(以下简称《个人信息安全规范》)展开讨论。

一、《个人信息安全规范》的出台背景

国家为保障网络安全、数据安全出台了一系列法律法规,但由于法律规范及监管政策的原则性,很多政策缺乏落地的细则,这就给很多企业个人信息合规工作带来极大的困惑。因此,全国信息安全标准化技术委员会牵头制定的《个人信息安全规范》,从国家标准层面,明确了企业收集、使用、分享个人信息的合规要求,为企业制定隐私政策及个人信息管理规范指明了方向。

二、重要内容

《个人信息安全规范》由全国信息安全标准化技术委员会发布,于2018年5月1日生效。

《个人信息安全规范》整体上规定了开展收集、存储、使用、共享、转让、公开披露、删除等个人信息处理活动的原则和安全要求。重要内容包括对个人信息、个人敏感信息、个人信息主体、个人信息控制者进行了界定,以及对个人信息的收集、存储、使用具体规制的规定。《个人信息安全规范》第五部分是对个人信息收集的具体规定,包括收集个人信息的合法性、最小必要原则、授权同意即个人信息保护政策和征得授权同意的例外,在附录部分还提供了个人信息保护的

政策模板。第六部分规定了个人信息的存储,包括个人信息存储时间最小化、去标识化处理及个人敏感信息的传输和存储。第七部分则对个人信息的使用予以规定,包括个人信息访问的控制措施、个人信息的展示限制、使用目的的限制、个性化展示的使用、自动决策机制的使用等。

第三章 《数据安全法》

《数据安全法》于2021年6月10日由第十三届全国人民代表大会常务委员会第二十九次会议通过,自2021年9月1日起实施。

《数据安全法》共七章55条,坚持保障数据安全和促进数据开发利用并重的立法原则,其内容涵盖了立法目的、适用范围、监管体系、关键定义、行业发展、相关义务、法律责任等。《数据安全法》是数据领域的基础性法律,也是国家安全领域的一部重要法律。下面笔者对《数据安全法》的重要法条进行解读分析。

第一节 立法目的、适用范围、重要概念

一、立法目的

(一)《数据安全法》的立法目的

《数据安全法》第1条明确了其立法目的,包括五个方面:(1)规范数据处理活动;(2)保障数据安全;(3)促进数据开发利用;(4)保护个人、组织的合法权益;(5)维护国家主权、安全和发展利益。[①] 上述内容体现了《数据安全法》坚持数据安全与数据产业发展并重,在保障数据安全的基础上,促进数据产业持续健康发展的立法目的。

(二)《数据安全法》《网络安全法》《个人信息保护法》立法目的比较

《数据安全法》、《网络安全法》和《个人信息保护法》三部法律具体立法目的

---

① 《数据安全法》第1条:"为了规范数据处理活动,保障数据安全,促进数据开发利用,保护个人、组织的合法权益,维护国家主权、安全和发展利益,制定本法。"

对比见表3-1-1。

表3-1-1 《数据安全法》、《网络安全法》和《个人信息保护法》立法目的对比

《数据安全法》	《网络安全法》	《个人信息保护法》
第一条 为了规范数据处理活动,保障数据安全,促进数据开发利用,保护个人、组织的合法权益,维护国家主权、安全和发展利益,制定本法。	第一条 为了保障网络安全,维护网络空间主权和国家安全、社会公共利益,保护公民、法人和其他组织的合法权益,促进经济社会信息化健康发展,制定本法。	第一条 为了保护个人信息权益,规范个人信息处理活动,促进个人信息合理利用,根据宪法,制定本法。

《网络安全法》、《数据安全法》和《个人信息保护法》作为我国网络空间治理和数据保护的"三驾马车",《网络安全法》负责网络空间安全整体的治理,《数据安全法》负责数据处理活动的安全与开发利用,《个人信息保护法》负责个人信息的保护。由于三者定位有差异,其立法目的各有侧重。而且,《网络安全法》于2016年11月7日通过并公布,而《数据安全法》和《个人信息保护法》均为2021年通过并公布,也就是说,从立法时间上来看,《数据安全法》和《个人信息保护法》是在《网络安全法》公布后5年左右时间才制定,在这5年时间内,在网络空间管理、数据治理方面司法、行政执法实务中积累了不少经验,因此,《数据安全法》和《个人信息保护法》在立法目的中明确了"规范处理活动",以及保障安全与合理利用并重的立法目的。

二、适用范围

(一)地域适用范围

《数据安全法》第2条明确了《数据安全法》的适用范围,包括地域范围和主体范围。就地域范围而言,不仅适用于在中国境内开展的数据活动,也赋予了必要的域外适用效力。具体来说,无论开展数据活动的主体是境内的主体还是境外的主体,只要是在中国境内开展数据活动,均适用该法。对于在中国境外开展数据活动的组织和个人,如果其数据处理活动损害了中国国家安全、公共利益或者公民、组织的合法权益,我国也可以依照《数据安全法》追究其

法律责任。[1]

(二) 特殊适用规定

《数据安全法》第53条、第54条明确了四种特殊数据处理活动的适用规定，分别是：(1)开展涉及国家秘密的数据处理活动；(2)在统计、档案工作中开展数据处理活动；(3)开展涉及个人信息的数据处理活动；(4)军事数据安全保护。[2]

上述四种特殊适用规定中，开展涉及国家秘密的数据处理活动，以及涉及军事数据安全保护属于专属的规定。

开展涉及国家秘密的数据处理活动时，适用的法律主要有《保守国家秘密法》，适用的行政法规主要包括《保守国家秘密法实施条例》等。

在统计、档案工作中开展数据处理活动，适用的法律除了《数据安全法》外，还需要适用《统计法》《统计法实施条例》《档案法》《档案法实施办法》等法律、行政法规。

开展涉及个人信息的数据处理活动，适用的法律除了《数据安全法》外，还需要适用《个人信息保护法》《网络安全法》《民法典》等法律。

军事数据的安全保护，由中央军事委员会另行制定。这一规定与《网络安全法》中的规定是一致的。《网络安全法》第78条规定，"军事网络的安全保护，由中央军事委员会另行规定"。

三、重要概念

《数据安全法》第3条定义了"数据""数据处理""数据安全"。[3] 整部《数据安全法》就是讲如何规范"数据处理"行为，涉及"数据处理"行为要回答的最重要的两个问题就是"什么是数据？""什么是数据处理？"

---

[1] 《数据安全法》第2条："在中华人民共和国境内开展数据处理活动及其安全监管，适用本法。在中华人民共和国境外开展数据处理活动，损害中华人民共和国国家安全、公共利益或者公民、组织合法权益的，依法追究法律责任。"

[2] 《数据安全法》第53条："开展涉及国家秘密的数据处理活动，适用《中华人民共和国保守国家秘密法》等法律、行政法规的规定。在统计、档案工作中开展数据处理活动，开展涉及个人信息的数据处理活动，还应当遵守有关法律、行政法规的规定。"第54条："军事数据安全保护的办法，由中央军事委员会依据本法另行制定。"

[3] 《数据安全法》第3条："本法所称数据，是指任何以电子或者其他方式对信息的记录。数据处理，包括数据的收集、存储、使用、加工、传输、提供、公开等。数据安全，是指通过采取必要措施，确保数据处于有效保护和合法利用的状态，以及具备保障持续安全状态的能力。"

(一) 数据

从《数据安全法》第3条对数据的定义来看,"数据,是指任何以电子或者其他方式对信息的记录",将所有对信息进行的记录均认定为数据,适用的范围非常广泛。目前对信息进行记录主要是以电子方式进行。"其他方式"属于法律的兜底表述,笔者认为"其他方式"的表述和"非电子方式"的表述在此语境下所指代的范围和内容基本上是一致的。"非电子方式",是将常见的纸质记录方式也纳入数据安全管理范畴内。

(二) 数据处理

《数据安全法》第3条规定的数据处理,包括数据的收集、存储、使用、加工、传输、提供、公开等,采用了列举加兜底的方式。《数据安全法》涉及的是"数据处理",《民法典》《个人信息保护法》涉及的是"个人信息处理"。《数据安全法》《民法典》《个人信息保护法》三部法律的对比见表3-1-2。

表3-1-2 《数据安全法》《民法典》《个人信息保护法》数据处理对比

《数据安全法》	《民法典》	《个人信息保护法》
第三条 数据处理,包括数据的收集、存储、使用、加工、传输、提供、公开等。	第一千零三十五条 个人信息的处理包括个人信息的收集、存储、使用、加工、传输、提供、公开等。	第四条 个人信息的处理包括个人信息的收集、存储、使用、加工、传输、提供、公开、删除等。

从表格的对比可以看出,《数据安全法》《民法典》《个人信息保护法》关于"处理活动"的表述都包括了"收集""存储""使用""加工""传输""提供""公开",《个人信息保护法》作为三部法律中最晚制定并颁布的法律,将"删除"也作为处理活动的一种方式进行列举,进一步完善了"处理活动"的列举方式。需要说明的是,笔者认为"删除"当然属于"数据处理"活动的一种方式,不排除在《数据安全法》的后续修订中会将"删除"也明确列为"数据处理"活动的一种。

第二节 监管体系、数据安全管制

一、监督管理体系

《数据安全法》中,涉及监督管理的法条较多,主要包括以下几个方面的内容。

(一)顶层设计

数据是国家基础性战略资源,数据安全是国家安全的重要组成部分,没有数据安全就没有国家安全,这一点在《数据安全法》第4条中进行了明确。① 应当按照总体国家安全观的要求,从立法的角度加强数据安全保护,建立健全数据安全治理体系,提升数据安全保障能力,这也是维护数据主权,维护国家安全和发展,维护公共利益和公民、组织的合法权益的必然要求。

《数据安全法》第5条明确了数据安全管理工作的顶层设计,中央国家安全领导机构负责国家数据安全工作,统筹协调数据安全的重大事项,相对于《数据安全法(草案)》增加明确了"国家数据安全战略",说明"数据安全"关乎国家安全战略。②

《国家安全法》第5条规定,"中央国家安全领导机构负责国家安全工作的决策和议事协调,研究制定、指导实施国家安全战略和有关重大方针政策,统筹协调国家安全重大事项和重要工作,推动国家安全法治建设"。《数据安全法》第5条相对于《数据安全法(草案)》增加的内容,也实现了《数据安全法》中关于"中央国家安全领导机构"数据安全管理职责的表述,跟《国家安全法》中"中央国家安全领导机构"职责的表述一致。

(二)各监管部门具体分工

《数据安全法》第6条列明了从中央到地方涉及数据安全的具体监管部门,确立了数据安全的地区与部门监督管理体制,在中央部委层面,有着与顶层设计中央国家安全领导机构衔接的国家网信办、国家安全部、公安部、工信部,还有涵盖各行业的主管部门,如交通、金融、自然资源、卫生健康、教育、科技等。地方上涉及数据安全的管理,既包括地方政府,也包括前述各部委在地方的分支机构。

---

① 《数据安全法》第4条:"维护数据安全,应当坚持总体国家安全观,建立健全数据安全治理体系,提高数据安全保障能力。"
② 《数据安全法》第5条:"中央国家安全领导机构负责国家数据安全工作的决策和议事协调,研究制定、指导实施国家数据安全战略和有关重大方针政策,统筹协调国家数据安全的重大事项和重要工作,建立国家数据安全工作协调机制。"

基于此构筑了从中央到地方的数据安全监管网络体系。[①]

(三)社会参与

《数据安全法》第9条规定,国家支持开展数据安全知识宣传普及,提高全社会的数据安全保护意识和水平,推动有关部门、行业组织、科研机构、企业、个人等共同参与数据安全保护工作,形成全社会共同维护数据安全和促进发展的良好环境。

该条提出了社会参与,在全社会宣传普及数据安全知识。数据安全与每一个个体、行业组织、有关部门均息息相关。数据安全需要全社会协同治理,切实维护数据安全,促进数字经济有序良性发展。

(四)行业自律

《数据安全法》第10条是关于行业自律方面的规定,相关行业组织按照章程,依法制定数据安全行为规范和团体标准,加强行业自律,指导会员加强数据安全保护,提高数据安全保护水平,促进行业健康发展。

数据安全相关行业组织可以牵头制定数据安全、数据合规相关的行业标准、团体标准,也可以指导行业内会员加强数据安全保护,共同促进行业健康发展。

(五)投诉举报反馈通道

《数据安全法》第12条规定了畅通且保密的投诉举报通道。任何个人、组织都有权对违反本法规定的行为向有关主管部门投诉、举报。收到投诉、举报的部门应当及时依法处理。有关主管部门应当对投诉、举报人的相关信息予以保密,保护投诉、举报人的合法权益。

这里的举报主体,不仅包括数据处理活动的相关主体,如个人信息处理活动涉及的个人用户,也包括与数据处理活动无关的主体,同时这一条也和《数据安全法》第9条全社会参与、协同治理数据安全的精神遥相呼应。

举报、投诉的部门,对应的是《数据安全法》第6条列明的各有关部门,如网

[①] 《数据安全法》第6条:"各地区、各部门对本地区、本部门工作中收集和产生的数据及数据安全负责。工业、电信、交通、金融、自然资源、卫生健康、教育、科技等主管部门承担本行业、本领域数据安全监管职责。公安机关、国家安全机关等依照本法和有关法律、行政法规的规定,在各自职责范围内承担数据安全监管职责。国家网信部门依照本法和有关法律、行政法规的规定,负责统筹协调网络数据安全和相关监管工作。"

信部门、公安部门、国安部门、各行业的主管部门等。相关部门收到数据安全方面的举报、投诉后,应当及时依法处理。

另外,相对于草案,正式颁布的《数据安全法》第12条增加了"有关主管部门应当对投诉、举报人的相关信息予以保密,保护投诉、举报人的合法权益",这一规定与《网络安全法》第14条一致,明确了对投诉、举报人相关信息保密,保护投诉、举报人的合法权益,能更好地保障举报、投诉机制。

(六)各类标准制定

《数据安全法》第17条明确了数据开发利用技术和数据安全的标准体系建设。[①] 我们知道,相关的标准包括国家标准、行业标准、团体标准。从标准的制定主体来看,数据安全领域的标准制定和其他领域的标准制定一样,国务院标准化行政主管部门和国务院有关部门是数据安全领域标准的制定主体。数据行业的相关企业、行业协会、科研机构、高校参与相关数据安全领域的标准制定。到目前为止,制定了大量数据安全领域的标准。

(七)配套检测认证活动

《数据安全法》第18条明确的数据安全配套的检测评估认证活动,属于数据安全社会化服务体系。国家促进数据安全检测评估、认证等服务的发展,支持数据安全检测评估、认证等专业机构依法开展服务活动。国家支持有关部门、行业组织、企业、教育和科研机构、有关专业机构等在数据安全风险评估、防范、处置等方面开展协作。

二、数据安全管制

《数据安全法》规定了三种数据安全管制,即数据安全审查制度、出口管制和国际对等反制。

(一)数据安全审查制度

《数据安全法》第24条确立了数据安全审查制度,其从国家安全的角度对

---

① 《数据安全法》第17条:"国家推进数据开发利用技术和数据安全标准体系建设。国务院标准化行政主管部门和国务院有关部门根据各自的职责,组织制定并适时修订有关数据开发利用技术、产品和数据安全相关标准。国家支持企业、社会团体和教育、科研机构等参与标准制定。"

影响或者可能影响国家安全的数据处理活动进行国家安全审查。[①]

《数据安全法》第 24 条确立的数据安全审查制度与《网络安全法》确立的网络安全审查制度相对应。《网络安全法》第 35 条规定,"关键信息基础设施的运营者采购网络产品和服务,可能影响国家安全的,应当通过国家网信部门会同国务院有关部门组织的国家安全审查"。

数据安全审查制度和网络安全审查制度是什么关系,在《网络安全审查办法》发布之后得以解决。《网络安全审查办法》于 2021 年 12 月 28 日公布,自 2022 年 2 月 15 日起施行。《网络安全审查办法》第 1 条规定,"为了确保关键信息基础设施供应链安全,保障网络安全和数据安全,维护国家安全,根据《中华人民共和国国家安全法》、《中华人民共和国网络安全法》、《中华人民共和国数据安全法》、《关键信息基础设施安全保护条例》,制定本办法"。第 2 条规定,"关键信息基础设施运营者采购网络产品和服务,网络平台运营者开展数据处理活动,影响或者可能影响国家安全的,应当按照本办法进行网络安全审查"。

在《网络安全审查办法》中至少明确了以下问题:第一,制定《网络安全审查办法》的法律法规依据不仅包括《国家安全法》《网络安全法》,也包括新颁布的《数据安全法》和《关键信息基础设施安全保护条例》,将《网络安全法》和《数据安全法》并列作为《网络安全审查办法》的上位法立法依据。第二,明确网络安全审查的范围,不仅包括"关键信息基础设施运营者采购网络产品和服务的活动",也包括"数据处理者开展数据处理活动",只要影响或者可能影响国家安全的,都可以启动网络安全审查。

也就是说,《网络安全审查办法》不仅是《网络安全法》中规定的"网络安全审查制度"的配套法律文件,也是《数据安全法》中规定的"数据安全审查制度"的配套法律文件,网络安全审查和数据安全审查一并由《网络安全审查办法》规定。此外,《网络安全审查办法》中明确了审查主体、审查流程、审查期限等。

(二) 出口管制

《数据安全法》第 25 条首次提出了数据出口管制的规定,该条从出口的角度,对与维护国家安全和利益、履行国际义务相关的属于管制物项的数据实施出

[①] 《数据安全法》第 24 条:"国家建立数据安全审查制度,对影响或者可能影响国家安全的数据处理活动进行国家安全审查。依法作出的安全审查决定为最终决定。"

口管制。① 但是,《数据安全法》并未对具体的管制范围进行明确。对于"出口管制"的规定,于2020年10月17日第十三届全国人民代表大会常务委员会第二十二次会议通过的《出口管制法》中有相关的定义。《出口管制法》第2条既明确了管制物项包括物项相关的技术资料等数据,也明确了"出口管制",是指国家对从中华人民共和国境内向境外转移管制物项,以及中华人民共和国公民、法人和非法人组织向外国组织和个人提供管制物项,采取禁止或者限制性措施。②

《出口管制法》的上述规定与《数据安全法》提出的关于数据的出口管制相呼应。结合《数据安全法》与《出口管制法》的相关规定,可以明确的是,数据出口管制的管制物项数据的范围为与维护国家安全和利益、履行防扩散等国际义务相关的货物、技术、服务等物项相关的技术资料等数据,属于管制物项的数据具体可能包括两用物项、军品、核等的数据,如大规模杀伤性武器及其运载工具、军用目的装备、专用生产装备的研发数据、生产数据、使用数据等。

关于出口管制的具体管理,《出口管制法》第4条有明确的规定,"国家实行统一的出口管制制度,通过制定管制清单、名录或者目录(以下统称管制清单)、实施出口许可等方式进行管理"。

(三) 国际对等反制

《数据安全法》第26条从反歧视的角度,对涉及数据和数据开发利用技术等有关的投资、贸易等方面,任何国家或地区如果对我国采取歧视性的禁止、限制或者其他类似措施的,我国可以采取对等反制措施,以积极有效维护国家利益;从数据安全、数据开发利益的角度,设置国家对等反制条款,以有效应对数

---

① 《数据安全法》第25条:"国家对与维护国家安全和利益、履行国际义务相关的属于管制物项的数据依法实施出口管制。"

② 《出口管制法》第2条:"国家对两用物项、军品、核以及其他与维护国家安全和利益、履行防扩散等国际义务相关的货物、技术、服务等物项(以下统称管制物项)的出口管制,适用本法。前款所称管制物项,包括物项相关的技术资料等数据。本法所称出口管制,是指国家对从中华人民共和国境内向境外转移管制物项,以及中华人民共和国公民、法人和非法人组织向外国组织和个人提供管制物项,采取禁止或者限制性措施。本法所称两用物项,是指既有民事用途,又有军事用途或者有助于提升军事潜力,特别是可以用于设计、开发、生产或者使用大规模杀伤性武器及其运载工具的货物、技术和服务。本法所称军品,是指用于军事目的的装备、专用生产设备以及其他相关货物、技术和服务。本法所称核,是指核材料、核设备、反应堆用非核材料以及相关技术和服务。"

方面其他国家或地区对我国有关主体可能实施的数据打压、歧视等。[①]

此外,2021年6月10日,第十三届全国人民代表大会常务委员会第二十九次会议通过了《反外国制裁法》。《反外国制裁法》明确规定,"外国国家违反国际法和国际关系基本准则,以各种借口或者依据其本国法律对我国进行遏制、打压,对我国公民、组织采取歧视性限制措施,干涉我国内政的,我国有权采取相应反制措施",充分彰显了我国维护国家主权、安全、发展利益,保护我国公民和组织的合法权益的信心和决心。《数据安全法》第26条在数据方面国际对等反制的规定,与《反外国制裁法》的制度设计相呼应且一致。

第三节 数据分类分级及安全保护义务

一、数据分类分级

(一)数据分类分级制度

《数据安全法》第21条明确了数据分类分级的制度设计,根据数据在经济社会发展中的重要程度,以及一旦遭到篡改、破坏、泄露或者非法获取、非法利用,对国家安全、公共利益或者个人、组织合法权益造成的危害程度,对数据实行分类分级保护。[②]

《数据安全法》明确的数据分类分级制度与《网络安全法》中关于"数据分类"的要求相呼应。《网络安全法》第21条从法律层面提出了网络安全等级保

[①] 《数据安全法》第26条:"任何国家或者地区在与数据和数据开发利用技术等有关的投资、贸易等方面对中华人民共和国采取歧视性的禁止、限制或者其他类似措施的,中华人民共和国可以根据实际情况对该国家或者地区对等采取措施。"

[②] 《数据安全法》第21条:"国家建立数据分类分级保护制度,根据数据在经济社会发展中的重要程度,以及一旦遭到篡改、破坏、泄露或者非法获取、非法利用,对国家安全、公共利益或者个人、组织合法权益造成的危害程度,对数据实行分类分级保护。国家数据安全工作协调机制统筹协调有关部门制定重要数据目录,加强对重要数据的保护。关系国家安全、国民经济命脉、重要民生、重大公共利益等数据属于国家核心数据,实行更加严格的管理制度。各地区、各部门应当按照数据分类分级保护制度,确定本地区、本部门以及相关行业、领域的重要数据具体目录,对列入目录的数据进行重点保护。"

护制度,其中提出了"数据分类"的要求。① 而《数据安全法》第21条则进一步从法律层面细化了数据分类分级保护制度,将数据划分为国家核心数据、重要数据和其他数据三种类型。国家核心数据的定义明确为"关系国家安全、国民经济命脉、重要民生、重大公共利益等数据"。

(二)数据分类分级标准及其流程

《数据安全法》第21条规定的数据分类分级标准包括两个维度:一个是数据的重要程度,另一个是数据安全事件发生的危害程度。涉及数据分类分级的具体原则和流程的规范有《大数据安全管理指南》及后续将要出台的《数据安全管理办法》等。

(三)重要数据

实务中,有关企业需要特别关注"重要数据"的概念,因为在整个数据合规治理体系中,企业需要重点关注两类数据,即"重要数据"和"个人信息"。基于此,《数据安全法》第21条的另一个重要的意义在于,明确了从国家角度制定重要数据目录以及各地区、各部门制定重要数据具体目录的分工监管架构,也是落实《国民经济和社会发展第十四个五年规划和2035年远景目标纲要》提出的"完善适用于大数据环境下的数据分类分级保护制度"的要求。在后面的章节我们还会详细论述分析"数据分类分级"、"重要数据"和"个人信息"。

二、数据安全保护义务

(一)数据处理活动的原则性要求

《数据安全法》第8条规定,"开展数据处理活动,应当遵守法律、法规,尊重社会公德和伦理,遵守商业道德和职业道德,诚实守信,履行数据安全保护义务,承担社会责任,不得危害国家安全、公共利益,不得损害个人、组织的合法权益"。这是开展数据处理活动的原则性要求,属于宣誓性条款,在具体规定无法

---

① 《网络安全法》第21条:"国家实行网络安全等级保护制度。网络运营者应当按照网络安全等级保护制度的要求,履行下列安全保护义务,保障网络免受干扰、破坏或者未经授权的访问,防止网络数据泄露或者被窃取、篡改:(一)制定内部安全管理制度和操作规程,确定网络安全负责人,落实网络安全保护责任;(二)采取防范计算机病毒和网络攻击、网络侵入等危害网络安全行为的技术措施;(三)采取监测、记录网络运行状态、网络安全事件的技术措施,并按照规定留存相关的网络日志不少于六个月;(四)采取数据分类、重要数据备份和加密等措施;(五)法律、行政法规规定的其他义务。"

有效覆盖个案时可能会适用本条的规定。同时,《数据安全法》第四章对数据安全保护的义务进行了具体规定。

(二) 开展数据处理活动应符合社会公德和伦理

《数据安全法》第 28 条规定,"开展数据处理活动以及研究开发数据新技术,应当有利于促进经济社会发展,增进人民福祉,符合社会公德和伦理"。本条也是宣誓性条款,强调开展数据处理活动、研究开发相关数据新技术,应当在促进经济社会发展的同时,也符合社会公德和伦理,促进社会经济发展意味着要重视效率、效益,要符合社会公德和伦理意味着要追求社会的公平、合理。数据治理、算法治理是目前数据经济中的热门话题,后面我们会有专章讨论这些话题。

(三) 全流程数据管理制度

《数据安全法》第 27 条规定,"开展数据处理活动应当依照法律、法规的规定,建立健全全流程数据安全管理制度,组织开展数据安全教育培训,采取相应的技术措施和其他必要措施,保障数据安全。利用互联网等信息网络开展数据处理活动,应当在网络安全等级保护制度的基础上,履行上述数据安全保护义务"。

对于企业而言,开展数据处理活动,其基本的数据安全保护义务是建立健全全流程数据安全管理制度。此处的全流程数据安全管理制度,应当覆盖数据处理活动的全流程,也就是应包括数据收集、存储、加工、使用、提供、交易、公开、删除等流程。企业合规部门进行数据合规管理的程序性规章制度,包括数据合规组织制度、数据合规风险管理流程、合规审查流程、违规举报、调查与处置流程、合规报告程序等方面。企业数据合规管理制度由专业团队制定,需要结合企业的信息安全管理系统,包括一系列数据合规工具,来监督和执行企业数据管理,最大限度实现企业数据自动化合规管理。

企业在建立完善的数据安全管理制度的基础上,需要将相关的规章制度落地,建议定期开展数据安全教育培训。从培训时间来看,对员工关于数据安全的培训应当从员工入职第一天就开始,并定期组织培训和沟通;从培训的内容看,企业开展数据合规方面的培训,包括但不限于最新的数据安全法律法规、监管规定、企业内部规章制度等方面;从培训的对象来看,可以覆盖企业的高层管理者、企业内部数据安全管理部门人员、企业法律合规部门人员、相关业务核心员工等。

另外，数据安全的落地，需要企业结合自身的业务状况和企业自身情况匹配网络安全数据安全的技术系统，采取相应的技术措施和其他必要措施予以保障。

第四节　数据存储与出境、执法及司法配合义务、报批义务、数据交易

一、数据本地化存储与出境

《数据安全法》第31条规定，"关键信息基础设施的运营者在中华人民共和国境内运营中收集和产生的重要数据的出境安全管理，适用《中华人民共和国网络安全法》的规定；其他数据处理者在中华人民共和国境内运营中收集和产生的重要数据的出境安全管理办法，由国家网信部门会同国务院有关部门制定"。

数据本地化存储以及数据出境，一直是众多跨境企业、跨国公司在公司业务合规方面需要重点关注的问题，也是企业开展数据合规的重要工作，我们会在后面专门设立一章来讨论数据存储及出境的问题。

二、执法、司法活动中数据处理者的配合义务

《数据安全法》第35条规定，"公安机关、国家安全机关因依法维护国家安全或者侦查犯罪的需要调取数据，应当按照国家有关规定，经过严格的批准手续，依法进行，有关组织、个人应当予以配合"。该条明确了基于国家安全或者侦查犯罪的需要，公安机关、国家安全机关需要调取数据时，数据处理者等有关组织、个人应当予以配合，这种情形主要发生在境内，我们称之为数据处理者等有关组织、个人境内配合的义务。

《数据安全法》第35条需要重点关注。第一，从《数据安全法》第35条的字面意思理解，有权调取数据的机关为公安机关和国家安全机关。实务中会碰到检察机关在侦查犯罪时是否有权调取数据的问题。虽然《数据安全法》第35条没有明确规定，但笔者认为检察机关在侦查犯罪时也有权调取数据，因为根据《人民检察院组织法》第20条的规定，"人民检察院行使下列职权：（一）依照法

律规定对有关刑事案件行使侦查权……"检察机关也有侦查权,在侦查案件中可能也存在要求数据处理者提供数据的情形。

第二,调取数据的条件,是涉及国家安全或者侦查犯罪的需要;调取数据的程序,是应当经过严格的批准手续,依法进行。

第三,违反配合义务的法律责任。拒不配合的,应配合的主体、主管人员和责任人员都将面临法律风险,具体见《数据安全法》第48条规定,"违反本法第三十五条规定,拒不配合数据调取的,由有关主管部门责令改正,给予警告,并处五万元以上五十万元以下罚款,对直接负责的主管人员和其他直接责任人员处一万元以上十万元以下罚款"。

三、向外国司法或者执法机构提供数据的报批义务

《数据安全法》第36条规定,中华人民共和国主管机关根据有关法律和中华人民共和国缔结或者参加的国际条约、协定,或者按照平等互惠原则,处理外国司法或者执法机构关于提供数据的请求。非经中华人民共和国主管机关批准,境内的组织、个人不得向外国司法或者执法机构提供存储于中华人民共和国境内的数据。

《数据安全法》第36条需要关注以下几点:

第一,明确了是"司法或者执法机构"而非"执法机构"。

第二,明确了是"外国的"而非"境外的"司法或者执法机构,显然"境外"的范围要大于"外国"的范围。根据《出境入境管理法》第89条的规定,"出境,是指由中国内地前往其他国家或者地区,由中国内地前往香港特别行政区、澳门特别行政区,由中国大陆前往台湾地区。入境,是指由其他国家或者地区进入中国内地,由香港特别行政区、澳门特别行政区进入中国内地,由台湾地区进入中国大陆"。也就是说,从上述法条的字面理解,"香港特别行政区、澳门特别行政区、台湾地区"并不适用于《数据安全法》第36条。

第三,《数据安全法》从数据安全、数据监管的角度明确了组织和向外国司法机构或者执法机构提供数据需要向主管机关报批。

第四,违反《数据安全法》第36条的法律责任。有关主体违反报批义务,向外国司法或者执法机构提供数据,可能面临警告、罚款、责令暂停相关业务、停业整顿、吊销相关业务许可证或者吊销营业执照等法律责任。直接负责的主管人

员和其他直接责任人员可能面临罚款的法律责任。①

四、数据交易

《数据安全法》涉及数据交易的法条有第19条、第33条。

《数据安全法》第19条明确了国家建立健全数据交易管理制度,规范数据交易行为,明确了国家对合法数据交易的支持。②《数据安全法》第33条明确规定数据交易中介服务机构在为数据交易提供服务过程中负有数据来源核查、交易各方身份核查、交易记录留存等义务。③

数据交易需要厘清"数据交易""数据交易服务"的重要概念。可供参考的是《信息安全技术 数据交易服务安全要求》(GB/T 37932—2019),其中,将"数据交易"定义为"数据供方和需方之间以数据商品作为交易对象,进行的以货币或货币等价物交换数据商品的行为";将"数据交易服务"定义为"帮助数据供方和需方完成数据交易的活动"。

现有的数据交易一般在大数据交易所和企业自主运营的数据交易平台进行。从数据交易中介服务机构的服务要求来看,主要包括说明来源、审核身份、留存记录三项要求。而三项要求是否妥善履行,将决定数据交易中介服务机构是否承担相应的法律责任。鉴于"数据交易"是一个重要的话题,后面会单列一章来详细论述有关"数据交易"的方方面面。

---

① 《数据安全法》第48条:"违反本法第三十六条规定,未经主管机关批准向外国司法或者执法机构提供数据的,由有关主管部门给予警告,可以并处十万元以上一百万元以下罚款,对直接负责的主管人员和其他直接责任人员可以处一万元以上十万元以下罚款;造成严重后果的,处一百万元以上五百万元以下罚款,并可以责令暂停相关业务、停业整顿、吊销相关业务许可证或者吊销营业执照,对直接负责的主管人员和其他直接责任人员处五万元以上五十万元以下罚款。"

② 《数据安全法》第19条:"国家建立健全数据交易管理制度,规范数据交易行为,培育数据交易市场。"

③ 《数据安全法》第33条:"从事数据交易中介服务的机构提供服务,应当要求数据提供方说明数据来源,审核交易双方的身份,并留存审核、交易记录。"

第四章 《个人信息保护法》

《个人信息保护法》由第十三届全国人民代表大会常务委员会第三十次会议于 2021 年 8 月 20 日通过，自 2021 年 11 月 1 日起施行。

《个人信息保护法》共八章 74 条，分别为总则、个人信息处理规则、个人信息跨境提供的规则、个人在个人信息处理活动中的权利、个人信息处理者的义务、履行个人信息保护职责的部门、法律责任和附则。《个人信息保护法》的出台，能够进一步加强个人信息保护法制保障、维护网络空间良好生态、促进数字经济健康发展。下面笔者就《个人信息保护法》的重要条款进行解读分析。

第一节 立法目的、适用范围及重要概念

一、立法目的

(一)《个人信息保护法》的立法目的

《个人信息保护法》第 1 条规定，"为了保护个人信息权益，规范个人信息处理活动，促进个人信息合理利用，根据宪法，制定本法"。第 2 条规定，"自然人的个人信息受法律保护，任何组织、个人不得侵害自然人的个人信息权益"。

在信息网络、数字经济时代，虽然我国个人信息保护力度在不断加强，但在现实生活中，一些企业、机构甚至个人随意收集、违法获取、过度使用、非法买卖个人信息，利用个人信息侵扰个人用户生活安宁、危害生命健康和财产安全等问题仍十分突出。个人信息泄露案件、"大数据杀熟"、个人隐私泄露等事件频发，说明在个人信息保护的天平上，经营者在数字技术上的应用越来越发达和成熟，而个人消费者就越发处于弱势地位。《个人信息保护法》主要的立法目的，就是

保护个人信息权益,规范个人信息处理活动,促进个人信息合理利用。

(二)《数据安全法》《网络安全法》《个人信息保护法》立法目的比较

前面在分析《数据安全法》时,对《数据安全法》《网络安全法》《个人信息保护法》三部法律的具体立法目的进行了对比分析,《网络安全法》关注网络空间安全整体治理,《数据安全法》负责数据处理活动的安全与开发利用,《个人信息保护法》侧重个人信息的保护。《网络安全法》《数据安全法》《个人信息保护法》并行组成了我国网络空间治理和数据保护的"三驾马车",由于三者定位各有差异,其立法目的也各有侧重。

二、适用范围

(一)地域适用范围

《个人信息保护法》第 3 条规定:"在中华人民共和国境内处理自然人个人信息的活动,适用本法。在中华人民共和国境外处理中华人民共和国境内自然人个人信息的活动,有下列情形之一的,也适用本法:(一)以向境内自然人提供产品或者服务为目的;(二)分析、评估境内自然人的行为;(三)法律、行政法规规定的其他情形。"该条明确了《个人信息保护法》的适用范围,不仅包括在中国境内开展处理自然人个人信息的活动,还包括特定情形下在境外处理境内自然人个人信息的活动。

具体来说,只要是在中国境内开展处理自然人个人信息的活动,无论开展处理自然人个人信息活动的主体是境内的主体还是境外的主体,也无论处理的是境内自然人的个人信息还是境外自然人的个人信息,均适用《个人信息保护法》。对于在中国境外开展处理自然人个人信息活动的组织和个人,如果其处理的是中国境内自然人的个人信息,在特定情形下也适用本法。此处特定情形既包括直接信息处理活动,也包括间接信息处理活动。直接信息处理活动是指个人信息处理者因提供产品或服务而产生的信息处理活动,间接信息处理行为是指行为分析和评估等常见的间接信息处理行为。

(二)境外的个人信息处理者的额外义务

《个人信息保护法》第 53 条规定,"本法第三条第二款规定的中华人民共和国境外的个人信息处理者,应当在中华人民共和国境内设立专门机构或者指定代表,负责处理个人信息保护相关事务,并将有关机构的名称或者代表的姓名、联系方式等报送履行个人信息保护职责的部门"。该条进一步要求境外的个人信息处理者在境内设立专门机构或者指定代表负责处理个人信息保护相关事务,并将有关信息报送履行个人信息保护职责的部门。

第二节 个人信息处理的基本原则

一、合法、正当、必要、诚信原则

《个人信息保护法》第 5 条规定,"处理个人信息应当遵循合法、正当、必要和诚信原则,不得通过误导、欺诈、胁迫等方式处理个人信息"。归纳起来就是合法、正当、必要、诚信原则。上述规定属于开展个人信息处理活动的原则性要求,属于宣誓性条款,在具体规定无法有效覆盖个案时可以适用本条的规定。

《个人信息保护法》在沿用《民法典》、《网络安全法》和《个人信息安全规范》关于合法、正当、必要原则规定的基础上,增加了诚信原则,并禁止采取"误导、欺诈、胁迫"等方式处理个人信息。"诚信"原则的增加,使其与《数据安全法》的规定一致。[1]

二、目的明确和最小必要原则

《个人信息保护法》第 6 条规定,处理个人信息应当具有明确、合理的目的,并应当与处理目的直接相关,采取对个人权益影响最小的方式。收集个人信息,应当限于实现处理目的的最小范围,不得过度收集个人信息。该条是关于处理个人信息目的明确原则和最小必要原则的规定。目的明确原则即具有明确、清晰、具体的个人信息处理目的;最小必要原则,即只处理满足个人信息主体授权同意的目的所需的最少个人信息类型和数量,不得过度收集个人信息。

---

[1] 《数据安全法》第 8 条:"开展数据处理活动,应当遵守法律、法规,尊重社会公德和伦理,遵守商业道德和职业道德,诚实守信,履行数据安全保护义务,承担社会责任,不得危害国家安全、公共利益,不得损害个人、组织的合法权益。"

三、公开透明原则

《个人信息保护法》第 7 条规定,处理个人信息应当遵循公开、透明原则,公开个人信息处理规则,明示处理的目的、方式和范围。该条是关于处理个人信息公开透明原则的规定。公开透明原则,即以明确、易懂和合理的方式公开处理个人信息的范围、目的、规则等,并接受外部监督。公开透明原则保障的是个人信息主体的知情权。

此外,保障个人信息主体的知情权,落实公开透明原则除了《个人信息保护法》第 7 条规定之外,还有该法第 17 条第 2 款规定的"个人信息处理者通过制定个人信息处理规则的方式告知第一款规定事项的,处理规则应当公开,并且便于查阅和保存"。

四、质量及安全保障原则

《个人信息保护法》第 8 条规定,处理个人信息应当保证个人信息的质量,避免因个人信息不准确、不完整对个人权益造成不利影响。

《个人信息保护法》第 9 条规定,个人信息处理者应当对其个人信息处理活动负责,并采取必要措施保障所处理的个人信息的安全。《个人信息保护法》第 8 条可以归纳为质量原则,第 9 条可以归纳为安全保障原则的规定。

《个人信息保护法》第 51 条、第 52 条进一步细化了个人信息处理者在该安全保障原则下的具体义务,如制定内部管理制度、实行分类管理、采取安全技术措施、确定个人信息处理的操作权限、定期进行安全教育和培训、制定并组织实施个人信息安全事件应急预案以及指定个人信息保护负责人等法律、行政法规规定的措施。

第三节 个人信息处理的具体规则

《个人信息保护法》的第二章是个人信息处理规则。从该章的设置上来看,个人信息处理规则可划分为一般规定、敏感个人信息的处理规则、国家机关处理个人信息的特别规定三部分。

一、个人信息处理具体规则的一般规定

个人信息处理规则的一般规定,包括个人信息处理的合法性基础、知情同意原则、个人信息撤回、不得拒绝服务原则、告知规则及告知义务的豁免、个人信息保存期限的限制、共同处理个人信息的处理者权利义务及责任承担、委托处理个人信息、个人信息的转移、分享及公开、自动化决策、公共场所个人图像及身份识别信息收集规则、已公开个人信息的处理等。其中"自动化决策"在后面章节会单列出来分析,针对其他一般规定中重要的规定分析如下:

(一)个人信息处理的合法性基础

《个人信息保护法》第 13 条是个人信息处理的合法性基础的具体体现,归纳起来包括两层含义:其一,知情同意即取得用户个人的同意是处理个人信息的一般性合法基础;其二,知情同意的例外情形。《个人信息保护法》第 13 条第 2 款明确规定,处理个人信息应当取得个人同意,但是有前款第 2 项至第 7 项规定情形的,不需取得个人同意。具体如下:

1. 知情同意

知情同意,或者称为"告知—同意",即取得用户个人的同意,是个人信息处理首要的合法性基础。知情同意原则也赋予了用户个人对其个人信息的主导支配地位。

2. 知情同意的例外情形

(1)订立、履行合同所必需。

《个人信息保护法》第 13 条第 2 款第 2 项规定,如果是为订立、履行个人作为一方当事人的合同所必需而处理个人信息时,即使处理者未取得个人用户的同意,也可以在一定程度上就合同订立、履行所必需而处理其个人信息。

(2)按照依法制定的劳动规章制度和依法签订的集体合同实施人力资源管理所必需。

按照依法制定的劳动规章制度和依法签订的集体合同实施人力资源管理所必需也属于知情同意的例外,而且也是设置在《个人信息保护法》第 13 条第 2 款第 2 项中。因为在现实生活中,雇主或者单位基于劳动合同而形成的劳动关系或者基于劳务合同而形成的劳务关系,需要采集员工个人信息的场景大量存在,如企业采集员工的个人身份信息、手机号码等联系方式,以及收集员工的银行账

号用于薪酬的支付及发放等,注意这里明确的是"实施人力资源管理所必需"是知情同意例外的基础,并非企业可以一味扩张例外情形,至于"实施人力资源管理所必需"的范围和边界还有待在实务中进一步明确和界定。

(3)公权力主体在法律法规的授权下为履行法定职责或者法定义务所必需。

公权力主体为履行法定职责或者法定义务而处理公民个人信息,也属于取得用户告知同意的例外,无需征得用户同意。此时,需要注意两点:其一,应当有法律法规授权。法律法规对公权力主体履行法定职责或者法定义务有规定。其二,"同意+告知"一般规则中"同意"的义务要求虽然可以免除,公权力主体一般情况下仍然需要履行"告知"义务。[1]

(4)为应对突发公共卫生事件。

(5)紧急情况下为保护自然人的生命健康和财产安全所必需。

(6)为公共利益实施新闻报道、舆论监督等行为,在合理范围内处理个人信息。这里面为公共利益实施的"新闻报道""舆论监督"的边界在实务中需要明确。

(7)在合理范围内处理个人自行公开的个人信息或者其他已经合法公开的个人信息。

该例外之适用在实践中还需要进一步明确。个人自行公开的个人信息在网络空间中大量存在。个人也可以通过社交媒体如微信朋友圈、微博、短视频平台公开个人信息。"其他已经合法公开的个人信息"是否仅限于政务平台、司法平台公开的个人信息也有待实务中进一步明确。该例外的适用条件有一点是明确的,如果个人用户明确拒绝处理其已公开的个人信息,那么个人信息处理者不得继续处理,《民法典》第1036条有相应的规定。

(二)"知情同意"的内涵

在上面的法条中明确了,知情同意即取得个人用户的同意是处理个人信息的一般性合法性基础。"知情同意"的具体内涵在《个人信息保护法》第14条进行了规定,应当由个人在充分知情的前提下自愿、明确作出同意。

---

[1] 《个人信息保护法》第35条:"国家机关为履行法定职责处理个人信息,应当依照本法规定履行告知义务;有本法第十八条第一款规定的情形,或者告知将妨碍国家机关履行法定职责的除外。"

1. 自愿同意与非自愿同意

与自愿同意相对应的是非自愿同意、被胁迫的同意等,《个人信息保护法》第 16 条"不得拒绝服务原则"就是与"自愿同意"相协调、相配合的,即个人信息处理者不得以拒绝提供产品或者服务为要挟,而迫使个人用户同意其处理用户个人信息。

2. 明示同意与默示同意

明示同意与默示同意相对。《个人信息保护法》要求个人用户作出的对其个人信息进行处理的同意必需是在充分知情前提下的明确同意。明确的同意指信息主体通过书面声明或者主动作出肯定性动作,如主动声明、主动勾选、主动点击"同意"等;反之,默认勾选的对话框或者不作为则不构成明示同意。[①]

3. 同意的可撤回

"知情同意",即取得用户个人的授权同意,是处理个人信息活动的一般合法性基础。自然人用户在作出授权同意之后,其同意可以变更或取消,也就是赋予个人用户撤回其同意的权利。基于个人同意处理个人信息的,个人有权撤回其同意,个人信息处理者应当提供便捷的撤回同意的方式。同时撤回同意不影响撤回前基于个人同意已经进行的个人信息处理活动的效力,也就是说,同意的撤回不具有溯及力。[②]

4. 单独同意的规则

特殊情况下处理个人信息,应当取得个人单独同意或者书面同意。与单独同意相对的是概括同意,实务中网络平台或 APP 运营者作为个人信息处理者一般会通过向个人用户提供《用户协议》《隐私政策》《隐私条款》等方式履行其知情同意的义务,这些都属于概括同意。需要取得个人用户"单独同意"的情形主要有:

(1)个人信息处理者向其他个人信息处理者提供其处理的个人信息的,应当取得个人用户的单独同意,并且应当向个人告知接收方的名称或者姓名、联系

[①] 参见龙卫球主编:《中华人民共和国个人信息保护法释义》,中国法制出版社 2021 年版,第 64 页。
[②] 《个人信息保护法》第 15 条:"基于个人同意处理个人信息的,个人有权撤回其同意。个人信息处理者应当提供便捷的撤回同意的方式。个人撤回同意,不影响撤回前基于个人同意已进行的个人信息处理活动的效力。"

方式、处理目的、处理方式和个人信息的种类。①

（2）个人信息处理者要公开其处理的个人信息的，应当取得个人单独同意。未经用户个人单独同意处理者私自公开其处理的个人信息造成个人信息权益侵害的，个人信息处理者不能证明自己没有过错的，应当承担损害赔偿等侵权责任，②此处的赔偿责任承担采取的是过错推定的归责原则。当然，从个人信息处理者企业或者有关平台方的角度来看，如果能够证明自身没有过错，可以免除责任。具体的赔偿数额，按照个人因此受到的损失或者个人信息处理者因此获得的利益确定；个人受到的损失和个人信息处理者获得的利益难以确定的，根据实际情况确定赔偿数额。这一规定与《民法典》第1182条的规定保持一致。

（3）在公共场所通过安装的图像采集设备、个人身份识别设备而收集的个人图像、身份识别信息，只能用于维护公共安全的目的，如果用于其他目的，应当取得个人单独同意。③

（4）处理敏感个人信息，一般应当取得个人的单独同意。

（5）向境外提供个人信息的，个人信息处理者应当取得个人的单独同意，应当向个人用户告知境外接收方的名称或者姓名、联系方式、处理目的、处理方式、个人信息的种类以及个人向境外接收方行使法律规定权利的方式和程序等事项。④

（三）个人信息的告知规则体系

"告知同意"是个人信息保护的核心规则，个人用户的"授权同意"与个人信

---

① 《个人信息保护法》第23条："个人信息处理者向其他个人信息处理者提供其处理的个人信息的，应当向个人告知接收方的名称或者姓名、联系方式、处理目的、处理方式和个人信息的种类，并取得个人的单独同意。接收方应当在上述处理目的、处理方式和个人信息的种类等范围内处理个人信息。接收方变更原先的处理目的、处理方式的，应当依照本法规定重新取得个人同意。"

② 《个人信息保护法》第69条："处理个人信息侵害个人信息权益造成损害，个人信息处理者不能证明自己没有过错的，应当承担损害赔偿等侵权责任。前款规定的损害赔偿责任按照个人因此受到的损失或者个人信息处理者因此获得的利益确定；个人因此受到的损失和个人信息处理者因此获得的利益难以确定的，根据实际情况确定赔偿数额。"

③ 《个人信息保护法》第26条："在公共场所安装图像采集、个人身份识别设备，应当为维护公共安全所必需，遵守国家有关规定，并设置显著的提示标识。所收集的个人图像、身份识别信息只能用于维护公共安全的目的，不得用于其他目的；取得个人单独同意的除外。"

④ 《个人信息保护法》第39条："个人信息处理者向中华人民共和国境外提供个人信息的，应当向个人告知境外接收方的名称或者姓名、联系方式、处理目的、处理方式、个人信息的种类以及个人向境外接收方行使本法规定权利的方式和程序等事项，并取得个人的单独同意。"

息处理者的"告知义务"是"告知同意"规则的两大方面。

个人信息处理者的"告知义务"分为"原则+一般性告知规则+特别告知情形"三重告知规则。

1. 告知义务原则

个人信息处理者告知义务的原则包括遵循公开、透明原则，公开个人信息处理规则，明示处理的目的、方式和范围。①

"告知同意"是个人信息处理活动的一般基础和前提，一般情况下个人信息处理者的"告知义务"和用户的"授权同意"缺一不可。

在个人信息处理的各个环节，包括收集、存储、使用、加工、传输、提供、对外公开、删除等，个人信息处理者都需要履行提前告知义务。

告知方式应当以显著方式、采用清晰易懂的语言。也就是说，有关企业在制定《隐私政策》《用户协议》来履行其作为个人信息处理者的告知义务时，语言不能晦涩难懂、含混不清等，《隐私政策》《用户协议》要易于访问、查看。告知的内容要求"真实、准确、完整"。

2. 告知的一般事项

根据《个人信息保护法》第17条的规定，告知的一般事项，包括：处理者的名称或者姓名、联系方式；个人信息的处理目的、处理方式、待处理的个人信息的种类、保存期限；个人用户行使相关权利的方式和程序；法律、行政法规规定应当告知的其他事项。

3. 特殊告知事项

特殊告知事项，包括：

（1）个人信息移转时的告知事项。根据《个人信息保护法》第22条的规定，个人信息处理者因合并、分立、解散、被宣告破产等，个人信息处理主体发生变化，需要转移个人信息的，应当向个人告知接收方的名称或者姓名和联系方式。接收方应当继续履行个人信息处理者的义务。接收方变更原先的处理目的、处理方式的，应当依照本法规定重新取得个人同意。当个人信息处理主体发生变化时，个人用户作为个人信息的主体应享有知情权，个人信息移转的接收方作为

---

① 《个人信息保护法》第7条："处理个人信息应当遵循公开、透明原则，公开个人信息处理规则，明示处理的目的、方式和范围。"

新的个人信息处理者,应当继续履行其作为个人信息处理者的相应义务和承担相应的法律责任。

(2)个人信息被分享、对外提供时的告知事项。根据《个人信息保护法》第23条的规定,个人信息处理者向其他个人信息处理者提供其处理的个人信息的,应当向个人告知接收方的名称或者姓名、联系方式、处理目的、处理方式和个人信息的种类,并取得个人的单独同意。接收方应当在上述处理目的、处理方式和个人信息的种类等范围内处理个人信息。接收方变更原先的处理目的、处理方式的,应当依照法律规定重新取得个人同意。也就是说,个人信息被对外提供、共享、分享时,个人信息处理者应当履行告知义务,个人用户有权决定是否同意新的接收方使用其个人信息。因为数据共享、个人信息共享,一般通过原数据控制者(个人信息处理者)以协议等方式与被共享人共享其控制的相关个人信息,个人信息在共享人与被共享人之间实现了个人信息的传输流通,个人用户作为个人信息的权益主体,有权对其个人信息的共享流通实施控制。同时,个人信息、数据在共享时,由于被共享人所享有的相关权利来源于共享人,除个人信息权利人对被共享人作出特别授权外,被共享人对相关数据所享有的权限不可能超过信息共享方。①

(3)自动化决策时的告知事项。根据《个人信息保护法》第24条第2款、第3款的规定,通过自动化决策方式向个人进行信息推送、商业营销,应当同时提供不针对其个人特征的选项,或者向个人提供便捷的拒绝方式。通过自动化决策方式作出对个人权益有重大影响的决定,个人有权要求个人信息处理者予以说明,并有权拒绝个人信息处理者仅通过自动化决策的方式作出决定。关于自动化决策的详细分析见后面的章节。

(4)处理敏感个人信息的告知事项。根据《个人信息保护法》第30条的规定,个人信息处理者处理敏感个人信息的,除了按照一般个人信息的告知规则的要求告知之外,还需要履行以下义务:应当向个人告知处理敏感个人信息的必要性以及对个人权益的影响。告知处理敏感个人信息的必要性,这也是处理个人信息必要性原则在涉及敏感个人信息处理时的具体体现。告知对个人权益的影响,主要是指个人信息处理者在处理涉及敏感个人信息时,应当向个人用户告知

---

① 参见王利明:《数据共享与个人信息保护》,载《现代法学》2019年第1期。

敏感信息的用途、处理方式、处理目的、可能给个人用户带来的不利后果等。

（5）在公共场所收集图像、身份识别信息的告知事项。根据《个人信息保护法》第26条的规定，为了维护公共安全所必需，在公共场所安装图像采集、个人身份识别设备的，应当设置显著的提示标识。其中，人脸识别设备属于典型的个人身份识别设备。

（6）个人信息跨境时的告知事项。个人信息处理者向中国境外提供个人信息的，在满足《个人信息保护法》第38条规定的个人信息跨境监管要求的基础上，在告知事项方面，应当向个人告知境外接收方的名称或者姓名、联系方式、处理目的、处理方式、个人信息的种类以及个人向境外接收方行使法律规定权利的方式和程序等事项，并取得个人的单独同意。[①]

（7）发生安全事件的通知告知事项。根据《个人信息保护法》第57条第1款的规定，当发生或者可能发生个人信息泄露、篡改、丢失的，个人信息处理者应当立即采取补救措施，并通知履行个人信息保护职责的部门和个人。通知应当包括：发生或者可能发生个人信息泄露、篡改、丢失的信息种类、原因和可能造成的危害；处理者采取的补救措施和个人可以采取的减轻危害的措施；个人信息处理者的联系方式。

（8）大型网络平台定期发布个人信息保护社会责任报告的告知事项。根据《个人信息保护法》第58条的规定，提供重要互联网平台服务、用户数量巨大、业务类型复杂的个人信息处理者，应当定期发布个人信息保护社会责任报告，接受社会监督。

4.告知义务的豁免及延迟履行制度

法律行政法规规定，个人信息处理者处理个人信息应当保密或者不需要告知的情形的，个人信息处理者可以不向个人履行告知义务，即告知义务的豁免。

在紧急情况下为保护自然人的生命健康和财产安全无法及时向个人告知

[①] 《个人信息保护法》第39条："个人信息处理者向中华人民共和国境外提供个人信息的，应当向个人告知境外接收方的名称或者姓名、联系方式、处理目的、处理方式、个人信息的种类以及个人向境外接收方行使本法规定权利的方式和程序等事项，并取得个人的单独同意。"

的,个人信息处理者应当在紧急情况消除后及时告知,即告知义务的延迟履行制度。①

(四) 个人信息的公开及已公开个人信息的处理

关于个人信息的公开,根据《个人信息保护法》第 25 条的规定,个人信息处理者不得公开其处理的个人信息,取得个人单独同意的除外。个人信息处理者未经个人单独同意私自公开其处理的个人信息,如果其公开的行为给个人用户造成其个人权益侵害,个人信息处理者应当承担赔偿责任。与之衔接的是《个人信息保护法》第 69 条,处理个人信息侵害个人信息权益造成损害,个人信息处理者不能证明自己没有过错的,应当承担损害赔偿等侵权责任,即个人信息处理者要承担过错推定责任。具体损害赔偿数额按照个人因此受到的损失或者个人信息处理者因此获得的利益确定;个人受到的损失和个人信息处理者因此获得的利益难以确定的,根据实际情况确定赔偿数额。

关于已公开个人信息的处理,针对个人自行公开或者其他已经合法公开的个人信息,个人信息处理者可以在合理的范围内处理。例外情况是,个人明确拒绝的和处理已公开个人信息对个人权益有重大影响的应当依照法律规定取得个人同意。上述例外情形的具体适用还有待实务中观察。

二、敏感个人信息的处理规则

(一) 敏感个人信息的定义

敏感个人信息,是指一旦泄露或者非法使用,容易导致自然人的人格尊严受到侵害或者人身、财产安全受到危害的个人信息,包括生物识别、宗教信仰、特定身份、医疗健康、金融账户、行踪轨迹等信息,以及不满 14 周岁的未成年人的个人信息。②

---

① 《个人信息保护法》第 18 条:"个人信息处理者处理个人信息,有法律、行政法规规定应当保密或者不需要告知的情形的,可以不向个人告知前条第一款规定的事项。紧急情况下为保护自然人的生命健康和财产安全无法及时向个人告知的,个人信息处理者应当在紧急情况消除后及时告知。"

② 《个人信息保护法》第 28 条:"敏感个人信息是一旦泄露或者非法使用,容易导致自然人的人格尊严受到侵害或者人身、财产安全受到危害的个人信息,包括生物识别、宗教信仰、特定身份、医疗健康、金融账户、行踪轨迹等信息,以及不满十四周岁未成年人的个人信息。只有在具有特定的目的和充分的必要性,并采取严格保护措施的情形下,个人信息处理者方可处理敏感个人信息。"

敏感个人信息举例,见表4-3-1。①

表4-3-1 个人敏感信息举例

类型	举例
个人财产信息	银行账户、鉴别信息(口令)、存款信息(包括资金数量、支付收款记录等)、房产信息、信贷记录、征信信息、交易和消费记录、流水记录等,以及虚拟货币、虚拟交易、游戏类兑换码等虚拟财产信息
个人健康生理信息	个人因生病医治等产生的相关记录,如病症、住院志、医嘱单、检验报告、手术及麻醉记录、护理记录、用药记录、药物食物过敏信息、生育信息、以往病史、诊治情况、家族病史、现病史、传染病史等
个人生物识别信息	个人基因、指纹、声纹、掌纹、耳郭、虹膜、面部识别特征等
个人身份信息	身份证、军官证、护照、驾驶证、工作证、社保卡、居住证等
其他信息	婚史、宗教信仰、犯罪记录、通信记录和内容、通讯录、好友列表、群组列表、行踪轨迹、网页浏览记录、住宿信息、精准定位信息等

(二)敏感个人信息的处理原则

对于敏感个人信息的处理,应遵循特定目的和充分必要性原则。在具有特定的目的和充分的必要性,以及采取严格保护措施的情形下,才能处理敏感个人信息。②

涉及敏感个人信息的,应建立数据保护影响评估制度。个人信息处理者应当在处理敏感个人信息前进行个人信息保护影响评估,并对处理情况进行记录。③

---

① 《信息安全技术 个人信息安全规范》(GB/T 35273—2020)。
② 《个人信息保护法》第28条:"敏感个人信息是一旦泄露或者非法使用,容易导致自然人的人格尊严受到侵害或者人身、财产安全受到危害的个人信息,包括生物识别、宗教信仰、特定身份、医疗健康、金融账户、行踪轨迹等信息,以及不满十四周岁未成年人的个人信息。只有在具有特定的目的和充分的必要性,并采取严格保护措施的情形下,个人信息处理者方可处理敏感个人信息。"
③ 《个人信息保护法》第55条:"有下列情形之一的,个人信息处理者应当事前进行个人信息保护影响评估,并对处理情况进行记录:(一)处理敏感个人信息;(二)利用个人信息进行自动化决策;(三)委托处理个人信息、向其他个人信息处理者提供个人信息、公开个人信息;(四)向境外提供个人信息;(五)其他对个人权益有重大影响的个人信息处理活动。"

(三) 敏感个人信息的特别同意规则

敏感个人信息的特别同意规则主要体现在"单独同意"和"书面同意",即处理敏感个人信息应当取得个人的单独同意;同时,在一些特殊情况下,法律、行政法规明确规定了处理敏感个人信息应当取得书面同意,而不能是以口头作出或者是勾选选项的形式取得个人用户的同意。[①]

(四) 未成年人个人信息的特殊同意规则

根据《个人信息保护法》第31条的规定,不满14周岁未成年人的个人信息属于敏感个人信息,个人信息处理者处理时,应当取得未成年人的父母或者其他监护人的同意。个人信息处理者处理不满14周岁未成年人个人信息的,应当制定专门的个人信息处理规则。

(五) 处理敏感个人信息的法定限制

根据《个人信息保护法》第32条的规定,法律、行政法规对处理敏感个人信息规定应当取得相关行政许可或者作出其他限制的,从其规定。也就是说,针对处理敏感个人信息的行为,法律、行政法规可以设置专门的行政许可或者其他限制。

三、国家机关处理个人信息的特别规定

(一) 国家机关及管理公共事务的组织处理个人信息活动的法律适用

国家机关处理个人信息的活动,首先适用《个人信息保护法》第二章"个人信息处理规则"第三节"国家机关处理个人信息的特别规定",没有特别规定的,适用《个人信息保护法》其他部分的规定。

同时,法律、法规授权的具有管理公共事务职能的组织为履行法定职责处理个人信息,同样适用《个人信息保护法》关于国家机关处理个人信息的规定。[②]也就是说,法律、法规授权的具有管理公共事务职能的组织在处理个人信息时,将类推适用《个人信息保护法》对国家机关的相关规定。这一规定与《数据安全

---

① 《个人信息保护法》第29条:"处理敏感个人信息应当取得个人的单独同意;法律、行政法规规定处理敏感个人信息应当取得书面同意的,从其规定。"

② 《个人信息保护法》第37条:"法律、法规授权的具有管理公共事务职能的组织为履行法定职责处理个人信息,适用本法关于国家机关处理个人信息的规定。"

法》的有关规定一致,法律、法规授权的具有管理公共事务职能的组织为履行法定职责开展数据处理活动,适用《数据安全法》第五章"政务数据安全与开放"规定。①

(二)国家机关处理个人信息的告知义务

国家机关为履行法定职责处理个人信息的,应当依照《个人信息保护法》规定履行告知义务,有法律、行政法规规定应当保密或者不需要告知的情形,或者告知将妨碍国家机关履行法定职责的除外。② 也就是说,针对一般个人信息处理者适用的"同意—告知"义务,针对国家机关免除了"同意"义务,一般情况下国家机关仍然需要履行"告知"义务。

(三)境内存储和境外提供的安全评估

国家机关处理的个人信息应当在中国境内存储,确需向境外提供的,应当进行安全评估。安全评估可以要求有关部门提供支持与协助。③

第四节　个人信息处理活动中个人的九大权利

在整个的个人信息处理活动中,个人用户的相关权利、个人信息处理者的相关义务,以及监管部门的监管职责,共同构筑了个人信息保护的完整体系。《个人信息保护法》第四章"个人在个人信息处理活动中的权利"对个人在个人信息处理活动中的权利作出了系统全面的规定,概括来说有以下九大权利。

一、知情权

在个人信息处理活动中,个人对其个人信息的处理享有知情权、决定权,有

---

① 《数据安全法》第43条:"法律、法规授权的具有管理公共事务职能的组织为履行法定职责开展数据处理活动,适用本章规定。"
② 《个人信息保护法》第35条:"国家机关为履行法定职责处理个人信息,应当依照本法规定履行告知义务;有本法第十八条第一款规定的情形,或者告知将妨碍国家机关履行法定职责的除外。"
③ 《个人信息保护法》第36条:"国家机关处理的个人信息应当在中华人民共和国境内存储;确需向境外提供的,应当进行安全评估。安全评估可以要求有关部门提供支持与协助。"

权限制或者拒绝他人对其个人信息进行处理;法律、行政法规另有规定的除外。①

《个人信息保护法》规定的"知情权"和《个人信息保护法》第17条规定的个人信息处理者在处理个人信息前的告知义务,即告知"个人信息处理者的名称或者姓名和联系方式;个人信息的处理目的、处理方式,处理的个人信息种类、保存期限"等是遥相呼应的。

所谓"知情权",是指在个人信息处理活动中个人用户享有知悉相关情况的权利,包括有权知道其个人信息被何人处理,该个人信息处理者基于何种目的、以何种方式、处理的是哪些个人信息等。对于个人用户来说,行使"知情权"是行使其他权利,如决定权、查阅权、复制权、更正权、删除权等权利的基础。"知情权"包括以下几个方面:

第一,除非法律、行政法规规定应当保密或者不需要告知的情形,或者告知将妨碍国家机关履行法定职责的,任何个人信息处理者在处理个人信息前,都必须向个人履行告知义务。

第二,个人信息处理者在处理个人信息前,应当以显著方式、清晰易懂的语言真实、准确、完整地向个人告知法律、行政法规规定的应当告知的事项。这些事项原则上包括:(1)个人信息处理者的名称或者姓名和联系方式;(2)个人信息的处理目的、处理方式,处理的个人信息种类、保存期限;(3)个人行使《个人信息保护法》规定权利的方式和程序;(4)法律、行政法规规定应当告知的其他事项。如果已经告知的事项发生变更的,应当将变更部分告知个人。

第三,就一些特殊的个人信息处理,个人信息处理者还应当告知相应的特殊事项,包括:(1)个人信息处理者因合并、分立、解散、被宣告破产等需要转移个人信息的,应当向个人告知接收方的名称或者姓名和联系方式;(2)个人信息处理者向其他个人信息处理者提供其处理的个人信息的,应当向个人告知接收方的名称或者姓名、联系方式、处理目的、处理方式和个人信息的种类,并取得个人的单独同意;(3)为维护公共安全所必需在公共场所安装图像采集、个人身份识别设备,应当设置显著的提示标识;(4)个人信息处理者处理已公开的个人信

---

① 《个人信息保护法》第44条:"个人对其个人信息的处理享有知情权、决定权,有权限制或者拒绝他人对其个人信息进行处理;法律、行政法规另有规定的除外。"

息,对个人权益有重大影响的,应当向个人告知并取得同意;(5)处理敏感个人信息的,个人信息处理者还应当向个人告知处理敏感个人信息的必要性以及对个人权益的影响;(6)个人信息处理者向境外提供个人信息的,应当向个人告知境外接收方的名称或者姓名、联系方式、处理目的、处理方式、个人信息的种类以及个人向境外接收方行使本法规定权利的方式和程序等事项,并取得个人的单独同意。

第四,个人有权向个人信息处理者查阅、复制其个人信息,该权利也是知情权的表现。

第五,发生或者可能发生个人信息泄露、篡改、丢失的,个人信息处理者应当通知个人下列事项:(1)发生或者可能发生个人信息泄露、篡改、丢失的信息种类、原因和可能造成的危害;(2)个人信息处理者采取的补救措施和个人可以采取的减轻危害的措施;(3)个人信息处理者的联系方式。

二、决定权

从《个人信息保护法》第44条的法律条文来看,"决定权"的内容,主要是指个人用户对个人信息处理者处理本人信息表示同意、限制、拒绝。

从"知情权"和"决定权"的关系来看,"知情权"得到保障是个人用户行使"决定权"的基础和前提。《个人信息保护法》通过法条的形式明确"知情权"和"决定权",有利于个人用户更好地实现对其个人信息的控制。"知情权"和"决定权"存在例外情形。《个人信息保护法》第44条在规定"知情权"和"决定权"的同时,明确了"法律、行政法规另有规定的除外",也就是在特殊情况下无需保障个人用户的"知情权"和"决定权",或者延后保障个人用户的"知情权"和"决定权"。

例外情形主要规定在《个人信息保护法》第18条和第35条。第18条规定,有法律、行政法规规定应当保密或者不需要告知的情形的,可以不向个人告知个人信息处理者的名称或者姓名、联系方式、处理目的、处理方式等;紧急情况下为保护自然人的生命健康和财产安全无法及时向个人告知的,个人信息处理者应当在紧急情况消除后及时告知。第35条规定,国家机关为履行法定职责处理个人信息,告知将妨碍国家机关履行法定职责的除外。

三、查阅权、复制权、可携带权

在个人信息处理活动中,个人有权向个人信息处理者查阅、复制其个人信息;有《个人信息保护法》第18条第1款、第35条规定情形的除外。个人请求查阅、复制其个人信息的,个人信息处理者应当及时提供。①

《个人信息保护法》的上述规定,明确了个人用户的查阅权、复制权。查阅权有时也被称为查询权、访问权。个人用户的查阅权、复制权除了《个人信息保护法》第45条之外,《民法典》也有相应的规定。《民法典》第1037条规定,"自然人可以依法向信息处理者查阅或者复制其个人信息",以及《民法典》第1225条规定,"医疗机构及其医务人员应当按照规定填写并妥善保管住院志、医嘱单、检验报告、手术及麻醉记录、病理资料、护理记录等病历资料。患者要求查阅、复制前款规定的病历资料的,医疗机构应当及时提供"。

查阅权、复制权的保障能够使个人用户便于了解其信息状况,有利于更有效行使更正、删除个人信息的权利,加强个人对其个人信息的控制,维护个人信息权益。《个人信息保护法》保障个人用户的查阅权、复制权,如无例外情形,个人信息处理者应当采取适当的方式,对个人查阅、复制其个人信息的请求及时予以回应,确保其查阅权、复制权的行使。

查阅权、复制权的例外情形与知情权和决定权的例外情形类似。例外情形主要规定在《个人信息保护法》第18条第1款和第35条。第18条规定,有法律、行政法规规定应当保密或者不需要告知的情形的;第35条规定,国家机关为履行法定职责处理个人信息,告知将妨碍国家机关履行法定职责的除外。

个人用户的可携带权,是指个人请求将个人信息转移至其指定的个人信息处理者,符合国家网信部门规定条件的,个人信息处理者应当提供转移的途

---

① 《个人信息保护法》第45条:"个人有权向个人信息处理者查阅、复制其个人信息;有本法第十八条第一款、第三十五条规定情形的除外。个人请求查阅、复制其个人信息的,个人信息处理者应当及时提供。个人请求将个人信息转移至其指定的个人信息处理者,符合国家网信部门规定条件的,个人信息处理者应当提供转移的途径。"

径。① 个人用户信息的可携带权,主要包括个人用户获取和传输其个人信息的两项权能,即从个人信息处理者处取得本人的个人信息并传输到另一个信息处理者。②

四、更正权、补正权

在个人信息处理活动中,针对个人信息不准确或者不完整的情形,个人有权请求个人信息处理者更正、补充。个人请求更正、补充其个人信息的,个人信息处理者应当对其个人信息予以核实,并及时更正、补充。③ 因为只有确保个人信息的准确性、完整性、及时性,个人用户才能充分享有其个人信息的合法权益。上述权利我们称为更正权、补正权(或者补充权)。

五、删除权

《个人信息保护法》第47条规定,有下列情形之一的,个人信息处理者应当主动删除个人信息;个人信息处理者未删除的,个人有权请求删除:(1)处理目的已实现、无法实现或者为实现处理目的不再必要;(2)个人信息处理者停止提供产品或者服务,或者保存期限已届满;(3)个人撤回同意;(4)个人信息处理者违反法律、行政法规或者违反约定处理个人信息;(5)法律、行政法规规定的其他情形。法律、行政法规规定的保存期限未届满,或者删除个人信息从技术上难以实现的,个人信息处理者应当停止除存储和采取必要的安全保护措施之外的处理。此即为个人用户作为信息主体的删除权。上面提到的保存期限已届满的情况下,个人用户有权要求处理者删除其个人信息,与《个人信息保护法》第17条规定的个人信息处理者在处理个人信息前,应当向个人告知处理的个人信息的保存期限相互呼应。

---

① 《个人信息保护法》第45条:"个人有权向个人信息处理者查阅、复制其个人信息;有本法第十八条第一款、第三十五条规定情形的除外。个人请求查阅、复制其个人信息的,个人信息处理者应当及时提供。个人请求将个人信息转移至其指定的个人信息处理者,符合国家网信部门规定条件的,个人信息处理者应当提供转移的途径。"

② 参见丁宇翔:《个人信息保护纠纷:理论释解与裁判实务》,中国法制出版社2021年版,第330~331页。

③ 《个人信息保护法》第46条:"个人发现其个人信息不准确或者不完整的,有权请求个人信息处理者更正、补充。个人请求更正、补充其个人信息的,个人信息处理者应当对其个人信息予以核实,并及时更正、补充。"

六、要求解释、说明权

根据《个人信息保护法》第 48 条的规定,要求解释、说明权,即个人用户有权要求个人信息处理者对其个人信息处理规则进行解释和说明。个人用户的要求解释、说明权与个人信息处理活动中知情同意的基础原则一脉相承,个人信息处理者应当公开、告知个人信息处理规则,这是个人信息处理者作为个人信息处理主体应当履行的义务。个人信息处理者在履行公开、告知个人信息处理规则义务的具体形式上,经常会借助网络服务合同的格式条款,个人用户在接受产品或服务时,未必在一开始就清楚明了有关格式条款的具体含义,《个人信息保护法》明确赋予个人用户的要求解释、说明权,是对个人信息权益充分保障的体现。在面对个人信息处理者采用算法自动化决策、个性化推荐、定向广告时,个人用户要求处理者解释、说明信息处理规则就显得更有必要。

第五节　个人信息处理者的义务

一、个人信息处理者的安全管理要求

《个人信息保护法》第 51 条规定,根据个人信息的处理目的、处理方式、个人信息的种类以及对个人权益的影响、可能存在的安全风险等,个人信息处理者应当采取下列措施,确保个人信息处理活动的安全,防止未经授权的访问以及个人信息泄露、篡改、丢失:(1)制定内部管理制度和操作规程;(2)对个人信息实行分类管理;(3)采取安全技术措施;(4)合理确定个人信息处理的操作权限,定期对从业人员进行安全教育和培训;(5)制定并组织实施个人信息安全事件应急预案;(6)法律、行政法规规定的其他措施。

上述个人信息处理者的安全管理要求,分为三个层面:其一,组织制度方面,要求个人信息处理者建立内部管理制度和操作规程,制定并实施个人信息安全事件应急预案;其二,人员管理方面,要求确定有关人员的操作权限、定期开展相关教育和培训;其三,技术保障方面,要求采取安全技术措施。个人信息保护的安全技术措施,除了加密技术、去标识化技术外,还包括边界保护、访问控制、入

侵防范、恶意代码防护机制、剩余信息保护、云计算与物联网安全机制等。①

二、人员设置要求

（一）设置个人信息保护负责人

《个人信息保护法》第52条规定，处理个人信息达到国家网信部门规定数量的个人信息处理者，应当指定个人信息保护负责人。此处的个人信息保护负责人和数据安全中提到的数据保护官、数据合规官、数据保护顾问的设置类似，人员来自企业内部的员工，负责监督企业的个人信息处理活动及所采取的保护措施。作为个人信息处理者的企业，应当公开个人信息保护负责人的联系方式，并将个人信息保护负责人的姓名、联系方式等报送履行个人信息保护职责的部门。

（二）境外个人信息处理者在境内设置专门机构或者指定代表

境外的个人信息处理者应当在境内设置专门机构或者指定代表，具体要明确以下问题：

1. 此处的"境外个人信息处理者"，是指在中华人民共和国境外处理中华人民共和国境内自然人的个人信息，有下列情形之一的处理者：（1）以向境内自然人提供产品或者服务为目的；（2）分析、评估境内自然人的行为；（3）法律、行政法规规定的其他情形。

2. 在境外设立的专门机构或者指定代表，负责处理个人信息保护相关事务，并将有关机构的名称或者代表的姓名、联系方式等报送履行个人信息保护职责的部门。

3. 要求境外个人信息处理者在境内设置专门机构或者指定代表，是要压实境外个人信息处理者的个人信息保护责任和义务，使监管机构对境外个人信息处理者的监管有抓手。

4. 境外处理者在境内设置的专门机构，到底是采用分公司、子公司，还是办事处的形式，法律并未明确规定。

---

① 公安部、北京市网络行业协会：《互联网个人信息安全保护指南》，2019年4月10日生效。

三、合规审计义务

个人信息处理者的合规审计义务,包括两个层次:一是个人信息处理者自己主动定期开展合规审计的义务;二是在监管机构的要求下,个人信息处理者被动委托第三方机构开展个人信息安全合规审计的义务。

(一)处理者主动定期开展合规审计的义务

个人信息处理者主动定期开展合规审计的义务,是指个人信息处理者应当定期对其处理个人信息遵守法律、行政法规的情况进行合规审计。[①]

(二)处理者被动开展合规审计的义务

个人信息处理者被动开展合规审计的义务,是指相关监管部门在履行职责过程中,发现个人信息处理活动存在较大风险或者发生个人信息安全事件的,可以对个人信息处理者的法定代表人或者主要负责人进行约谈,或者要求个人信息处理者委托第三方专业机构对其个人信息处理活动进行合规审计。审计机构进行个人信息安全方面的合规审计之后,个人信息处理者应当按照要求采取措施,进行整改,消除隐患。

四、个人信息保护影响评估制度

(一)事前个人信息保护影响评估义务

《个人信息保护法》第55条规定,在下列情形下,个人信息处理者应当事前进行个人信息保护影响评估,并对处理情况进行记录:(1)处理敏感个人信息;(2)利用个人信息进行自动化决策;(3)委托处理个人信息、向其他个人信息处理者提供个人信息、公开个人信息;(4)向境外提供个人信息;(5)其他对个人权益有重大影响的个人信息处理活动。

一句话,凡是对个人权益有重大影响的个人信息处理在进行处理前都应当进行个人信息保护影响评估。毫无疑问,处理敏感个人信息、跨境提供个人信息、利用个人信息进行自动化决策都将对个人用户的人格权或者财产权产生重大影响;而委托处理个人信息是将个人信息处理活动转让给个人信息处理者和

---

① 《个人信息保护法》第54条:"个人信息处理者应当定期对其处理个人信息遵守法律、行政法规的情况进行合规审计。"

个人用户之外的第三方即受托人来进行处理,向其他个人信息处理者提供个人信息是将个人信息提供给特定的第三人,公开个人信息是处理者将置于自身控制之下的个人信息向不特定的第三人公开,本质上都是将置于自身控制之下的个人信息交给第三人进行处理,面临受托方自身资质、处理能力、个人信息安全保护措施等众多不确定因素。因此,从保护保障个人用户个人信息安全的角度来说,进行事前个人信息保护影响评估是非常有必要的。

(二)个人信息保护影响评估的内容及保存期限

个人信息处理者进行的个人信息保护影响评估,根据《个人信息保护法》第56条的规定,内容应当包括:(1)个人信息的处理目的、处理方式等是否合法、正当、必要;(2)对个人权益的影响及安全风险;(3)所采取的保护措施是否合法、有效并与风险程度相适应。个人信息影响评估报告和处理情况的记录应当至少保存3年。

五、发生安全事件时处理者采取补救措施和通知的义务

在发生或者可能发生个人信息泄露、篡改、丢失等个人信息安全事件时,个人信息处理者应当履行两项基本义务,即采取补救措施和通知。

(一)采取补救措施义务

当发生或可能发生个人信息方面的安全事件时,个人信息处理者应当立即采取补救措施,这是个人信息处理者的当然义务和基本义务。因为个人信息处理者是个人信息处理活动的实施者、控制者,也是个人信息处理活动的第一责任人。立即采取补救措施,才有可能减少或者降低对个人用户权益的损害,如果不立即采取补救措施,可能造成个人用户权益损害的扩大。

(二)通知义务

当发生或可能发生个人信息方面的安全事件时,个人信息处理者在立即采取补救措施的同时,应当履行通知的义务。根据《个人信息保护法》第57条第1款的规定,通知应当包括下列事项:(1)发生安全事件的信息种类、原因和可能造成的危害;(2)个人信息处理者采取的补救措施和个人可以采取的减轻危害的措施;(3)个人信息处理者的联系方式。

通知的对象是履行个人信息保护职责的部门和个人用户。针对履行个人信

息保护职责的部门和个人用户,个人信息处理者的通知义务也是有区别的。发生个人信息方面的安全事件,个人信息处理者必须通知履行个人信息保护职责的部门而且没有例外;一般情况下,个人信息处理者也应当通知个人用户,但是有例外情形。根据《个人信息保护法》第57条第2款的规定,个人信息处理者采取措施能够有效避免信息泄露、篡改、丢失造成危害的,个人信息处理者可以不通知个人,但是履行个人信息保护职责的部门认为可能造成危害的,有权要求个人信息处理者通知个人。

六、大型互联网平台的个人信息保护义务

大型互联网平台的个人信息处理者应履行额外的个人信息保护义务。其适用对象为提供重要互联网平台服务、用户数量巨大、业务类型复杂的个人信息处理者。大型互联网平台个人信息处理者应当履行的额外个人信息保护义务有:

(一)应当建立合规制度体系

大型互联网平台个人信息处理者应当建立健全个人信息保护合规制度体系。这是大型互联网平台个人信息处理者与非大型互联网平台个人信息处理者的重大区别。针对个人信息保护合规制度的建立,法律对非大型互联网平台个人信息处理者更多的是推荐、建议,而对大型互联网平台个人信息处理者则是强制性要求。企业的个人信息保护合规制度体系,可以包括但不限于个人信息安全管理制度、人员设置制度、个人信息分类分级制度、个人信息处理全流程制度、针对安全事件的应急预案、针对安全事件的补救措施、影响评估制度、合规审计制度等。

(二)应当成立监督独立机构

大型互联网平台个人信息处理者在建立健全个人信息保护合规制度体系的同时,还应当成立主要由外部成员组成的独立机构,对个人信息保护情况进行监督。此个人信息保护监督机构,不同于前面提到的个人信息保护负责人。个人信息保护负责人由个人信息处理者内部人员担任,而此处的个人信息保护监督机构强调其独立性,实现其独立性体现在其主要由外部成员组成。

(三)应当制定平台规则

大型互联网平台个人信息处理者应当制定平台规则。平台规则应当按照公

开、公平、公正的原则制定,同时应当有针对其平台内的产品或者服务提供者处理个人信息的规范和保护个人信息安全义务的规范。这也是网络空间自治规则的体现。

（四）制定针对平台内的产品或者服务提供者的规则

大型互联网平台个人信息处理者针对其平台内的产品或者服务提供者,一方面,要制定处理个人信息的规范和保护个人信息安全义务的规范;另一方面,在制定规范的基础上,对于严重违反法律、行政法规处理个人信息的平台内的产品或者服务提供者,有权对其停止提供服务,这是法律赋予大型互联网平台的个人信息处理者平台内监管的职责。如果大型互联网平台的个人信息处理者对其平台内的产品或者服务提供者违法违规处理个人信息的行为不采取措施,大型互联网平台也需要承担相应的法律责任。

（五）定期发布个人信息保护社会责任报告

大型互联网平台个人信息处理者应当接受社会监督,定期发布个人信息保护社会责任报告。这是除个人信息安全影响评估报告、个人信息安全审计报告外,大型互联网平台个人信息处理者作为平台承担社会责任在个人信息保护方面应当履行的另一项法律强制性义务。

七、受托人的个人信息保护义务

根据《个人信息保护法》第59条的规定,个人信息处理者将个人信息处理业务委托给受托人时,接受委托处理个人信息的受托人,同样应当依照有关法律、行政法规的规定,采取必要措施保障所处理的个人信息的安全,并协助个人信息处理者履行相关的法律义务。也就是说,受托人应当履行个人信息安全的法定义务。在涉及委托处理个人信息时,需要重点关注以下几点:

（一）委托人与受托人应当在合同中清楚约定

委托人与受托人应当在合同中约定清楚委托处理的目的、期限、处理方式、个人信息的种类、保护措施以及双方的权利和义务,约定清楚委托人和受托人双方的权益和职责。[①]

（二）委托人负有监督的责任

委托人将个人信息处理业务委托给受托人时，委托人应当对受托人的个人信息处理活动进行监督。

（三）受托人应当在约定范围内处理个人信息

受托人应当按照约定处理个人信息，不得超出约定的处理目的、处理方式等处理个人信息。

（四）委托合同不生效、无效等，受托人应返还或删除个人信息

委托合同不生效、无效、被撤销或者终止的，受托人应当将个人信息返还个人信息处理者或者予以删除，不得保留。

（五）受托人不得随意转委托

未经个人信息处理者同意，受托人不得转委托他人处理个人信息。受托人处理儿童个人信息的，不得转委托。[②]

第六节　监督管理体系

《个人信息保护法》中，涉及监督管理的法条主要集中在第六章"履行个人信息保护职责的部门"。我国《个人信息保护法》所建立的个人信息保护的监管

[①] 《个人信息保护法》第21条："个人信息处理者委托处理个人信息的，应当与受托人约定委托处理的目的、期限、处理方式、个人信息的种类、保护措施以及双方的权利和义务等，并对受托人的个人信息处理活动进行监督。受托人应当按照约定处理个人信息，不得超出约定的处理目的、处理方式等处理个人信息；委托合同不生效、无效、被撤销或者终止的，受托人应当将个人信息返还个人信息处理者或者予以删除，不得保留。未经个人信息处理者同意，受托人不得转委托他人处理个人信息。"

[②] 《儿童个人信息网络保护规定》第16条："网络运营者委托第三方处理儿童个人信息的，应当对受委托方及委托行为等进行安全评估，签署委托协议，明确双方责任、处理事项、处理期限、处理性质和目的等，委托行为不得超出授权范围。前款规定的受委托方，应当履行以下义务：（一）按照法律、行政法规的规定和网络运营者的要求处理儿童个人信息；（二）协助网络运营者回应儿童监护人提出的申请；（三）采取措施保障信息安全，并在发生儿童个人信息泄露安全事件时，及时向网络运营者反馈；（四）委托关系解除时及时删除儿童个人信息；（五）不得转委托；（六）其他依法应当履行的儿童个人信息保护义务。"

体系,不同于欧盟集中统一的监管体系,而是基于中国现实情况而设计的具有中国特色的统分相结合的监管体系。①

一、关于顶层设计条款的说明

《数据安全法》关于顶层设计的条款,集中在第 4 条和第 5 条。其中,第 4 条明确维护数据安全,应当坚持总体国家安全观,建立健全数据安全治理体系;第 5 条明确了数据安全管理工作的顶层设计,中央国家安全领导机构负责国家数据安全工作,统筹协调数据安全的重大事项。

《个人信息保护法》没有相关顶层设计的条款。笔者认为,在数据合规的实务中,"个人信息"可以简单理解为"数据"的一种,因此,在《个人信息保护法》的法律条款的设计上,就没有必要再规定顶层设计的条款。

二、各监管部门具体分工

《个人信息保护法》中列明了个人信息保护工作的监督管理部门。《个人信息保护法》第 60 条规定,国家网信部门负责统筹协调个人信息保护工作和相关监督管理工作。国务院有关部门依照本法和有关法律、行政法规的规定,在各自职责范围内负责个人信息保护和监督管理工作。县级以上地方人民政府有关部门的个人信息保护和监督管理职责,按照国家有关规定确定。前两款规定的部门统称为履行个人信息保护职责的部门。

《数据安全法》第 6 条规定,各地区、各部门对本地区、本部门工作中收集和产生的数据及数据安全负责。工业、电信、交通、金融、自然资源、卫生健康、教育、科技等主管部门承担本行业、本领域数据安全监管职责。公安机关、国家安全机关等依照《数据安全法》和有关法律、行政法规的规定,在各自职责范围内承担数据安全监管职责。国家网信部门依照《数据安全法》和有关法律、行政法规的规定,负责统筹协调网络数据安全和相关监管工作。

《数据安全法》第 6 条列明了从中央到地方涉及数据安全的具体监管部门,确立了数据安全的地区与部门监督管理体制。在中央部委层面,有着与顶层设计中央国家安全领导机构衔接的中央网信办、国家安全部、公安部、工信部,还有

---

① 参见龙卫球主编:《中华人民共和国个人信息保护法释义》,中国法制出版社 2021 年版,第 4 页。

涵盖各行业的主管部门,如交通、金融、自然资源、卫生健康、教育、科技等;地方上涉及数据安全的管理,既包括地方政府,也包括前述各部委在地方的分支机构。基于此,构筑了从中央到地方的数据安全监管网络体系。

也就是说,不管是涉及数据安全还是个人信息保护的具体监管部门,都确立了地区与部门监督管理体制。在中央部委层面,国家网信部门起到统筹协调作用。国务院各行业的主管部门,如工业、电信、交通、金融、自然资源、卫生健康、教育、科技等部门在各自职责范围内负责数据安全、个人信息保护的监督管理工作。

三、监管部门的监管职责及监管手段

监管部门的监管职责方面,《个人信息保护法》第 61 条规定,"履行个人信息保护职责的部门履行下列个人信息保护职责:(一)开展个人信息保护宣传教育,指导、监督个人信息处理者开展个人信息保护工作;(二)接受、处理与个人信息保护有关的投诉、举报;(三)组织对应用程序等个人信息保护情况进行测评,并公布测评结果;(四)调查、处理违法个人信息处理活动;(五)法律、行政法规规定的其他职责"。

《个人信息保护法》第 62 条规定:"国家网信部门统筹协调有关部门依据本法推进下列个人信息保护工作:(一)制定个人信息保护具体规则、标准;(二)针对小型个人信息处理者、处理敏感个人信息以及人脸识别、人工智能等新技术、新应用,制定专门的个人信息保护规则、标准;(三)支持研究开发和推广应用安全、方便的电子身份认证技术,推进网络身份认证公共服务建设;(四)推进个人信息保护社会化服务体系建设,支持有关机构开展个人信息保护评估、认证服务;(五)完善个人信息保护投诉、举报工作机制。"在《数据安全法》《个人信息保护法》《网络安全法》建构起来的基本制度框架基础上,还需要配套的规则和标准来进一步细化和指引,上述法律明确规定了国家网信部门牵头制定个人信息保护的具体规则和标准。

监管措施方面,《个人信息保护法》第 63 条规定,"履行个人信息保护职责的部门在履行个人信息保护职责,可以采取下列措施:(一)询问有关当事人,调查与个人信息处理活动有关的情况;(二)查阅、复制当事人与个人信息处理活动有关的合同、记录、账簿以及其他有关资料;(三)实施现场检查,对涉嫌违法

的个人信息处理活动进行调查;(四)检查与个人信息处理活动有关的设备、物品;对有证据证明是用于违法个人信息处理活动的设备、物品,向本部门主要负责人书面报告并经批准,可以查封或者扣押。履行个人信息保护职责的部门依法履行职责,当事人应当予以协助、配合,不得拒绝、阻挠"。

根据《个人信息保护法》第 64 条的规定,发现个人信息处理活动存在较大风险或者发生个人信息安全事件的,履行个人信息保护职责的部门可以按照规定的权限和程序对该个人信息处理者的法定代表人或者主要负责人进行约谈,或者要求个人信息处理者委托专业机构对其个人信息处理活动进行合规审计。个人信息处理者应当按照要求采取措施,进行整改,消除隐患。履行个人信息保护职责的部门在履行职责中,发现违法处理个人信息涉嫌犯罪的,应当及时移送公安机关依法处理。

四、投诉举报反馈通道

《个人信息保护法》第 65 条规定,任何组织、个人有权对违法个人信息处理活动向履行个人信息保护职责的部门进行投诉、举报。收到投诉、举报的部门应当依法及时处理,并将处理结果告知投诉、举报人。履行个人信息保护职责的部门应当公布接受投诉、举报的联系方式。

《个人信息保护法》的规定与《数据安全法》第 12 条类似。这里的举报主体,不仅包括个人信息处理活动的相关主体,如个人信息处理活动中的个人用户,也包括个人信息处理活动无关的主体。举报、投诉的部门,对应的是《个人信息保护法》列明的各有关部门,如网信部门、公安部门、国安部门、各行业的主管部门等。相关部分收到个人信息保护方面的举报、投诉后,应当及时依法处理。

另外,《数据安全法》与《网络安全法》都有对"有关主管部门应当对投诉、举报人的相关信息予以保密,保护投诉、举报人的合法权益"的规定。《个人信息保护法》中虽然没有明确的表述,但笔者认为,有关主管部门也应当对投诉、举报人的相关信息予以保密,保护投诉、举报人的合法权益。

第二篇

实务指引篇

企业开展数据合规,是一个庞大的系统工程,涉及的内容非常多。本篇介绍企业开展数据合规的具体实务指引,包括数据资产盘点、数据分类分级制度、重要数据、数据的收集、存储、传输、儿童个人信息的保护等内容。

第五章　数据资产盘点

数据资产盘点,是数据分类分级的前置性工作和程序,也是数据安全的基础。数据处理者普遍存在数据分散、数据来源途径多、数据不一致等问题,往往会花费很多时间去寻找有意义的、能产生价值的、可信赖的数据。通过数据资产盘点以及业务数据梳理,充分识别数据处理者的所有数据资产并将其分类,构建一个全方位立体的数据资产目录系统,才能使数据资产易于查找、便于理解,进而释放数据价值。

第一节　数据资产盘点的相关概念和定义

一、数据资产、数据资产管理及数据治理

1. 数据资产

2019年中国信息通信研究院发布的《数据资产管理实践白皮书(4.0版)》把数据资产定义为由企业拥有或者控制的、能够为企业带来未来经济利益的、以物理或电子的方式记录的数据资源,如文件资料、电子数据等。该定义包含三个要素[1]:

(1)拥有或者控制:除企业内部的数据外,通过各种渠道合法获取的外部数据也属于企业数据资产。

(2)带来经济价值:体现了资产的经济属性,未来能给企业带来经济利益。

(3)数据资源:数据资产包括各种以物理或电子方式记录的数据、软件、服

---

[1] 参见祝守宇、蔡春久等:《数据治理:工业企业数字化转型之道》,电子工业出版社2020年版,第17页。

务等。

以目前政务数据共享交换业务为例：各地大数据局通过数据资源平台进行数据归集，但这些归集的数据并非天然的数据资产，只有进行数据资产盘点，了解数据代表的含义，剔除那些缺失值、异常值、重复数据等"脏数据"，才可称为"数据资产"。

2. 数据资产管理

数据资产管理，是指对数据资产进行规划、控制和提供的一组活动职能，包括开发、执行和监督有关数据的计划、政策、方案、项目、流程、方法和程序，从而控制、保护、交付和提高数据资产的价值。数据资产管理包含数据资源化、数据资产化两个环节，将"无序"的原始数据变为"有序"的数据资源，进一步将数据资源加工为数据资产，提供数据服务，促进数据价值变现。数据资产管理主要环节如图 5-1-1 所示。

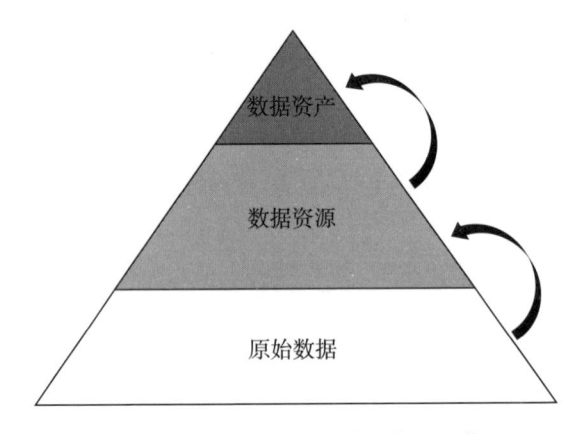

图 5-1-1　数据资产管理主要环节

3. 数据治理

狭义的数据治理，是指数据资源及其应用过程中相关管控活动、绩效和风险管理的集合，保证数据资产的高质量、安全及持续改进。狭义的数据治理的驱动力最早源自两个方面：(1) 内部风险管理的需要，风险包括数据质量差影响关键决策等；(2) 为了满足外部监管和合规的需要。

但随着全球越来越多的企业认识到数据资产的重要性和价值，在过去几年中，数据治理的目标也在发生一些改变。除满足监管和风险管理外，如何通过数据治理来创建业务价值备受关注。

因此,广义的数据治理,不仅包含狭义数据治理的应有之义,还包括数据管理和数据价值"变现",具体是指涵盖数据架构、主数据、数据指标、时序数据、数据质量、数据安全等一系列数据管理活动的集合。① 数据治理组成详见图 5-1-2。

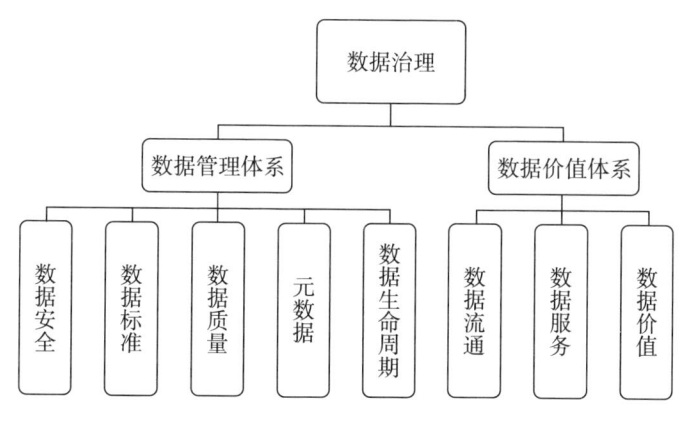

图 5-1-2 数据治理组成②

二、数据资产盘点

数据处理者拥有的大量的、各种类型的、分散在各处的数据资源,如果没有数据资产目录和数据资产清单,那么许多数据资产实际上是被隐藏的。这意味着需要进行数据盘点来识别数据资产,并将其分类。

传统意义上的资产盘点是指对资产进行定期清点,以确定各种财产在一定时间的实存数。数据资产盘点,或称数据资产梳理,则是对组织的数据资产进行全面梳理,包括以物理或电子形式记录的数据库表、数据项、数据文件等结构化和非结构化数据资产,明确数据资产基本信息和相关方,形成数据资产清单。③

数据资产盘点将帮助数据处理者厘清以下问题:

(1)数据处理者有多少数据?

(2)数据处理者有哪些数据?

---

① 参见祝守宇、蔡春久等:《数据治理:工业企业数字化转型之道》,电子工业出版社 2020 年版,第 16 页。
② 《信息技术服务 治理 第 5 部分:数据治理规范》(GB/T 34960.5—2018)。
③ 参见《网络安全标准实践指南 网络数据分类分级指引》(TC 260-PG-20212A)。

(3)数据处理者的数据价值如何？

(4)这些数据分布在什么地方？

(5)从业务角度可以有多少类数据？

(6)每一类数据的安全级别如何？

(7)数据的归属和责任人是谁？

数据资产盘点的成果是数据资产目录或数据资产清单，它从全局层面直观地展现数据处理者拥有的数据资产情况，而数据安全和数据价值是数据资产梳理的两个重要应用方向。一方面，盘点后的数据可运用于数据库审计、防水坝、防勒索软件中，提高数据安全，且根据分类分级的结果，可以明确数据保护目标，有针对性地采取适当、合理的管理措施和安全防护措施，协助组织完成数据安全保护体系的构建；另一方面，数据资产目录可以用于数据脱敏、元数据管理和主数据建设方面，从而提升组织的内部数据质量，发挥数据价值，优化数据治理。

第二节　数据资产盘点原则和步骤

一、盘点原则

为了更好地开展数据资产盘点工作，保证盘点过程安全稳定，保证盘点结果准确可靠，建议遵循以下原则开展具体工作：

(1)前瞻性：数据资产盘点应该站在整个盘点过程的角度进行规划和实践，充分考虑数据资产规范、搜索获取、分析应用、绩效评估、可视化展示等需求。

(2)全面性：数据资产盘点范围要全面覆盖数据处理者的数据资产，但在落地实践过程中，也可以分阶段开展盘点工作。

(3)基础性：选择数据资产最稳定的本质属性或特征作为盘点内容，确保盘点内容不因环境因素而发生变化。

(4)系统性：将需要盘点的数据资产的属性或特征按一定排列顺序予以系统化，并形成一个合理的分类体系。

(5)确定性：盘点范围内的任何一项数据资产，在分类体系中应该有唯一确定的基本单元与之相应。

(6)可拓展性：目录框架应满足数据资产不断发展和变化的需求，允许在目录框架中增加新的盘点内容而不影响原有内容,为使用者进行延拓细化创造条件。

(7)安全性:减少数据盘点工作对业务活动和系统运行的影响,避免出现数据丢失或泄露等失误,给数据处理者带来损失。

(8)保密性:数据是数据处理者的重要资产,数据资产盘点过程中,盘点人员要严格遵守保密要求,避免触及敏感信息。[①]

二、数据资产盘点八大步骤

数据资产盘点可主要归纳为以下步骤:设定盘点目标、构建数据标准、数据发现、数据识别、分类分级(结构化数据资产梳理、非结构化数据资产梳理)、明确归属、数据资产清单。数据资产盘点步骤详见图5-2-1。

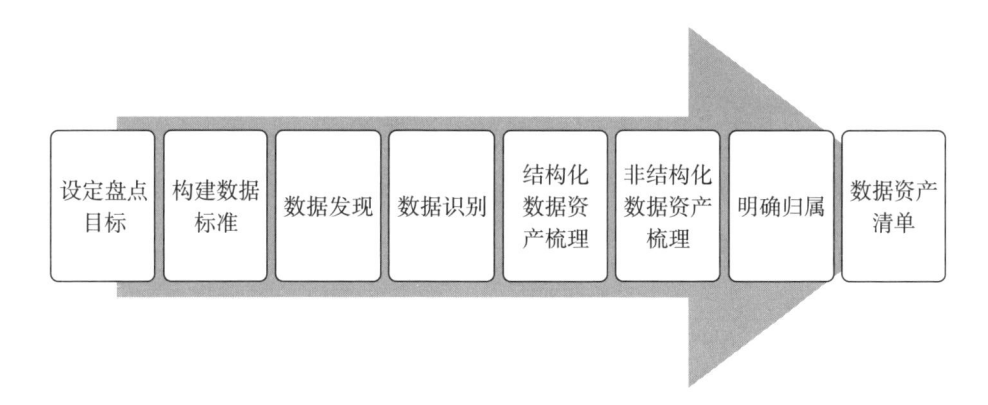

图5-2-1 数据资产盘点步骤

1. 设定盘点目标

这一步骤尤为重要,一是要认清组织的数据管理现状及能力,明确目前所处的数据资产管理的阶段(系统级,还是企业级?);二是要根据现状制定数据资产盘点的目标,明确投入的资源以及需达到的效果。

2. 构建数据标准

数据处理者的数据往往来源于各个业务,而各业务的数据来源、数据定义和

---

① 参见《企业数据资产盘点原则与方法》,载微信公众号"数据学堂"2021年10月18日,https://mp.weixin.qq.com/s/qbceqY56eY8O0We72TE2ww。

价值标准可能存在极大的差别,这将不利于数据的整合、全局管理和使用。因此,数据处理者在进行数据资产盘点前,首先要根据该组织所在行业的相关标准,结合组织自身的业务情况构建数据标准,形成全局统一的数据定义和数据价值体系。数据资产盘点工作,将在此数据标准的指导下展开。

3. 数据发现

数据发现是解决数据在哪里、有多少的问题。以政务数据共享交换业务为例。对于大数据局来说,首先要做的一项工作就是进行资产发现,通过对资产的全面盘点,形成相应的数据资产地图,知道自己手里有什么之后,才能放心使用数据资产。

随着数据处理者的业务不断发展,数据量将呈指数级上升,数据分布在云、大数据平台、文件服务器、数据库、个人电脑等终端的各个角落。数据发现就是从全局出发,系统性的扫描组织内的数据资产,确定数据存储的位置和数据量,形成数据的存储分布地图。就技术工具而言,可以通过网络流量扫描、文本扫描、端口扫描、机器学习等技术手段进行数据发现。

4. 数据识别

数据识别是解决有哪些数据的问题。针对扫描的数据存储位置,需要对数据进行识别和定义,标记数据内容,并基于数据内容和存储方式,明确数据的组织结构,形成"库—表—字段"的数据框架,即明确库中有哪些表、表内有哪些数据,结合数据发现的成果,绘制数据资产地图,将数据的存储位置、存储内容、存储量清晰地进行呈现。

5. 结构化数据资产梳理

在识别数据后,可以首先对这些结构化的数据资产进行梳理。结构化的数据可以分为全结构化的数据和半结构化的数据[①]:全结构化数据为数据库中的表数据,有清晰的模型定义和数据属性定义;半结构化数据有相对明确的含义说明,但是结构并不严谨,格式相对比较宽泛。大多数半结构化数据的格式为XML、JSON。半结构化数据多用于日志记录、多类型信息传递等。

6. 非结构化数据资产梳理

非结构化数据没有明确的数据格式,或者数据格式的类型非常粗犷,不方便

[①] 参见张旭、戴丽等:《数据中台架构:企业数据化最佳实践》,电子工业出版社2020年版,第4.1.1节。

用数据库二维逻辑表来表现。非结构化数据的数据格式有文本、图片、HTML、各类报表、图像和音频/视频信息等。

7. 明确归属(资产基本信息和相关方识别)

通过调研、业务关联、存储对象关联等方式,确定数据资产的业务归属和责任人,有助于掌握数据的来源和去向、明确相关责任归属,为跨业务的数据使用、数据关联分析、数据分类保护等提供目标和责任指向。

8. 形成数据资产清单

数据资产清单是数据资产盘点的最终成果,也是数据资产管理的第一步。它将组织内的所有数据进行汇总,构建出一张全局的数据地图,清晰地展现出组织拥有的数据内容、数据量、数据价值、数据存储位置以及数据归属和责任人,帮助组织掌握其拥有的所有数据及数据价值,为组织进行数据管理、数据价值挖掘以及数据保护提供指导依据。

传统的数据资源盘点都是通过人工进行的,盘点过程复杂,费时、费力且维护困难,数据往往在一次盘点过后,由于疏于维护,与真实情况的差异越来越大。所以,笔者建议逐步采用线上数据资源盘点工具进行企业内部的数据盘点,以提高盘点效率。

数据资产清单示例:

(1)元数据列表、分类和属性

A. 数据库中的元数据列表、分类和属性模板,参见表 5-2-1。

表 5-2-1　数据库中的元数据列表、分类和属性[1]

列名	数据类型	是否允许 Null 值	描述
Id	uniqueidentifier	否	唯一编号
Category_a_Id	uniqueidentifier	否	品类匹配 ID
Category_a_Code	nvarchar(500)	是	品类匹配编号
……	……	……	……

B. 文件/文件夹中的元数据列表、分类和属性。

我们可以制作文件/文件夹盘点模板,将盘点信息记录在模板,盘点模板见

---

[1] 参见张旭、戴丽等:《数据中台架构:企业数据化最佳实践》,电子工业出版社 2020 年版,第 4.1.3 节。

表5-2-2。

表5-2-2 文件/文件夹中的元数据列表、分类和属性

文件夹	系统日志
路径	10.1.1.15/user/log
文件类型	图像
文件数据描述	产品照片
文件数据说明	PNG格式
文件产生源头	产品管理系统

(2) 数据资源盘点统计

我们在完成数据资源盘点后,可以对盘点结果进行整体统计,以便了解企业数据资源的整体情况。数据资源盘点统计的内容主要包含以下几个方面:

A. 数据的整体情况。

a) 整体数据量情况。

b) 按照数据分类统计的数据量情况。

c) 按照数据分类统计的数据增量情况。

d) 空表统计。

B. 数据明细统计。

a) 某个元数据的数据量统计。

b) 某个元数据的数据增量统计。

C. 数据属性内容覆盖度统计。

第六章 数据分类分级制度

第一节 数据分类分级制度概述

一、数据分类分级制度的主要规定及重点解析

(一)相关规定

《网络安全法》第21条明确规定,"国家实行网络安全等级保护制度",其中"采取数据分类、重要数据备份和加密等措施"被列为细则要求之一,要求网络运营者履行安全保护义务,防止网络数据泄露或者被窃取、篡改。

《数据安全法》第21条提出"国家建立数据分类分级保护制度",要求"对数据实行分类分级保护",并强调国家核心数据将实行更加严格的管理制度,同时进一步要求各地区、各部门应当按照数据分类分级保护制度,确定本地区、本部门以及相关行业、领域的重要数据具体目录,对列入目录的数据进行重点保护。

《个人信息保护法》则在第五章"个人信息处理者的义务"中提出:个人信息处理者应采取措施确保个人信息处理活动符合法律、行政法规的规定,并防止未经授权的访问以及个人信息泄露、篡改、丢失,其中相关措施中明确提出"对个人信息实行分类管理",并要求"采取相应的加密、去标识化等安全技术措施"。

国家互联网信息办公室于2021年11月14日发布的《网络数据安全管理条例(征求意见稿)》第5条规定,"国家建立数据分类分级保护制度。按照数据对国家安全、公共利益或者个人、组织合法权益的影响和重要程度,将数据分为一般数据、重要数据、核心数据,不同级别的数据采取不同的保护措施"。

(二)法条解读

首先,《数据安全法》界定了数据分类分级的标准,明确规定国家将"根据数据在经济社会发展中的重要程度",以及"(数据)遭到篡改、破坏、泄露或者非法

获取、非法利用,对国家安全、公共利益或者个人、组织合法权益造成的危害程度"制定"重要数据目录",从而加强对重要数据的保护。

其次,《数据安全法》首设"国家核心数据"的法律概念。《数据安全法》第 21 条明确界定了"国家核心数据"的概念,即"关系国家安全、国民经济命脉、重要民生、重大公共利益等数据"属于国家核心数据,对国家核心数据将适用更加严格的管理制度,但其具体管理义务有哪些,还有待监管制度的进一步完善。

最后,《数据安全法》第 21 条划分了监管机构的职能界限,即在国家层面,将由国家数据安全工作协调机制来统筹协调有关部门制定重要数据目录;各地区、各部门将按照此数据分类分级保护制度,确定本地区、本部门以及相关行业、领域的重要数据具体目录,对列入目录的数据进行重点保护。

《网络数据安全管理条例(征求意见稿)》总则部分再次明确了我国建立数据分类分级保护制度,并将数据分为一般数据、重要数据和核心数据三级,其还规定了各地区、各部门的数据分类分级管理职责,甚至设立专章(第四章"重要数据安全")规定了我国重要数据保护具体工作如何展开。数据分类分级保护制度,尤其是重要数据的安全保护制度在我国数据安全管理工作中的重要性由此可见一斑。

二、数据分类分级的含义及其意义

数据分类分级是指从业务领域或数据管理领域的角度出发,将相同属性或特征的数据进行集合并形成不同的数据类别,并在分类的基础上,根据数据一旦遭到篡改、破坏、泄露或者非法获取、非法利用后对国家安全、公共利益、个人合法权益、组织合法权益的影响及其危害程度将数据分级,最后针对不同级别的数据采取相匹配的保护措施。

在网络安全领域,对数字资产(包括信息系统、网络系统、数据等)的安全保护,起始于对数字资产的分类分级。将数字资产划分成不同的类别和不同的级别,就能相应地确定与类别和级别匹配的安全保护水平和措施。分类是人类认识世界、分辨客观事物的一种思维活动和基本方法,也是管理客观事物的前提条件。[①] 分级则是为了厘清保护重点,不同级别的数据需要实施不同的保护,国家的监管力度也不一样。具体而言,对数据进行分类分级的意义主要体现在:

---

① 参见洪延青:《国家安全视野中的数据分类分级保护》,载《中国法律评论》2021 年第 5 期。

(1)促进数字经济发展的稳定因素。数据资源是重要的生产要素,安全、合规、有序地利用好数据资源是推进数字经济蓬勃发展的重要保证,而数据分类分级能够对数据进行精细化、规范化管理,避免陷入杂乱无序的状态。

(2)建立数据流通规则的先决条件。数据只有流动起来才会具有价值,明确数据流通的要求、流程和要点,建立配套的流通规则是开展各项工作的前提条件,而数据分类分级又是这一前提的先决条件,因为规则制定要与数据的类型和级别相对应。

(3)开展数据安全保护的最佳实践。数据分类分级是数据安全保护的重要抓手,目前我国部分行业和地区已经开始了数据分类分级制度的建设和实践,并取得较大突破和进展。根据数据类型特点、数据级别高低确定数据应当采取的技术手段和管理措施,能够很好地实现数据安全与充分利用的有效平衡。[①]

三、数据分类分级原则

2021年12月,由全国信息安全标准化技术委员会秘书处发布的《网络安全标准实践指南 网络数据分类分级指引》(以下简称《网络数据分类分级指引》)列明了数据分类分级的五项原则:

(1)合法合规原则。数据分类分级应遵循有关法律法规及部门规定要求,优先对国家或行业有专门管理要求的数据进行识别和管理,满足相应的数据安全管理要求。

(2)分类多维原则。数据分类具有多种视角和维度,可从便于数据管理和使用角度,考虑国家、行业、组织等多个视角的数据分类。[②]

(3)分级明确原则。数据分级的目的是保护数据安全,数据分级的各级别应界限明确,不同级别的数据应采取不同的保护措施。

(4)就高从严原则。数据分级时采用就高不就低的原则进行定级,如数据集包含多个级别的数据项,按照数据项的最高级别对数据集进行定级。

(5)动态调整原则。数据的类别级别可能因时间变化、政策变化、安全事件发生、不同业务场景的敏感性变化或相关行业规则不同而发生改变,因此需要对

---

① 参见高磊、赵章界等:《基于〈数据安全法〉的数据分类分级方法研究》,载《信息安全研究》2021年第10期。

② 参见《信息技术 大数据 数据分类指南》(GB/T 38667—2020)。

数据分类分级进行定期审核并及时调整。

其中，前三项属于基础性原则，后两项"就高从严""动态调整"原则，在《网络数据分类分级指引》中均有具体体现，在合规过程中需重点关注。

四、《数据安全法》体现了我国数据分类分级实施路径的思路转变

2021年《数据安全法》的颁布和施行，体现了我国数据分类分级实施路径的思路转变。在《数据安全法》颁布以前，我国的数据分类分级保护工作依循着"自下而上"的实施路径，数据分类分级保护的主体是规范对象本身，数据分类分级保护的具体工作也基本停留在部委规范性文件和行业标准层面的尝试和实践层面。例如，国务院办公厅于2018年3月发布的《科学数据管理办法》，中国证券监督管理委员会于2018年9月发布的《证券期货业数据分类分级指引》（JR/T 0158—2018）、天津市互联网信息办公室于2019年6月印发的《天津市数据安全管理办法（暂行）》、贵州省人民代表大会常务委员会于2019年8月通过的《贵州省大数据安全保障条例》、工业和信息化部办公厅于2020年2月发布的《工业数据分类分级指南（试行）》、中国人民银行于2020年2月实施的《个人金融信息保护技术规范》（JR/T 0171—2020）以及于2020年9月发布实施的《金融数据安全 数据安全分级指南》。上述数据分类分级保护体系基本遵循一种"实然"的数据分类路径，即依据数据处理者实际组织生产的方式和流程，客观描述在这个方式和流程中所收集、产生出的数据类型，以此为基础完成数据分类。然后，根据"后果路径"，从数据的安全属性遭到破坏后的影响对象、影响范围和影响程度出发对数据进行定级。

《数据安全法》明确了"自上而下"的保护路径。《数据安全法》第21条将我国数据分类分级保护的主体从"规范对象（或称为运营者）"变为"国家"，数据分类分级保护工作上升至国家层面。以国家作为数据保护的主体，"自上而下"的监督并落实数据分类分级保护工作，这种数据保护路径主要是从数据背后的规范价值出发，重点强调对国家安全和社会公共利益的保障，同时对处于相对弱势地位的公民个人的合法权益施以充足的保护。[1]

---

[1] 参见刘爱：《数据分类分级保护现状与综述》，载微信公众号"清华大学智能法治研究院"2021年11月22日，https://mp.weixin.qq.com/s/qhWZgIxkrTMH-r_x426mog。

总体而言,"自上而下"的数据保护路径突破了从规范对象内部视角划分数据类型和级别的局限性,根据数据在经济社会发展中的价值以及其可能影响的利益出发,聚焦于"重要数据"的安全保护和风险预防。数据分类分级实施路径的这一思路转变能够有效的与国家的顶层设计理念相契合,服务于我国的总体国家安全观。

第二节 数据分类分级框架

一、数据分类框架

依据数据分类多维度原则,《网络数据分类分级指引》使用面分类法[①],从国家、行业、组织等视角给出了多个维度的数据分类参考框架,具体如下:

(1)公民个人维度:按照数据是否可识别自然人或与自然人关联,将数据分为个人信息和非个人信息两大类。

(2)公共管理维度:《数据安全法》中明确要提高政务数据的科学性、准确性、时效性,提升运用数据服务经济社会发展的能力。国家机关应当遵循公正、公平、便民的原则,按照规定及时、准确地公开政务数据。为便于国家机关管理数据、促进数据共享开放,《网络数据分类分级指引》将数据分为公共数据、社会数据。若按照狭义的公共数据角度,数据也可分为政务数据、公共数据、社会数据。

(3)信息传播维度:按照数据是否具有公共传播属性,将数据分为公共传播信息、非公共传播信息。

(4)行业领域维度:按照数据处理涉及的行业领域,将数据分为工业数据、电信数据、金融数据、交通数据、自然资源数据、卫生健康数据、教育数据、科技数据等,其他行业领域可参考《国民经济行业类》(GB/T 4754—2017)。

(5)组织经营维度:在遵循国家和行业数据分类分级要求的基础上,数据处理者也可按照组织经营维度,将个人或组织用户的数据单独划分出来作为用户

[①] 面分类法是将所选定的分类对象(该标准界定的数据),依据其本身固有的各种属性或特征,分成相互之间没有隶属关系即彼此独立的面,每个面中都包含了一组类别。将某个面中的一种类别和另外的一个或多个面的一种类别组合在一起,可以组成一个复合类别。面分类法是并行化分类方式,同一层级可有多个分类维度。面分类法适用于一个类别同时选取多个分类维度进行分类的场景。

数据,用户数据之外的其他数据从便于业务生产和经营管理角度进行分类。表 6-2-1 给出了组织经营维度的数据分类参考示例,分为用户数据、业务数据、经营管理数据、系统运行和安全数据。

数据处理者进行数据分类时,可进一步采用线分法[1]对数据进行细分。完成分类后,应对数据进行标识。

表 6-2-1　组织经营维度的数据分类参考示例[2]

数据类别	类别定义	示例
用户数据	组织在开展业务服务过程中从个人用户或组织用户收集的数据,以及在业务服务过程中产生的归属于用户的数据	个人用户信息(个人信息)、组织用户信息(如组织基本信息、组织账号信息、组织信用信息等)
业务数据	组织在业务生产过程中收集和产生的非用户类数据	参考业务所属的行业数据分类分级,结合自身业务特点进行细分,如产品数据、合同协议等
经营管理数据	组织在经营管理过程中收集和产生的数据	经营战略、财务数据、并购及融资信息等
系统运行和安全数据	网络和信息系统运维及网络安全数据	网络和信息系统的配置数据、网络安全监测数据、备份数据、日志数据、安全漏洞信息等

以消费品行业为例,数据处理者可针对业务数据细分如表 6-2-2 所示。

表 6-2-2　消费品行业业务数据细分示例[3]

数据类别	示例
产品数据	企业产品规划、产品设计成果、产品评审数据、产品上市数据、产品退市数据
生产数据	生产计划、排产计划、质检数据、出入库数据

---

[1] 线分法旨在将分类对象(本标准界定的数据)按选定的若干个属性或特征,逐次分为若干层级,每个层级又分为若干类别。同一分支的同层级类别之间构成并列关系,不同层级类别之间构成隶属关系。同层级类别互不重复,互不交叉。线分法适用于一个类别只选取单一分类维度进行分类的场景。

[2] 参见《网络安全标准实践指南　网络数据分类分级指引》(TC 260-PG-20212A)。

[3] 参见张旭、戴丽等:《数据中台架构:企业数据化最佳实践》,电子工业出版社 2020 年版,第 4.1.1 节。

续表

数据类别	示例
采购数据	采购计划、采购寻源数据、采购入库数据
物流数据	物流订单、车辆数据、货运单数据
营销数据	广告投放数据、渠道拓展数据、产品销售数据
服务数据	退换货数据、质量记录、产品维修和维护数据

二、数据分级框架

按照《数据安全法》要求,根据数据一旦遭到篡改、破坏、泄露或者非法获取、非法利用,对国家安全、公共利益或者个人、组织合法权益造成的危害程度,将数据从低到高分成一般数据、重要数据、核心数据三个级别。

上述三个级别是从国家数据安全角度给出的数据分级基本框架。由于一般数据涵盖数据范围较广,采用同一安全级别保护可能无法满足不同数据的安全需求。因此,《网络数据分类分级指引》建议数据处理者优先按照基本框架进行定级,在基本框架定级的基础上也可结合行业数据分类分级规则或组织生产经营需求,对一般数据进行细化分级,并给出了一般数据分级的参考规则,具体请参见本章第四节"数据分级方法"。对于重要数据、核心数据的识别和划分,需要按照国家和行业的重要数据目录、核心数据目录执行,目录不明确时可参考有关规定或标准。

第三节 数据分类方法

一、数据分类流程

数据处理者进行数据分类时,应优先遵循国家、行业的数据分类要求,如果所在行业没有行业数据分类规则,也可从组织经营维度进行数据分类,数据分类流程如图6-3-1所示。

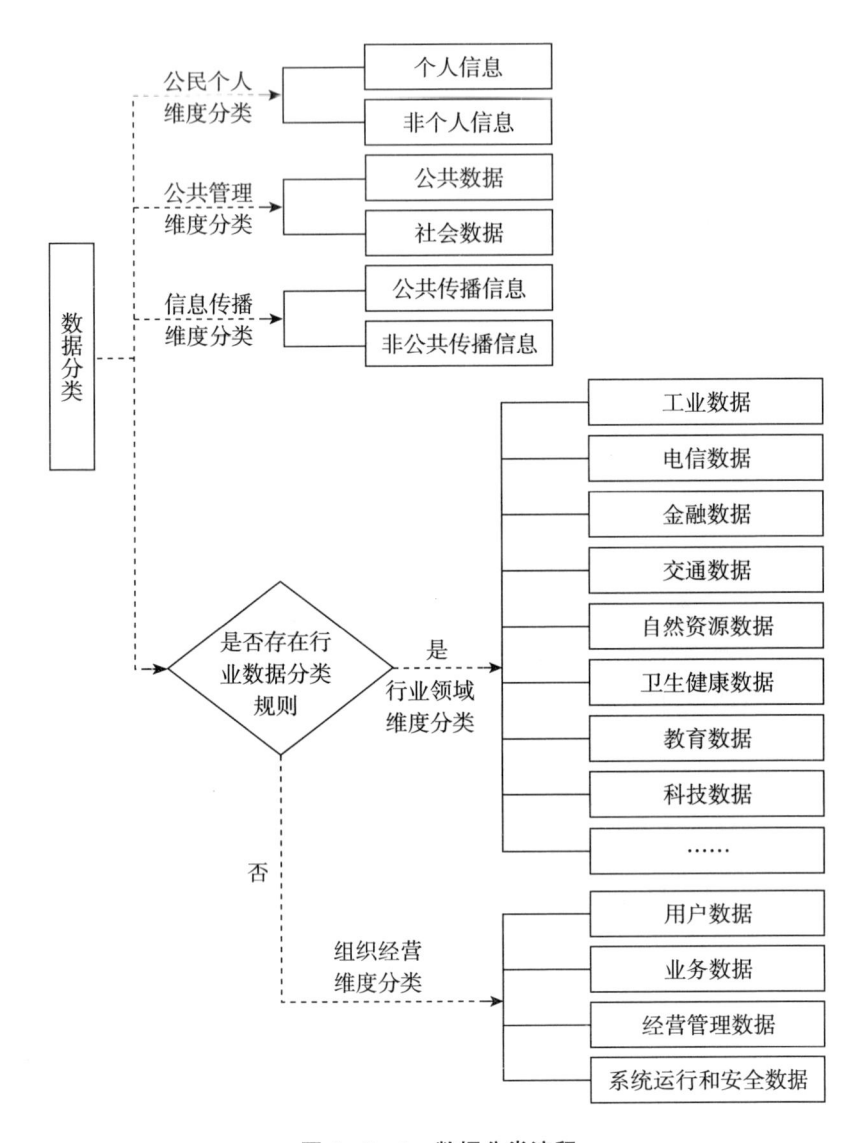

```
                    ┌─ 公民个人  ┌─ 个人信息
                    │  维度分类  └─ 非个人信息
                    │
                    │  公共管理  ┌─ 公共数据
                    │  维度分类  └─ 社会数据
                    │
         数据       │  信息传播  ┌─ 公共传播信息
         分类  ─────┤  维度分类  └─ 非公共传播信息
                    │
                    │           ┌─ 工业数据
                    │           ├─ 电信数据
                    │           ├─ 金融数据
                    │   是     ├─ 交通数据
                    │ ──────→  ├─ 自然资源数据
                 是否存在行业   行业领域  ├─ 卫生健康数据
                 数据分类规则   维度分类  ├─ 教育数据
                    │           ├─ 科技数据
                    │           └─ ……
                    │   否
                    │ ──────→   ┌─ 用户数据
                              组织经营  ├─ 业务数据
                              维度分类  ├─ 经营管理数据
                                        └─ 系统运行和安全数据
```

图 6-3-1　数据分类流程

具体数据分类步骤包括[①]：

（1）识别是否存在法律法规或主管监管部门有专门管理要求的数据类别，并对识别的数据类别进行区分标识，包括但不限于：

---

① 详见《网络安全标准实践指南　网络数据分类分级指引》(TC 260-PG-20212A)。

A. 从公共个人维度识别是否存在个人信息；

B. 从公共管理维度识别是否存在公共数据；

C. 从信息传播维度识别是否存在公共传播信息。

（2）从行业领域维度，确定待分类数据的数据处理活动涉及的行业领域。

A. 如果该行业领域存在行业主管部门认可或达成行业共识的行业数据分类规则，应按照行业数据分类规则对数据进行分类；

B. 如果该行业领域不存在行业数据分类规则，可从组织经营维度结合自身数据管理和使用需要对数据进行分类；

C. 如果数据处理涉及多个行业领域，建议分别按照各行业的数据分类规则对数据类别进行标识。

（3）完成上述数据分类后，数据处理者可采用线分类法对类别进一步细分。

二、个人信息识别与分类

（一）个人信息识别

通过分析特定自然人与信息之间的关系，符合下述情形之一的信息，可判定为个人信息。

（1）可识别特定自然人，即从信息到个人，依据信息本身的特殊性可识别出特定自然人，包括单独或结合其他信息识别出特定自然人。按照个人信息标识特定自然人的程度，可分为直接标识信息、准标识信息。

直接标识信息，是指在特定环境下可单独唯一识别特定自然人的信息。特定环境即个人信息使用的具体场景，如在一个具体的学校，通过学号可以直接识别出一个具体的学生。常见的直接标识信息有姓名、公民身份号码、护照号、驾照号、详细住址、电子邮件地址、移动电话号码、银行账户、社会保障号码、唯一设备识别码、车辆识别码、健康卡号码、病历号码、学号、IP地址、网络账号等。

准标识信息，是指在特定环境下无法单独唯一标识特定自然人，但结合其他信息可以唯一标识特定自然人的信息。常见的准标识信息，如性别、出生日期或年龄、国籍、籍贯、民族、职业、婚姻状况、受教育水平、宗教信仰、收入状况等。

个人信息通过去标识化等处理后，如果达到无法识别特定自然人且不能复原的匿名化效果，那么处理后的信息不再属于个人信息。

（2）与特定自然人关联，即从个人到信息，如已知特定自然人，由该特定自然人在其活动中产生的信息(如个人位置信息、个人通话记录、网页浏览记录等),可识别为个人信息。

(二)个人信息分类

按照涉及的自然人特征,个人信息可分为个人基本资料、个人身份信息等16个类别。具体分类示例见第四节表6-4-4。

三、公共数据识别与分类

(一)公共数据识别

符合以下任一情形的数据,可识别为公共数据:

(1)各级政务机关在依法履行公共管理和服务职能过程中收集和产生的数据;

(2)具有公共管理和服务职能的企事业单位和社会团体,在依法履行公共管理和服务职能过程中收集和产生的数据;

(3)提供公共服务的组织,在开展公共服务(如供水、供电、供热、供气、教育、医疗、公共交通、通信、邮政、养老、环保等)过程中收集和产生的数据;

(4)在为国家机关提供服务,参与公共基础设施、公共服务系统建设运维管理,利用公共资源提供服务过程中收集、产生的数据。

(二)公共数据分类

公共数据分类,可参考以下规则实施:

(1)政务数据的分类,优先按照国家或当地的电子政务信息目录进行分类,也可参考《政务信息资源目录体系 第4部分:政务信息资源分类》(GB/T 21063.4—2007)等相关电子政务国家标准执行;

(2)如存在公共数据目录,按照公共数据目录规则进行分类;

(3)如不存在公共数据目录,公共数据可按照主题、部门或行业领域进行分类,也可从数据共享、开放角度进行分类。

公共数据从共享、开放角度,可分成无条件共享/开放数据、有条件共享/开放数据、禁止共享/开放数据。

四、公共传播信息识别与分类

（一）公共传播信息识别

公共传播信息可通过判断信息是否具有公共传播属性进行识别，公共传播属性可参考以下任一原则判断：

（1）已合法公开的信息；

（2）以广泛传播为目的发布，接收者不特定；

（3）在传播过程中事实上被广泛传播的信息；

（4）即时通信服务平台的非个人通信信息，按照公共传播信息有关规定进行管理。

（二）公共传播信息分类

公共传播信息分类，从信息传播类型角度可分为以下类别：

（1）公开发布信息；

（2）可转发信息；

（3）无明确接收人信息。

第四节　数据分级方法

一、数据分级要素

数据分级主要从数据安全保护的角度，考虑影响对象、影响程度两个要素进行分级。

（1）影响对象，是指数据一旦遭到篡改、破坏、泄露或者非法获取、非法利用后受到危害影响的对象，包括国家安全、公共利益、个人合法权益、组织合法权益四个对象。

（2）影响程度，是指数据一旦遭到篡改、破坏、泄露或者非法获取、非法利用后，所造成的危害影响大小。危害程度从低到高可分为轻微危害、一般危害、严重危害。表6-4-1给出了针对各个危害对象的危害程度描述。

表 6-4-1 影响对象的影响程度描述

影响对象	影响程度	参考说明
国家安全	严重危害	(1)对政治、国土、军事、经济、文化、社会、科技、网络、生态、资源、核安全等构成严重威胁,严重影响海外利益、生物、太空、极地、深海、人工智能等重点领域安全; (2)对本地区、本部门以及相关行业、领域的重要骨干企业、关键信息基础设施、重要资源等造成严重影响; (3)导致对本地区、本部门以及相关行业、领域大范围停工停产、大面积网络与服务瘫痪、大量业务处理能力丧失
	一般危害	(1)对政治、国土、军事、经济、文化、社会、科技、网络、生态、资源、核安全等构成威胁,影响海外利益、生物、太空、极地、深海、人工智能等重点领域安全; (2)对本地区、本部门以及相关行业、领域生产、运行和经济利益等造成影响; (3)引发的级联效应明显,影响范围涉及多个行业、区域或者行业内多个企业,或者影响持续时间长,对行业发展、技术进步和产业生态等造成严重影响
	轻微危害	(1)对本地区、本部门以及相关行业、领域生产、运行和经济利益等造成轻微影响; (2)影响持续时间短,对行业发展、技术进步和产业生态等造成一般影响
	无危害	对国家安全不造成影响
公共利益	严重危害	波及一个或多个省市的大部分地区,引起社会动荡,对经济建设有极其恶劣的负面影响
	一般危害	波及一个或多个地市的大部分地区引起社会恐慌,对经济建设有重大的负面影响
	轻微危害	波及一个地市或地市以下的部分地区,扰乱社会秩序,对经济建设有一定的负面影响
	无危害	对公共利益不造成影响

续表

影响对象	影响程度	参考说明
个人合法权益	严重危害	个人信息主体可能会遭受重大的、不可消除的、可能无法克服的影响,容易导致自然人的人格尊严受到侵害或者人身、财产安全受到危害。例如,遭受无法承担的债务、失去工作能力、导致长期的心理或生理疾病、导致死亡等
	一般危害	个人信息主体可能遭受较大影响,个人信息主体克服难度高,消除影响代价较大。例如,遭受诈骗、资金被盗用、被银行列入黑名单、信用评分受损、名誉受损、造成歧视、被解雇、被法院传唤、健康状况恶化等
	轻微危害	个人信息主体可能会遭受困扰,但尚可以克服。例如,付出额外成本、无法使用应提供的服务、造成误解、产生害怕和紧张的情绪、导致较小的生理疾病等
	无危害	对个人信息合法权益不造成影响,或仅造成微弱影响但可忽略不计
组织合法权益	严重危害	可能导致组织遭到监管部门严重处罚(包括取消经营资格、长期暂停相关业务等),或者影响重要/关键业务无法正常开展的情况,造成重大经济或技术损失,严重破坏组织声誉,甚至面临破产
	一般危害	可能导致组织遭到监管部门处罚(包括一段时间内暂停经营资格或业务等),或者影响部分业务无法正常开展的情况,造成较大经济或技术损失,破坏组织声誉
	轻微危害	可能导致个别诉讼事件,或在某一时间造成部分业务中断,使组织的经济利益、声誉、技术等轻微受损
	无危害	对组织合法权益不造成影响,或仅造成微弱影响但不会影响国家安全、公共利益、市场秩序或各项业务的正常开展

二、基本分级规则

《网络数据分类分级指引》的数据分级基本框架将数据从低到高分成一般数据、重要数据、核心数据三个级别。各级别与影响对象、影响程度的对应关系如表6-4-2所示。

表6-4-2 数据安全基本分级规则

基本级别	影响对象			
	国家安全	公共利益	个人合法权益	组织合法权益
核心数据	一般危害、严重危害	严重危害	—	—
重要数据	轻微危害	一般危害、轻微危害	—	—
一般数据	无危害	无危害	无危害、轻微危害、一般危害、严重危害	无危害、轻微危害、一般危害、严重危害

三、一般数据分级规则

按照数据一旦遭到篡改、破坏、泄露或者非法获取、非法利用,对个人、组织合法权益造成的危害程度,《网络数据分类分级指引》将一般数据从低到高分为1级、2级、3级、4级四个级别,具体分级规则见表6-4-3。

表6-4-3 一般数据分级规则

安全级别	影响对象	
	个人合法权益	组织合法权益
4级数据	严重危害	严重危害
3级数据	一般危害	一般危害
2级数据	轻微危害	轻微危害
1级数据	无危害	无危害

(1)1级数据:数据一旦遭到篡改、破坏、泄露或者非法获取、非法利用,不会对个人合法权益、组织合法权益造成危害。1级数据具有公共传播属性,可对外公开发布、转发传播,但也需考虑公开的数据量及类别,避免由于类别较多或者数量过大被用于关联分析。

(2)2级数据:数据一旦遭到篡改、破坏、泄露或者非法获取、非法利用,可能对个人合法权益、组织合法权益造成轻微危害。2级数据通常在组织内部、关联方共享和使用,相关方授权后可向组织外部共享。

(3)3级数据:数据一旦遭到篡改、破坏、泄露或者非法获取、非法利用,可能对个人合法权益、组织合法权益造成一般危害。3级数据仅能由授权的内部机构或人员访问,如果要将数据共享到外部,需要满足相关条件并获得相关方的授权。

(4)4级数据:数据一旦遭到篡改、破坏、泄露或者非法获取、非法利用,可能对个人合法权益、组织合法权益造成严重危害,但不会危害国家安全或公共利益。4级数据按照批准的授权列表严格管理,仅能在受控范围内经过严格审批、评估后才可共享或传播。

四、定级方法

(一)定级流程

数据处理者按照基本分级框架和一般数据分级规则对数据进行定级时,可参考图6-4-1所示流程实施。数据定级的具体步骤包括:

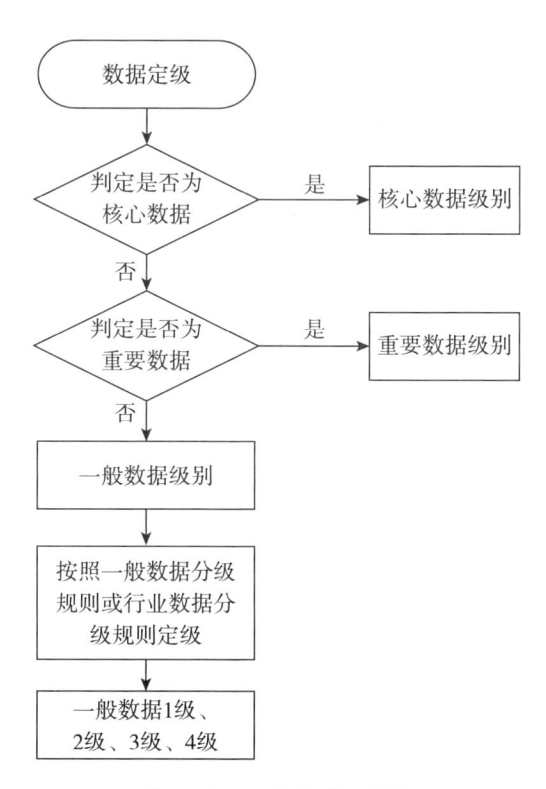

图6-4-1 数据定级流程

(1) 按照国家和行业领域的核心数据目录、重要数据目录，依次判定是否是核心数据、重要数据，如果是则按照就高从严原则定为核心数据级、重要数据级，其他数据定为一般数据。

(2) 国家和行业核心数据、重要数据目录不明确时，可参考核心数据、重要数据认定的规定或标准，分析数据一旦遭到篡改、破坏、泄露或者非法获取、非法利用的危害对象和危害程度，参照表6-4-2进行基本定级，确定核心数据、重要数据和一般数据级别。

(3) 按照一般数据分级规则或者所属行业共识的数据分级规则对一般数据进行定级，确定一般数据细分级别。部分行业领域与《网络数据分类分级指引》的分级对应关系可参照《网络数据分类分级指引》附录B.4。

(4) 如果数据属于个人信息，应识别敏感个人信息、一般个人信息，并参照表6-4-3和表6-4-4对个人信息进行定级。

以上定级方法主要针对数据项，如针对数据集定级，建议在确定数据集中数据项级别的基础上，按照就高从严原则确定数据集的级别。

(二) 个人信息定级

根据《个人信息保护法》要求，按照个人信息一旦泄露或者非法使用，对个人合法权益造成的危害程度，个人信息可分为一般个人信息、敏感个人信息。一般个人信息是指一旦泄露或者非法使用，对自然人个人信息权益造成轻微或一般影响，不易导致自然人的人格尊严、人身安全、财产安全受到侵害，如网络身份标识信息。敏感个人信息是指一旦泄露或者非法使用，容易导致自然人的人格尊严受到侵害或者人身、财产安全受到危害的个人信息，包括生物识别、宗教信仰、特定身份、医疗健康、金融账户、行踪轨迹等信息，以及不满14周岁未成年人的个人信息。

通过分析个人信息遭到泄露或者非法利用对个人信息主体权益可能造成的影响，符合以下任一影响的可判定为敏感个人信息：

(1) 个人信息遭到泄露或者非法使用，可能直接侵害个人信息主体的人格尊严，如特定身份、医疗健康、犯罪记录等信息属于一旦泄露即侵害人格尊严。

(2) 个人信息遭到泄露或者非法使用，不会直接侵害个人信息主体的人格尊严，但可能由于社会偏见、歧视性待遇而间接侵害个人信息主体的人格尊严，如因个人种族、宗教信仰、性取向遭到歧视性待遇。

(3)个人信息遭到泄露或者非法使用,可能直接或间接危害个人信息主体的人身、财产安全。例如:泄露、非法使用家庭住址、家属关系等家庭相关信息,可能会为入室抢劫或绑架等犯罪所利用;个人信息主体的身份证复印件被他人用于手机号卡实名登记、银行账户开户办卡等。

《网络数据分类分级指引》附录 B.1 给出了 16 类个人信息的具体分类示例(见表 6-4-4),附录 B.2 给出了可能构成敏感个人信息的示例(见表 6-4-5)。

表 6-4-4 个人信息的一级类别、二级类别和相关数据示例

一级类别	二级类别	典型示例和说明
个人基本资料	个人基本资料	自然人基本情况信息,如个人姓名、生日、年龄、性别、民族、国籍、籍贯、婚姻状况、家庭关系、住址、个人电话号码、电子邮件地址、兴趣爱好等
个人身份信息	个人身份信息	可直接标识自然人身份的信息,如身份证、军官证、护照、驾驶证、工作证、出入证、社保卡、居住证、港澳台通行证等证件号码、证件有效期、证件照片或影印件等
个人生物识别信息	个人生物识别信息	生物识别原始信息(如样本、图像等)和比对信息(如特征值、模板等),如人脸、指纹、步态、声纹、基因、虹膜、笔迹、掌纹、耳廓、眼纹等
网络身份标识信息	网络身份标识信息	可直接标识网络或通信用户身份的信息及账户相关资料信息(金融账户除外),如用户账号、用户 ID、即时通信账号、网络社交用户账号、用户头像、昵称、个性签名、IP 地址、账户开立时间等
个人健康生理信息	健康状况信息	与个人身体健康状况相关的一般信息,如体重、身高、体温、肺活量、血压、血型等
个人健康生理信息	个人医疗信息	个人因生病医治等产生的相关记录,如病症、住院志、医嘱单、检验报告、体检报告、手术及麻醉记录、护理记录、用药记录、药物食物过敏信息、生育信息、以往病史、诊治情况、家族病史、现病史、传染病史、吸烟史等

续表

一级类别	二级类别	典型示例和说明
个人教育工作信息	个人教育信息	个人受教育和培训情况相关信息,如学历、学位、教育经历(如入学日期、毕业日期、学校、院系、专业等)、成绩单、资质证书、培训记录等
	个人工作信息	个人求职和工作情况相关信息,如个人职业、职位、职称、工作单位、工作地点、工作经历、工资、工作表现、简历等
个人财产信息	金融账户信息	金融账户及账户相关信息,如银行卡号、支付账号、银行卡磁道数据(或芯片等效信息)、银行卡有效期、证券账户、基金账户、保险账户、公积金账户、公积金联名账号、账户开立时间、开户机构、账户余额、支付标记信息等
	个人交易信息	交易过程中产生的交易信息和消费记录,如交易订单、交易金额、支付记录、透支记录、交易状态、交易日志、交易凭证、账单、证券委托、成交、持仓信息、保单信息、理赔信息等
	个人资产信息	个人实体和虚拟财产信息,如个人收入状况、房产信息、存款信息、车辆信息、纳税额、公积金缴存明细(含余额、基数、缴纳公司、公积金中心、状态等)、银行流水、虚拟财产(虚拟货币、虚拟交易、游戏类兑换码等)、个人社保与医保存缴金额等
	个人借贷信息	个人在借贷过程中产生的信息,如个人借款信息、还款信息、欠款信息、信贷记录、征信信息、担保情况等
身份鉴别信息	身份鉴别信息	用于身份鉴别的数据,如账户登录密码、银行卡密码、支付密码、账户查询密码、交易密码、银行卡有效期、银行卡片验证码(CVN 和 CVN2)、USBKEY、动态口令、U 盾(网银、手机银行密保工具信息)、短信验证码、密码提示问题答案、手机客服密码、个人数字证书、随机令牌等
个人通信信息	个人通信信息	通信记录、短信、彩信、话音、电子邮件、即时通信等通信内容(如文字、图片、音频、视频、文件等),及描述个人通信的元数据(如通话时长)等
联系人信息	联系人信息	描述个人与关联方关系的信息,如通讯录、好友列表、群列表、电子邮件地址列表、家庭关系、工作关系、社交关系等

续表

一级类别	二级类别	典型示例和说明
个人上网记录	个人操作记录	个人在业务服务过程中的操作记录和行为数据,包括网页浏览记录、软件使用记录、点击记录、Cookie、发布的社交信息、点击记录、收藏列表、搜索记录、服务使用时间、下载记录、访问时间(含登录时间、退出时间)等
	业务行为数据	用户使用某业务的行为记录(如游戏业务:用户游戏登录时间、最近充值时间、累计充值额度、用户通关记录)等
个人设备信息	可变更的唯一设备识别码	AndroidID、IDFA、IDFV、OAID 等
	不可变更的唯一设备识别码	IMEI、IMSI、MEID、设备 MAC 地址、硬件序列号、ICCID 等
	应用软件列表	终端上安装的应用程序列表,如每款应用软件的名称、版本等
个人位置信息	粗略位置信息	仅能定位到行政区、县级等的位置信息,如地区代码、城市代码等
	精确位置信息	能具体定位到个人的地理位置数据,包括行踪轨迹、经纬度、住宿信息、小区代码、基站号、基站经纬度坐标等
个人标签信息	个人标签信息	基于个人上网记录等各类个人信息加工产生的用于对个人用户分类分析的描述信息,如 APP 偏好、关系标签、终端偏好、内容偏好等标签信息
个人运动信息	个人运动信息	步数、步频、运动时长、运动距离、运动方式、运动心率等
其他个人信息	其他个人信息	性取向、婚史、宗教信仰、未公开的违法犯罪记录等

注:个人画像,是由多个用户个人标签组成的数据集。

表 6-4-5 敏感个人信息参考示例

类别	典型示例和说明
特定身份	身份证、军官证、护照、驾驶证、工作证、出入证、社保卡、居住证、港澳台通行证等
生物识别信息	个人基因、指纹、声纹、掌纹、眼纹、耳廓、虹膜、面部识别特征、步态等

续表

类别	典型示例和说明
金融账户	金融账户及金融账户相关信息,包括但不限于支付账号、银行卡磁道数据(或芯片等效信息)、证券账户、基金账户、保险账户、其他财富账户、公积金账户、公积金联名账号、账户开立时间、开户机构、账户余额以及基于上述信息产生的支付标记信息等
医疗健康	个人因生病医治等产生的相关记录,如病症、住院志、医嘱单、检验报告、手术及麻醉记录、护理记录、用药记录、药物食物过敏信息、生育信息、以往病史、诊治情况、家族病史、现病史、传染病史等
行踪轨迹	基于实时地理位置形成的个人行踪和行程信息,如实时精准定位信息、GPS车辆轨迹信息、出入境记录、住宿信息(定位到街道、小区甚至更精确位置的数据)等
未成年人个人信息	14岁以下(含)未成年人的个人信息
身份鉴别信息	用于验证主体是否具有访问或使用权限的信息,包括但不限于登录密码、支付密码、账户查询密码、交易密码、银行卡有效期、银行卡片验证码(CVN和CVN2)、口令、动态口令、口令保护答案、短信验证码、密码提示问题答案、随机令牌等
其他敏感个人信息	种族、性取向、婚史、宗教信仰、未公开的违法犯罪记录等

对比以上两表可以看出:

(1)一级类别中的个人身份信息、个人生物识别信息、身份鉴别信息、所列举的其他个人信息均属于敏感个人信息。

(2)二级类别中的个人医疗信息、金融账户信息及其产生的支付标记信息、精确位置信息属于敏感个人信息。以一级类别个人健康生理信息为例,其包含健康状况信息和个人医疗信息两个二级类别,体重、身高、体温、肺活量、血压、血型等健康状况信息并非敏感个人信息,而只有因生病医治等产生的相关记录才属于敏感个人信息。

(3)14岁以下(含)未成年人的个人信息均属于敏感个人信息。

个人信息定级,可优先判定是否属于敏感个人信息。如果属于敏感个人信息,则定为一般数据4级;如果属于一般个人信息,则按照一般数据分级规则,分析影响程度确定属于哪个级别。

(三)最低参考级别

《网络数据分类分级指引》将特定类型一般数据的最低级别列表如下(表

6-4-6),供各组织定级时参考。

表6-4-6 特定类型一般数据的最低参考级别

类型	不低于
敏感个人信息	4级
一般个人信息	2级
组织内部员工个人信息	2级
有条件开放/共享的公共数据级别	2级
禁止开放/共享的公共数据	4级

(四)衍生数据定级

按照数据加工程度不同,数据通常可分为原始数据、脱敏数据、标签数据、统计数据、融合数据,其中脱敏数据、标签数据、统计数据、融合数据均属于衍生数据。《网络数据分类分级指引》中数据加工程度维度数据分类见表6-4-7。

表6-4-7 数据加工程度维度的数据分类

数据类别	类别定义	数据示例
原始数据	是指数据的原本形式和内容,未作任何加工处理	如采集的原始数据等
脱敏数据	对数据(如个人信息)按照脱敏规则进行数据变形处理后的新数据	如去标识化的手机号码(如138××××××6)等,个人信息去标识化、匿名化处理后的数据属于脱敏数据
标签数据	对用户个人敏感属性等数据进行区间化、分级化、统计分析后形成的非精确的模糊化标签数据	偏好标签、关系标签等
统计数据	即群体性综合性数据,是由多个用户个人或实体对象的数据进行统计或分析后形成的数据	如群体用户位置轨迹统计信息、群体统计指数、交易统计数据、统计分析报表、分析报告方案等
融合数据	对不同业务目的或地域的数据汇聚,进行挖掘或聚合	如多个业务、多个地市的数据整合、汇聚等

原始数据可按照上文介绍的方法进行定级,衍生数据级别原则上依据就高从严原则,对照加工的原始数据集级别进行定级,同时按照数据加工程度也可进行升级或降级调整。

(1)脱敏数据级别可比原始数据集级别降低,去标识化的个人信息不低于2级,匿名化个人信息不低于1级。

(2)标签数据级别可比原始数据集级别降低,个人标签信息不低于2级。

(3)统计数据如涉及大规模群体特征或行动轨迹,应设置比原始数据集级别更高的级别。

(4)融合数据级别要考虑数据汇聚融合结果,如果结果数据汇聚了更多的原始数据或挖掘出更敏感的数据,级别需要升高,但如果结果数据降低了标识化程度等,级别可以降低。

(五)重新定级

1. 重新定级情形

数据定级完成后,出现下列情形之一时,应重新定级:

(1)数据内容发生变化,导致原有数据的安全级别不再适用;

(2)数据内容未发生变化,但数据时效性、数据规模、数据应用场景、数据加工处理方式等发生变化;

(3)多个原始数据直接合并,导致原有的安全级别不再适用于合并后的数据;

(4)因对不同数据选取部分数据进行合并形成的新数据,导致原有数据的安全级别不再适用于合并后的数据;

(5)不同数据类型经汇聚融合形成新的数据类别,导致原有的数据级别不再适用于汇聚融合后的数据;

(6)因国家或行业主管部门要求,导致原定的数据级别不再适用;

(7)需要对数据安全级别进行变更的其他情形。

2. 数据变化的定级参考

《网络数据分类分级指引》中数据发生变化导致安全级别变化的规则,包括但不限于(见表6-4-8):

表 6-4-8　数据安全级别变化示例

措施或情形	安全级别变化
数据体量增加到特定规模导致社会重大影响	升级
达到国家有关部门规定精度的数据	升级
关联多个业务部门数据	升级
大量多维数据进行关联	升级
发生特定事件导致数据敏感性增强	升级
数据已被公开或披露	降级
数据进行脱敏或删除关键字段	降级
数据进行去标识化、假名化、匿名化	降级
数据发生特定事件导致数据失去敏感性	降级

注：处理100万人以上个人信息的数据处理者，按照重要数据处理者进行管理，应满足重要数据保护要求。

第五节　数据分类分级实施流程

按照《网络数据分类分级指引》，数据处理者在开展数据分类分级时，可按照图6-5-1所示流程实施，具体步骤包括：

（1）数据资产梳理：对组织的数据资产进行全面梳理，包括以物理或电子形式记录的数据库表、数据项、数据文件等结构化和非结构化数据资产，明确数据资产基本信息和相关方，形成数据资产清单。

（2）数据分类：从多个维度，建立自身的数据分类规则，参考前文的数据分类流程对数据进行分类。

（3）数据定级：建立自身的数据分级规则，并对数据进行定级。

（4）审核标识管理：对数据资产分类分级结果进行评审和完善，最后批准发布实施，形成数据资产分类分级清单，并对数据资产和数据分类分级进行维护、管理和定期审核。

（5）数据分类分级保护：依据国家关于核心数据、重要数据、个人信息、公共数据等安全要求，以及行业领域数据分类分级保护要求，建立数据分类分级保护策略,按照核心数据严格管理、重要数据重点保护、个人信息安全合规和一般数据分级保护的思路,对数据实施全流程分类分级管理和保护。

```
┌─────────────────────────┐
│      数据资产梳理        │
│ · 结构化数据资产梳理     │
│ · 非结构化数据资产梳理   │
│ · 资产基本信息和相关方识别│
│ · 形成数据资产清单       │
└───────────┬─────────────┘
            ↓
┌─────────────────────────┐
│        数据分类          │
│ · 公民个人维度数据分类   │
│ · 公共管理维度数据分类   │
│ · 信息传播维度数据分类   │
│ · 行业领域维度数据分类   │
│ · 组织经营维度数据分类   │
└───────────┬─────────────┘
            ↓
┌─────────────────────────┐
│        数据定级          │
│ · 识别国家核心数据       │
│ · 识别重要数据           │
│ · 一般数据定级           │
│ · 个人信息定级           │
└───────────┬─────────────┘
            ↓
┌─────────────────────────┐
│      审核标识管理        │
│ · 分类分级评审           │
│ · 批准发布实施           │
│ · 数据分类分级标识       │
│ · 维护管理更新           │
│ · 数据资产分类分级清单   │
└───────────┬─────────────┘
            ↓
┌─────────────────────────┐
│    数据分类分级保护      │
│ · 数据分类分级保护策略   │
│ · 核心数据严格管理       │
│ · 重要数据重点保护       │
│ · 个人信息安全合规       │
│ · 一般数据全流程分级保护 │
└─────────────────────────┘
```

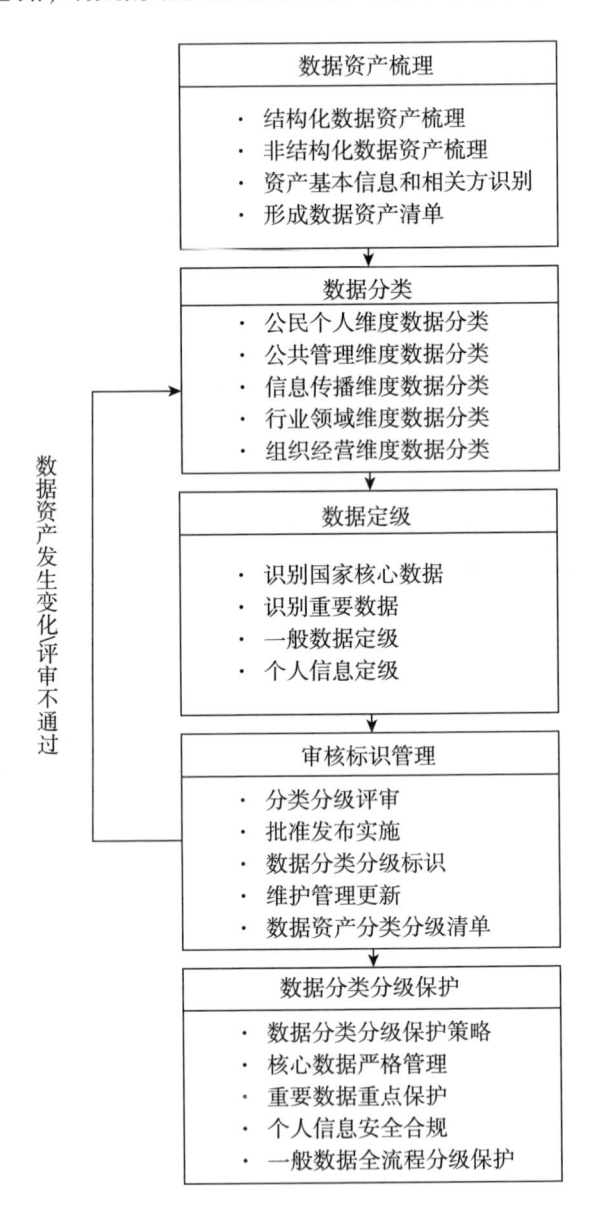

（左侧循环标注：数据资产发生变化/评审不通过）

图 6-5-1 数据分类分级实施流程

第六节 个人金融信息分级示例

一、《个人金融信息保护技术规范》对个人金融信息的分级

根据信息遭到未经授权的查看或未经授权的变更后所产生的影响和危害，将个人金融信息按敏感程度从高到低分为 C3、C2、C1 三个级别。具体如表 6-6-1 所示。

表 6-6-1 《个人金融信息保护技术规范》个人金融信息分级

信息级别	信息界定标准	信息列举
C3	主要为用户鉴别信息。该类信息一旦遭到未经授权的查看或未经授权的变更，会对个人金融信息主体的信息安全与财产安全造成严重危害	银行卡磁道数据（或芯片等效信息）、卡片验证码（CVN 和 CVN2）、卡片有效期、银行卡密码、网络支付交易密码；账户（包括但不限于支付账号、证券账户、保险账户）登录密码、交易密码、查询密码； 用于用户鉴别的个人生物识别信息
C2	主要为可识别特定个人金融信息主体身份与金融状况的个人金融信息，以及用于金融产品与服务的关键信息。该类信息一旦遭到未经授权的查看或未经授权的变更，会对个人金融信息主体的信息安全与财产安全造成一定危害	支付账号及其等效信息，如支付账号、证件类识别标识与证件信息（身份证、护照等）、手机号码。 账户（包括但不限于支付账号、证券账户、保险账户）登录的用户名。 用户鉴别辅助信息，如动态口令、短信验证码、密码提示问题答案、动态声纹密码（若用户鉴别辅助信息与账号结合使用可直接完成用户鉴别，则属于 C3 类别信息）。 直接反映个人金融信息主体金融状况的信息，如个人财产信息（包括网络支付账号余额）、借贷信息。 用户金融产品与服务的关键信息，如交易信息（如交易指令、交易流水、证券委托、保险理赔）等。 用于履行了解你的客户（KYC）要求，以及按行业主管部门存证、保全等需要，在提供产品和服务过程中收集的个人金融信息主体照片、音视频等影像信息。 其他能够识别特定主体的信息，如家庭地址等

续表

信息级别	信息界定标准	信息列举
C1	主要为机构内部的信息资产,主要提供金融业机构内部使用的个人金融信息。该类信息一旦遭到未经授权的查看或未经授权的变更,会对个人金融信息主体的信息安全与财产安全造成一定影响	账户开立时间、开户机构。 基于账户信息产生的支付标记信息。 C2 和 C3 类别信息中未包含的其他个人金融信息

个人金融信息主体因业务需要(如贷款)主动提供的有关家庭成员信息(如身份证号码、手机号码、财产信息等),应依据 C3、C2、C1 敏感程度类别进行分类,并实施针对性的保护措施。

两种或两种以上的低敏感程度类别信息经过组合、关联和分析后可能产生高敏感程度的信息。同一信息在不同的服务场景中可能处于不同的类别,应依据服务场景以及该信息在其中的作用对信息的类别进行识别,并实施针对性的保护措施。

二、个人金融信息安全级别对应关系

根据《网络数据分类分级指引》、《金融数据安全 数据安全分级指南》以及《个人金融信息保护技术规范》的相关内容,可将个人金融信息安全级别的对应关系总结为表 6-6-2。

表 6-6-2 人金融信息安全级别对应关系

个人信息类别	《网络数据分类分级指引》	《金融数据安全 数据安全分级指南》	《个人金融信息保护技术规范》
	重要数据级	5 级	
敏感个人信息	一般数据 4 级	4 级	C3/C2
一般个人信息/组织内部个人信息	一般数据 3 级	3 级	C2
一般个人信息/组织内部个人信息	一般数据 2 级	2 级	C1
	一般数据 1 级	1 级	

第七章 重要数据保护制度

上一章我们介绍了数据分类分级保护制度,其中提到,国家互联网信息办公室于 2021 年 11 月 14 日发布的《网络数据安全管理条例(征求意见稿)》中,按照数据对国家安全、公共利益或者个人、组织合法权益的影响和重要程度,将数据分为一般数据、重要数据、核心数据,不同级别的数据采取不同的保护措施,其中的重要数据,是企业在开展数据合规的过程中需要特别关注的,因此,将重要数据单列一章分析。

第一节 重要数据概述

一、重要数据概念的提出与发展

2016 年 11 月发布的《网络安全法》首次提出"重要数据"的概念。其中,第 21 条要求对重要数据采取"备份和加密等措施",第 37 条要求关键信息基础设施的运营者在中华人民共和国境内运营中收集和产生的个人信息和重要数据应当在境内存储。

随后,2017 年 4 月 11 日国家互联网信息办公室发布《个人信息和重要数据出境安全评估办法(征求意见稿)》,该办法所规制的"数据出境",主要是指网络运营者将在中华人民共和国境内运营中收集和产生的个人信息和重要数据,提供给位于境外的机构、组织、个人;其中的重要数据,是指与国家安全、经济发展,以及社会公共利益密切相关的数据,具体范围参照国家有关标准和重要数据识别指南。

全国信息安全标准化技术委员会于 2017 年 8 月发布了《信息安全技术 数

据出境安全评估指南(征求意见稿)》。其中,附录 A"重要数据识别指南"按照行业(领域)将重要数据划分为石油天然气、电力、通信、交通运输、金融、气象等 28 大类(包括"其他"),并明确了各行业(领域)重要数据的范围。但是,该评估指南草案最终并未生效。

2019 年《数据安全管理办法(征求意见稿)》依据《网络安全法》的要求,界定了"重要数据"的范围并制定相关数据安全保护工作规范。

2020 年 4 月版《网络安全审查办法》将"重要数据被窃取、泄露、毁损的风险"作为"网络安全审查重点评估采购网络产品和服务可能带来的国家安全风险"所主要考虑的因素之一;2021 年 12 月修订版《网络安全审查办法》中,"核心数据、重要数据或者大量个人信息被窃取、泄露、毁损以及非法利用、非法出境的风险"以及"上市存在关键信息基础设施、核心数据、重要数据或者大量个人信息被外国政府影响、控制、恶意利用的风险,以及网络信息安全风险"都属于网络安全审查重点评估的国家安全风险因素。

2021 年 6 月出台的《数据安全法》虽然未对重要数据的概念进行界定,但提出了国家建立数据分类分级保护制度,各地区、各部门确定重要数据具体目录,并强调对列入的数据进行重点保护。

2021 年 10 月 29 日,国家互联网信息办公室公布的《数据出境安全评估办法(征求意见稿)》中,数据出境安全评估的范围包括"数据处理者向境外提供在中华人民共和国境内运营中收集和产生的重要数据和依法应当进行安全评估的个人信息"。

2021 年 10 月 1 日生效的《汽车数据安全管理若干规定(试行)》(以下简称《汽车数据规定》)以不完全列举的形式对汽车行业的重要数据作出了规定,但《汽车数据规定》作为汽车行业的专门规定,对于非汽车行业的企业的数据合规指引作用有限。

2021 年 11 月 14 日,国家互联网信息办公室公布《网络数据安全管理条例(征求意见稿)》(以下简称《数安条例》),对我国的网络数据安全与个人信息保护进行了细化和补充。《数安条例》第 27 条规定,各地区、各部门按照国家有关要求和标准,组织本地区、本部门以及相关行业、领域的数据处理者识别重要数据和核心数据,组织制定本地区、本部门以及相关行业、领域重要数据和核心数据目录,并报国家网信部门。按照该条规定,各地区、各部门将根据《数安条例》

制定自己的重要数据识别细则。

2022年1月13日全国信息安全标准化技术委员会秘书处在官网发布的《信息安全技术　重要数据识别指南》(征求意见稿)[以下简称《重要数据识别指南》(征求意见稿)],很显然已经结合《数安条例》的相关规定作了调整。《重要数据识别指南》(征求意见稿)取消了对重要数据的"特征"说明,仅提出了重要数据的十四项识别因素。原因是标准起草组认为对重要数据的特征描述可能会对各地方、各部门制定部门、本行业以及本系统、本领域的重要数据识别细则带来不必要的约束,"国家标准《重要数据识别指南》必须是原则性的,触角不能深入到各地区、各部门的具体数据类别之中"①。

2022年7月7日,国家互联网信息办公室正式公布《数据出境安全评估办法》,自2022年9月1日起施行。该办法规定了应当申报数据出境安全评估的情形,包括数据处理者向境外提供重要数据、关键信息基础设施运营者和处理100万人以上个人信息的数据处理者向境外提供个人信息、自2021年1月1日起累计向境外提供10万人个人信息或者1万人敏感个人信息的数据处理者向境外提供个人信息以及国家网信部门规定的其他需要申报数据出境安全评估的情形。同时,该办法第19条明确规定:"本办法所称重要数据,是指一旦遭到篡改、破坏、泄露或者非法获取、非法利用等,可能危害国家安全、经济运行、社会稳定、公共健康和安全等的数据。"

二、重要数据的定义

《数安条例》第73条规定,重要数据是指一旦遭到篡改、破坏、泄露或者非法获取、非法利用,可能危害国家安全、公共利益的数据。包括以下数据:

1. 未公开的政务数据、工作秘密、情报数据和执法司法数据;

2. 出口管制数据,出口管制物项涉及的核心技术、设计方案、生产工艺等相关的数据,密码、生物、电子信息、人工智能等领域对国家安全、经济竞争实力有直接影响的科学技术成果数据;

3. 国家法律、行政法规、部门规章明确规定需要保护或者控制传播的国家经

---

① 《国标〈重要数据识别指南〉起草发生重大修改》,载微信公众号"小贝说安全"2022年1月10日。

济运行数据、重要行业业务数据、统计数据等;

4.工业、电信、能源、交通、水利、金融、国防科技工业、海关、税务等重点行业和领域安全生产、运行的数据,关键系统组件、设备供应链数据;

5.达到国家有关部门规定的规模或者精度的基因、地理、矿产、气象等人口与健康、自然资源与环境国家基础数据;

6.国家基础设施、关键信息基础设施建设运行及其安全数据,国防设施、军事管理区、国防科研生产单位等重要敏感区域的地理位置、安保情况等数据;

7.其他可能影响国家政治、国土、军事、经济、文化、社会、科技、生态、资源、核设施、海外利益、生物、太空、极地、深海等安全的数据。

当然,《数安条例》的以上定义虽然已经尽量列举了一些相关行业的数据,但是对于活跃在各行各业的具体企业而言,识别重要数据仍然会有较大的不确定性。对此,《数安条例》第27条承接了《数据安全法》第21条的规定,要求"各地区、各部门按照国家有关要求和标准……组织制定本地区、本部门以及相关行业、领域重要数据和核心数据目录,并报国家网信部门"。因此,各地区和各行业的重要数据目录很可能在较短时间内陆续制定和颁布。

此外,《汽车数据安全管理若干规定(试行)》第3条第6款,不仅给出了重要数据的定义,还对汽车行业的重要数据范围进行了详细的列举:"重要数据是指一旦遭到篡改、破坏、泄露或者非法获取、非法利用,可能危害国家安全、公共利益或者个人、组织合法权益的数据,包括:(一)军事管理区、国防科工单位以及县级以上党政机关等重要敏感区域的地理信息、人员流量、车辆流量等数据;(二)车辆流量、物流等反映经济运行情况的数据;(三)汽车充电网的运行数据;(四)包含人脸信息、车牌信息等的车外视频、图像数据;(五)涉及个人信息主体超过10万人的个人信息;(六)国家网信部门和国务院发展改革、工业和信息化、公安、交通运输等有关部门确定的其他可能危害国家安全、公共利益或者个人、组织合法权益的数据。"

国家标准《重要数据识别指南》(征求意见稿)则将重要数据定义为:"以电子方式存在的,一旦遭到篡改、破坏、泄露或者非法获取、非法利用,可能危害国家安全、公共利益的数据。重要数据不包括国家秘密和个人信息,但基于海量个人信息形成的统计数据、衍生数据有可能属于重要数据。""海量个人信息"有无门槛?在此试举两例:按照《数安条例》第26条的规定,100万人以上个人信息的数据处理者,应当遵守该条例第四章对重要数据的处理者作出的规定;《汽车数据安全管理若干规定(试行)》中"涉及个人信息主体超过10万人的个人信息"将被认定为重要数据。两者对比可见,在法律和行政法规(前者)的框架之内,部门规章(后者)以及行业规范性文件等有可能对重要数据提出更为严格的认定标准。

三、重要数据识别的基本原则[①]

识别重要数据遵循的原则如下:

1. 聚焦安全影响:从国家安全、经济运行、社会稳定、公共健康和安全等角度识别重要数据,只对组织自身而言重要或敏感的数据不属于重要数据,如企业的内部管理相关数据;

2. 突出保护重点:通过对数据分级,明确安全保护重点,使一般数据充分流动,重要数据在满足安全保护要求前提下有序流动,释放数据价值;

3. 衔接既有规定:充分考虑地方已有管理要求和行业特色,与地方、部门已经制定实施的有关数据管理政策和标准规范紧密衔接;

4. 综合考虑风险:根据数据用途、面临威胁等不同因素,综合考虑数据遭到篡改、破坏、泄露或者非法获取、非法利用等风险,从保密性、完整性、可用性、真实性、准确性等多个角度识别数据的重要性;

5. 定量定性结合:以定量与定性相结合的方式识别重要数据,并根据具体数据类型、特性不同采取定量或定性方法;

6. 动态识别复评:随着数据用途、共享方式、重要性等发生变化,动态识别重要数据,并定期复查重要数据识别结果。

四、重要数据的识别

(一)识别因素

识别重要数据时,只要具备下列因素之一的,就应被认定重要数据[②]:

1. 反映国家战略储备、应急动员能力,如战略物资产能、储备量属于重要数据;

[①] 国家市场监督管理总局、国家标准化管理委员会:《〈信息安全技术 重要数据识别指南〉(征求意见稿)》。

[②] 国家市场监督管理总局、国家标准化管理委员会:《〈信息安全技术 重要数据识别指南〉(征求意见稿)》。

2.支撑关键基础设施运行或重点领域工业生产,如直接支撑关键基础设施所在行业、领域核心业务运行或重点领域工业生产的数据属于重要数据;

3.反映关键信息基础设施网络安全保护情况,可被利用实施对关键信息基础设施的网络攻击,如反映关键信息基础设施网络安全方案、系统配置信息、核心软硬件设计信息、系统拓扑、应急预案等情况的数据属于重要数据;

4.关系出口管制物项,如描述出口管制物项的设计原理、工艺流程、制作方法等的信息以及源代码、集成电路布图、技术方案、重要参数、实验数据、检测报告属于重要数据;

5.可能被其他国家或组织利用发起对我国的军事打击,如满足一定精度要求的地理信息属于重要数据;

6.反映重点目标、重要场所物理安全保护情况或未公开地理目标的位置,可能被恐怖分子、犯罪分子利用实施破坏,如反映重点安保单位、重要生产企业、国家重要资产(如铁路、输油管道)的施工图、内部结构、安防等情况的数据,以及未公开的专用公路、未公开的机场等的信息属于重要数据;

7.可能被利用实施对关键设备、系统组件供应链的破坏,以发起高级持续性威胁等网络攻击,如重要客户清单、未公开的关键信息基础运营者采购产品和服务情况、未公开的重大漏洞属于重要数据;

8.反映群体健康生理状况、族群特征、遗传信息等的基础数据,如人口普查资料、人类遗传资源信息、基因测序原始数据属于重要数据;

9.国家自然资源、环境基础数据,如未公开的水情信息、水文观测数据、气象观测数据、环保监测数据属于重要数据;

10.关系科技实力、影响国际竞争力,如描述与国防、国家安全相关的知识产权的数据属于重要数据;

11.关系敏感物项生产交易以及重要装备配备、使用,可能被外国政府对我实施制裁,如重点企业金融交易数据、重要装备生产制造信息,以及国家重大工程施工过程中的重要装备配备、使用等生产活动信息属于重要数据;

12.在向政府机关、军工企业及其他敏感重要机构提供服务过程中产生的不宜公开的信息,如军工企业较长一段时间内的用车信息;

13.未公开的政务数据、工作秘密、情报数据和执法司法数据,如未公开的统计数据;

14.其他可能影响国家政治、国土、军事、经济、文化、社会、科技、生态、资源、核设施、海外利益、生物、太空、极地、深海等安全的数据。

(二)识别步骤

《重要数据识别指南》标准起草组建议,在实际工作中,对重要数据的识别具体可分为以下三个阶段[①]:

一是根据国家规定,各地区、各部门制定工作文件,在《重要数据识别指南》的基础上明确本地区、本部门以及相关行业、领域重要数据的具体类别和详细特征,指导本地区、本部门以及相关行业、领域开展重要数据识别工作。

二是各类组织根据本地区、本部门的具体规定,识别本组织内重要数据,包括梳理数据资产、判断安全影响、识别重要数据、审核重要数据、形成重要数据目录。

三是各类组织向所在地区、部门和其他有关方面报送本组织内的重要数据识别结果,各地区、各部门形成本地区、本部门以及相关行业、领域的重要数据具体目录。

五、相关法律责任

按照《数据安全法》第45条的规定,重要数据处理者未明确数据安全负责人和管理机构,未落实数据安全保护责任,或者未定期进行风险评估的,由有关主管部门责令改正,给予警告,可以并处5万元以上50万元以下罚款,对直接负责的主管人员和其他直接责任人员可以处1万元以上10万元以下罚款;拒不改正或者造成大量数据泄露等严重后果的,处50万元以上200万元以下罚款,并可以责令暂停相关业务、停业整顿、吊销相关业务许可证或者吊销营业执照,对直接负责的主管人员和其他直接责任人员处5万元以上20万元以下罚款。

违反国家核心数据管理制度,危害国家主权、安全和发展利益的,由有关主管部门处200万元以上1000万元以下罚款,并根据情况责令暂停相关业务、停业整顿、吊销相关业务许可证或者吊销营业执照;构成犯罪的,依法追究刑事责任。

按照《数据安全法》第46条的规定,重要数据处理者未遵守相关法律和行

---

① 《数安条例百问9、10、11、12:关于重要数据》,载微信公众号"小贝说安全"2021年12月5日,https://mp.weixin.qq.com/s/Gozvj8hXzVKf0lGiwpZsbw。

政法规的规定,向境外提供重要数据的,由有关主管部门责令改正,给予警告,可以并处 10 万元以上 100 万元以下罚款,对直接负责的主管人员和其他直接责任人员可以处 1 万元以上 10 万元以下罚款;情节严重的,处 100 万元以上 1000 万元以下罚款,并可以责令暂停相关业务、停业整顿、吊销相关业务许可证或者吊销营业执照,对直接负责的主管人员和其他直接责任人员处 10 万元以上 100 万元以下罚款。

针对《数安条例》草案第 28 条至第 33 条重要数据处理者的安全保护义务,第 62 条对单位违法行为规定了上限为 500 万元的罚款,对直接负责的主管人员和其他直接责任人员规定了上限为 100 万元的罚款。第 64 条为违规向境外提供重要数据的数据处理者的法律责任,与《数据安全法》第 46 条的处罚额度一致。

第二节　重要数据处理者的安全保护义务

《数安条例》草案第四章"重要数据安全"及其他章节的重要数据安全要求是为了建立完整的重要数据保护制度。因重要数据关涉国家安全,故对重要数据的安全保护要求远超出一般数据。

除却针对所有数据处理者的普适性义务,针对重要数据处理者的特殊义务见表 7-2-1。

表 7-2-1　重要数据处理者安全保护义务清单

序号	要求	内容	来源
1	明确数据安全负责人和管理机构	应当明确数据安全负责人和管理机构,落实数据安全保护责任	《数据安全法》第 27 条
		应当明确数据安全负责人,成立数据安全管理机构……	《数安条例》草案第 28 条
2	每年开展风险评估	应当按照规定对其数据处理活动定期开展风险评估,并向有关主管部门报送风险评估报告	《数据安全法》第 30 条
		自行或者委托数据安全服务机构每年开展一次数据安全评估,并在每年 1 月 31 日前将上一年度数据安全评估报告报设区的市级网信部门	《数安条例》草案第 32 条

续表

序号	要求	内容	来源
3	每年开展数据出境安全评估	关键信息基础设施的运营者在中华人民共和国境内运营中收集和产生的重要数据的出境安全管理,适用《中华人民共和国网络安全法》的规定;其他数据处理者在中华人民共和国境内运营中收集和产生的重要数据的出境安全管理办法,由国家网信部门会同国务院有关部门制定	《数据安全法》第31条
		出境数据中包含重要数据的,应当通过国家网信部门组织的数据出境安全评估。向境外提供个人信息和重要数据的数据处理者,应当在每年1月31日前编制数据出境安全报告,向设区的市级网信部门报告上一年度数据出境情况	《数安条例》草案第37条、第40条
4	三级以上等级保护	处理重要数据的系统原则上应当满足三级以上网络安全等级保护和关键信息基础设施安全保护要求	《数安条例》草案第9条
5	密码保护	数据处理者应当使用密码对重要数据和核心数据进行保护	《数安条例》草案第9条
6	数据安全事件及时报告	(1)在发生安全事件的8小时内向设区的市级网信部门和有关主管部门报告事件基本信息,包括涉及的数据数量、类型、可能的影响、已经或拟采取的处置措施等; (2)在事件处置完毕后5个工作日内向设区的市级网信部门和有关主管部门报告包括事件原因、危害后果、责任处理、改进措施等情况的调查评估报告	《数安条例》草案第11条
7	共享、交易、委托处理特别规定	(1)向个人告知提供个人信息的目的、类型、方式、范围、存储期限、存储地点,并取得个人单独同意…… (2)与数据接收方约定处理数据的目的、范围、处理方式,数据安全保护措施等,通过合同等形式明确双方的数据安全责任义务,并对数据接收方的数据处理活动进行监督; (3)留存个人同意记录及提供个人信息的日志记录,共享、交易、委托处理重要数据的审批记录、日志记录至少5年。 数据接收方应当履行约定的义务,不得超出约定的目的、范围、处理方式处理个人信息和重要数据	《数安条例》草案第12条

续表

序号	要求	内容	来源
8	合并、重组、分立时的报告义务	数据处理者发生合并、重组、分立等情况的,数据接收方应当继续履行数据安全保护义务,涉及重要数据和100万人以上个人信息的,应当向设区的市级主管部门报告	《数安条例》草案第14条
9	主动备案	在识别其重要数据后的15个工作日内向设区的市级网信部门备案	《数安条例》草案第29条
10	教育培训	数据安全相关的技术和管理人员每年教育培训时间不得少于20小时	《数安条例》草案第30条
11	可信采购	应当优先采购安全可信的网络产品和服务	《数安条例》草案第31条
12	共享、交易、委托处理报批	共享、交易、委托处理重要数据的,应当征得设区的市级及以上主管部门同意,主管部门不明确的,应当征得设区的市级及以上网信部门同意	《数安条例》草案第33条

表7-2-1共列举了12项重要数据处理者的安全保护义务,足见重要数据处理者建章立制的体系之繁杂,任务之重大。下文将重点讲解相关法律法规对数据安全负责人和管理机构的要求,以及重要数据风险评估制度这两个问题,关于重要数据出境安全管理的内容则放在"数据出境"相关章节中予以阐述。

第三节 重要数据处理者组织机构的设置

一、相关规定

相较于一般数据处理者,《数据安全法》第27条和《数安条例》草案第28条都对重要数据处理组织机构的设置提出了更高要求,即不仅应建立健全全流程数据安全管理制度,还应明确数据安全负责人,成立数据安全管理机构,并且《数安条例》草案还明确列举了数据安全管理机构应履行以下职责:

(1)研究提出数据安全相关重大决策建议;

(2)制定实施数据安全保护计划和数据安全事件应急预案;

(3)开展数据安全风险监测,及时处置数据安全风险和事件;

（4）定期组织开展数据安全宣传教育培训、风险评估、应急演练等活动；

（5）受理、处置数据安全投诉、举报；

（6）按照要求及时向网信部门和主管、监管部门报告数据安全情况。

而对于数据安全负责人，应当具备数据安全专业知识和相关管理工作经历，由数据处理者决策层成员承担，有权直接向网信部门和主管、监管部门反映数据安全情况。

二、相关分析

《数安条例》草案要求，数据安全负责人应当具备数据安全专业知识和相关管理工作经历，由数据处理者决策层成员承担。数据安全负责人必须是决策层成员，有权决定组织的重大事项，有能力调动资源，可确保令行禁止，这是任何时候开展工作的前提条件。

本质上，《数安条例》草案第 28 条的规定是对《数据安全法》第 27 条的落实。但在《数安条例》草案之前，还没有法律法规对重要数据处理者在组织机构方面的具体职责进行规定，只是《通用数据保护条例》（GDPR）提出了设立数据保护官（DPO）要求，我国《个人信息保护法》提出了设立个人信息保护负责人要求。由此引出了两个问题[①]：

一是《数安条例》草案的"数据安全负责人"同 GDPR 的 DPO 有什么异同？除分别关注重要数据和个人信息保护外，数据安全负责人同 DPO 在职责定位方面有很多是相同的。但数据安全负责人应当是本组织的决策层成员，DPO 则可以由外部人员兼职。这与重要数据保护和个人信息保护侧重点不同有关，前者侧重国家安全，关注组织内部事务，不宜由外部人员担任；后者则侧重公众利益，必要时可以强化社会监督色彩。此外，欧盟数据保护委员会针对 DPO 的能力、任职条件、职责等作了非常详细的要求，《数安条例》草案尚未细致到这一步。未来不排除可以通过标准规范等细化对数据安全负责人的有关要求。

二是组织根据《数安条例》草案明确数据安全负责人后，还需要再根据《个人信息保护法》明确个人信息保护负责人吗？首先需要指出，《个人信息保护法》没

---

① 《数安条例百问 49、50、51：关于重要数据处理者义务》，载微信公众号"小贝说安全"2021 年 12 月 5 日，https://mp.weixin.qq.com/s/Gozvj8hXzVKf0lGiwpZsbw。

有要求所有企业都设立个人信息保护负责人,而是在第 52 条规定,处理个人信息达到国家网信部门规定数量的个人信息处理者应当指定个人信息保护负责人,负责对个人信息处理活动以及采取的保护措施等进行监督。这个"规定数量"是多少呢?按照《数安条例》草案第 26 条的规定,应当是"一百万人以上个人信息"。实践中,如果一个组织既需要明确数据安全负责人,也需要明确个人信息保护负责人,两者可以是同一人,但需分别满足不同法律法规提出的职责要求。

第四节　重要数据风险评估制度

一、相关规定

《数据安全法》第 30 条规定:"重要数据的处理者应当按照规定对其数据处理活动定期开展风险评估,并向有关主管部门报送风险评估报告。风险评估报告应当包括处理的重要数据的种类、数量,开展数据处理活动的情况,面临的数据安全风险及其应对措施等。"

《数安条例》草案第 28 条规定数据安全管理机构应履行的职责之一为"定期开展风险评估活动"。其第 32 条规定,处理重要数据或者赴境外上市的数据处理者,应当自行或者委托数据安全服务机构每年开展一次数据安全评估,并在每年 1 月 31 日前将上一年度数据安全评估报告报设区的市级网信部门,年度数据安全评估报告的内容包括:

(1) 处理重要数据的情况;

(2) 发现的数据安全风险及处置措施;

(3) 数据安全管理制度,数据备份、加密、访问控制等安全防护措施,以及管理制度实施情况和防护措施的有效性;

(4) 落实国家数据安全法律、行政法规和标准情况;

(5) 发生的数据安全事件及其处置情况;

(6) 共享、交易、委托处理、向境外提供重要数据的安全评估情况;

(7) 数据安全相关的投诉及处理情况;

(8) 国家网信部门和主管、监管部门明确的其他数据安全情况。

数据处理者应当保留风险评估报告至少 3 年。

数据处理者开展共享、交易、委托处理、向境外提供重要数据的安全评估,应当重点评估以下内容:

(1)共享、交易、委托处理、向境外提供数据,以及数据接收方处理数据的目的、方式、范围等是否合法、正当、必要;

(2)共享、交易、委托处理、向境外提供数据被泄露、毁损、篡改、滥用的风险,以及对国家安全、经济发展、公共利益带来的风险;

(3)数据接收方的诚信状况、守法情况、境外政府机构合作关系、是否被中国政府制裁等背景情况,承诺承担的责任以及履行责任的能力等是否能够有效保障数据安全;

(4)与数据接收方订立的相关合同中关于数据安全的要求能否有效约束数据接收方履行数据安全保护义务;

(5)在数据处理过程中的管理和技术措施等是否能够防范数据泄露、毁损等风险。

评估认为可能危害国家安全、经济发展和公共利益,数据处理者不得共享、交易、委托处理、向境外提供数据。

二、相关分析

《数据安全法》确立了重要数据风险评估制度。与重要数据出境评估作为特定事项监管不同,重要数据风险评估制度是一种针对重要数据的常态化监管机制。这意味着,企业内部的重要数据风险评估将成为一种常态化的合规要求,企业应建立自身的重要数据"风险全景图"。

评估阶段为数据处理活动的全过程,即无论重要数据处于收集、存储、使用、加工、传输、提供、公开等各个处理环节的哪个环节,只要其数据处理活动可能涉及重要数据,都需要进行定期的风险评估,并将评估报告报送给主管部门。

报送对象为市级网信部门。目前,《数安条例》草案未规定网信部门对重要数据处理者进行监督检查。那么,作为数据安全的统筹协调部门,网信部门怎么掌握情况呢?这便是《数安条例》第 32 条的初衷。[①]

---

① 参见《数安条例百问 55、56、57、58、59:关于年度评估与对外提供数据的风险评估》,载微信公众号"小贝说安全"2021 年 12 月 7 日,https://mp.weixin.qq.com/s/dAo8quRFqJP8qWyTZurp7g。

数据安全年度评估由数据处理者自行或者委托数据安全服务机构实施。即此类评估不是由监管部门直接实施，而由数据处理者自行开展，必要时，企业可以聘请律师事务所或其他第三方机构，协助进行重要数据风险评估以及共享、交易、委托处理、向境外提供重要数据前的安全评估，并协助编制报告。

此外，《数安条例》草案中表述的是"数据安全评估"，而《数据安全法》中的表述是"风险评估"，两种评估概念是否一致？笔者认为，此评估的全称应该是"重要数据安全风险评估"，且《数安条例》草案第32条中同时出现了"数据安全评估报告"和"风险评估报告"的表述，因此两者基本概念和内涵应该一致，可能《数安条例》正式稿对两者的表述也会有所调整。

三、重要数据安全风险评估方法

在实践中，参照信息安全风险评估方法，以数据资产为评估对象，数据处理活动中所面临的风险为评估内容，有专家提出了可落地指导实践的数据安全风险评估方法。[①] 核心内容包括评估准备、风险识别、风险分析和风险评价。

1. 评估准备：当前企业与组织实施风险评估工作，更多是从国家法律法规及行业监管、业务需求评估等相关要求出发，从战略层面考量风险评估结果对企业相关的影响。数据安全风险评估准备的内容，主要包括评估对象、评估范围、评估边界、评估团队组建、评估依据、评估准则、制定评估方案并获得管理层支持。

2. 风险识别：主要包括资产价值识别、数据处理活动要素识别、合法合规性识别、威胁识别、脆弱性识别以及已有安全措施识别。

3. 风险分析：通过采取适当的方法与工具，可得出企业所面临的合法合规性风险、数据安全事件发生的可能性以及数据安全事件发生对组织的影响度，从而得到数据安全风险值。

4. 风险评价：企业在执行完数据安全风险分析后，通过风险值计算方法，会得到风险值的分布状况，从而对风险等级进行划分，如可以划分为高、中、低三个等级。最后依据风险评价中风险值的等级，明确风险评估结果内容。

---

① 参见于晶、田乐：《数据安全风险评估方法浅析》，载微信公众号"CCIA数据安全工作委员会"2021年12月22日，https://mp.weixin.qq.com/s/sNm1ZnIoc1p5VszZBwdj9A。

第八章　数据的收集

本章将对数据处理流程中的数据的收集进行具体分析。《数据安全法》第3条关于"数据处理"的定义包括收集、存储、使用、加工、传输、提供、公开七个环节,而《个人信息保护法》对"个人信息的处理"的定义,增加了"删除"这一环节,使个人信息处理活动的范围更为周延。对于在个人信息保护实践中广泛出现的"不当删除""不便删除""怠于删除""无效删除"等侵犯个人信息权益的行为,将起到更为有效的规制效果。[①] 本章将要分析的数据的收集,属于处理行为的一种,在分析收集之前,我们先总结一下数据处理、个人信息处理的原则。这些原则适用于数据处理活动的各个环节。

第一节　数据处理原则总结

《数据安全法》《个人信息保护法》的主要内容都是围绕着"数据处理""个人信息处理"展开的,笔者对数据(个人信息)处理活动的原则归纳总结为以下几项。

(1)合法性原则

《个人信息保护法》第5条规定,处理个人信息应当遵循合法、正当、必要和诚信原则,不得通过误导、欺诈、胁迫等方式处理个人信息。在具体操作上,企业开展个人信息、数据处理活动,遵循合法性原则的最直接体现就是处理活动要有合法性基础。

[①] 参见龙卫球主编:《中华人民共和国个人信息保护法释义》,中国法制出版社2021年版,第18页。

(2) 目的明确原则

目的明确原则，即具有明确、清晰、具体的个人信息处理(数据处理)目的。

(3) 最小必要原则

最小必要原则，即只处理满足个人信息主体授权同意的目的所需的最少个人信息类型和数量，不得过度收集个人信息。

(4) 公开透明原则

公开透明原则，即以明确、易懂和合理的方式公开处理个人信息的范围、目的、规则等，处理规则要便于查阅和保存，接受外部监督等。公开透明原则是要保障个人信息主体的知情权。

(5) 质量原则

质量原则，即处理个人信息应当保证个人信息的质量，保持数据、个人信息准确、及时更新，避免因个人信息不准确、不完整对个人权益造成不利影响。

(6) 安全保障原则

个人信息处理者应当对其个人信息处理活动负责，并采取必要措施保障所处理的个人信息的安全。个人信息处理者在该安全保障原则下的具体义务，如制定内部管理制度、实行分类管理、采取安全技术措施、确定个人信息处理的操作权限、定期进行安全教育和培训、制定并组织实施个人信息安全事件应急预案以及指定个人信息保护负责人等法律、行政法规规定的措施。

数据收集是否合法直接关系到后面一系列数据处理活动及其产出的合法性，因此在数据收集阶段需要注意符合上述数理处理的六项原则，高度重视合规管理。

第二节 数据收集相关法律规定

目前，有很多法律法规来规范数据收集活动。常见的法条见表 8-2-1。

表 8-2-1　数据收集相关法律规定

序号	规定名称	对应法条
1	刑法	第253条之一
2	民法典	第111条、第990条、第999条、第1034条、第1035条、第1036条、第1037条、第1038条、第1039条
3	未成年人保护法	第2条、第4条、第72条、第73条、第74条、第75条、第76条、第77条、第78条、第79条、第80条
4	网络安全法	第5条、第31条、第37条、第41条、第42条
5	个人信息保护法	第4条、第5条、第6条、第8条、第9条、第10条、第13条、第14条、第15条、第16条、第17条、第18条、第26条、第55条、第56条
6	数据安全法	第3条、第32条
7	电子商务法	第23条、第24条、第25条、第69条、第87条
8	消费者权益保护法	第29条
9	中国人民银行金融消费者权益保护实施办法	第28条、第29条、第30条、第31条、第32条、第33条、第34条

第三节　数据收集技术介绍

在维克托·迈尔-舍恩伯格及肯尼斯·库克耶编写的《大数据时代》中，大数据是指不用随机分析法（抽样调查）这样捷径，而采用所有数据进行分析处理，而数据收集是数据处理的起点。在当前的技术条件下，数据收集的渠道和技术手段非常多。

大数据语境下的数据包括结构化、半结构化和非结构化数据，非结构化数据越来越成为数据的主要部分。例如，视频、图像、语音等是非结构化数据；文本、数据库存储的数据是结构化数据。数据库存储的数据，又可以分成关系型数据、非关系型数据等。针对数据的类型不同，收集数据的技术、设备和渠道各有不同。

数据收集,一般包括从其他数据库对接(ETL)、网页采集(RPA)、接口对接(Webservers、Restful、ROA等)、直接录入、智慧感知等技术手段。其中,智慧感知,是指运用互联网技术,通过传感器或智能摄像头等智能设备,采集图像、视频、温度、湿度、气体、水流速度、水位等一系列数据的过程。

第四节 数据收集具体场景问题解析

一、能源行业数据收集具体场景——以某省能源局能源管理中心平台为例

(一)平台数据架构

能源行业是典型的关键信息基础设施。当前,能源行业,尤其是电力行业的"能效管理"是热点问题。某省能源局能源管理中心平台的数据架构如图8-4-1所示。

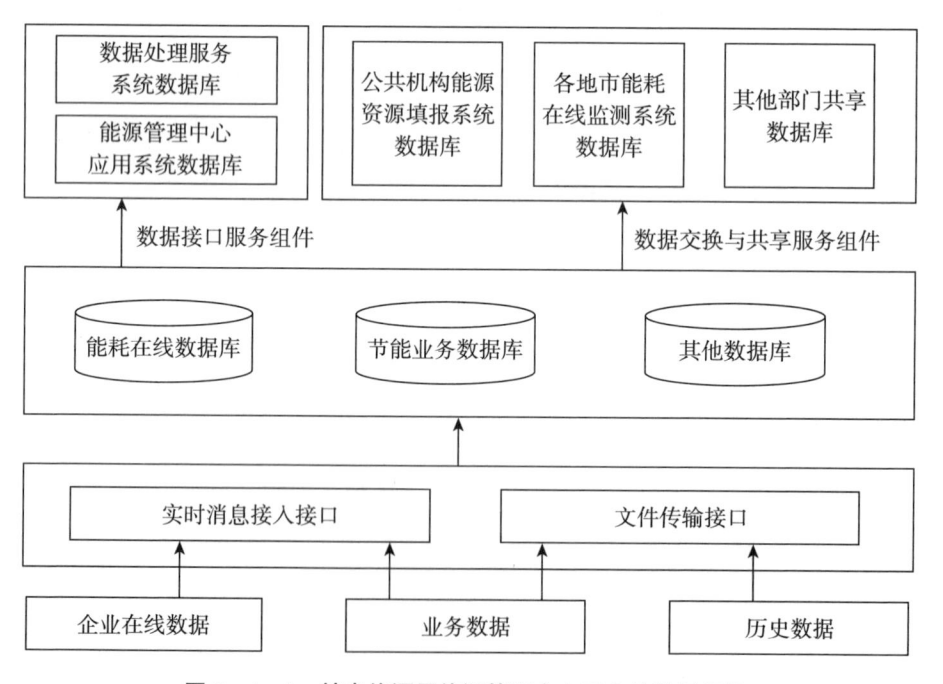

图8-4-1 某省能源局能源管理中心平台的数据架构

某省能源局能源管理中心平台数据架构分为四层：

1. 数据源，包括企业在线数据、业务数据以及历史数据。

2. 数据传输，包括通过实时消息接入接口和文件传输接口两种方式。其中，企业在线数据通过实时消息接口接入系统；业务数据的实时数据通过实时消息接口接入系统，文档数据通过文件传输接口接入；历史数据则通过文件传输接口接入。

3. 数据存储。根据数据量的大小，按能耗在线数据库、节能业务数据库和其他数据库分类存储。能耗在线数据库主要存储企业的能耗在线数据；节能业务数据库存储能源报表、节能监察、节能审查、节能考核等与节能业务相关的数据；其他数据库则存储性能监控、日志审计、节点管理、权限管理、状态监控、任务调度、任务分配、任务部署、数据转换流程、数据源配置等方面的数据。

4. 数据应用。系统中存储的数据一方面通过数据接口服务组件流转到数据处理服务系统进行分析，以及传输到能源管理中心应用系统数据库直接应用；另一方面通过数据交换与共享服务组件，将系统中允许对外的数据共享到其他平台的数据库。

5. 数据对接利用。对于能源利用状况报告、节能监察、节能培训、节能技术这些业务数据通过数据库连接的方式进行对接；能耗在线监测数据则可以通过DAO代码连接数据库直接调用。

(二)数据采集过程

详细分析企业在线数据可知，数据源流经多个渠道。首先是通过物联网设备采集用电、用天然气、用煤炭的数量。物联网设备将实时数据传送到企业的mysql关系型数据库。企业将物联网的数据整理分析，再通过restful接口传输到市平台数据中心，市平台数据中心将数据通过restful接口传输到省平台。比如，智能电表每隔5分钟采集一次设备的实时用电数，包括当前设备编号、当前时间、当前用电总度数、当前电压、当前电流等数据，智能电表通过物联网将数据传输到企业的数据中心。企业的数据中心经过简单的计算和整理，保存当前设备编号、当前时间、5分钟内耗电度数等数据。每隔1小时，市平台数据中心通过restful接口主动采集一次每个企业的用电情况。采集的数据包括企业的名称、企业的统一社会信用代码、采集的时间、企业在1小时内的工业用电度数等信息。省平台数据中心每隔1小时可以从市平台数据中心主动采集工业用电数据,如城市名称、城市编号、企业名称、企业统一信用代码、市平台数据中心采集时间、省平台数据中心归集时间、企业11~12时工业用电度数等。那么,省平台数据中心掌握了详细的用电情况,就可以便利的进行峰谷用电调度,也能很方便的给省市的能耗大户进行用电调度,并且可以根据产品产出和耗电数量分析企业的能效,给企业提出提高能效的有效建议。

目前在能耗行业,采集企业的能耗数据,是通过行政单位统一发文来实现的。近年来,随着煤炭、天然气等能源的价格飞涨,尤其是浙江、江苏、广东等省在2021年年底针对能耗大户进行了"拉闸限电",各个能耗企业对地方能源局主动采集单位的能耗数据,进行精准数据分析,也是非常欢迎的。

(三)采集合规要点

在能源领域,重点关注《网络安全法》第31条规定的"国家对公共通信和信息服务、能源、交通、水利、金融、公共服务、电子政务等重要行业和领域,以及其他一旦遭到破坏、丧失功能或者数据泄露,可能严重危害国家安全、国计民生、公共利益的关键信息基础设施,在网络安全等级保护制度的基础上,实行重点保护。关键信息基础设施的具体范围和安全保护办法由国务院制定……"以及第37条规定的"关键信息基础设施的运营者在中华人民共和国境内运营中收集和产生的个人信息和重要数据应当在境内存储。因业务需要,确需向境外提供的,应当按照国家网信部门会同国务院有关部门制定的办法进行安全评估;法律、行政法规另有规定的,依照其规定"。

能源领域是关键信息和基础设施领域,国内重点企业的能耗数据,比如用电量的数据,一定要注重保密,这些数据"应当在境内存储"。目前能源局的数据是存储在政务云平台,保证了在境内存储。应当注意的是,这些能耗数据如果涉及外资企业的能耗数据,应当督促并保证这些在中国境内的外资企业也将能耗数据存储在境内。

二、保险行业数据收集具体场景

(一)保险行业中的大数据风控

2021年12月底,保险行业协会发布了《保险科技"十四五"发展规划》,规划中明确表明:在科技投入方面,提出推动行业实现信息技术投入占比超过1%、信息科技人员占比超过5%的目标;在服务能力方面,提出推动行业实现业务线上化率超过90%、线上化产品比例超过50%、线上化客户比例超过60%、承保自动化率超过70%、核保自动化率超过80%、理赔自动化率超过40%的目标。随着保险行业逐步实现业务的线上化,其保险风控的模式也在改变。保险风控是指保险公司为了有效控制在经营过程中可能出现的风险因素,降低整体赔付水平,维持可持续化运营而设立的一种"门槛",主要是通过采集客户的个人信息,如征信、财务、健康等综合评估风险等级,从而作出承保还是拒保等的决定。保险风控主要是为了防止带病投保、骗保等事件的发生,不过保险风控不一定会直接拒保,也可能会调整保额等。

传统风控阶段,保险公司可能还要派保险专员面对面获取信息。如今,保险公司能够通过合规手段获得和分析个人健康、行为、信用等数据,通过智能化算法,给用户打分,分数过低的,就会被系统直接拦截,把大风险排除在外。这就是"大数据风控"。大数据风控,可以理解为客户投保的时候,健康告知、投保信息填写完成后进入保险公司的自动核保系统,自动核保系统的风控模型引入了很多大数据,如用户个人的医疗记录、消费记录、搜索记录等,上述数据会影响用户个人的风险系数,系数过高的用户可能会被拒保。

1. 保险公司设立大数据风控系统的原因

第一个原因是现在逆风险的投保人较多。以前买保险的用户大多是被动的,一般是在亲戚朋友找自己"推销"的情况下买的保险,而现在很多个人用户开始主动去了解与购买保险。数据显示,主动购买保险的人出险率比被动的要高得多。所以随着互联网保险的发展,买保险越来越便捷,客户带"病"来投保的情况也多了起来,传统的健康问询不能很好的筛选出这些客户,所以要借助大数据。

第二个原因是大数据风控的确能帮助很多保险公司提高效率以及提高产品的性价比。现在很多大的互联网平台如腾讯、阿里、百度等都有给保险公司做大数据风控。上述大的互联网平台掌握了大量个人用户的线上及线下数据,很容易通过数据对个人用户进行用户画像。保险公司可以借助上述数据及用户画像,来制定符合不同风险等级的用户的产品。

2. 保险大数据风控系统的数据收集

不同公司使用的风控系统有所不同,但核查重点主要集中在以下几个方面:

（1）健康数据。比如医保卡使用记录、去过哪些诊室就诊、就诊频率、就诊费用、线上的问诊记录、去药店的消费记录以及一些智能穿戴设备的数据，某些健康类 APP 上用户自己上传的数据等。

（2）保险数据。之前保险购买记录、发生过理赔的原因、在其他保险公司的健康告知等。

（3）网络行为数据。重点关注用户个人上网搜索过的一些关键字，如搜索"有某某病如何投保"，或者搜索"骗保的后果"之类。

（4）生活数据。例如，用户是否有经常深夜打游戏或者工作，是否经常点外卖吃等。

（5）经济数据。例如，用户个人的职业、收入、转账数据、信用卡数据、消费地点等。

（6）信用数据。例如，用户个人是否有贷款违约，是否为失信人员等。

现在的大数据风控系统越来越完善，能查的信息也越来越多，包括最隐私的聊天记录，其实也以数据的形式存在于某些硬盘里。从某种意义上来说，用户个人的每一个动作、每一个决定都在产生数据。为了实现大数据利用和保护个人隐私之间的平衡，保险企业在风控评估过程中，一定要做好数据合规。

（二）保险行业数据风控合规要点

互联网保险业务是保险机构依托互联网和移动通信等技术，通过自营网络平台、第三方网络平台等订立保险合同、提供保险服务的业务。由于互联网保险业务涉及的保险产品既有传统保险业务中的常见产品（如健康险、意外险、车险等），也有与互联网场景和技术结合较为密切的创新型产品（如退货运费险、航空延误险等），因此，所收集和使用的客户信息具有多样化的特点。互联网保险业务基于保险和互联网的双重性，对于客户个人信息的管理，既需要符合行业监管机关对保险业务客户信息真实性管理等既有监管要求，也需要符合互联网业务数据和客户个人信息保护的一般要求。

互联网保险业务涉及的互联网渠道丰富，包括网站、APP、公众号、小程序、在第三方平台开设的网络店铺等多种平台形态，保险机构会根据各类平台的特点对保险业务进行多样化的营销推广。互联网平台的业务宣传具有参与门槛低、发布主体多、信息审核弱、转发传播快等特点，因此也成为保险销售误导、不实信息传播的高发领域。2018 年，中国银保监会曾下发《中国银行保险监督管理委员会关于加强自媒体保险营销宣传行为管理的通知》(银保监发〔2018〕27号),对保险业务的网络宣传进行监管。建议保险机构结合监管机关的意见,重视业务宣传内容的合法合规性,避免出现违反《保险法》《广告法》《网络安全法》等相关规定和监管要求的情形。

1.个人敏感信息的收集和使用

根据《信息安全技术　个人信息安全规范》的规定(以下简称《个人信息安全规范》),个人敏感信息是指一旦泄露、非法提供或滥用可能危害人身和财产安全,极易导致个人名誉、身心健康受到损害或歧视性待遇等的个人信息,包括身份证件号码、个人生物识别信息、银行账号、通信记录和内容、财产信息、征信信息、行踪轨迹、住宿信息、健康生理信息、交易信息、14岁以下(含)儿童的个人信息等。

互联网保险业务中,不同保险产品在投保、理赔各业务环节可能涉及收集和使用身份证件号码、财产信息(如财产险中的不动产、动产信息)、健康生理信息(如健康险中的病史、医疗信息),这些信息均属于个人敏感信息、可能涉及个人隐私,保险机构在收集时,应取得客户的明示同意。

笔者注意到,保险机构在通过互联网渠道销售保险产品、收集客户个人敏感信息时,有的会通过要求客户签署互联网渠道用户协议或具体保险产品的投保须知、告知书等文件来获得客户授权,有的则没有这种安排;就个人信息收集和使用的类型、范围、目的和用途等事项,有的保险机构并未明确告知客户,或者虽有提及,但告知不完整、不具体,所取得授权不充分。对此,建议保险机构无论是通过网站、APP、公众号等各类互联网平台开展业务,还是在保险销售、理赔等各业务环节,涉及个人信息收集、使用的,均应当取得授权同意。取得授权同意的方式可以是制定专门隐私政策,也可以是在用户协议、保险产品协议、保险合同等文件设置相关条款,并应关注各类文件内容的协调和衔接。

2.投保人、被保险人、受益人等多主体的信息收集

与互联网业务常见的收集客户本人个人信息的情形不同的是,保险业务中存在投保人、被保险人、受益人等多个服务适用主体。投保人在投保时,可能会同时提供非本人的个人信息。因此,保险机构个人信息授权文件中需要特别关注授权主体、信息主体等问题。对于不同主体个人信息的收集和使用,建议完善业务流程,在适当的业务环节取得个人信息主体的授权或补充授权;如果暂未取

得个人信息主体的直接授权,应当由投保人就其提供他人个人信息的合法合规性作出承诺,同时,对于未取得个人信息主体直接授权的信息,应当严格限定用于所投保的保险产品,而不应超授权范围使用。

3. 从第三方收集客户信息

除传统保险产品类型外,互联网保险业务中还包括一系列与互联网场景和技术结合紧密的创新型产品,如退货运费险、航空延误险等。这些险种的理赔过程中,保险公司会向相关第三方收集客户个人信息,如向航空公司等第三方获取被保险人的乘机信息,或者向物流公司、电商平台等第三方获取被保险人的交易信息、物流信息等。这种情形下,保险机构需要关注第三方提供信息是否取得合法、有效、完整的客户授权。保险机构在与第三方的合作协议等文件中可以对第三方提出客户个人信息保护方面的要求,实践中辅之以相应监督、管理手段。

第九章 数据的存储

大数据存储是指将数据持久保存在大数据平台,存储的内容包括收集的原始数据和大数据分析结果等。[①] 数据的存储是数据处理的八大环节之一,也是数据收集之后的下一个动作,而且,数据的存储和数据的传输、使用、公开、删除都有着紧密的联系,因此,企业在开展数据合规的工作中,数据存储的合法合规也是重要的一环。笔者在前面的章节中归纳总结的数据处理活动中需要遵守的六大原则跟数据存储密切相关的有合法性原则、最小必要原则、质量原则和安全保障原则。

第一节 数据存储的合规要点

一、境内存储

在数据存储时,企业作为数据的处理者首先关心的问题是,数据应当存储在哪里,是否所有数据都应当存储在境内?上述问题即数据的存储地理范围的要求,归纳起来我国数据监管机构对数据的存储有明确的要求,即境内存储为优先,如需出境,必须是在确有必要的情况下,且需要取得相关部门的同意。数据必须在境内存储的情况如下:

1. 国家机关处理的个人信息应当在境内存储

《个人信息保护法》第36条规定,国家机关处理的个人信息应当在境内存储。确需向境外提供的,应当进行安全评估。

[①] 参见于莽主编:《规·据——大数据合规运用之道》,知识产权出版社2019年版,第74页。

国家机关收集的个人信息不同于一般个人信息处理者收集的个人信息,其无论是在数量规模上还是在内容质量上都优于一般个人信息处理者,并可能涉及国家利益和社会公共利益,故有必要适用更加严格的保护要求和规则。[1]

2. 关键信息基础设施运营者在境内运营收集和产生的个人信息应当在境内存储

《网络安全法》第 37 条规定,关键信息基础设施的运营者在中华人民共和国境内运营中收集和产生的个人信息和重要数据应当在境内存储。因业务需要,确需向境外提供的,应当按照国家网信部门会同国务院有关部门制定的办法进行安全评估;法律、行政法规另有规定的,依照其规定。

《网络安全法》首次提出"关键信息基础设施"的概念并明确其范围。《网络安全法》第 31 条规定,国家对公共通信和信息服务、能源、交通、水利、金融、公共服务、电子政务等重要行业和领域,以及其他一旦遭到破坏、丧失功能或者数据泄露,可能危害国家安全、国计民生、公共利益的关键信息基础设施,在网络安全等级保护制度的基础上,实现重点保护。关键信息基础设施的具体范围和安全保护办法由国务院制定。《关键信息基础设施安全保护条例》进一步明确及细化了关键信息基础设施的认定标准。

《个人信息保护法》第 40 条再次明确了关键信息基础设施运营者应当将在境内收集和产生的个人信息存储在境内。

3. 处理个人信息达到国家网信部门规定数量的个人信息处理者在境内运营收集和产生的个人信息应当在境内存储

《个人信息保护法》第 40 条规定,处理个人信息达到国家网信部门规定数量的个人信息处理者,应当将在中华人民共和国境内收集和产生的个人信息存储在境内。确需向境外提供的,应当通过国家网信部门组织的安全评估;法律、行政法规和国家网信部门规定可以不进行安全评估的,从其规定。

4. 关键信息基础设施的运营者在境内运营收集和产生的重要数据应当在境内存储

《网络安全法》第 37 条规定,关键信息基础设施的运营者在中华人民共和

---

[1] 参见王爽:《二元责任主体架构下国家机关处理个人信息的规则建构》,载《内蒙古社会科学》2021 年第 4 期。

国境内运营中收集和产生的重要数据,应当在境内存储。因业务需要,确需向境外提供的,应当按照国家网信部门会同国务院有关部门制定的办法进行安全评估;法律、行政法规另有规定的,依照其规定。"重要数据"的概念也是在《网络安全法》中提出来的。

二、存储期限

数据处理的必要原则或者最小化原则在存储阶段也有体现,主要体现在数据的存储期限上。个人信息保存期限的一般性规定为应当为实现处理目的所必要的最短时间。《个人信息保护法》第 19 条规定,除法律、行政法规另有规定外,个人信息的保存期限应当为实现处理目的所必要的最短时间。"所必要的最短时间"是关于存储期限的笼统的、一般性规定,法律、行政法规具体规定的有:

1. 网络日志存储期限不少于 6 个月

《网络安全法》第 21 条规定,网络运营者履行安全保护义务时,采取监测、记录网络运行状态、网络安全事件的技术措施,并按照规定留存相关的网络日志不少于 6 个月。

2. 电子商务平台上商品和服务信息、交易信息、交易记录应保存至少 3 年

《电子商务法》第 31 条规定,电子商务平台经营者应当记录、保存平台上发布的商品和服务信息、交易信息,并确保信息的完整性、保密性、可用性。商品和服务信息、交易信息保存时间自交易完成之日起不少于 3 年。

《电子商务法》第 53 条规定,电子支付服务提供者应当向用户免费提供对账服务以及最近 3 年的交易记录。

3. 个人不良征信信息保存期限为 5 年

《征信业务管理条例》第 16 条规定,征信机构对个人不良信息的保存期限,自不良行为或者事件终止之日起为 5 年;超过 5 年的,应当予以删除。在不良信息保存期限内,信息主体可以对不良信息作出说明,征信机构应当予以记载。

4. 公共安全视频图像信息保存期限不得少于 90 日

《反恐怖主义法》第 32 条规定,重点目标的管理单位应当建立公共安全视频图像信息系统的管理制度,保障相关系统正常运行,采集的视频图像信息保存期限不得少于 90 日。

5.互联网直播的内容和日志信息应保存60日

《互联网直播服务管理规定》第16条规定,互联网直播服务提供者应当记录互联网直播服务使用者发布内容和日志信息,保存60日。

三、个人信息存储的要求

1.境内存储及存储期限的要求

涉及个人信息的,关于境内存储及存储期限的要求前面已经分析及列举,不再赘述。

2.去标识化处理与分开存储

《个人信息安全规范》(GB/T 35273—2020)中,建议个人信息控制者收集个人信息后,宜立即进行去标识化处理,并采取技术和管理方面的措施,将可用于恢复识别个人的信息与去标识化后的信息分开存储,并加强访问和使用的权限管理。

企业作为个人信息的处理者,在收集个人信息后,宜对个人信息进行脱敏即去标识化处理。另外,对个人信息的去标识化处理和匿名化处理,结果是不一样的。去标识化处理是指个人信息经过处理,使其在不借助额外信息的情况下无法识别特定自然人的过程;而匿名化处理是指个人信息经过处理无法识别特定自然人且不能复原的过程。从个人信息安全的角度来看,作为个人信息处理者的企业,宜在对个人信息去标识化处理之后,将可用于恢复识别个人的信息与去标识化后的信息分开存储。

3.个人信息加密存储及备份

《互联网个人信息安全保护指南》提出:(1)收集到的个人信息应采取相应的安全加密存储等安全措施进行处理;(2)保存信息的主要设备,应对个人信息数据提供备份和恢复功能,确保数据备份的频率和时间间隔,并使用不少于以下一种备份手段:①具有本地数据备份功能;②将备份介质进行场外存放;③具有异地数据备份功能。

也就是说,建议企业在存储个人信息时,进行加密存储并按照上述要求进行备份。

4.存储超过期限后的处理

个人信息存储的必要性原则,即个人信息保存期限应为实现目的所必须的最短时间。在《信息安全技术　个人信息安全规范》(GB/T 35273—2020)中规定,个人信息保存时间最小化,对个人信息控制者的要求包括:个人信息保存期限应为实现目的所必需的最短时间;超出上述个人信息保存期限后,应对个人信息进行删除或匿名化处理。

在《数据安全管理办法(征求意见稿)》中,也有类似的规定,《数据安全管理办法(征求意见稿)》第20条规定,网络运营者保存个人信息不应超出收集使用规则中的保存期限,用户注销账号后应当及时删除其个人信息,经过处理无法关联到特定个人且不能复原(以下称匿名化处理)的除外。

也就是说,个人信息超过存储期限后,个人信息处理者应当将个人信息删除或者匿名化处理。

第二节　数据存储合规建议

数据的存储环节合规实施重点在于数据存储的最小化、聚合、隐藏策略,即除相关法律法规另有规定或数据主体另有授权外,个人数据的存储期限应为实现数据主体授权使用目的所必需的最短时间,超出该等存储期限后应对个人数据进行删除和匿名化处理。对于数据的存储应采取分类分级措施,对于敏感个人数据采用更为严格的保护措施。此外,我国《个人信息安全规范》鼓励个人信息控制者在收集个人信息后,宜立即进行去标识化处理,并采取技术和管理方面的措施,将可用于恢复识别个人的信息与去标识化后的信息分开存储并加强访问和使用的权限管理。欧盟数据保护委员会(EDPB)的《设计及默认的数据保护指南》还强调应实施默认设置,以防止任何未经授权的数据访问和存储。

在管理数据存储方面,许多公司面临着一系列艰难的选择。数据必须可访问,但也必须安全保存。云数据存储比本地存储更具成本效益,但它会使遵守数据安全标准变得更加困难,成本也更高。这使许多公司都在寻找降低存储合规成本的方法。

一、充分披露

披露构成当今大多数面向公众的合规框架的支柱。《欧盟通用数据保护条例》(General Data Protection Regulation, GDPR)和美国《2018年加利福尼亚州消费者隐私法案》①中内置的披露背后的想法是个人信息处理者向客户明确说明从他们那里收集哪些数据、将如何处理以及如何存储这些数据。与数据合规性的许多方面一样，GDPR目前对处理者需要在披露中添加的内容有最严格的要求，因此企业在开展数据合规时可以将客户GDPR披露用作其他声明的基础。

二、制定合格的隐私政策

除了披露之外，还有隐私政策。这些包含一些与披露相同的信息，因为它们定义了处理者将如何、在何处以及为什么要收集、处理和存储数据。但是，良好的隐私政策将包含的内容远不止这些——指定谁负责保护数据安全，以及如果处理者发现违规行为将采取的行动。

尽管编写详细的隐私政策似乎需要做很多工作，但实际上制定此类政策的过程可能是一个建设性的过程。客户政策将构成详细说明客户数据隐私和安全方法的中心文件，如果起草得当，它可以作为未来几年的宝贵参考指南。

三、采取有效加密和去标识化、匿名化

数据加密是最常用的数据安全方式，可以在源端、备端以及传输渠道进行加密，其中核心的问题是密钥如何保存、如何使用等问题。今天的大多数合规框架都提到了加密、去标识化、匿名化。然而，很少有人明确说明应该如何完成这项工作，或者哪些数据需要加密。例如，如果存储在可公开访问的系统中，它要求支付详细信息是匿名的，但并未完全定义这在实践中意味着什么。在实践中，这意味着公司别无选择，只能尽可能地实施最强大、最普遍的加密，并希望这足以满足合规性批准。在某些情况下，受监管的数据可以匿名化，因此它不再违反GDPR等法规，从而可以继续保留，并且风险较小。

四、实施有效的控制措施

大多数合规性框架都指定必须实施访问控制来控制对数据的访问。但是，

---

① 2018年6月28日，美国加利福尼亚州颁布了《2018年加利福尼亚州消费者隐私法案》，旨在加强消费者隐私权和数据安全保护。该法案被认为是美国国内最严格的隐私立法，于2020年1月1日生效。

处理者需要放置在访问控制系统后面的数据部分会因框架而异。例如，HIPAA[①]合规性要求处理者采取特殊措施来控制对患者数据的访问，但允许处理者与医疗保健提供者共享匿名数据。了解处理者必须控制哪些数据，以及可以用更易于访问的方式存储哪些数据，是使客户合规流程更加简化的关键部分。

五、保留完整的审计日志

谁访问了数据，什么时间什么地点做了什么操作，对于云上用户来说非常重要。尤其是发生安全事件时，通过查询操作记录可以快速定位事件源头，找出是内鬼作案还是外部攻击，及时止损。审计日志背后的想法是，如果出现数据隐私或安全事件，处理者应该能够将审计线索追溯到一个人。虽然违规责任几乎不只是一个人，但审计日志在违规后调查期间形成了一种宝贵的资源，它们可以指导处理者如何改进客户系统。

六、保留完整且客观的时间表

保留计划向合规评估员提供有关保留特定类型数据的时间、将如何定义每种类型的保留时间以及在不再需要它们时删除它们的彻底程度的详细信息。

与此列表中的许多项目一样，一些公司以消极的心态处理保留计划；由于必须编写这些文件来满足合规性评估，一些公司为了"通过测试"而匆忙将它们拿出来。

然而，达到公有云合规性的最佳方法是使用保留计划作为主动规划数据存储要求的一种方式。频繁审核和删除数据可以显著减少需要在存储上花费的数量，但为了负责任地删除数据，需要研究并确定需要保留它们多长时间。

七、违规通知

大多数合规框架的最后一个元素是违规通知。这些是公司在意识到数据泄露时必须发布的通知，以便客户可以采取适当的行动。检查合规框架的要求很重要，因为每个框架在违规通知方面都有不同的时间表。大多数将允许处理者

---

① HIPAA 全称为：Health Insurance Portability and Accountability Act/1996，Public Law 104-191，尚没有确切的正式中文名称，国内文献一般直接称为 HIPAA 法案，有的称为健康保险携带和责任法案，也有取其意为医疗电子交换法案。

有一定的时间对客户系统进行取证检查,并确定违规的来源。但是,一旦处理者停止了直接的损害,必须向客户提供详细信息。

尽管每个合规框架都对客户公司提出了不同的要求,但重要的是要认识到它们中的许多都是由相同的基本元素构建的。这意味着,无论是针对医疗保健数据还是有关云合规性的更一般性考虑,实现合规性的最佳方法是首先查看客户系统。

第三节　数据存储安全实践

数据存储安全涉及保护存储资源和存储在其上的数据(本地和外部数据中心和云)免受意外或故意损坏或破坏以及未经授权的用户和使用。这是一个对企业至关重要的领域,因为大多数数据泄露最终是由数据存储安全性故障引起的。PCI-DSS[①] 和《欧盟通用数据保护条例》等各种合规性法规也要求精心设计数据存储安全性,从而增加了存储安全性要求的法律分量。越来越多的安全公司正在制定安全解决方案,以帮助公司遵守这些法规。

一般而言,良好的数据存储安全性可将组织遭受数据盗窃、未经授权的数据披露、数据篡改、意外损坏或破坏的风险降至最低,并力求确保数据的责任和真实性以及合规性。

一、对数据安全的威胁

在研究如何实施数据存储安全之前,了解组织面临的威胁类型非常重要。威胁代理可以分为两类,即外部威胁代理和内部威胁代理。

1. 外部威胁代理包括民族国家、恐怖分子、黑客、网络犯罪分子、有组织犯罪集团,竞争对手进行"工业间谍活动"。

2. 内部威胁代理包括:恶意内部人员;训练有素或粗心的员工;心怀不满的

---

① 全称 Payment Card Industry Data Security Standard,第三方支付行业(支付卡行业 PCI DSS)数据安全标准,是由 PCI 安全标准委员会(PCI SSC:Payment Card Industry Security Standards Council)的创始成员[美国运通 American Express、美国发现金融服务公司 Discover Financial Services、JCB、全球万事达卡(MasterCard)组织及 Visa 国际组织]共同组建的支付卡产业安全标准委员会制定。

员工;其他威胁,包括火灾、水灾等自然灾害和停电。

二、数据存储安全原则

在最高级别,数据存储安全旨在确保机密性、完整性和可用性。

机密性,是指通过确保未经授权的人员无法通过网络或本地访问数据来保持数据机密性是防止数据泄露的关键存储安全原则。

完整性,是指数据存储安全方面,上下文中的数据完整性意味着确保数据不能被篡改或更改。

可用性,是指在数据存储安全的背景下,可用性意味着最大限度地降低存储资源被故意破坏或无法访问的风险,如在 DDoS 攻击期间,或由于自然灾害、电源故障或机械故障而意外损坏。

三、如何保护数据存储资产

存储安全的相关国际标准是《数据储存安全管理体系认证》(ISO/IEC 27040),它要求应用物理、技术和管理控制来保护存储系统和基础设施以及其中存储的数据。它指出,这些控制措施可能是预防性的、侦探、矫正、威慑、恢复或补偿性质。根据全球网络存储工业协会(SNIA)[①]的说法,最重要的是 ISO/IEC 27040 定义了设定存储安全最低期望的最佳实践。

四、数据存储安全控制措施

(一)物理控制

物理控制旨在保护存储资源及其包含的数据免受未经授权或恶意人员的物理访问,而不是逻辑访问。

这些物理控制有多种形式,但可能包括:

• 警卫或其他安全人员监控数据中心和存储资源,以防止未经授权的访问;

---

① 全球网络存储工业协会(Storage Networking Industry Association,SNIA),是成立时间比较早的存储厂家中立的行业协会组织,宗旨是领导全世界范围的存储行业开发、推广标准、技术和培训服务,增强组织的信息管理能力。

- 带视频保留的闭路电视监控;
- 访问控制,如生物识别阅读器或智能卡阅读器,以防止未经授权的访问,以及防尾随/防回传旋转闸门,在验证后仅允许一个人通过;
- 使用温度传感器和烟雾探测器等系统进行内部环境监测;
- 备用电源等替代电源。

(二)技术控制

技术控制包括许多 IT 安全专业人员熟悉的安全程序,如网络外围安全措施、入侵检测和预防系统、防火墙和反恶意软件过滤。在数据存储安全方面,建议采取以下控制措施:

用户身份验证和访问控制:SNIA 建议将大部分数据存储安全工作集中在用户身份验证和访问控制上,以帮助为授权用户提供安全访问,同时阻止未经授权的用户进入。许多商业用户访问和控制安全系统可用于保护存储资源和数据,最佳实践要求采取以下预防措施,尤其是在使用它们时:

- 更改所有默认凭据;
- 避免使用共享凭证,这会使问责变得困难或不可能;
- 确保用户拥有履行其职责所需的最低权限;
- 确保在员工离职或转移到新角色时,作为 HR 终止流程的一部分,用户访问权限自动退休。

流量分析:可应用于数据存储安全的最有用的控制之一是分析正常数据访问和移动模式,以便可以检测和标记异常或可疑行为以进行更深入的调查。这可以使用用户和实体行为分析(UEBA)软件来实现,该软件越来越多地被纳入安全信息和事件管理(SIEM)解决方案。

监控和报告:SNIA 建议实施有效的监控和报告功能,包括启用应用程序和系统日志,以帮助检测和了解安全漏洞并防止未来发生类似事件。

保护管理接口:许多组织设置了控制措施来保护数据存储资源和数据免遭未经授权的访问,同时忘记保护管理系统本身。这可能使攻击者能够为自己设置访问凭据或提升他们的权限,从而使他们能够访问他们不应该访问的数据。

以及以下一系列的安全措施:

- 对存储系统中的静态数据和网络上的动态数据进行强加密。这需要与有效的密钥管理系统一起应用。

- 为所有可以访问数据的PC、笔记本电脑和其他设备提供端点保护,以最大限度地降低安装恶意软件的风险,这些软件可能会危及存储的数据。
- 保护包含信用卡信息和其他有价值或商业敏感数据的数据库的特殊措施。数据库安全最佳实践包括数据库加固、数据库防火墙的使用、数据库活动监控和其他数据库安全工具。
- 对数据和存储设备进行有效的生命周期管理,确保在不再需要时安全地删除数据(包括从云中删除)。这遵循了攻击者不能破坏不再存在的数据的原则。还应制定安全删除或销毁过时存储介质的程序。

(三)管理控制

管理控制归结为三个方面:策略、计划和程序。所有这些都在数据存储安全中发挥着重要作用。特别是数据的安全策略应包括不同类型数据的存储位置、访问权限、加密方式以及删除时间。SNIA建议考虑:

- 在确定最敏感和业务关键的数据类别及其保护要求后,将存储考虑因素纳入策略;
- 尽可能将特定于存储的策略与其他策略集成;
- 解决数据保留和保护问题;
- 解决数据销毁和媒体清理问题;
- 确保存储基础设施的所有元素都符合政策。

第四节 关于云存储

一、云存储服务水平协议的重要性

大多数云存储提供商都以其产品的便捷、经济与广泛适配性作为卖点,可用功能随着客户需求而不断扩展和提高。然而,这种敏捷性和快速变化也会导致一系列的问题。云存储提供商提供的服务通常通过云存储服务水平协议(Service Level Agreement,SLA)进行管理,规定了最低服务水平,并详细说明了用于评判和管理该服务的机制。然而,随着云功能的不断发展,云存储SLA可能很快就会落后。过时的SLA可能会导致技术问题并引发法律问题。

1. 什么是云存储 SLA

云存储 SLA 包含云存储提供商应提供的最低服务级别。SLA 指定对应用程序的响应级别。它还指定了谁来管理服务何时发生中断，以及如果服务水平没有得到充分满足会受到什么处罚。但是，SLA 可能非常复杂。存储即服务模式的兴起意味着云服务提供商现在为他们的客户提供非常广泛的服务——不仅是原始存储量，还有文件管理软件，甚至是数据迁移的技术帮助。所有这些服务都应包含在一个 SLA 或多个 SLA 中，以便双方都清楚且公开地了解正在为哪些服务付费。云存储 SLA 还应包括监控性能的机制，并说明如果未满足最低期望会发生什么。

2. 云存储 SLA 有什么好处

随着越来越多的组织开始依赖第三方供应商进行数据存储、处理和管理，就所提供的服务达成某种协议至关重要。云存储 SLA 的好处如下：

推动服务绩效。精心编写的云存储 SLA 可以提供的不仅是法律保证。鉴于大多数人不阅读隐私政策，组织很容易将云存储 SLA 视为一种法律条款。实际上，精心起草的云存储 SLA 中包含的条款不仅阐明了法律责任，而且可以作为推动绩效和效率提升的强大催化剂。

对优质服务的承诺。事实上，最好的云存储 SLA 是真正的协作文档，它不仅管理可以预期的最低服务水平，而且还封装了云提供商对提供优质服务的承诺，以及推动服务范围和水平的提升。

阐明客户的业务目标。起草云存储 SLA 可能是了解客户的业务的有用方式，坐下来花时间思考客户实际需要的存储大小和速度，就可能会发现业务中存在的很多问题，而发现这些问题本身就可以优化云服务的设定和使用。

3. 设计良好的云存储 SLA

花时间了解客户业务需求是设计高质量云存储 SLA 的最佳起点。理想情况下，这也应该与云存储提供商协商完成，他们可以就提供可靠服务的技术可能性提供宝贵的意见。该咨询和规划阶段的结果将是一份存储需求清单。然后可以将这些处理成一系列关键指标，这些指标应该在客户云存储 SLA 中清晰明确地列出。

这些规定中的每一个都应该易于衡量，这样当云服务提供商不满足客户最低要求时，就不容易出现争议。大多数云存储 SLA 还将包含在发生这种情况时将施加的经济处罚,或指定为获得更好的性能而支付的补偿。如果操作正确,客户最终会得到一个反映业务需要云存储提供商提供的指标列表,并指定提供商未能满足这些标准时的处罚。

4.云存储 SLA 指标和测量

起草和签署云存储 SLA 只是故事的一半。一旦云存储 SLA 生效,将需要对其进行监控,以确保供应商遵守此类条款。为了充分利用云存储 SLA,客户应该自己监控云存储提供商的性能,并编制可用于查看其报价的统计数据。客户可以通过云存储提供商的本地工具或门户监控服务指标。收集和分析这些数据可以为客户提供存储基础架构运行情况的快照,还可以提供有价值的业务洞察力。监控客户存储需求可以很好地代表客户整体业务绩效。制定高质量的云存储 SLA 对任何企业都至关重要。云存储 SLA 可以帮助客户避免法律上的困难,但还可以提供更多功能——一份可以作为业务规划和开发指南的动态文档,以及一个强大的监控工具,可以帮助客户了解业务在哪里。

二、多个云备份数据的合规性

企业将越来越多的数据委托给云备份,并且在许多情况下委托给多个云。在云成熟过程的这一点上,所有多云意味着组织正在运行应用程序并将数据存储在两个以上不同的云上。最流行的配置是以下组合:(1)由私有客户的云及其在第三方云上的环境组成的混合云;(2)一两个公共云;(3)额外的供应商云,如 IBM 或 Oracle。

但所有这些活动都引出了一个问题:IT 是否保护了它存储在云中的数据?在一定程度上是。云提供商通常在为活动数据构建冗余和可用性方面值得信赖。但是为了有效地备份虚拟机、保护老化数据、版本控制、粒度恢复或搜索大量数据以满足电子数据展示请求方面又如何呢?这需要备份,而不是故障转移。公共云都提供备份服务,但需要额外付费。

传统的云备份呢?云备份多年来一直为虚拟和物理数据提供服务。最常见的云备份有两种,详见表 9-4-1。

表9-4-1 常见云备份

类型	说明
本地备份到云	根据备份应用程序,IT可以将数据直接备份/复制到云,或备份到备份服务器,然后从那里将数据备份到云(大多数云备份供应商为优先的活动备份数据启用本地缓存)。公共云的冷层对于低价备份存储很常见。但是,恢复可能很昂贵,并且搜索日期范围、保管人或内容的备份数据可能是一项挑战。根据客户备份服务,从备份数据中恢复虚拟机可能需要一些时间
云到云备份	云到云备份服务将基于云的数据复制到另一个区域或云。例如,SaaS供应商很少为他们的客户提供数据备份服务,如果他们这样做,那是非常昂贵的。数据保护还取决于久经考验的3-2-1规则:在不同的备份介质上保留2个本地副本,并在远程保存至少1个副本。云备份也应该这样做

当客户只关心在本地备份到云或从SaaS应用程序备份时,有几个可用选项。但是,当客户数据位于多个云上并且客户没有对其进行充分备份时,就会增加因删除、入侵或损坏而丢失数据的风险。如果某个事件危及虚拟机,客户可能会丢失整个虚拟数据中心的数据。尽管企业迁移到云端是为了节省资本支出和运营支出,但如果数据消失了,节省的成本就变得无关紧要了。

(一)多云备份的挑战

这不是决定客户要在多云中备份的简单问题。任何云备份都存在常见的挑战,以及多云和虚拟备份所特有的其他挑战。所有基于云的备份都面临一些相同的挑战。

1.能自动化保留管理吗?客户备份环境是否允许自动执行不同数据的保留期?客户可以使用策略对不同的数据类型进行分类吗?寻找不只是将云用作廉价备份目标的云备份应用程序,而是根据策略分配保留期,并在保留期结束时提醒您。简化处置/移动/保留决策的额外积分。

客户数据的可搜索性如何?简单备份可能足以指向单个备份日期并恢复该备份。但这不足以搜索业务需求的数据。电子披露请求和调查/审核都需要IT搜索多个维度的备份:结构化和非结构化数据、电子邮件和办公文件、日期范围、保管人、附件和内容。尝试在非索引云备份环境中有效地执行此操作。

2.消耗了多少资源?公司将其数据移至云端以节省成本。但是,当IT跨多个云备份数据时,它们的资源使用和成本可能会成倍增长。

3.隐藏的出口成本。公共云供应商不会隐瞒出口费用,但他们宁愿不为潜在用户汇总这些费用。例如,供应商锁定成本使管理员无法从 AWS 同步和备份,大型电子披露项目变得非常昂贵,并且随着用户从云下载存档数据,主动存档成本呈螺旋式上升。

4.保持合规。将备份发送到廉价的云存储存在很多的问题。如果客户企业必须证明合规性,那么需要更多。典型的合规性产品包括冗余数据中心、备验证和报告、加密、强大的用户身份验证。灾难恢复和端点保护也是其中的重要组成部分。

(二)多云和虚拟环境的挑战

多云和虚拟环境的挑战主要包括管理多云备份、通过 WAN(广域网)进行快速恢复、高效备份多种数据类型以及在何时恢复虚拟机选择备份供应商。

1.管理。管理多云备份可能很困难。管理员需要了解如何优化不同云上的备份,如何从多个云中高效恢复,以及如何使用专为复杂基础架构构建的经济高效的备份和恢复策略来确保其安全。

2.恢复。备份不是最终目的,恢复才是。即使是本地恢复也可能是一个挑战:能否快速找到需要恢复的数据?它是否在多种媒体上传播?能以多快的速度恢复它?云恢复增加了带宽考虑的复杂性,以及将其备份在多个云中并将它们恢复到多个位置(无论您是否愿意)的复杂性。

3.具有虚拟机备份的双重职责。虚拟机备份有双重职责:用于备份和灾难恢复(BDR)的基于文件和基于映像的备份/复制。尽管备份和 BDR 不是同一个过程,但它们保护相同的数据:一个防止数据丢失,另一个防止应用程序不可用。一旦制定了数据保护策略和新的备份平台,请确保一起成长。

(三)在与 MSP(管理服务提供商)签约时的注意事项

在与 MSP(管理服务提供商)签约之前,请注意以下功能和优势:

(1)通过安全备份流程、地理位置规范、物理和网络安全、冗余备份副本、数据监控和可操作的报告来保护客户备份并证明法规遵从性。

(2)了解备份供应商如何处理虚拟机备份。例如,一些备份供应商通过将数据从 AWS EC2 备份到 S3 上的廉价存储来为客户节省资金。但同样的应用程序可能需要几分钟才能将 S3 备份转换为虚拟机。

(3)从云端快速恢复依赖于广域网加速等特性。还要寻找有效的备份重复数据删除,并确保恢复具有精细的选项以及文件夹和卷恢复。恢复位置的灵活性也很重要。

（4）客户 MSP 应与支持各种虚拟化备份（包括 VMware、Hyper-V）和虚拟化应用程序环境（如 Microsoft Exchange、Windows、SQL 服务器、企业应用程序和云应用程序）的备份供应商和 CSP 合作。

第十章 数据传输及跨境

第一节 数据传输及跨境的法律体系及应用场景

数据的跨境流动是推动数字经济时代全球化的重要动因,跨境数据的安全不仅可能对个人权益造成影响,也与国家数据安全息息相关。2017年6月施行的《网络安全法》第四章中首次提出对重要数据和个人信息两大类数据的保护及跨境传输管理要求。

涉及数据、个人信息传输的,首先,个人信息处理的禁止性规定中明确,任何组织、个人不得非法传输他人个人信息。[①] 所谓不得非法传输,是指在传输个人信息时不得违反法律、行政法规的规定。同时,在个人信息的传输过程中不能存在危害国家安全、公共利益的情形。这第二层意思相比于第一层意思更进了一步。如果网络平台在采集、处理个人信息前已经取得了个人用户的授权同意,那是否就意味着其可以将相关个人信息传输到境外呢?答案是未必,应评估是否存在危害国家安全、公共利益的情况,在涉及个人信息的传输及跨境时这一点非常重要。

数据的跨境属于数据传输的一种,只不过由于其涉及数据安全、公共利益安全、国家安全的高度而受到格外关注。严格意义上,数据的跨境分为从境内向境外传输数据即数据的出境,以及从境外向境内传输数据即数据的入境。数据"入境"一般指数据从其他国家或地区到达本国境内,目前的法律规范尚未建立起对数据入境的强制性要求,而具体限制更多地体现在出版物、新闻等不适用数据属性的物品。因此谈及"数据跨境",实务中通常相当于"数据出境",大家重

---

① 《个人信息保护法》第10条:"任何组织、个人不得非法收集、使用、加工、传输他人个人信息,不得非法买卖、提供或者公开他人个人信息;不得从事危害国家安全、公共利益的个人信息处理活动。"

点关注的数据跨境问题是数据从我国境内向境外的传输、提供。因此,本书中关于"数据、个人信息的跨境"一般讨论的是数据、个人信息的出境问题,以下不再解释。

一、数据跨境的法律体系

随着《网络安全法》《数据安全法》《个人信息保护法》为主要框架的数据出境法律层面的顶层设计逐渐形成,数据跨境的治理日渐成熟。截至本书出版之日,基本形成了以《网络安全法》《数据安全法》《个人信息保护法》为主体,以《数据出境安全评估办法》、《个人信息和重要数据出境安全评估办法》(征求意见稿)、《个人信息出境安全评估办法》(征求意见稿)为纲要,以各应用场景、各行业具体的出境要求为实施办法的法律体系格局。

涉及数据跨境的法律、行政法规具体见表10-1-1。

表10-1-1 涉及数据跨境的法律、行政法规

名称	性质	主要规定
网络安全法	法律	关键信息基础设施的运营者在中华人民共和国境内运营中收集和产生的个人信息和重要数据应当在境内存储
数据安全法	法律	对境内开展数据处理活动及其安全监管作出规定
个人信息保护法	法律	对在我国境内处理自然人个人信息活动作出规定
个人信息和重要数据出境安全评估办法(征求意见稿)	规范性文件	网络运营者在境内运营中收集和产生的个人信息和重要数据向境外提供时的安全评估流程与规定
个人信息出境安全评估办法(征求意见稿)	部门规章	网络运营者向境外提供在我国境内运营中收集的个人信息时的安全评估规定
数据出境安全评估办法	规范性文件	数据处理者向境外提供在我国境内运营中收集和产生的重要数据和依法应当进行安全评估的个人信息时,所应进行的安全评估流程

续表

名称	性质	主要规定
网络数据安全管理条例（征求意见稿）	部门规章	规范网络数据处理活动
信息安全技术 数据出境安全评估指南（征求意见稿）	部门工作文件（国家标准）	全国信息安全标准化技术委员会发布的关于数据出境安全评估流程、评估要点、评估方法等国家标准
汽车数据安全管理若干规定（试行）	部门规章	国家网信办对汽车数据处理活动的规定
工业和信息化领域数据安全管理办法	部门规范性文件	对工业和信息化领域数据处理活动及其安全监管的规定

《国家安全法》《网络安全法》《数据安全法》《保守国家秘密法》等法律对数据出境作出了原则性的规定，一是"境内存储"，二是"安全评估"。这两条规定贯穿上述法律及其下位规章之中，是当前我国规范数据跨境流动方面最重要的两条原则。

与此同时，《数据安全法》还明确了"统筹发展与安全"的原则，以促进数据跨境安全、自由流动。这体现了国家在数据跨境流动方面将采取较为折中的路径，既不会像俄罗斯那样"一刀切"，严格限制数据出境，妨碍数字经济发展，也不会像拥有数据优势的美国那样，大力倡导数据自由流动。

《个人信息和重要数据出境安全评估办法（征求意见稿）》规定了安全评估的适用范围、评估内容、评估机构等内容。该意见稿的主要关注点有：一是将《网络安全法》中的"关键信息技术设施运营者"扩大到所有"网络运营者"；二是规定"自行评估"和"行业监管部门评估"两种评估形式；三是规定数据出境评估必须每年开展一次。

《信息安全技术 数据出境安全评估指南（征求意见稿）》一是进行了术语界定，明确了"网络运营者""境内运营""重要数据""数据出境"等概念；二是规定了评估总体流程，主要是对"出境目的"和"安全风险"进行评估；三是明确了评估要点，即"合理正当"和"安全可控"；四是对数据接收方安全保护能力作出规定，包括接收方主体背景、管理制度、技术手段以及政治法律环境等指标。

其他数据跨境转移规定。《征信管理条例（征求意见稿）》规定征信机构对在中国境内采集的信息的整理、保存和加工,应当在中国境内进行;《地图管理条例》规定互联网地图服务单位应当将存放地图数据的服务器设在中国境内,并制定互联网地图数据安全管理制度和保障措施。此外,中国人民银行对个人金融信息数据,国家卫健委对涉及人口健康信息数据,交通运输部、工信部等七部委《网络预约出租汽车经营服务管理暂行办法》对网约车所采集的个人信息和生成的业务数据等都要求在中国境内存储。

纵观国家法律法规的发展,我国对网络安全、数据安全、个人信息保护的管理越发重视,对数据跨境,特别是个人信息相关数据跨境可能产生的国家安全风险也越发关注,可见未来数据跨境传输将成为监管关注的重要方向。[①]

二、数据跨境的应用场景

所谓数据出境,是指"网络运营者通过网络等方式,将其在中华人民共和国境内运营中收集和产生的个人信息和重要数据,通过直接提供或开展业务、提供服务、产品等方式提供给境外的机构、组织或个人的一次性活动或连续性活动"。数据跨境的场景,远比数据从 A 国转移到 B 国这种理解要广泛。就一般意义上而言,以下两类情形均属于数据跨境:

第一,数据跨越国界进行传输转移活动。一般发生于数据控制者或数据处理者在中国境内设有机构/公司的情形。在此情形中,只要数据处理活动发生在机构开展活动的场景中,即使实际的数据处理活动不在中国境内发生,也属于数据跨境。例如,在中国境内运营的美国连锁酒店,直接将其收集的住客个人数据传输至美国总部进行处理,则需要履行数据出境的相关责任和义务。

第二,数据跨境采集,一般指位于 A 法域的数据采集者直接收集位于 B 法域的主体的数据,但未在 B 法域对数据进行其他处理。这一般发生于数据控制者或数据处理者在中国境内不设机构/公司的情形。在此情形中,只要其面向中国境内的数据主体提供商品或服务(无论是否发生支付行为),或监控中国境内数据主体的行为,都属于数据出境。例如,若某一位于加拿大运营的电商平台在我国国内没有机构或公司,但提供专门的中文版本的页面,同时支持用人民币进

[①] 参见普睿哲:《从滴滴被查看数据跨境流动合规管理》,载知乎专栏"普睿哲涉外法律评论",https://zhuanlan.zhihu.com/p/389748700。

行结算,支持向中国境内配送物流,即属于面向中国境内的数据主体提供商品或服务。又或者在美国运营的社交媒体平台,支持中国境内用户账户注册,且已有中国境内用户使用,该社交媒体平台根据用户的位置信息、浏览记录等行为信息,向用户推送个性化的信息和广告。此外,若美国企业开发的软件或系统被嵌入某款设备,该设备向中国境内销售,相关软件或系统在使用过程中收集个人数据并向其总部传输等,这些都有可能属于或涉及数据出境。

还有一种特殊的情况,根据《信息安全技术 数据出境安全评估指南(征求意见稿)》,数据未转移存储至本国以外的地方,但被境外的机构、组织、个人访问查看的(公开信息、网页访问除外),也属于数据出境。

需要注意的是,两种情况下的数据传输转移不属于数据出境。一种情况是,非在我国境内运营中收集和产生的个人信息和重要数据经由本国出境,未经任何变动或加工处理的,不属于数据出境;另一种情况是,非在我国境内运营中收集和产生的个人信息和重要数据在境内存储、加工处理后出境,不涉及境内运营中收集和产生的个人信息和重要数据的,也不属于数据出境。

第二节　数据跨境的分类及不同分类项下的跨境合规要求

一、数据跨境的分类

根据国家目前的法律法规,数据的跨境可以分为两大类,即可以自由跨境的数据和不能自由跨境的数据。如图10-2-1所示。

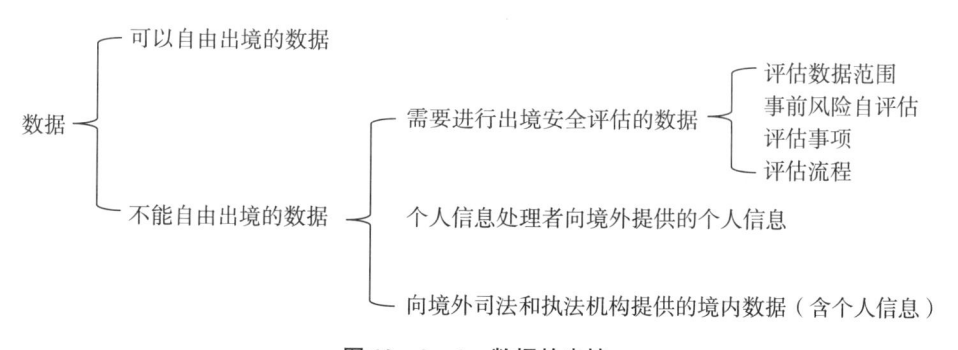

图10-2-1　数据的出境

（一）可以自由出境的数据

可以自由出境的数据是指可以不履行额外的合规要求或手续即可直接出境的数据。

哪些数据可以自由出境呢？这里可以用排除法，即如果一项数据，不属于不能自由跨境范围的数据，即是可以自由跨境的数据。所以，如果一项数据，不属于需要安全评估的数据，也不是个人数据，接收方不是境外司法和执法机构，那么，原则上此数据可以自由跨境。

（二）不能自由出境的数据及其合规要求

在现阶段的跨境法律框架体系下，不能自由跨境的数据分为三类：需要履行安全评估的数据、个人信息处理者向境外提供的个人信息和向境外司法和执法机构提供的境内数据（含个人数据）。以上三类数据出境的合规要求各不相同，相差迥异。下面对三类数据出境的具体合规要求进行详细解析。

二、不能自由出境的数据的不同合规要求

（一）需要履行安全评估的数据跨境（第一类不能自由跨境的数据）

这类数据需要履行安全评估之后，方可出境。这是到目前为止国家对数据出境的最高要求。因此，该类数据的处理者，也必须承担最为严格的合规义务。

1. 需要安全评估的数据类型

根据《数据出境安全评估办法》的规定，数据处理者向境外提供数据，应当经过数据出境安全评估的情形有：

（1）数据处理者向境外提供重要数据。

注意：此处的重要数据目前并没有非常明确的定义，一般认为，重要数据为列入国家数据安全工作协调机制统筹协调有关部门制定的重要数据目录的数据。国家要求各地区、各部门应当按照数据分类分级保护制度，确定本地区、本部门以及相关行业、领域的重要数据目录，对列入目录的数据进行重点保护。《信息安全技术　数据出境安全评估指南（征求意见稿）》的附录《重要数据识别指南》指出，重要数据指相关组织、机构和个人在境内收集、产生的不涉及国家秘密，但与国家安全、经济发展以及公共利益密切相关的数据（包括原始数据和衍生数据），一旦未经授权披露、丢失、滥用、篡改或销毁，或汇聚、整合、分析后，

可能危害国家安全、国防利益、破坏国际关系,可能损害国家财产、社会公共利益和个人合法利益,可能影响国家预防和打击经济与军事间谍、政治渗透、有组织犯罪等后果。2022年1月,《信息安全技术　重要数据识别指南(征求意见稿)》发布,将"重要数据"定义为以电子方式存在的,一旦遭到篡改、破坏、泄露或者非法获取、非法利用,可能危害国家安全、公共利益的数据,并确立了进行识别的相关因素,包括是否反映国家战略储备、应急动员能力,是否支撑关键基础设施运行或重点领域工业生产,是否反映关键信息基础设施网络安全保护情况,是否关系出口管制物项,是否可能被其他国家或组织利用发起对我国的军事打击,是否反映重点目标、重要场所物理安全保护情况或未公开地理目标的位置而可能被恐怖分子、犯罪分子利用实施破坏,是否反映群体健康生理状况、族群特征、遗传信息等。

在此原则上,一些部门也在其本行业数据安全管理规定中约定了重要数据的含义。比如《汽车数据安全管理若干规定(试行)》中规定,重要数据是指一旦遭到篡改、破坏、泄露或者非法获取、非法利用,可能危害国家安全、公共利益或者个人、组织合法权益的数据,包括:①军事管理区、国防科工单位以及县级以上党政机关等重要敏感区域的地理信息、人员流量、车辆流量等数据;②车辆流量、物流等反映经济运行情况的数据;③汽车充电网的运行数据;④包含人脸信息、车牌信息等的车外视频、图像数据;⑤涉及个人信息主体超过10万人的个人信息;⑥国家网信部门和国务院发展改革、工业和信息化、公安、交通运输等有关部门确定的其他可能危害国家安全、公共利益或者个人、组织合法权益的数据。

(2)关键信息基础设施运营者向境外提供个人信息。

(3)处理100万人以上个人信息的数据处理者向境外提供个人信息。

(4)自上年1月1日起累计向境外提供10万人个人信息或者1万人敏感个人信息的处理者向境外提供个人信息。

(5)国家网信部门规定的其他需要申报数据出境安全评估的情形。

2. 安全评估的责任主体

首先需要明确的一点是,数据出境安全评估,不仅是政府监管部门的工作,更重要的是,它也是数据处理者的工作。数据处理者是数据出境安全评估的第一责任人,承担着数据出境安全评估义务最主要的工作。

3. 安全评估的工作内容

数据跨境安全评估,主要包括对内的事前风险自我评估和对外的数据出境安全评估材料申报两个方面。

数据处理者在向境外提供数据前,应事先开展数据出境风险自我评估,重点评估以下事项:

(1)数据出境及境外接收方处理数据的目的、范围、方式等的合法性、正当性、必要性;

(2)出境数据的规模(数量)、范围、种类、敏感程度,数据出境可能对国家安全、公共利益、个人或者组织合法权益带来的风险;

(3)数据处理者在数据转移环节的管理和技术措施、能力等能否防范数据泄露、毁损等风险;

(4)境外接收方承诺承担的责任义务,以及履行责任义务的管理和技术措施、能力等能否保障出境数据的安全;

(5)数据出境中和出境后遭到篡改、破坏、泄露、丢失、转移或者被非法获取、非法利用等的风险,个人信息权益维护的渠道是否通畅等;

(6)与境外接收方拟订立的数据出境相关合同或者其他具有法律效力的文件等是否充分约定了数据安全保护责任义务;

(7)其他可能影响数据出境安全的事项。

数据处理者向国家监管部门申报数据出境安全评估,应当提交以下材料:

(1)申报书;

(2)数据出境风险自评估报告;

(3)数据处理者与境外接收方拟订立的合同或者其他具有法律效力的文件等;

(4)安全评估工作需要的其他材料。

4.安全评估的考察事项

数据出境安全评估重点评估数据出境活动可能对国家安全、公共利益、个人或者组织合法权益带来的风险,主要包括以下事项:

(1)数据出境的目的、范围、方式等的合法性、正当性、必要性;

(2)境外接收方所在国家或者地区的数据安全保护政策法规及网络安全环境对出境数据安全的影响;境外接收方的数据保护水平是否达到我国法律、行政法规规定和强制性国家标准的要求;

(3)出境数据的规模(数量)、范围、种类、敏感程度,出境中和出境后遭到篡改、破坏、泄露、丢失、转移或者被非法获取、非法利用等的风险；

（4）数据安全和个人信息权益是否能够得到充分有效保障；

（5）数据处理者与境外接收方拟订立的法律文件中是否充分约定了数据安全保护责任义务；

（6）遵守中国法律、行政法规、部门规章情况；

（7）国家网信部门认为需要评估的其他事项。

5. 安全评估的工作流程

目前我国拟定的数据出境安全评估分为三个流程，第一，省级网信部门自收到申报材料之日起 5 个工作日内完成完备性查验，主要是形式审查，申报材料齐全的，将申报材料报送国家网信部门，国家网信部门自收到申报材料之日起 7 个工作日内，确定是否受理评估并以书面通知形式反馈受理结果。第二，国家网信部门受理申报后，组织国务院有关部门、省级网信部门、专门机构等进行安全评估。第三，国家网信部门自出具书面受理通知书之日起 45 个工作日内完成数据出境安全评估；情况复杂或者需要补充材料的，可以适当延长。评估结果以书面形式通知数据处理者。评估结果包括不通过安全评估、通过安全评估、终止安全评估三种。其中不通过安全评估包括不符合安全评估的要求，也包括数据处理者提交的材料虚假、不真实。终止安全评估一般发生在数据处理者提交的评估材料不齐全或者不符合要求，而且拒不补充或者更正的情况下。安全评估流程如图 10 - 2 - 2 所示。

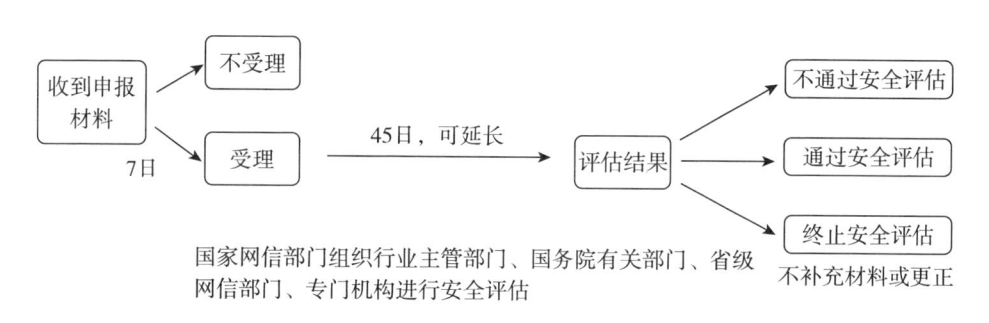

图 10 - 2 - 2　安全评估流程

6. 数据出境安全评估的有效期限

即使通过数据出境安全评估，也不意味着"一劳永逸"地解决了问题。因为数据出境安全评估只有两年的有效期。有效期届满,需要继续开展原数据出境活动的,数据处理者应当在有效期届满60个工作日前重新申报评估。未按重新申报评估的,数据处理者必须停止数据出境活动。

在两年内,如果出现以下情形之一的,数据处理者应当重新申报评估:

(1)向境外提供数据的目的、方式、范围、种类和境外接收方处理数据的用途、方式发生变化影响出境数据安全的,或者延长个人信息和重要数据境外保存期限的;

(2)境外接收方所在国家或者地区法律环境发生变化以及发生其他不可抗力情形、数据处理者或者境外接收方实际控制权发生变化、数据处理者与境外接收方法律文件变更等影响出境数据安全的;

(3)出现影响出境数据安全的其他情形。

(二)个人信息处理者向境外提供个人信息(第二类不能自由出境的数据)

个人信息处理者向境外提供个人信息,是数据出境中非常重要的内容,也是数据出境中与国际最接轨的地方。个人信息处理者向境外提供个人信息,必须同时满足以下三点要求。

1.个人信息处理者的特别告知义务

如果数据涉及出境,个人信息处理者必须向数据主体履行告知与取得同意的义务。即应当向个人告知境外接收方的名称或者姓名、联系方式、处理目的、处理方式、个人信息的种类以及个人向境外接收方行使法律规定权利的方式和程序等事项,并取得个人的单独同意。

还有,个人信息处理者还必须履行一项附随义务,即个人信息处理者应当采取必要措施,保障境外接收方处理个人信息的活动达到法律规定的个人信息保护标准。

2.向境外提供个人信息的"四选一"合规要求

个人信息处理者因业务等需要,确需向境外提供个人信息的,应当具备下列条件之一:

(1)通过国家网信部门组织的安全评估;

(2)按照国家网信部门的规定经专业机构进行个人信息保护认证;

(3)按照国家网信部门制定的标准合同与境外接收方订立合同,约定双方的权利和义务;

(4)法律、行政法规或者国家网信部门规定的其他条件。

此处需要注意的是,以上四个条件是"四选一",即满足一项即可。

"通过国家网信部门组织的安全评估",具体要求和流程见上一部分的内容。

"按照国家网信部门的规定经专业机构进行个人信息保护认证",目前国家并无相关规范性文件明确具体如何操作以及专业机构如何确定。

"按照国家网信部门制定的标准合同与境外接收方订立合同,约定双方的权利和义务",要求数据处理者与境外接收方订立的合同充分约定数据安全保护责任义务,应当包括但不限于以下内容:①数据出境的目的、方式和数据范围,境外接收方处理数据的用途、方式等;②数据在境外保存地点、期限,以及达到保存期限、完成约定目的或者合同终止后出境数据的处理措施;③限制境外接收方将出境数据再转移给其他组织、个人的约束条款;④境外接收方在实际控制权或者经营范围发生实质性变化,或者所在国家、地区法律环境发生变化导致难以保障数据安全时,应当采取的安全措施;⑤违反数据安全保护义务的违约责任和具有约束力且可执行的争议解决条款;⑥发生数据泄露等风险时,妥善开展应急处置,并保障个人维护个人信息权益的通畅渠道。

"法律、行政法规或者国家网信部门规定的其他条件",为兜底条款。

3. 事前个人信息影响评估(DPIA)

DPIA(Data Protection Impact Assessment)最早出现在欧盟对个人信息数据的保护法令中,我国的法律也引入了这个概念。个人信息处理者向境外提供数据时,个人信息处理者应当事前进行个人信息保护影响评估,并对处理情况进行记录。个人信息保护影响评估是降低数据处理风险的重要工具。DPIA 分析数据处理的必要性和适当性,通过识别和评估风险并确定相应的防护措施,帮助数据处理者管理个人信息处理给自然人权利和自由带来的高风险。更重要的是,DPIA 也是数据处理者向国家监管机构证明其实施了国家相关法律法规中关于个人信息保护要求的重要举措。

个人信息保护影响评估应当包括下列内容:

(1)个人信息的处理目的、处理方式等是否合法、正当、必要;

(2)对个人权益的影响及安全风险;

(3)所采取的保护措施是否合法、有效并与风险程度相适应。

个人信息保护影响评估报告和处理情况记录应当至少保存3年。

(三)向境外司法和执法机构提供境内数据(第三类不能自由出境的数据)

在我国数据出境的法律体系中,向境外司法和执法机构提供数据是非常特别的一项。即不论类型、不论规模、不论影响,只要接收方是外国司法和执法机构,都要经过中国主管机关批准。《数据安全法》第36条规定:"中华人民共和国主管机关根据有关法律和中华人民共和国缔结或者参加的国际条约、协定,或者按照平等互惠原则,处理外国司法或者执法机构关于提供数据的请求。非经中华人民共和国主管机关批准,境内的组织、个人不得向外国司法或者执法机构提供存储于中华人民共和国境内的数据。"即不论类型、不论大小规模、不论影响,只要接收方是外国司法和执法机构,都要经过中国主管机关批准。因为向外国司法和执法机构提供境内数据,涉及中国的主权,所以,在这个问题上,国家采取了最为严格的数据安全出境规定。

企业法务、律师等法律工作者,在工作中如果涉及外国的诉讼、仲裁、上市,不可避免地会涉及向外国司法和执法机构提供境内数据,按照法律规定,这必须经过中国主管机关批准。这当然对法律工作者提出了更高的合规要求。

第三节 数据跨境特殊行业概述

一、医疗行业

根据国家计算机网络应急技术处理协调中心发布的《2020年中国互联网网络安全报告》,2020年国内基因数据通过网络出境717万余次,境内医学影像数据通过网络出境497万余次,其中医学影像文件在未脱敏的情况下包含大量患者个人信息,未脱敏医学影像数据出境近40万次,占出境总次数的7.9%。医疗行业可能涉及数据跨境的数据类形,一般包括病历信息、基因遗传、医学科研实验数据等数据,涉及社会公共利益和国家安全。对于这方面的数据出境,我国已经通过立法进行指导。

除《网络安全法》《个人信息保护法》规范的个人信息外,《人类遗传资源管理条例》《人口健康信息管理办法(试行)》《国家健康医疗大数据标准、安全和服务管理办法(试行)》等对医疗行业的特定数据作出了更加细化的规定。

对于数据本地化存储问题,《人口健康信息管理办法(试行)》规定不得将人口健康信息在境外的服务器中存储,不得托管、租赁在境外的服务器;《国家健康医疗大数据标准、安全和服务管理办法(试行)》要求健康医疗大数据存储在境内安全可信的服务器上,因业务需要确需向境外提供的,应当按照相关法律法规及有关要求进行安全评估审核。《人类遗传资源管理条例》规定,外国组织、个人及其设立或者实际控制的机构不得在我国境内采集、保藏我国人类遗传资源,不得向境外提供我国人类遗传资源。对于违反数据跨境规范的行为,这些法规也规定了相应的法律责任。例如《人类遗传资源管理条例》规定,未通过安全审查,将可能影响我国公众健康、国家安全和社会公共利益的人类遗传资源信息向外国组织、个人及其设立或者实际控制的机构提供或者开放使用的,由国务院科学技术行政部门责令停止违法行为,没收违法采集、保藏的人类遗传资源和违法所得,并处以罚款。

二、汽车行业

国家计算机网络应急技术处理协调中心等对 15 类主流车型 2021 年 8 月至 11 月的数据出境情况进行了分析,结果显示,分析期间境内与境外汽车数据通联 732 万余次,其中汽车数据出境 262 万余次,相比同年 5 月至 8 月增加 145.3%,单日最大出境次数超 17 万次。部分汽车数据出境同时涉及身份证号(行驶证号)、驾驶证档案编号、手机号/固话、经纬度等个人信息和地理位置信息。[1] 随着智能汽车行业的不断发展与更新,智能网联汽车的数据跨境问题已成为监管的一大重点。

2021 年《汽车数据安全管理若干规定(试行)》明确,车辆流量、物流等反映经济运行情况的数据,汽车充电网的运行数据,包含人脸信息、车牌信息等的车外视频、图像数据等各种重要数据应当依法在境内存储,因业务需要确需向境外提供的,应当通过国家网信部门会同国务院有关部门组织的安全评估。这一环节中可能涉及的汽车数据处理者,既包括汽车制造商、零部件和软件供应商、经销商,也包括维修机构以及出行服务企业等。此外,《信息安全技术 网联汽车

---

[1] 参见《智能网联汽车数据合规:数据跨境成监管重点,跨国车企迎挑战》,载腾讯新闻网,https://xw.qq.com/cmsid/20220113A04IXV00。

采集数据的安全要求(草案)》进一步规定网联汽车通过摄像头、雷达等传感器从车外环境采集的道路、建筑、地形、交通参与者等数据,以及车辆位置、轨迹相关数据不得出境。

三、金融行业

金融行业与国计民生息息相关。《网络安全法》指出,国家对公共通信和信息服务、能源、交通、水利、金融、公共服务、电子政务等重要行业和领域,以及其他一旦遭到破坏、丧失功能或者数据泄露,可能严重危害国家安全、国计民生、公共利益的关键信息基础设施,在网络安全等级保护制度的基础上,实行重点保护。因此金融行业的数据跨境流动问题占据十分重要的地位。

目前的立法对金融行业数据跨境作出了较为全面的规定。《个人信息保护法》《信息安全技术 个人信息安全规范》《金融数据安全 数据安全分级指南》等法律法规将金融数据分为个人金融信息、重要金融数据及其他金融数据,并分别规定了安全评估、报告批准等流程要求。

考虑到金融数据的重要地位,各方对其本地化也作出了相应的要求。例如,《中国人民银行关于银行业金融机构做好个人金融信息保护工作的通知》要求在中国境内收集的个人金融信息的存储、处理和分析应当在中国境内进行;《中国人民银行金融消费者权益保护实施办法》规定,在中国境内收集的消费者金融信息的存储、处理和分析应当在中国境内进行;《征信业管理条例》要求征信机构对在中国境内采集的信息的整理、保存和加工应当在中国境内进行。

第四节 我国数据跨境的试点建设

数据作为一种新的要素,其流动对商业发展与技术更新具有重要意义,各方政府亦关注数据要素的供需与数据要素市场的建设。

以我国为例,2020年北京展开数据跨境流动安全管理试点工作,试点聚焦人工智能、生物医药等关键领域,立足企业数据跨境流动需求,开展政策创新、管理升级、服务优化等试点试行。从个人信息出境安全评估、企业数据保护能力认证等工作入手,先行先试,分阶段进行。2019年7月出台的《中国(上海)自由贸易试验区临港新片区总体方案》提出,要建设全球数据枢纽平台,扩容亚太互联网交换中心,在现有国际互联网转接业务基础上,建设大规模高等级云数据中心,承接国际、国内数据的存储、计算和处理。《上海市数据条例》首次对临港新片区内探索制定低风险跨境流动数据目录作出规定,指出在临港新片区建设离岸数据中心,按照国际协定和法律规定引进境外数据,支持企业开展相关数据处理活动。2022年3月开始实施的《中国(上海)自由贸易试验区临港新片区条例》进一步提出建立相关基础设施与专用通道,在临港新片区内探索制定低风险跨境流动数据目录。

数据合法合理的流动具有十分重要的意义。因此,鼓励适当的片区推进国际数据产业发展,培育发展数据经纪、数据运营、数据质量评估等新业态,建立数据跨境流动、数据合规咨询服务、政企数据融合开发等公共服务平台,并推动互联网数据中心、信息服务等增值电信业务的落成与发展,对我国数据能力建设能够起到推动作用。同时,在一定区域建立与数字贸易相关的知识产权综合服务平台、数字贸易跨境支付结算平台等公共服务平台,建设数据服务出口基地等,有助于探索推进数字贸易规则制度建设。

我国通过推进片区的数据跨境与流通,有利于为生命健康产业、金融业、高端制造业等行业的数据跨境传输提供可观的空间,有利于促进企业在符合监管要求的前提下,实现内部管理与外部交易的数据需求,也有利于国家在保护数据主权的同时加强跨境数据传输的监管与合作。

第五节　全球数据跨境规范概述

中国积极开展数据安全治理、数据开发利用等领域的国际交流与合作,参与数据安全相关国际规则和标准的制定,促进数据出境安全、自由流动。国家积极参与个人信息保护国际规则的制定,促进个人信息保护方面的国际交流与合作,推动与其他国家、地区、国际组织之间的个人信息保护规则、标准等互认。

一、欧盟

欧盟在1995年10月24日颁布的《第95/46/EC号保护个人在数据处理和

此类数据自动流动中权利的指令》(以下简称95指令)中就已确立数据保护的规范,例如,数据保护不仅适用于在欧盟境内的数据控制者,而且适用于控制者使用位于欧盟境内的设备来处理数据的情况。根据95指令,来自欧盟以外的控制者在欧盟处理数据时,必须遵守数据保护法规,95指令还规定数据处理的整体原则为透明、合法和合比例。2018年5月25日欧盟《通用数据保护条例》(General Data Protection Regulation,GDPR)生效,该条例在之前框架的基础上对数据处理进行了进一步规范。GDPR确定了数据处理的七大原则,包括合法、目的限制、数据最小化、准确性等。

2021年6月4日,欧盟委员会颁布了两套新版数据跨境传输标准合同条款(Standard Contractual Clause,SCC),一套适用于数据控制者和处理者之间,另一套适用于向第三国传输个人数据。新版SCC确认了数据跨境传输的四种模式,即数据控制者至数据控制者、数据控制者至数据处理者、数据处理者至数据控制者和数据处理者至数据处理者,并进一步明确了四种模式下数据保护的传输目的、透明度、处理的安全性以及后续传输等方面的要求,还列举了数据接收方必须履行的义务。首先,SCC要求数据接收方必须保证对数据提供方国家法律以及实践是否阻止双方履行义务进行评估并记录,以及数据接收方相应的告知义务。其次,数据接收方收到政府的数据访问请求并且以"有合理基础认为该请求不合法"为由对该请求提出质疑时,数据接收方必须立刻告知数据提供方。最后,数据接收方应当向数据主体提供可行的救济方式。这些规定表明欧盟对数据向欧盟外流动这一问题的态度相对谨慎。

二、日本

日本2017年修改生效的《个人信息保护法》设立了"个人信息保护委员会"作为监管机构,制定向境外传输数据的规则和指南,该法也对跨境数据传输作出了重要规定。一方面,在个人同意的情况下进行数据跨境传输时,数据输出方应当向数据主体提供数据输入的国家名称、相关国家的个人信息保护制度,并以适当、合理的方式予以确认,此外,数据输出方还应向数据主体提供数据输入方应当采取的安全保障措施。与此同时,数据输出方应当定期确认数据输入方处理个人信息的状态,以及数据输入方所在国家是否存在可能影响个人信息处理状态的情况等。另一方面,采取数据传输合同的方式进行数据跨境传输时,合同必须采用与《个人信息保护法》等效的数据安全保护标准和必要措施,持续确保数据输入方对个人数据的正确适当处理。数据输出方需要定期检查数据输入方设立的与《个人信息保护法》等效的安全保护措施,以及措施的实施情况和内容,并通过适当合理方法评估可能影响此类措施实施的外国法律情况;此外还需要采取必要和适当行动及时补救发现的任何障碍。如果数据输入方继续执行《个人信息保护法》等效措施变得困难,数据输出方应当暂停向其传输所有个人信息。

三、美国

考虑到境内众多的互联网公司,美国更加倾向数据的非本地化政策,推行较低的数据安全保护要求,为数据向美国流动营造有利的政策环境。美国的数据流动政策更注重个人数据跨境的自由流动,因此美国更加追求破除众多国家利用数据跨境流动设置的市场准入壁垒,同时通过限制重要技术数据出口和特定数据领域的外国投资,并通过扩大国内法的域外适用而不断扩张数据主权。在数据流出方面,美国通过《国家安全与个人数据保护法提案》(National Security and Personal Data Protection Act of 2019,NSPDPA)对特定国家的数据跨境传输施加限制,此外《澄清海外合法使用数据法案》(Clarifying Lawful Overseas Use of Data Act,CLOUD Act)要求受美国管辖的网络服务提供商披露相关数据,响应美国法律程序,无论公司将数据存储在何处,都应利用出口管制手段限制高科技、军民两用技术数据出境。

四、俄罗斯

俄罗斯关于数据流动的立法包括《关于信息、信息技术和信息保护法》(第149号法令)、《俄罗斯联邦个人数据法》(第152号法令)、《俄罗斯联邦大众传媒法》、《俄罗斯联邦安全局法》、《俄罗斯联邦外国投资法》等法律。对于公民个人信息数据,这些法律规定了个人数据跨境转交前,处理者有义务确认数据跨境转交的其他国家保证会对个人数据主体的权利进行同等保护。

"棱镜门"事件后俄罗斯进一步修法推行数据本地化,通过联邦第97号法令《俄罗斯联邦〈关于信息、信息技术和信息保护法〉修正案及个别互联网信息交流规范的修正案》、联邦第242号法令《就"进一步明确互联网个人数据处理规范"对俄罗斯联邦系列法律的修正案》,进一步规定了互联网信息服务组织传播者、信息拥有者以及运营商等主体的义务,同时也确立了数据本地存储的基本规则。

五、新加坡

新加坡2012年通过的《个人数据保护法》(PDPA)对个人数据跨境传输和跨国文件传输作了相应限制,一般情况数据禁止跨境传输,除非接收国可以提供充分性保护。此外符合以下情形的也可进行数据跨境传输:(1)符合集体企业规则的;(2)数据主体同意的;(3)履行合同义务必要的;(4)关乎生命、健康的重大情形的;(5)公开的个人数据;(6)进行数据中转的。随后,新加坡议会通过了《2020年个人数据保护(修订)法案》对PDPA进行了全面审查,允许组织可以在更多未经同意的情况下使用数据,但对数据违规行为的的惩罚也更加严厉。新加坡个人数据保护委员会(PDPC)还发布了《数据泄露管理通知指南》和《数据保护执法指南》最新修订版。其中,《数据保护执法指南》详细阐述了《个人数据保护法》中新引入的自愿承诺条款,进一步明确了PDPC的调查程序、执法行动类型和处罚措施等关键问题。

此外,若企业持有个人数据被转移地区的法律授予或认可的"特定认证",被视为受可依法执行的义务约束。根据PDPA,"特定认证"指亚太经济合作组织跨境隐私规则(APEC CBPR)体系和亚太经济合作组织处理者隐私认可(APEC PRP)体系下的认证。

六、印度

印度在2018年相继颁布了《电子药房规则草案》《个人数据保护法草案》《印度电子商务国家政策框架草案》,表现了其数据跨境的监管倾向主要在于通过数据本地化实现数据价值的本地化。《个人数据保护法草案》第八章对数据跨境传输作出了规定,包括中央政府如将某类个人数据划定为敏感个人数据后,此类数据只能在位于印度的服务器或数据中心处理。

个人数据可以被跨境转移的情况有:(1)转移是在管理局批准的标准合同条款或集团内部计划的约束下进行的;(2)中央政府在与管理局协商后,规定允许向某一国家或某一国家的某一部门或某一国际组织转让;(3)管理局批准某项或某组转让是在必要的情况下允许的;(4)除了满足第(1)项或第(2)项条款外,资料委托人已同意该个人数据的转移;(5)除满足第(1)项或第(2)项条款外,资料委托人已明确同意转让敏感个人资料,但不包括特殊的敏感个人资料类别。

七、部分国际组织

(一)联合国

联合国对数据跨境作出原则性指导。1990年联合国在《计算机处理的个人数据文档规范指南》(*Guidelines for the Regulation of Computerized Personal Data Files*)第9条中规定:"当两个或更多国家关于跨境数据流通的立法提供了互惠的隐私保护措施时,应当确保信息能够以在一国境内流通的状态在不同国家之间自由流通。如果没有相应的互惠保障,对国境之间流转的限制应当合理,且仅限于隐私保护的需要。"

(二)经济合作与发展组织

1980年,经济合作与发展组织(OECD)出台了《隐私保护和个人数据跨境流通指南》(*OECD Guidelines on the Protection of Privacy and Transborder Flows of Personal Data 1980*);2007年6月,OECD在1980年指南的基础上,通过了《隐私保护及跨境合作执行建议》(*Recommendation on Cross-border Co-operation in the Enforcement of Laws Protecting Privacy*);2013年,OECD对1980年指南进行了全面修订,形成了《隐私保护和个人数据跨境流通指南》(*OECD Guidelines on the Protection of Privacy and Transborder Flows of Personal Data 2013*),其中规定放宽对于个人数据跨境流通的限制,限制个人数据跨境流通时需要考虑数据的敏感度、流通目的和处理环境,以确保与可能的风险成比例。

(三)亚太经合组织

2013年亚太经合组织设立了跨境隐私规则体系(Cross Border Privacy Rules System,CBPR),这一体系于2011年由美国主导在APEC论坛内设立,旨在促进加入国之间个人信息的无障碍跨境流动,同时确保其安全性和隐秘性。企业通过加入该认证以证明其遵守国际公认的数据隐私保护。CBPR要求企业向问责一个作为独立问责机构且CBPR认可的公共或私营部门实体证明其符合条件,并且接受持续的监督和问责;此外,获得认证的企业必须对个人数据实施安全保护措施,这些保护措施应与受到威胁的可能性和严重性、信息的机密性或敏感性以及持有信息的背景相称。同时企业还需要设置方便消费者投诉的机制并赋权于消费者等。

第六节 企业数据跨境传输挑战和应对

面对国家日益严格的监管趋势,有数据跨境传输需求的中国企业将面对前所未有的挑战与困难,对此企业需要提前做好评估工作并制定应对计划。

一、哪些企业将会面对挑战

1. 有在海外上市计划或已在海外上市的企业,特别是在美国上市的企业;
2. 向境外提供个人信息的企业;
3. 涉及重要数据出境的企业,如涉及地理、自然资源、基因、生物特征、宏观统计数据、网络信息系统缺陷、人群导航位置、大型设备目标和位置等数据;
4. 关键信息基础设施运营者,如互联网平台、云计算平台、大数据平台、国防科工、大型装备、化工、食品药品科研生产企业等;
5. 为关键信息基础设施运营者提供网络产品和服务的运营者,如核心网络设备、高性能计算机和服务器、大容量存储设备、大型数据库和应用软件、网络安全设备、云计算服务。

二、企业数据跨境传输将会面对哪些挑战

1. 监管的复杂性

对于企业来说,了解复杂的、动态发展的、相互影响的国际监管格局以及跨境数据管理规则是一项严峻的挑战。

2. 治理的困难性

对于企业来说,为隔离跨境数据传输风险,建设跨境数据治理框架,分配数据本地化所有权是一项不小的挑战。

3. 数据跨境传输技术障碍

根据不同地区的监管要求、数据敏感度和数据使用情况,需要为数据传输、访问、同意监控、数据跟踪以及跨技术栈的存储等方面建立不同的技术控制措

施,同时还需要具备报告和监测的能力,对合规性进行持续审查。

4. 第三方供应商管理问题

企业为符合全球数据传输和数据本地化的要求,需要制定、执行和监督第三方供应商的管理流程,包括供应商认证、审查和重新认证的流程。

5. 及时调整管理措施

企业需要建立适当的控制措施,来应对跨境数据传输和数据本地化在个人信息保护和技术流程方面的变化。

6. 保持数据的一致性

当管辖权发生变更,企业可能面对无法再采用审查、测试、报告、落实管理制度的方式,保持跨境数据在处理、储存和销毁方面的一致性上的挑战。

三、企业数据跨境传输如何应对

面对挑战以及监管带来的压力,企业怎么才能快速、有效、从容地应对?以下为开展应对工作提供一些参考。

1. 制定数据出境计划,计划的内容包括但不限于:

数据出境目的、范围、类型、规模;涉及的信息系统;中转国家和地区(如存在);数据接收方及其所在的国家或地区的基本情况;与接收方签订的合同或者其他具有法律效力的文件;安全控制措施等。为保护数据主体的利益,其中与接收方签订的合同部分,具体需要明确的内容可参考《个人信息出境安全评估办法(征求意见稿)》第13条。根据该条规定,网络运营者与个人信息接收者签订的合同或者其他有法律效力的文件,应当明确:

(1)个人信息出境的目的、类型、保存时限;

(2)个人信息主体是合同中涉及个人信息主体权益的条款的受益人;

(3)个人信息主体合法权益受到损害时,可以自行或者委托代理人向网络运营者或者接收者或者双方索赔,网络运营者或者接收者应当予以赔偿,除非证明没有责任;

(4)接收者所在国家法律环境发生变化导致合同难以履行时,应当终止合同,或者重新进行安全评估;

(5)合同的终止不能免除合同中涉及个人信息主体合法权益有关条款规定的网络运营者和接收者的责任和义务,除非接收者已经销毁了接收到的个人信息或作了匿名化处理；

(6)双方约定的其他内容。

2. 评估数据出境计划的合法性和正当性

根据《网络安全法》第37条的规定，"因业务需要，确需向境外提供的，应当按照国家网信部门会同国务院有关部门制定的办法进行安全评估"，企业可预先评估数据出境计划的合法性和正当性，如评估企业内部的数据跨境传输情况，确定重要数据的种类、数据量、存储位置等，还可从目的性、合法性以及正当性方面分析当前数据收集、存储和使用的情况是否满足业务最低必要性。

3. 二次评估数据出境计划

如数据出境计划不满足合法性、正当性的要求，或经评估后不满足风险可控的要求，企业可修正数据出境计划，或采用相关措施降低数据出境风险，可用于降低数据出境安全风险的措施包括但不限于：

(1)精简出境数据内容；

(2)使用技术措施处理数据降低敏感程度；

(3)提升数据发送方安全保障能力；

(4)限定数据接收方的处理活动；

(5)更换数据保护水平更高的接收方；

(6)选择政治法律环境保障能力较高地区的数据接收方等。

在进行相应调整后，可重新对数据出境进行安全风险评估。可参考《个人信息出境安全评估办法(征求意见稿)》，结合企业实际情况进行再评估。

4. 差距分析

进行差距分析，基于国家法律法规、标准要求比对当前企业的实际情况，确定整改措施的优先级。例如，根据《信息安全技术　数据出境安全评估指南(征求意见稿)》对数据发送方和接收方的安全能力进行差距分析，确定每种方案的初步风险评估结果，以确定补救措施的优先级。

5. 跨境数据传输管理机制的建立

《网络安全法》和《数据安全法》均要求对数据施行分类分级保护，企业应根据法规的要求，建立健全全流程数据安全管理制度。企业需要在此基础上结合差距分析结果，建立跨境数据传输的管理机制，同时在企业内部建立针对跨境数据传输管理的小组，明确管理小组的角色和责任，推动企业内部跨境数据传输的管理。

6. 采取整改措施,确保适当的可管理的技术保障措施的实施

根据差距分析结果,采取整改措施来修复差距并降低风险级别,由跨境数据传输管理小组牵头逐步开展整改工作,如用户同意、数据去标识、数据加密、合同条款更新等。

7. 官方安全评估报告

根据企业实际情况向相关监管部门报备,提交相关评估报告。

第十一章 数据的访问、导出、复制、加工及对外提供

《数据安全法》中列举了七种数据处理行为,《个人信息保护法》中增加了"删除"这一处理行为。在前面的章节中,我们分别讨论了"收集""存储""传输"三种处理行为,本章将继续讨论"使用""加工""提供""公开"行为。

在实务中,访问数据是使用数据和发挥数据价值的前提,在企业开展数据合规的实务中,对数据访问行为的规制也非常有必要,虽然《数据安全法》和《个人信息保护法》均没有单独将"访问"作为一种数据处理行为,但是在法律条文中也多次对数据的访问进行了规定,我们可以把"数据访问"纳入"数据使用"的范畴,或者理解为"数据访问"是"数据使用"的前奏,数据的访问将在本章第一节讨论。

一般意义上,数据的导出、复制可以归入"数据使用"的范畴,数据的导出、复制、加工行为经常紧密相连,故放在本章第二节中讨论。

企业在运营过程中为了满足合作业务开展的需求,时常涉及数据的对外提供。委托处理、共享、转让和公开披露,均属于数据的对外提供,故放在本章第三节中讨论。

第一节 数据的访问

一、法律规范

访问数据是数据处理主体使用和发挥数据价值的前提,企业必须通过访问数据才能实现对数据的使用。对于个人信息的访问,我国法律法规有明确的规

定。《个人信息保护法》第 51 条明确规定个人信息处理者需要采取措施,以防止未经授权的访问,具体包括:(1)制定内部管理制度和操作规程;(2)对个人信息实行分类管理;(3)采取相应的加密、去标识化等安全技术措施;(4)合理确定个人信息处理的操作权限,并定期对从业人员进行安全教育和培训;(5)制定并组织实施个人信息安全事件应急预案;(6)法律、行政法规规定的其他措施。此外,为了进一步保障数据安全,《网络数据安全管理条例(征求意见稿)》第 9 条提出数据处理者要采取访问控制等必要措施保障数据安全。具体操作层面,《信息技术安全 个人信息安全规范》第 7 条规定了个人信息访问的具体控制措施,包括对被授权访问个人信息的人员,应建立最小授权的访问控制策略,使其只能访问职责所需的最小必要的个人信息,且仅具备完成职责所需的最少的数据操作权限;对个人信息的重要操作设置内部审批流程,如进行批量修改、拷贝、下载等重要操作等。

二、合规指引

在我国司法实践中,发生过多例因未能严格限制数据访问权限导致企业出现严重问题,甚至被追究刑事责任的案件。例如,著名的"数据堂案件"中,数据堂的员工与企业外部的科技公司签订数据买卖合同,将其访问获取的包含公民个人信息的大量数据进行贩卖,涉嫌刑事犯罪。[①] 为确保数据安全,避免企业"内鬼"利用过大的访问权限盗取个人信息等数据对外贩卖牟利,需要制定完整的访问控制措施。

(一)最小化授权访问

"最小化授权访问"即指对于需要被授权访问个人信息的人员,结合企业业务的需要,进行必要的访问授权,只允许其访问在职责范围内所需要的最少够用的数据。在实践中,有的企业对于内部数据访问采取的"一揽子"授权方式,经过授权后即可访问企业内部全部的数据,导致数据存在极高的泄露风险,不利于企业的数据安全。企业应该在对数据分级分类的基础上,根据不同岗位的职责需求,授予相应的最小化数据访问权限。

---

① 参见《【转载】数据堂涉嫌刑事案件! 大数据企业以后的日子还好过吗?》,载搜狐网 2018 年 7 月 11 日,https://www.sohu.com/a/240510681_161795。

(二) 敏感操作的内部审批

针对敏感操作的内部审批指的是企业内部对被授权访问人员的特定操作设置严格的内部审批流程，例如，对访问数据的批量下载、拷贝等操作存在较高的数据安全风险，可能导致企业持有的数据大规模泄露或者被篡改。对于访问数据过程中需要的敏感操作需要进行审批，全面审批敏感操作的必要性、评估操作的安全风险，避免不必要的随意操作。结合业务情况建立规范化的审批流程，具备条件的企业可以根据需要使用自动化的审批管理机制。

(三) 岗位角色独立设置

对于企业内部数据安全相关的角色进行独立设置，对于数据操作、授权审批、风险监测的岗位进行独立设置，避免出现角色重叠的情况。数据操作人员、授权审批人员和风险监测人员的职责定位并不相同，他们分别负责数据的实际操作、数据相关的审批授权和数据安全的监测，三者之间应该是互相监督制约的关系，如果出现岗位混同或者人员重叠，导致自己操作数据、自己审批自己、自己监督自己，将会造成数据安全风险的增加。

(四) 越权访问个人信息临时审批并记录在册

企业对超出授权范围访问个人信息的情况需要进行临时审批并记录。对于因工作需要导致原本依据最小授权原则授予的访问权限不足以解决问题的情况，应该进行临时的审批应对，并将情况进行如实记录。在最小授权的情况下，难免会在业务拓展、人员紧张等特殊情况下出现特定人员需要暂时超越既有权限访问个人信息的情形，为了避免影响工作进度，又为了确保有迹可循的访问记录，可以建立快速的临时访问授权机制，并记录访问人的姓名、访问目的、访问的必要性、超越访问权限的范围、访问实践等内容，便于事后查询。

(五) 离岗员工访问权限及时回收

企业对于离开岗位的员工要及时收回其对企业数据的访问权限，实践中，很多数据泄露事件的发生起因就是未及时收回离岗员工的数据访问权限。尤其需要注意，离岗不仅仅指离开企业，还包括仍然留在企业内部但离开原来岗位调往新岗位的情况。对于离职的员工若继续保留企业数据访问权限，可能会出现为了牟利或是报复而利用企业数据，破坏企业数据安全的情形；对于调动到新岗位的员工，为了防止其同时拥有两个岗位的数据访问权限，也应及时收回原权限。

企业可根据授权模式的不同进行相应的操作,具体的收回方式包括系统内部取消授权或修改用户名、密码等。

(六)外部人员访问限制

企业在日常运行中可能因委托外部技术开发等原因需要授权外部人员访问企业内部数据,企业需要采取安全措施,实现对外部人员访问数据的有效限制。《互联网个人信息安全保护指南》第4.4.5条提出对于外部人员的访问,要建立关于物理环境和网络通道的外部人员访问的安全措施。物理环境的安全措施包括:(1)制定外部人员允许访问的设备、区域和信息的规定;(2)外部人员访问前需要提出书面申请并获得批准;(3)外部人员访问被批准后应有专人全程陪同或监督,并进行全程监控录像;(4)外部人员访问情况应登记备案。网络通道的安全措施包括:(1)制定外部人员允许接入受控网络访问系统的规定;(2)外部人员访问前需要提出书面申请并获得批准;(3)外部人员访问时应进行身份认证;(4)应根据外部访问人员的身份划分不同的访问权限和访问内容;(5)应对外部访问人员的访问时间进行限制;(6)对外部访问人员对个人信息的操作进行记录。对于外部人员访问数据的授权应当以访问查看为主,审慎赋予其批量下载、拷贝等操作权限。

第二节 数据导出、复制、加工

一、法律规范

实践中,数据的导出、复制主要涉及信息主体对个人信息享有的可携带权和可复制权,赋予数据主体对于自己相关信息的控制与利用更有助于保护数据安全。数据加工则主要涉及数据收集者或数据接收者等相关主体对数据的分析处理。对于数据加工,《个人信息保护法》第10条作出了原则性规定,即任何组织、个人不得非法加工他人个人信息。关于数据的复制,《民法典》第1037条规定个人有权向信息处理者查阅、复制其个人信息;《个人信息保护法》第45条规定针对个人的查阅、复制请求,个人信息处理者应该及时提供。尽管我国明确了个人信息主体的复制权,但是仅根据法律条文难以明确可复制的范围。一些企业对个人信息的复制权作出了尝试,例如,微信开发了"导出个人信息"的功能,用户可以导出的信息主要是头像、名字、微信号等一些基本资料和身份信息。

对于个人信息导出权利的实现,《信息安全技术　个人信息安全规范》中规定了根据个人信息主体的请求,个人信息控制者宜提供的信息包括个人的基本资料、身份信息、健康生理信息及教育工作信息。《个人信息保护法》第45条第3款进一步规定,在符合条件的情形下,个人请求将个人信息转移至其指定的个人信息处理者的,个人信息处理者应当提供转移的途径。《网络数据安全管理条例(征求意见稿)》第24条在前述基础上,针对个人信息处理者协助个人实现数据可携权的义务作出了细化规定,规定请求转移的个人信息必须是:(1)基于同意或者订立、履行合同所必需而收集的个人信息;(2)是本人信息或者请求人合法获得且不违背他人意愿的他人信息;(3)能够验证请求人的合法身份。此外,该条还对数据处理者规定了提示义务,若数据处理者发现接收个人信息的其他数据处理者有非法处理个人信息风险的应当对个人信息转移请求做合理的风险提示。对于请求转移个人信息次数明显超出合理范围的,数据处理者可以收取合理费用。

二、合规指引

(一)数据加工不能超出授权范围

数据处理者对数据进行的加工处理不能超过授权范围,且不能侵害信息主体的个人信息,不能破坏其他商业主体的商业秘密。对于授权运营的数据,需要针对授权的链条进行溯源审查,特别是针对授权范围,需要考察上游授权方是否允许下游被授权方对于其所提供的数据进行进一步加工并形成可以对外提供的数据产品。

(二)确认数据加工后的权益归属

数据处理者对原始数据进行加工的过程需要人力、财力、物力等的投入,司法实践中倾向于认定加工后的衍生数据具备独立的财产性权益。但是当前我国法律法规对于数据加工后的衍生数据相关权益的规定较为模糊,为了避免出现后续纠纷,建议企业在协议中事先确认衍生数据的权益归属。

(三)提供可实现的数据导出、复制路径

1. 用户复制权利内容

赋予个人信息的复制权是为了保证个人信息的主体对其个人信息被处理过程中的知情权,涉及审查处理者处理个人信息合法性的信息都属于个人信息主体享有复制权的内容,作为数据处理者的企业需要提供。但是对于企业而言,并非是需要为所有用户提供"一键下载"所有信息副本的功能,企业可以依据《信息安全技术 个人信息安全规范》规定的范围为个人用户提供其个人信息的副本,若用户具有其他复制的需要,可以单独向企业进行要求。对于网络运营者来说,"一键下载"所有信息副本的功能能够在一定程度上提升用户的好感度,有助于个人信息主体权利的全面保障。

从个人信息副本的类型上来看,并非全部个人信息均需要提供副本,而是限于用户的基本资料、身份信息、用户的健康生理信息和教育工作信息四种类型的个人信息。从特征上来看,这四类信息,基本属于个人信息主体主动提供的个人信息,允许个人信息主体自行获取该等个人信息的副本有助于个人信息主体了解本人已经提供、网络运营者掌握的该等信息情况。在个人信息主体提出权利主张时,数据处理者应及时响应并确保真的可以提供该等个人信息副本,否则可能被认定为对双方约定的违反。

2. 设置用户身份验证机制

《网络数据安全管理条例(征求意见稿)》规定了为用户提供信息转移服务的前提是需要"能够验证请求人的合法身份",企业作为数据处理者在面对用户的信息导出、转移需求时需要设置身份验证机制,判断请求转移信息的用户主体是否具有导出数据的权利。此外,依据该条例的规定,作为数据处理者的企业需要提供给个人用户转移的内容除了个人提供给数据处理者的信息之外,还包括合法获得且不违背他人意愿的他人信息,例如微信聊天记录属于所有的参与主体共有的信息,在这种情况下,只要用户不违背他人的意愿,就可以提出对该聊天记录的数据转移。在实现数据可携权的过程中,数据处理者需要履行合理的风险提示义务,在收到用户的转移请求之后,可以通过数据传输协议条款等方式履行其合理注意义务。

3. 设置便捷的数据导出路径

《网络数据安全管理条例(征求意见稿)》第 23 条提出,对于个人提出的复

制请求,需要提供便捷的支持个人复制其个人信息的方法和途径,且不能设置不合理条件,要在 15 个工作日内处理并反馈。业界已有的一些实践主要包括部分企业提供自动化方式,供用户自行导出个人信息列表,但也需检查确保符合前述内容条件。该条例第 24 条规定对于基于同意或者订立、履行合同所必需而收集的个人信息,请求转移的是本人信息或者是合法且不违背他人意愿的他人信息,能够验证请求人的合法身份的,数据处理者需要为个人提供数据转移服务。企业在面对个人行使复制权时,结合复制权的相对性,根据《个人信息保护法》的规定,如果企业作为个人信息处理者在没有告知义务的情况下,则无接受复制、查询请求的义务。此外,在依据法律、行政法规规定应当保密或者不需要告知的情况下,或者告知个人信息将妨碍国家机关履行法定职责的情形下,则个人信息处理者不承担复制、查询义务,即个人此情形下将不再享有复制权、查询权。

第三节 数据对外提供

一、法律规范

委托处理、共享、转让和公开披露,均属于数据的对外提供。企业在运营过程中为了满足合作业务开展的需求,时常涉及数据的对外提供。法律法规对个人信息、数据对外提供环节进行了相应规范,以降低数据安全事件发生的风险。数据处理者在获取用户授权后收集用户信息并进行汇总、开发、处理分析形成的数据,在对外提供时,该等数据资产同时存在自身和原始数据主体的双重权益,因此尽管企业作为数据收集主体,在对外提供数据时仍然需要严格遵守法律的相关规定。

我国《民法典》第 1038 条和《网络安全法》第 42 条对个人信息的对外提供进行了原则性规定,未经被收集者同意,不得向他人提供个人信息,但是经过处理无法识别特定个人且不能复原的信息除外。法律条文明确要求对外提供个人信息需要经个人信息主体同意。《个人信息保护法》第 23 条在已有规定的基础上对于数据处理者对外提供数据的透明性作出要求,即个人信息处理者向其他个人信息处理者提供其处理的个人信息的,应当向个人告知接收方的名称或者姓名、联系方式、处理目的、处理方式和个人信息的种类,并取得个人的单独同意。

《APP违法违规收集使用个人信息行为认定方法》第5条规定了被认定为"未经同意向他人提供个人信息"的三种情形,一是既未经用户同意,也未做匿名化处理,APP客户端直接向第三方提供个人信息,包括通过客户端嵌入的第三方代码、插件等方式向第三方提供个人信息;二是既未经用户同意,也未做匿名化处理,数据传输至APP后台服务器后,向第三方提供其收集的个人信息;三是APP接入第三方应用,未经用户同意,向第三方应用提供个人信息。

二、合规指引

(一)获取个人单独同意

数据收集者在对外提供信息时,如果是未经过匿名化处理的个人信息,需要经过用户同意。对于用户同意的方式和内容,根据《个人信息保护法》第23条规定,应为单独同意,具体操作方法可以通过单独弹出窗口、单独通知文档等方式告知用户共享、转让、公开披露个人信息的目的、涉及的个人信息类型、接收方的类型或身份、各自的安全和法律责任等,并通过用户主动表达意向(如手动点击确认相关文字)获得用户单独同意。对于数据接收者的类型或身份,最好列出具体名称。如果数据接收者存在动态变化,至少列出接收方的组织类型,如银行、物流公司等,避免"提供给第三方"等过于宽泛的表述。除此之外,即使是个人自行公开或者合法公开的个人信息,当个人明确拒绝其他的对个人数据的采集使用时,在对外提供前仍然需要取得个人的同意。

对个人生物识别信息的共享、转让则需要遵守特殊要求。《信息完全技术 个人信息安全规范》第9.2(i)条规定,个人生物识别信息原则上不应共享、转让。因业务需要,确需共享、转让的,应单独向个人信息主体告知目的、涉及的个人生物识别信息类型、数据接收方的具体身份和数据安全能力等,并征得个人信息主体的明示同意。从要求看,不共享、不转让个人生物识别信息为原则,确需共享、转让需符合以下四个条件要求:(1)必要性,即共享、转让个人生物识别信息需要经得起必要性的检验,需要有足够的业务需要作为支撑;(2)单独告知;(3)告知目的、涉及的个人生物识别信息类型、数据接收方的具体身份和数据安全能力等;(4)单独的明示同意。

(二)数据提供前的尽职调查

数据的对外提供主要涉及数据提供方与数据接收方,为了确保数据提供的合规性,企业无论是作为数据提供方还是作为数据接收方都需要做好事前的尽职调查,以有效防范风险和减轻责任承担。通过尽职调查,评估对方的身份、对方的数据安全能力和可能产生的个人信息安全风险。根据尽职调查结果采取有效的约束措施,更好规范数据提供过程中的数据处理行为,降低潜在的安全风险。

1. 对数据提供方的尽职调查

对于数据接收方而言,在接收来自提供方的数据之前,尽职调查的重点在于数据提供方的资质和数据来源的合规性等。数据接收方需要提前向对方明确自己接收数据的商业目的,根据业务需求确定需要接收的数据范围。

(1) 确认数据提供方提供的标的数据合规。数据接收方应根据当前对数据的分级分类要求识别标的数据并进行合规分析。确认提供方提供的数据不存在危害国家安全或侵犯他人利益的情形,对于涉及个人信息(尤其是敏感个人信息)需要已经获得个人充分授权、符合最小必要原则、不得侵犯个人的权益。

(2) 确认数据来源合规。数据接收方在接收数据提供者的数据前需要确保提供的数据来源的合法性。接收方需要确保数据提供方对于数据的原始取得和对外提供均获得了充分授权,且没有在先协议限制。我国《数据安全法》明确要求任何组织、个人收集数据,应当采取合法、正当的方式,不得窃取或者以其他非法方式获取数据。实践中属于合法来源的数据主要包括合法收集的公开数据、自行产生的数据、企业通过与用户协议获取的数据。

如果企业作为数据接收方发现提供方存在数据来源不合规的情况,应该在接收数据之前要求数据提供方向用户寻求补充授权,并且在协议中保证数据来源的合法性。同时在协议中约定之后若因数据提供方存在的数据来源合规问题造成损害,数据接收方可以向数据提供方进行追偿。

2. 对数据接收方的尽职调查

(1) 数据提供方应对数据接收方进行必要的网络检索,检索内容包括个人信息方面的涉诉情况、行政处罚情况、通报情况、新闻报道情况和用户投诉情况。

(2) 数据提供方应要求数据接收方提供数据安全能力相关方面的证明,提供数据安全相关制度并说明执行情况,说明个人信息保护方面的技术措施和安全措施,说明是否出现过数据安全风险事件以及处理情况。

（三）约束数据接收方

数据提供方在对外提供数据时，需要对数据接收方进行约束。

1. 约束方式

从约束方式来看，《信息安全技术　个人信息安全规范》第9.1(d)条和第9.2(d)条分别规定了委托处理和共享、转让个人信息情形下对数据接收方的约束要求，约束方式均为通过合同等方式规定数据接收一方的责任和义务。实践中常见的方式为合同中的单独条款约定和签署独立的承诺函，前者适用于后续新增签署的合同，后者适用于合作合同已经签署但未约定该等内容或者想要强化个人信息保护的情形。

2. 约束内容

《信息安全技术　个人信息安全规范》第9.1(d)条和第9.2(d)条强调约束的内容为数据接收方的责任和义务，具体来说，建议明确约定：(1)数据接收方应采取的安全措施和技术措施；(2)应合法合规、严格根据双方签订的协议要求和个人信息主体的授权范围处理个人信息；(3)违法违规或违约处理个人信息应采取的补救措施；(4)在个人信息面临安全风险或威胁时应采取的补救措施；(5)网络运营者享有的约束和监督的权利以及有权采取的具体措施；(6)发生个人信息安全事件时数据接收方应向个人信息主体和网络运营者承担的赔偿责任等。

（四）设置对外提供的安全措施

《信息安全技术　个人信息安全规范》第6.3(a)条规定，传输和存储个人敏感信息时，应采取加密等安全措施。对外提供个人信息，在传输过程中的安全措施必不可少，以防止在传输过程中被攻击、被窃取等安全事件的发生。《信息安全技术　个人信息安全规范》规定若采取的安全措施涉及采用密码技术时宜遵循密码管理相关国家标准，按照该等国家标准执行有助于规范密码技术的使用、提高密码的防护能力，更好地保障个人敏感信息的安全。《密码法》已于2020年1月1日生效，企业对于密码管理相关国家标准应予以学习、研究和应用。

（五）做好对外提供记录

准确记录个人信息对外提供情况，有助于内部核查的顺利开展，也有助于应对监管核查。同时，若发生安全事件，能够快速回溯对外提供情况，有助于进行情况核实和责任划分。《信息安全技术 个人信息安全规范》第9.1(e)条规定了委托处理个人信息情形下的记录要求,"个人信息控制者应准确记录和储存委托处理个人信息的情况"。第9.2(e)条规定了个人信息共享、转让情形下的记录要求,该要求更加细化,"准确记录和存储个人信息的共享、转让情况,包括共享、转让的日期、规模、目的,以及数据接收方基本情况等"。第9.4(d)条规定了个人信息公开披露情形下的记录要求,"准确记录和存储个人信息的公开披露的情况,包括公开披露的日期、规模、目的、公开范围等"。建议将对数据接收方的尽职调查结果以书面的形式呈现并存档。此外,建议准确记录对外提供个人信息的操作人员,方便后续的管理和追踪。

(六)对数据接收方的持续监督

数据接受方的约束并非一蹴而就,需要持续监督,方能及时掌握数据接收方处理个人信息和个人信息安全保护相关方面的动态,并及时根据不同的动态采取相应的措施。根据《信息安全技术 个人信息安全规范》第9.1(f)条和第9.2(f)条的规定,在委托处理和共享、转让个人信息的情形下,网络运营者应对数据接收方采取如下持续监督措施:个人信息控制者得知或发现数据接收方未按照委托要求或违反法律法规要求或双方约定处理个人信息的,应立即要求数据接收方停止相关行为,且采取或要求数据接收方采取有效补救措施(如更改口令、回收权限、断开网络链接等)控制或消除个人信息面临的安全风险;必要时个人信息控制者应解除与数据接收方的委托或业务关系,并要求数据接收方及时删除从个人信息控制者获得的个人信息。

从上述要求可以再次看出在对数据接收方进行约束时,通过合同条款、承诺函等方式,约定数据接收方违法违规或违约处理个人信息应采取的补救措施,在个人信息面临安全风险或威胁时应采取的补救措施和网络运营者享有的约束和监督的权利以及有权采取的具体措施的必要性。

从具体执行角度建议定期对数据接收方进行必要的网络检索,检索内容包括个人信息方面的涉诉情况、行政处罚情况、通报情况、新闻报道情况和用户投诉情况。同时,可行条件下不定期进行现场考察,实地了解数据接收方最新的数据安全能力状况和个人信息处理活动的实际开展情况。

(七)公开披露个人信息的特殊规定

公开披露个人信息涉及面广泛,数据处理者无法有效掌握公开后的数据面临什么样的处理活动,因此,在公开披露场景下,个人信息面临的安全风险更高,法律规定对此作出了更严格的限制。

《信息安全技术 个人信息安全规范》第9.4(f)条要求,不应公开披露个人生物识别信息。第9.4(g)条要求"不应公开披露我国公民的种族、民族、政治观点、宗教信仰等个人敏感数据的分析结果"。除前述要求外,公开披露个人信息时,最好对个人信息采取部分脱敏措施。例如,金融机构在借款协议等相关协议文本中经常可见约定"借款人明确知悉并同意,在借款人逾期的情况下有权以任何方式公布借款人的逾期信息"或类似条款。对于该等情形,即使获得借款人的授权,也无法当然豁免公开披露个人原始信息的责任,宜采取身份证号隐去出生日期、住址公布到街道或村等部分脱敏的方式。

(八)约定再次对外提供数据的权利

数据处理者在对外提供数据时,在协议中最好事先约定数据接收方能否将数据再次提供给其他第三方。若允许数据接收方再次对外提供数据,为了保障数据安全,同时避免因再次对外提供过程中出现问题,作为原始数据提供者的企业可以在协议中对转提供的数据接收方进行条件限定并明确需要遵守的要求,同时约定在转提供过程中出现违约或侵权行为时的责任承担主体。

第十二章　儿童个人信息保护

未成年人因不具有完全民事行为能力,心智不成熟,同时未成年人代表着国家的未来,故我国法律对于未成年人始终给予特殊的保护,对于未满14周岁的儿童更是如此。

儿童个人信息属于《个人信息保护法》第28条规定的敏感个人信息的范畴,故对于儿童个人信息的保护需要遵循《个人信息保护法》中关于一般个人信息及敏感个人信息的相关规定。此外,国家网信办针对儿童个人信息的保护在2019年8月22日专门出台了《儿童个人信息网络保护规定》,对儿童个人信息保护作出特别规定,该规定对儿童个人信息的保护进行了进一步细化,故在处理儿童个人信息时,需仔细研读并遵照执行。

第一节　相关法律概念

一、个人信息

《民法典》第1034条规定:"自然人的个人信息受法律保护。个人信息是以电子或者其他方式记录的能够单独或者与其他信息结合识别特定自然人的各种信息,包括自然人的姓名、出生日期、身份证件号码、生物识别信息、住址、电话号码、电子邮箱、健康信息、行踪信息等。"

《个人信息保护法》第4条第1款规定:"个人信息是以电子或者其他方式记录的与已识别或者可识别的自然人有关的各种信息,不包括匿名化处理后的信息。"

根据上述规定,个人信息的构成要件如下:首先,记载形式通常为电子形式;

其次,能够单独或者与其他信息结合识别到具体的自然人;最后,排除经过匿名化处理的个人信息。

对于个人信息具体包括哪些,《个人信息保护法》进行了非穷尽式列举。包括自然人的姓名、出生日期、身份证件号码、生物识别信息、住址、电话号码、电子邮箱、健康信息、行踪信息等。

另外需要注意的是,个人信息的实质系可识别到特定个人,但经过加密或者脱敏等技术处理后,信息不再能识别到特定个人且不能复原才可称为匿名化。

二、敏感个人信息

《个人信息保护法》第 28 条规定:"敏感个人信息是一旦泄露或者非法使用,容易导致自然人的人格尊严受到侵害或者人身、财产安全受到危害的个人信息,包括生物识别、宗教信仰、特定身份、医疗健康、金融账户、行踪轨迹等信息,以及不满十四周岁未成年人的个人信息。"

从该规定可以看出,《个人信息保护法》对于个人敏感信息的概念亦采用了概念式列举的方式进行界定,即既定义了个人敏感信息的内涵又对具体包括的种类采取了非穷尽式的列举。非穷尽式列举虽可以在必要时将法律未列明的个人敏感信息纳入其中,但也会存在范围界定不明的问题。欧盟 GDPR 在 95 指令的基础上,将涉及个人性取向的信息、可唯一识别自然人的个人基因信息和生物识别信息三项列为个人敏感信息。[①]

以《个人信息保护法》的立法宗旨为基础分析该条款可知,该条文所规范的主体为个人信息的处理者中涉及个人敏感信息处理的主体;规范的行为系对个人敏感信息的泄露或非法使用,具体而言,何为泄露、非法使用,法律并未予以明确界定,从文义解释的角度出发,泄露系数据处理者故意或过失将其所处理个人敏感信息泄露给第三方,非法使用系在处理数据过程中,故意违反法律规定使用个人敏感信息数据;保护个人敏感信息是为保障自然人的人格尊严、人身、财产安全等法益。

笔者认为,该规定对于个人敏感信息的范围界定过宽,对于"生物识别、宗教信仰、特定身份、医疗健康、金融账户、行踪轨迹"等概念并未予以具体界定。

---

① General Data Protection Regulation, Article 9(1).

这些仍有待通过司法解释或者相关下位法进一步明确。

《信息安全技术　个人信息安全规范》给出了三个个人敏感信息的判定角度，可供参考。第一，泄露角度：个人信息一旦泄露，信息处理者即可能丧失对信息的控制能力，被以违背信息主体意愿的方式直接使用或与其他信息进行关联分析，可能对信息主体权益带来重大风险，如个人信息主体的身份证复印件被他人用于手机号卡实名登记、银行账户开户办卡等。第二，非法提供角度：在个人信息主体授权同意的范围外扩散某些个人信息，即可对个人信息权益带来重大风险，应判定为个人敏感信息，如性取向、存款信息、传染病史等。第三，滥用角度：某些个人信息在被超出授权合理界限时使用（如变更处理目的、扩大处理范围等），可能对个人信息主体权益带来重大风险，应判定为个人敏感信息，如未经授权将健康信息用于保险公司营销和确定个体保费高低。《信息安全技术　个人信息安全规范》通过对泄露、非法提供、滥用三词进行解释，使对于个人敏感信息的判定更加明确，但仍未规定三种行为的区分标准为何。

三、儿童个人信息

《刑法》规定不满 14 周岁的人，处于完全无刑事行为能力阶段，不对任何刑事罪行负责。《个人信息保护法》第 28 条明确，未满 14 周岁的未成年人的个人信息属于个人敏感信息范畴。《儿童个人信息网络保护规定》第 2 条对儿童的范围作了界定，是指不满 14 周岁的未成年人。

儿童个人信息可归纳为以电子或者其他方式记录的与已识别或者可识别的与不满 14 周岁的未成年人有关的各种信息，不包括匿名化处理后的信息。

从前述规定可以看出法律逻辑的一致性，三部法一以贯之地确定了对 14 周岁以下未成年人的重点保护。儿童系个人信息的权益主体，对其自身信息具有相应的处分权，但不满 14 周岁儿童授权信息处理者收集并处理其个人信息的行为的性质应归属于民事行为，即作出该类授权行为基于意思自治，且未侵犯他人合法权益，故笔者认为该年龄的界定可能出于对儿童这一信息权益主体的倾斜性保护。

第二节 《儿童个人信息网络保护规定》亮点解读

《儿童个人信息网络保护规定》是第一部针对儿童个人信息保护的专门立法，笔者在研读该规定的基础上，提出儿童个人信息处理者处理儿童个人信息时的合规指引。

一、监护人同意制度

《儿童个人信息网络保护规定》第9条规定："网络运营者收集、使用、转移、披露儿童个人信息的，应当以显著、清晰的方式告知儿童监护人，并应当征得儿童监护人的同意。"第10条规定："网络运营者征得同意时，应当同时提供拒绝选项，并明确告知以下事项：(一)收集、存储、使用、转移、披露儿童个人信息的目的、方式和范围；(二)儿童个人信息存储的地点、期限和到期后的处理方式；(三)儿童个人信息的安全保障措施；(四)拒绝的后果；(五)投诉、举报的渠道和方式；(六)更正、删除儿童个人信息的途径和方法；(七)其他应当告知的事项。前款规定的告知事项发生实质性变化的，应当再次征得儿童监护人的同意。"第14条规定："网络运营者使用儿童个人信息，不得违反法律、行政法规的规定和双方约定的目的、范围。因业务需要，确需超出约定的目的、范围使用的，应当再次征得儿童监护人的同意。"

《儿童个人信息网络保护规定》的宗旨系为保障儿童个人信息的安全，故通过上述各条确立了处理儿童个人信息的监护人同意与监护人再次同意制度。

就监护人同意制度而言，首先，网络运营者在收集、使用、转移、披露儿童个人信息时，即在信息处理的大多数流程中均应取得监护人的同意；其次，该规定对于征得同意时需明确告知的事项进行了列举；最后，规定了关键处理行为发生变化时，网络运营者超出约定的目的、范围使用相关信息的，需再次征得监护人同意。然而，在当前的实践中信息主体在使用APP、第三方插件及相关网站时，各信息处理者均通过手机号注册等方式来授权用户使用。即信息处理者默认使用者是该手机号的所有人即用户主体，却往往不会进一步判断该用户是儿童还是其监护人，更无关所谓的监护人同意，这进一步导致《儿童个人信息网络保护规定》对儿童个人信息保护流于形式。再次征得监护人同意制度同理。

笔者认为,随着个人信息保护的加强,该制度会进一步落地。企业可采取身份证号码登录、超出 14 周岁以上儿童心智的验证登录等方式,使监护人同意制度得以实施。

二、网络运营者特殊保护义务

《儿童个人信息网络保护规定》第 8 条规定:"网络运营者应当设置专门的儿童个人信息保护规则和用户协议,并指定专人负责儿童个人信息保护。"

第 13 条规定:"网络运营者应当采取加密等措施存储儿童个人信息,确保信息安全。"

第 15 条规定:"网络运营者对其工作人员应当以最小授权为原则,严格设定信息访问权限,控制儿童个人信息知悉范围。工作人员访问儿童个人信息的,应当经过儿童个人信息保护负责人或者其授权的管理人员审批,记录访问情况,并采取技术措施,避免违法复制、下载儿童个人信息。"

第 18 条规定:"网络运营者不得披露儿童个人信息,但法律、行政法规规定应当披露或者根据与儿童监护人的约定可以披露的除外。"

《儿童个人信息网络保护规定》对儿童个人信息的保护规定了系列不同于对一般公民个人信息保护的措施,即网络运营者应给予儿童个人信息更为严格的保护。

首先,在人员设置方面,网络运营者应当指定专人负责儿童个人信息保护。其次,该规定对儿童个人信息的收集、存储等程序进行了特殊规定。处理者在收集时需设置专门的儿童个人信息保护规则和用户协议,存储儿童个人信息时应采取加密等措施确保信息安全,网络运营者对其工作人员访问儿童个人信息应以最小授权为原则,严格设定信息访问权限,建立审批、记录访问制度,并采取技术措施,避免违法复制、下载儿童个人信息。最后,就儿童个人信息的披露问题,该规定明确儿童个人信息不得随意披露,除非法律另有规定或者与当事人另有约定。

三、明确信息主体享有的各项权能

《儿童个人信息网络保护规定》第 10 条规定:"网络运营者征得同意时,应当同时提供拒绝选项,并明确告知以下事项:(一)收集、存储、使用、转移、披露儿童个人信息的目的、方式和范围;(二)儿童个人信息存储的地点、期限和到期后的处理方式;(三)儿童个人信息的安全保障措施;(四)拒绝的后果;(五)投诉、举报的渠道和方式;(六)更正、删除儿童个人信息的途径和方法;(七)其他应当告知的事项。前款规定的告知事项发生实质性变化的,应当再次征得儿童监护人的同意。"

第 19 条规定:"儿童或者其监护人发现网络运营者收集、存储、使用、披露的儿童个人信息有错误的,有权要求网络运营者予以更正。网络运营者应当及时采取措施予以更正。"

第 20 条规定:"儿童或者其监护人要求网络运营者删除其收集、存储、使用、披露的儿童个人信息的,网络运营者应当及时采取措施予以删除,包括但不限于以下情形:(一)网络运营者违反法律、行政法规的规定或者双方的约定收集、存储、使用、转移、披露儿童个人信息的;(二)超出目的范围或者必要期限收集、存储、使用、转移、披露儿童个人信息的;(三)儿童监护人撤回同意的;(四)儿童或者其监护人通过注销等方式终止使用产品或者服务的。"

第 23 条规定:"网络运营者停止运营产品或者服务的,应当立即停止收集儿童个人信息的活动,删除其持有的儿童个人信息,并将停止运营的通知及时告知儿童监护人。"

分析条文可知,虽《儿童个人信息网络保护规定》中儿童个人信息的主体系儿童,但依据常理及法理,儿童对信息的处理受心智限制不能够完全理解其行为对其自身的影响,故笔者认为,《儿童个人信息网络保护规定》中所明确的知情权、信息更正权、删除权等权利实质上应多由监护人代为行使。

就知情权而言,监护人有权知道网络运营者处理儿童个人信息的目的、方式和范围;存储的地点、期限和到期后的处理方式;安全保障措施;投诉、举报处理不当行为的渠道和方式;更正、删除儿童个人信息的途径和方法,以及其他应当告知的事项。

就信息更正权而言,当儿童或其监护人发现网络运营者处理的儿童个人信息有错误时,有权要求网络运营者予以更正。

就删除权而言,当网络运营者违反法律法规、约定,超出业务的目的及必要的范围等情形时,儿童或者其监护人有权要求网络运营者将儿童个人信息删除。

就撤回同意权而言,《儿童个人信息网络保护规定》第20条第3项对该行为进行了规定。基于法律对个人信息处理者撤回同意权的明确规定,信息处理者不得在隐私政策内对信息主体的同意撤回权予以预先排除。此外,学界对"撤回同意"这一概念的含义,对这一行为的性质、行为规则以及相关概念间的区别均有大量讨论。北京外国语大学万方副教授认为,该权利的法律性质属于人格权体系下的同意撤销权,并认为个人信息处理许可的同意撤回权之行使应当遵循以下规则:首先,应当更偏重保护意思表示主体的行权之便利性;其次,应当摒除除斥期限对权利主体的时间限制;再次,与民事主体对其姓名、肖像等人格性利益的许可使用之撤销类似,同意撤回也不具有溯及力;最后,同意撤回权的行使不以个人信息主体受到损害为前提。[1] 此外,该权利的行使还存在信息处理者是否能实际履行撤回义务的问题。

第三节 儿童个人信息处理的合规指引

一、处理原则

信息处理者收集、存储、使用、转移、披露儿童个人信息的,应当遵循正当必要、知情同意、目的明确、安全保障、依法利用的原则。

二、收集

网络运营者收集儿童个人信息的范围限于其提供的服务,不得超出其业务范围、经营目的收集儿童个人信息,不得违反法律、行政法规的规定和双方的约定收集儿童个人信息。

三、存储

网络运营者存储儿童个人信息的期限不得超过实现其收集、使用目的所必需的期限。

网络运营者存储儿童个人信息时,应采取加密等措施。

---

[1] 参见万方:《个人信息处理中的"同意"与"同意撤回"》,载《中国法学》2021年第1期。

四、使用

网络运营者使用儿童个人信息,不得违反法律、行政法规的规定和双方约定的目的、范围。因业务需要,确需超出约定的目的、范围使用的,应当再次征得儿童监护人的同意。

五、传输

网络运营者向第三方转移儿童个人信息,委托第三方处理个人信息,应当自行或者委托第三方机构进行安全评估。

网络运营者委托第三方处理儿童个人信息的,应当对受委托方及委托行为等进行安全评估,签署委托协议,明确双方责任、处理事项、处理期限、处理性质和目的等,委托行为不得超出授权范围。

受委托方应当依法履行以下义务:(1)按照法律、行政法规的规定和网络运营者的要求处理儿童个人信息;(2)协助网络运营者回应儿童监护人提出的申请;(3)采取措施保障信息安全,并在发生儿童个人信息泄露安全事件时,及时向网络运营者反馈;(4)委托关系解除时及时删除儿童个人信息;(5)不得转委托;(6)其他依法应当履行的儿童个人信息保护义务。

六、删除

儿童或者其监护人要求网络运营者删除其所处理的儿童个人信息的,网络运营者应当及时采取措施予以删除。当网络运营者停止运营产品或者服务的,应当立即停止收集儿童个人信息的活动,删除其持有的儿童个人信息,并将停止运营的通知及时告知儿童监护人。

七、其他注意事项

1. 应急制度搭建

网络运营者应就儿童个人信息的保护搭建相应应急制度,发现儿童个人信息发生或者可能发生泄露、毁损、丢失的,应当立即启动应急预案,采取补救措施;造成或者可能造成严重后果的,应当立即向有关主管部门报告,并将事件相关情况以邮件、信函、电话、推送通知等方式告知受影响的儿童及其监护人,难以逐一告知的,应当采取合理、有效的方式发布相关警示信息。

2. 工作人员数据访问制度

网络运营者对其工作人员应当以最小授权为原则,严格设定信息访问权限,控制儿童个人信息知悉范围。工作人员访问儿童个人信息的,应当经过儿童个人信息保护负责人或者其授权的管理人员审批,记录访问情况,并采取技术措施,避免违法复制、下载儿童个人信息。

第三篇

专题篇

第十三章 人脸识别场景数据合规

人脸识别技术(Facial Recognition Technology,FRT)作为人工智能的一种类型化应用,已经广泛应用于公共场所与商业场景中。从公共领域来看,其在边境安防、智能交通和智慧警务等领域颇具规模;在商业场景中,扫脸支付、门禁考勤和身份核验等都是人脸识别技术深度应用在商业场景中的具体体现。人脸识别技术应用的市场随着科技的发展在不断扩大,据央视财经新闻报道,2010年至2018年,我国人脸识别行业市场规模年均复合增长率达30.7%,预计到2024年国内人脸识别市场规模将突破100亿元。[①] 新冠肺炎疫情更是加速了该技术应用规模的扩张,但其引发的风险与挑战也引起社会的广泛关注。

由全国信息安全标准化技术委员会等机构成立的APP专项治理工作组2020年发布的《人脸识别应用公众调研报告》显示,在2万多名受访者中,94.07%的受访者用过人脸识别技术,64.39%的受访者认为人脸识别技术有被滥用的趋势,30.86%受访者已经因为人脸信息泄露、滥用等遭受损失或者隐私被侵犯。2021年"3·15"晚会曝光众多品牌商店安装人脸识别摄像头,在未经用户知情同意的情况下搜集海量人脸信息,每一个人脸信息对应成一个ID用于精准营销,并可以手动加贴标签,如"像同行""职业打假人""记者"等,引发民众震惊。[②] 人脸识别已然成为一个社会焦点,社会公众对人脸识别技术滥用的担心不断增加,强化人脸信息保护的呼声日益高涨。

2020年至2021年,我国相继颁布了《民法典》、《数据安全法》和《个人信息保护法》,构建起我国数据安全与个人信息保护的基本框架。人脸信息是个人

---

① 参见杜晓彤、李颖超:《人脸识别监管不能"留白"》,载新浪财经,http://finance.sina.com.cn/chanjing/cyxw/2020-12-15/doc-iiznezxs6942212.shtml?cref=cj。
② 参见《3·15晚会曝光:科勒卫浴、宝马、MaxMara商店安装人脸识别摄像头》,载央视财经网,https://news.cctv.com/2021/03/15/ARTIieo9QjynMSXTVDb224QE210315.shtml。

信息的重要组成部分,具有不可更改等特殊性,需要比一般个人信息受到更为严格的保护。本章根据已有的基本法律框架,对人脸识别技术运用的法律风险进行探讨,并提出若干合规建议。

第一节 人脸识别技术与人脸信息

一、人脸识别技术的内涵

人脸识别技术,通常也称面部识别,系在图像或视频中检测或跟踪人脸,再基于人脸特征信息进行身份识别的一种生物识别技术。该技术的具体处理过程一般包含:

(1) 编写可分析人脸图像的算法;

(2) 创建人脸模板数据库;

(3) 比较测试图像与人脸模板数据库。

与处理过程相对应,其应用过程一般包括人脸探测、人脸抓取和人脸匹配三个阶段:

(1) 人脸探测(face detection),即探测和定位图像和视频人脸;

(2) 人脸抓取(face capture),基于个人面部特征,将面部信息(模拟信息)转变为数字信息(数据);

(3) 人脸匹配,验证两张人脸属于同一个人。[1]

人脸识别属于生物测定学(Biometrics)范畴,本质上是使用一组关联某人的唯一性识别和验证数据来验证和辨识个人身份,验证回答"你是否真的是你所说的你",辨识回答"你是谁"这样的问题。随着多维传感器抓取人面部特征技术的进步,人脸识别成为继指纹、虹膜扫描、语音识别等之后识别或验证人身份的便捷生物识别技术。

---

[1] 参见高富平:《人脸识别的法律风险和规制》,载《上海法制报》2019年9月18日,B6版。

二、人脸信息的内涵及特征

（一）人脸信息属于个人信息

我国《民法典》第1034条规定，个人信息是以电子或者其他方式记录的能够单独或者与其他信息结合识别特定自然人的各种信息，包括自然人的姓名、出生日期、身份证件号码、生物识别信息、住址、电话号码、电子邮箱、健康信息、行踪信息等。

人脸信息，又称面部信息，是指从人脸图像及其处理得到的，可单独或与其他信息结合识别特定自然人或特定自然人身份的数据。《最高人民法院关于审理使用人脸识别技术处理个人信息相关民事案件适用法律若干问题的规定》（以下简称《人脸识别规定》）第1条明确指出，人脸信息属于《民法典》第1034条规定的"生物识别信息"，即人脸信息属于自然人个人信息的一种，受法律保护。人脸信息的处理则包括人脸信息的收集、存储、使用、加工、传输、提供、公开等。

（二）人脸信息属于敏感个人信息

根据《个人信息保护法》第28条的规定，敏感个人信息是一旦泄露或者非法使用，容易导致自然人的人格尊严受到侵害或者人身、财产安全受到危害的个人信息，其包含生物识别信息；而根据《信息安全技术 个人信息安全规范》的规定，生物识别信息包括面部识别特征，因此，人脸信息属于敏感个人信息。

（三）人脸信息的特征

人脸信息与其他个人信息相比具有以下几大特征：

（1）唯一性。即基于人的生理特征的独特唯一，他人或技术识别面部后即可锁定个人，无须结合其他要素。

（2）不可更替性。人脸信息不像其他信息可以更新、替换、修改。例如，在账户登录与验证时，密码可更改，但人脸一般不可更换。

（3）人身映射性。即人脸信息可直接反应人的生物特征与行为指向，具备强烈的人身依附性。且人脸信息能直观反映出自然人的人格尊严，有标表性[1]或精神性人格属性。

---

[1] 所谓标表性人格权，即权利人基于其自身特有的标记、表彰符号、声音等享有的权利，姓名权、肖像权为其著例。参见房绍坤、曹相见：《标表型人格权的构造与人格权商品化批判》，载《中国社会科学》2018年第7期。

（4）敏感且非私密性。人脸信息属于敏感信息是从个人信息处理活动的角度谈的，规范目的是保护面部信息权益及背后的人身财产安全等，赋予数据处理者的法定义务高；但面部信息又不属于私密信息，其处于非消极的自由状态，不具备不愿为他人知晓这一隐私权的构成要件，其民事权益的保护强度弱于私密信息。①

（5）易采集性。采集人脸，可使用摄像头自动抓拍，无须人工操作，也无须被采集者配合，只要他以正常状态经过摄像头前即可。因此，人脸识别的隐蔽性强，特别适合用于安保、罪犯监控与抓逃。尽管基于指纹和虹膜的身份认证比人脸识别技术的身份认证具有更高的准确性和可靠性，但人脸识别因具有自然、友好、对用户干扰少、易被用户接受等优势而有更广阔的应用前景。②

第二节　人脸识别技术运用的主要场景

人脸识别技术的优势主要在于它有时候比肉眼识别更准确，识别速度更快，能极大地节省成本。以支付为例，输入6位数密码平均需要3秒，指纹支付只需1秒，而"刷脸"支付仅需300毫秒。③ 有观点认为人脸识别技术目前主要运用于以下六大场景：

1. 计数使用场景，指识别人脸只是为了统计人流中特定个体之间相互不重复，常见的如厕所取纸要求人脸识别，是为了避免有人重复拿纸（在此暂不考虑这种应用违规留存人脸信息，并用于算法训练的目的）。

2. 认证（验证）场景，指为了证明"我是我"，如进入火车站和在机场办理临时身份证时要求人脸识别。

3. 识别场景，指企业或公权力机关事先存有一份用户的数据库清单，利用人脸识别技术，迅速地将识别对象与事先存有的用户数据库中的记录对应起来。

---

① 参见程啸：《个人信息保护中的敏感信息与私密信息》，载《人民法院报》2020年11月19日，第5版。
② W. Zhao et al., Face Recognition: A Literature Survey, 35 ACM Computing Surveys 399, 458 (2003). 转引自邢会强：《人脸识别的法律规制》，载《比较法研究》2020年第5期。
③ 参见王丹娜：《生物识别：传统信息安全在新技术环境的创新应用》，载《中国信息安全》2019年第2期。

例如,新零售场景中,企业运用人脸识别技术识别走进店铺的用户,并向销售人员推送此用户之前的喜好和购物习惯等。

4.监控场景。人脸识别技术在监控场景中的应用本质上就是识别+追踪。例如,新零售场景中,识别出存量用户之后,继续跟踪其在货架或区域的停留时间等,进一步分析其关注点和兴趣。

5.用于伪造目的。目前国外,特别是美国,对利用人脸识别技术形成的"deepfake"非常关注,也提出了不少新的法律草案。这些法律草案不仅从肖像权角度去保护被伪造对象,更关注伪造后的传播带来的负面影响。

6.窥探场景。例如,从人脸去分析性取向,从人脸去分析心理状态和个性以判断是否可以入职、升迁等,利用人脸识别技术捕捉微表情等判断心理活动(如课堂监控)。①

以上场景均按照功能与目的划分。如果按照使用该技术的主体来划分,则可分为公权力和非公权力对人脸识别技术的应用。在公权力使用场景下,如机场办理临时身份证、智慧城市项目,以及北京市地铁人脸识别项目等,需要从公权力行为的正当性、比例性去考虑。针对目前常见的非公权力使用场景(下文统称为"商用场景",含学校、医院、景区、体育场馆等非营利性机构的使用场景),结合《信息安全技术 人脸识别数据安全要求(征求意见稿)》的相关内容,按照功能区别将人脸识别的主要商用场景列举如下(见表13-2-1)。

表13-2-1 人脸识别主要功能及商用场景

功能	释义	应用场景
人脸验证	将采集的人脸识别数据与存储的特定自然人的人脸识别数据进行比对(1∶1比对),以确认特定自然人是否为其所声明的身份	➢ 金融领域安全防控 ➢ 金融领域网络支付与转账 ➢ 应用平台的实名登记和认证 ➢ 物联网智能设备(如智能解锁)
人脸辨识	将采集的人脸识别数据与已存储的指定范围内的人脸识别数据进行比对(1∶N比对),以识别特定自然人	➢ 门票/门禁和考勤 ➢ 个性化精准推送(新零售) ➢ 金融业务优化(如远程开户和登录银行账户)

---

① 参见洪延青:《人脸识别技术运用的六大场景及法律规制框架的适配》,载微信公众号"网安寻路人"2019年10月30日,https://mp.weixin.qq.com/s/wxMaDkGCxUxDcBIXvBG_aA。

续表

功能	释义	应用场景
人脸分析	不开展人脸验证或人脸辨识，仅对采集的人脸图像进行统计、检测或特征分析	➤ 体温测量 ➤ 图片美化（如美颜、AI 换脸） ➤ 车载摄像头判断司机是否疲劳驾驶

例如，金融领域的安全防控场景，主要使用了人脸识别技术的验证功能，其应用涵盖了银行从现金押运到前台业务办理各个环节，在现金押运、保险柜黄金放置等环节，存在综合门禁卡、指纹验证、人脸识别和密码验证等多个验证方式，以确保核心业务工作人员身份验证的准确性与唯一性。又如在使用自助取款机、自助终端机办理个人业务时，人脸识别技术的应用方式表现为"1 对 1"的人脸验证，确保办理业务的卡主与银行信息系统留存信息一致，避免盗刷。

而金融业务优化场景中，主要使用了人脸识别技术的辨识功能。《中国人民银行关于改进个人银行账户服务加强账户管理的通知》中明确支持在核验身份信息环节，"有条件的银行可探索将生物特征识别技术和其他安全有效的技术手段作为核验开户申请人身份信息的辅助手段"，银行消费者在远程办理开设个人账户时，可通过人脸识别信息系统等多重身份验证技术手段缩减线下办卡的诸多不便。在中国农业银行研发的"超级柜台"业务模式中，针对日常个人业务中常出现的银行卡挂失补办、重置遗忘的密码等问题，该行以"网点初审身份、软件识别人脸、后台复核身份"的三重风控措施实现业务效率与业务安全的兼顾。[①]

此外需要注意的是，我们在生活中经常看到的监控摄像头，虽然可能不具备表 13-2-1 中对人脸图像进行特殊处理的功能，但也可能会收集人脸图像。

第三节　人脸识别技术商用场景的法律风险研判

一、民事责任

由于人脸信息属于个人信息的重要类别之一，而个人信息又为《民法典》第

[①] 参见赵精武：《〈民法典〉视野下人脸识别信息的权益归属与保护路径》，载《北京航空航天大学学报（社会科学版）》2020 年第 5 期。

四编"人格权"的重要组成部分,因此,违规或违约处理人脸信息的民事责任方面主要涉及侵害自然人人格权益。

对此,最高人民法院发布的《人脸识别规定》第 2 条明确了人脸信息的人格权属性与处理人脸信息的合法、正当、必要原则,并列举了处理人脸信息时应认定为侵害自然人人格权益的七种情形。该规定第 4 条明确规定,部分商家概括授权、捆绑授权以及变相强迫同意授权等行为,亦属于侵害自然人人格权益的行为,为被侵害人维权提供了强有力的法律依据。

相应地,因信息处理者违反法律、行政法规的规定或者双方的约定而侵害自然人人格权益引发的民事责任承担方式,根据《人脸识别规定》第 7~12 条的规定,主要包括:

(1)自然人通知信息处理者采取删除、屏蔽、断开链接等必要措施;
(2)自然人主张信息处理者承担财产损害赔偿;
(3)人民法院依自然人申请作出人格权侵害禁令,责令行为人停止有关行为;
(4)自然人请求确认"要求自然人授予其无期限限制、不可撤销、可任意转授权等处理人脸信息的权利"的格式条款无效;
(5)信息处理者依据双方约定承担违约责任,并依自然人申请删除人脸信息。

此外,根据《民法典》第七编"侵权责任"的相关规定,信息处理者可能需承担的民事责任还包括:

(1)如给自然人人身权益造成严重精神损害的,被侵权人需承担精神损害赔偿责任。
(2)消除危险、消除影响、赔礼道歉等民事责任。

二、行政责任

截至 2022 年 11 月 18 日,从威科法律数据库中检索到的因滥用人脸识别技术而侵害个人合法权益的行政处罚案例总计 105 件,其中 2021 年 88 件,2022 年 17 件,处罚机构多为市场监管局和公安部门,而受处罚对象涉及房地产、物业、医疗大健康、旅游以及零售行业的诸多企业。结合上述案例的行政处罚文书,人脸识别技术商用场景下,个人信息处理者可能会受到行政处罚或被提起行政诉讼的情形包括：

1. 违反《消费者权益保护法》侵害消费者个人信息

《消费者权益保护法》第 29 条规定，经营者收集、使用消费者个人信息，应当遵循合法、正当、必要的原则，明示收集、使用信息的目的、方式和范围，并经消费者同意。经营者收集、使用消费者个人信息，应当公开其收集、使用规则，不得违反法律、法规的规定和双方的约定收集、使用信息。《侵害消费者权益行为处罚办法》第 11 条第 1 款第 1 项则明确规定，经营者不得未经消费者同意，收集、使用消费者个人信息。其典型案例为某贸易有限公司在全国范围内的 252 家品牌店安装了由苏州某网络科技有限公司提供的人脸识别仪，截至 2021 年 3 月 15 日，当事人收集的消费者人脸信息为 4,330,048 条。人脸识别仪会自动抓拍顾客出入品牌店时的人脸照片，并通过软件系统将收集到的人脸信息图片上传至网络科技公司租用的阿里云服务器，筛除重复进店的顾客、店铺员工及其他人员后，统计有效的客流数据，出具精准客流统计报告。由于以上收集到店顾客人脸图像信息的行为，未明示收集、使用的目的、方式和范围，也未经到店顾客同意，上海市黄浦区市场监督管理局根据《消费者权益保护法》以及《侵害消费者权益行为处罚办法》的相关规定，对其处以警告和罚款人民币 50 万元的行政处罚。[①]

2. 违反《个人信息保护法》对于敏感个人信息的强化保护和人脸识别的专门规定

（1）违反个人信息收集"告知—同意"规则

《个人信息保护法》第 13 条、第 17 条规定了个人信息处理的"告知—同意"规则。"告知—同意"规则是指任何组织或个人在处理个人信息时都应当告知信息主体，并在取得同意后，方可从事相应的个人信息处理活动，否则该等处理行为即属违法，除非法律、行政法规另有规定。

由于人脸信息属个人敏感信息，除需遵守上述"告知—同意"的一般规则之外，还需遵守敏感个人信息强化保护的特殊规则。第一，告知规则的特殊性，即个人信息处理者处理敏感个人信息的，除应向个人告知一般事项外，还应当告知处理敏感个人信息的必要性以及对个人权益的影响，使数据主体在充分了解敏感信息处理的必要性和评估影响之后作出自主选择。第二，同意规则的特殊性，

[①] 详见沪市监黄处〔2021〕012021000577 号《行政处罚决定书》。

即处理敏感个人信息应当取得个人的单独同意。所谓单独同意,是指信息处理者在征得个人同意时,必须就人脸信息处理活动单独取得个人的同意,而非通过"一揽子"告知同意等方式征得个人同意。

但在以商业零售为代表的提供个性化精准推送的人脸识别场景中,法律风险体现在"无感式"人脸识别模式上。在这种不知情的前提下,即使用户进入场所也不等于"默示同意"其处理面部数据。

(2)违反公共场所的图像采集、个人身份识别规则

按照《个人信息保护法》的规定,在公共场所安装图像采集、个人身份识别设备,应当为维护公共安全所必需,遵守国家有关规定,并设置显著的提示标识。所收集的个人图像、身份识别信息只能用于维护公共安全的目的,不得用于其他目的;取得个人单独同意的除外。这里的个人身份识别设备是指利用个人信息(尤其是具有高度识别性的人脸信息、虹膜信息、指纹信息等生物识别信息)识别特定个人的设备[①],其典型代表即为人脸识别系统。

该规定的重点一是收集的个人图像、身份识别信息只能用于维护公共安全之目的,如果有商用目的,必须取得个人的单独同意;二是必须设置显著的提示标识。但此条规定中的"公共场所"到底具体包括哪些范围,如何与"经营场所"明确区分,还有待进一步明确。

3.违反《个人信息保护法》《网络安全法》对个人信息的一般性保护义务

(1)未履行个人信息安全保障义务

从具体的法律条款来看,如个人信息处理者未针对所收集的人脸信息制定内部管理制度和操作规程,或是没有实行分类管理,或是没有采取相应的加密、去标识化等安全技术措施,或是未合理确定操作权限,并定期对从业人员进行安全教育和培训,或是未制定个人信息安全事件应急预案的,都属于未履行安全保障义务。

(2)未保证自动化决策的透明度和结果公平、公正

个人信息处理者如利用所收集的人脸信息进行自动化决策,则应当保证决策的透明度和结果公平、公正,不得对个人在交易价格等交易条件上实行不合理

[①] 参见张新宝主编:《〈中华人民共和国个人信息保护法〉释义》,人民出版社2021年版,第209~210页。

的差别待遇。《个人信息保护法》第73条第2项将"自动化决策"定义为"通过计算机程序自动分析、评估个人的行为习惯、兴趣爱好或者经济、健康、信用状况等,并进行决策的活动",该定义更多地着眼于数据画像(profiling)领域,即通过对人脸数据等个人信息的自动处理用于评估(特别是分析和预测)个人从而进行决策。① 我们每日浏览到的资讯、刷到的短视频、看到的广告、能够申请到的借款额度、健康建议等都离不开依托于我们个人信息的自动化决策。

实践中如房地产、汽车、酒店营销等都容易产生通过用户画像对不同类型的客户就同样的商品定制不同价格的问题,此时信息处理者就特别要避免对用户实施大数据"杀熟""杀生"等不合理的差别待遇。

(3)未进行事前风险评估以及定期合规审计

个人信息处理者如在处理人脸信息或利用人脸信息进行自动化决策时,未事前进行个人信息保护影响评估的,或未能定期对其处理的人脸信息遵守法律、行政法规的情况进行合规审计的,都属于违反《个人信息保护法》相关义务的情形。

此外,2017年开始施行的《网络安全法》第76条第5项对个人信息进行了界定,明确规定了个人信息包括个人生物识别信息。因此,人脸信息作为个人生物识别信息的一种具体类型,亦能够借由《网络安全法》中对个人信息保护的规定而获得一般性保护。

相应地,针对上述对人脸信息的法律监管措施,笔者将相关行政处罚措施汇总如下(见表13-3-1)。

表13-3-1 人脸信息相关行政处罚措施汇总

法律责任	《个人信息保护法》	《网络安全法》	《消费者权益保护法》
监管措施	◇ 记入企业信用档案,公示 ◇ 警告 ◇ 罚款 ◇ 没收违法所得 ◇ 责令暂停或终止提供服务 ◇ 吊销许可证或者营业执照 ◇ 主要人员的从业禁止	◇ 警告 ◇ 罚款 ◇ 没收违法所得 ◇ 责令暂停相关业务、停业整顿 ◇ 吊销许可证或营业执照	◇ 警告 ◇ 罚款 ◇ 没收违法所得 ◇ 责令停业整顿 ◇ 吊销营业执照

---

① 参见张新宝主编:《〈中华人民共和国个人信息保护法〉释义》,人民出版社2021年版,第195页。

续表

法律责任	《个人信息保护法》	《网络安全法》	《消费者权益保护法》
罚款金额	◇ 一般情况： 单位:100万元以下 个人:1万~10万元 ◇ 严重情况： 单位5000万元以下或上一年度营业额×5% 个人:10万~100万元	◇ 有违法所得： 违法所得1~10倍的罚款 ◇ 没有违法所得： 单位100万元以下 个人:1万~10万元	◇ 有违法所得： 违法所得1~10倍的罚款 ◇ 没有违法所得： 单位50万元以下
主要依据	第66条	第64条	第56条

从市场监管的角度来看，如果个人信息处理者违法违规处理用户人脸信息，扰乱市场竞争秩序，损害其他经营者或者消费者的合法权益，或是企业间存在个人信息保护合谋与支配地位企业滥用用户数据、进行个人信息违法操作的，还有可能触犯《反不正当竞争法》以及《反垄断法》，受到有关部门的法律监管和处罚。

三、刑事责任

我国《刑法》及司法解释对个人信息采取分类保护方法，但没有明确人脸信息的归属类别和定罪量刑标准。根据《最高人民法院、最高人民检察院关于办理侵犯公民个人信息刑事案件适用法律若干问题的解释》（以下简称《个人信息解释》）的相关规定，针对侵犯公民个人信息罪的入罪基准，第一类财产信息、行踪轨迹信息、征信信息、通信内容的入罪数量是50条以上；第二类健康生理信息、住宿信息、交易信息等的入罪数量是500条以上；第三类其他信息的入罪数量是5000条以上，现列表如下（见表13-3-2）。

表13-3-2 侵犯公民个人信息罪的入罪基准

个人信息分类		入罪数量
第一类	非法获取、出售或者提供行踪轨迹信息、通信内容、征信信息、财产信息	50条
第二类	非法获取、出售或者提供住宿信息、通信记录、健康生理信息、交易信息等其他可能影响人身、财产安全的用户信息	500条
第三类	前两项以外的用户信息	5000条以上

表13-3-2中明确列举的个人信息种类有八种,我们将上述八种个人信息映射到《信息安全技术　个人信息安全规范》附录B"个人敏感信息判定"中,列表如下(见表13-3-3)。

表13-3-3　侵犯公民个人信息罪入罪基准与个人敏感信息映射

《信息安全技术 个人信息安全规范》	《个人信息解释》	入刑数量
个人财产信息(财产信息、征信信息、交易信息等)	财产信息、征信信息:第一类	50条以上
	交易信息:第二类	500条以上
个人健康生理信息	第二类	500条以上
个人生物识别信息(人脸信息等)	暂未列举——第二类抑或第三类?	—
个人身份信息(身份证件号码等)	暂未列举——《个人信息解释》第1条关于"公民个人信息"的含义中提到了身份证件号码,但具体分类中没有列举,因此笔者将其列入第三类	—
其他信息(行踪轨迹、住宿信息、通信记录和内容等)	行踪轨迹、通信内容:第一类	50条以上
	通信记录、住宿信息:第二类	500条以上

由表13-3-3可知,《个人信息解释》分类保护中的第一类、第二类,对应《个人信息安全规范》中个人敏感信息列表中的七小类和一大类个人信息,但第一类、第二类中并未包含个人生物识别信息。个人生物识别信息包含在《个人信息解释》第1条"公民个人信息"的范围中已无异议,目前争议是将侵犯生物识别信息列入包含与之性质类似的"健康生理信息"的第二类,还是列入第三类适用兜底性规定。若为前者,则入罪标准为500条;若为后者,则入罪标准为5000条。

笔者认为,应将侵犯生物识别信息列入第二类,原因有三:第一,《个人信息解释》对第二类性质作出了界定,即"可能影响人身、财产安全的用户信息",人脸信息的泄露明显会对人身、财产安全产生重大影响,理应属于第二类;第二,第二类内容中的"等"字,即未完全列举,只要可能影响人身、财产安全的用户信息都应列入其中;第三,《个人信息解释》的发布时间为2017年5月,早于2017年12月29日发布的《信息安全技术　个人信息安全规范》(GB/T 35273—2017)的第一版,所以《个人信息解释》的分类并未全部涵盖晚半年才发布的国家标准所列举的个人敏感信息。《信息安全技术　个人信息安全规范》的附录 B"个人敏感信息判定"可能借鉴了《个人信息解释》的分类方法，但范围明显远超《个人信息解释》中所列举的种类，所以司法机关如何适用《个人信息解释》仍有待实践证实。

目前，人脸识别技术的应用并非无懈可击。例如，2017 年"3·15"晚会上，主持人在技术人员支持下，仅凭观众自拍照就现场"换脸"破解了"刷脸登录"认证系统。2018 年 8 月，被告人唐某通过制作 3D 人脸动态图的方式突破了人脸识别认证系统，导致被害人账户财产被转移。人脸识别技术运用主体的技术条件和管理水平良莠不齐，而一些不法分子甚至会开发黑客工具来绕过、干扰或攻击人脸识别技术背后的系统和算法，进而引发盗窃、诈骗、侵入住宅等下游犯罪，危及被害人的数据安全、财产安全乃至人身安全。① 因此，个人信息处理者非法处理人脸信息还可能涉及的刑法罪名包括"非法获取计算机信息系统数据、非法控制计算机信息系统罪"、"拒不履行网络安全管理义务罪"、"诈骗罪"以及"非法经营罪"等。

第四节　对于人脸识别商用场景的合规建议

一、密切关注行业立法与监管态势

当前，人脸信息受到多部法律法规及多个监管部门的规制，国家后续也将出台针对人脸识别、人工智能等新技术、新应用的个人信息保护规则、标准。企业需积极应对相关主管部门对人脸识别技术应用有关的规范出台情况，及时调整自身处理人脸识别信息的制度规范。②

例如，在小区物业的人脸识别上，2022 年 3 月 1 日起正式施行的修订版《杭州市物业管理条例》，将"不得强制业主、非业主使用人通过提供人脸、指纹等生物信息方式进入物业管理区域或者使用共有部分，不得泄露在物业服务中获取的业主、非业主使用人个人信息"纳入条例。此类立法动向值得从事智慧安防、

---

① 参见郑旭江、刘仁文：《人脸识别技术的应用风险和法律规制》，载中国社会科学网，http://www.cssn.cn/zx/bwyc/202102/t20210203_5309622.shtml。
② 参见《个人信息保护法企业合规启示报告》，南方财经全媒体集团合规科技研究院，2021。

智慧社区业务的企业重点关注。

相较于地方性立法,前文提到的《最高人民法院关于审理使用人脸识别技术处理个人信息相关民事案件适用法律若干问题的规定》已经直接规定物业不得将人脸识别作为进出小区的唯一方式,亦需要特别关注。

二、信息收集环节之关键——获得用户的单独同意

其一,浙江宁波20家房企被罚203万[1]释放监管信号——即便设置了采集人脸信息的提示标识,但未经消费者同意仍不能免罚。因此,企业在使用APP处理人脸信息时,首先应改变"一揽子"告知同意的方式,应取得用户的单独同意,即收集前单独告知目的、方式、范围、存储时间等专门规则,并征得明示同意。

> 场景示例:一款支付设备如果需要收集用户人脸信息,因该信息为生物识别信息,属于个人敏感信息,故企业应当:
> (1)在需要触发该权限时,通过弹窗单独申请面部识别特征权限。例如,弹窗提示内容为"为了匹配系统使用人信息,需要您的摄像头/拍摄权限,您可以在设备中随时关闭该功能"。
> (2)提供"始终允许""使用APP时允许""仅限本次"三个选项。
> (3)在隐私政策中加入单独的个人生物特征识别信息保护政策的链接。

其二,在信息收集阶段需注意赋予个人选择权,不能将人脸识别作为唯一登录/使用方式,而需建立非人脸识别方式以供选择使用。对此,《网络数据安全管理条例(征求意见稿)》第25条明确规定,数据处理者不得将人脸、步态、指纹、虹膜、声纹等生物特征作为唯一的个人身份认证方式,以强制个人同意收集其个人生物特征信息。

其三,收集满14周岁未成年人的个人信息前,应征得未成年人或监护人同意;未成年人不满14周岁的,只能监护人同意,且对监护人有适当的核验。

三、信息存储环节之关键——采用安全措施存储

企业如需存储人脸信息,应采取安全措施存储和传输,如加密存贮和传输人脸信息,并采用物理或逻辑隔离方式分别存储人脸信息和个人身份信息等,即针

---

[1] 参见《20家房企收集人脸信息被罚203万,浙江"亮剑"个人信息泄露与买卖》,载21世纪经济报道,https://view.inews.qq.com/a/20210720A0AGFT00,2021-07-20。

对不同层级的数据采用不同级别的安全措施。

四、信息使用环节之关键——主动删除规则

企业在完成验证或辨识后应立即删除人脸图像,即原则上企业不应存储原始人脸图像,但可以存储其摘要信息;这一规则要求企业在采集终端中直接使用人脸信息实现身份识别、认证功能,而非采用"采集终端采集数据+服务器终端来识别"的远程人脸识别方式。

五、依法进行个人信息保护影响评估

根据《个人信息保护法》第55条的规定,处理敏感个人信息以及利用个人信息进行自动化决策时,都应事前进行个人信息保护影响评估。《网络数据安全管理条例(征求意见稿)》第25条亦规定,利用生物特征进行个人身份认证的,应当对必要性、安全性进行风险评估。评估旨在发现、处置和持续监控个人信息处理过程中对个人信息主体合法权益造成不利影响的风险。而除了事前评估的法定义务,《信息安全技术 个人信息安全规范》还建议个人信息处理者定期开展(至少每年一次)个人信息保护影响评估,根据业务现状、环境威胁、法律法规、标准要求等情况持续修正个人信息保护边界,调整安全控制措施,使个人信息处理过程处于风险可控的状态。

六、全面建设数据安全合规体系

人脸信息属于个人信息的重要保护类别之一,而个人信息保护又属于企业整体数据合规体系建设的重要组成部分。因此,如果企业整体的数据安全合规体系建立好了,必然会为处理人脸信息起到更为全面的保障。具体而言,企业可以按照《信息安全技术 数据安全能力成熟度模型》(GB/T 37988—2019)的相关要求,结合企业内部或外聘的数据安全团队对数据保护现状的调研结果,从组织架构、制度流程、技术工具以及人员能力四方面来进行合规体系建设。在成熟和必要的时候,还可以根据自身的需求邀请第三方机构开展数据安全能力成熟度评估认证(DSMM)。

例如,制度流程作为数据安全防护要求、管理策略、操作规程等的集合,一般会从业务数据安全需求、数据安全风险控制需要、法律法规合规性要求等几个方

面进行梳理。相关制度文件的制定一般会参考如图13-4-1所示的四个层级。

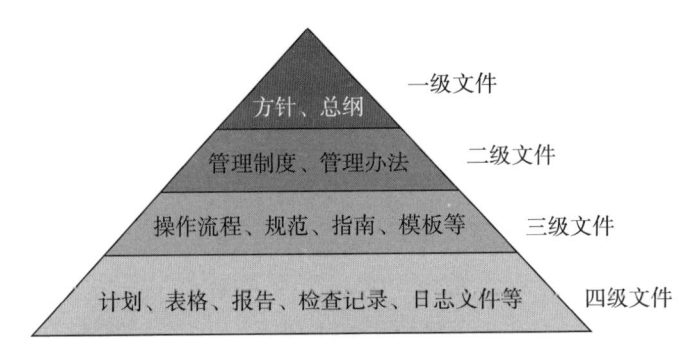

```
            方针、总纲          一级文件
         管理制度、管理办法      二级文件
      操作流程、规范、指南、模板等  三级文件
   计划、表格、报告、检查记录、日志文件等  四级文件
```

图13-4-1　数据安全制度文件层级

具体到人脸信息的保护,在制度流程方面,企业应落实数据安全管理责任,在个人信息安全管理制度中明确人脸识别数据保护要求,包括但不限于保护策略、处理规则等。同时应当保持政策、程序和措施的透明性,为人脸识别数据提供充分的责任保障,定期对人脸识别数据进行审计,并结合人员能力方面的要求,对处理人脸识别数据的员工进行培训和考核。

诚然,AI技术的引领为不同行业提供了先进生产力,而计算机视觉是AI的一个重要领域,人脸识别应用及产品目前又是AI能够直接变现的为数不多的几个板块。技术研发后需要前端的使用方能体现技术实力,规范与发展两者共赢是整个"数字中国"追求的方向。人脸识别技术所涉及的,不仅是人格权保护问题,更关乎社会的基本走向。眼下技术的发展能力,远超过人类对其的控制能力。[①] 人脸信息产生的商业利益与信息主体的利益保护需要找到一个平衡点,鉴于信息主体的认知程度有限、技术不对等,而个人信息保护的法律法规又不断出台,敏感个人信息保护领域目前正处于一个强监管的状态。如果企业能将人脸识别作为数据安全能力体系的一部分,结合企业的战略规划建立完善的数据安全能力体系,那将为人脸识别信息的合规应用提供更为有力的保障,进而形成共利共赢的局面,促进数字经济持续、健康、有序地发展。

---

① 参见劳东燕:《人脸识别技术的潜在风险与法律保护框架的构建》,载检察日报网,http://newspaper.jcrb.com/2020/20201012/20201012_004/20201012_004_2.htm。

第十四章 "网络爬虫"的合规研究

第一节 网络爬虫及相关概念

一、网络爬虫

网络爬虫又称网页蜘蛛、网络机器人,是一种按照一定的规则,自动地抓取万维网信息的程序或者脚本[①],是互联网时代一项普遍运用的网络信息搜集技术。

网络爬虫本质上是信息收集和整理的工具。《数据安全管理办法(征求意见稿)》中所述"自动化手段访问收集网站数据"系对网络爬虫的法律定义。

二、Robots

Robots 协议,即漫游器排除协议(Robots exclusion protocol),也被称为 robots.txt 议定书(Koster,1996),这份协议为管理员指明网络服务器的哪一部分不能到达提供了一个标准。它通常告诉网络搜索引擎的漫游器(又称网络蜘蛛),此网站中的哪些内容是不应被搜索引擎的漫游器获取的,哪些是可以被漫游器获取的。[②] Robots 协议并不是一个规范,而只是约定俗成的,它不仅是国内互联网行业的一项行业标准,也是国际互联网界通行的道德规范。国内使用 Robots 协议最典型的案例,就是淘宝网拒绝百度搜索、京东拒绝一淘搜索。

假定以下协议系淘宝网的 Robots.txt,我们以此为例进一步加深对 Robots

[①] 参见百度百科,https://baike.baidu.com/item/%E7%BD%91%E7%BB%9C%E7%88%AC%E8%99%AB/5162711?fromtitle=%E7%88%AC%E8%99%AB&fromid=22046949&fr=aladdin#1

[②] 参见百度百科,https://baike.baidu.com/item/robots%E5%8D%8F%E8%AE%AE/2483797?fr=aladdin。

协议的理解。

User-agent：Baiduspider

Disallow：/

User-agent：baiduspider

Disallow：/

显然，淘宝不允许百度的机器人访问其网站下所有的目录。

由于 Robots 协议是互联网行业普遍遵守的规则，故搜索引擎违反 Robots 协议抓取网站的内容，可能会被认定为违背公认的商业道德，从而构成不正当竞争。但并不能因此认为，搜索引擎只要遵守 Robots 协议就一定不构成不正当竞争。Robots 协议只涉及搜索引擎抓取网站信息的行为是否符合公认的行业准则的问题，不能解决搜索引擎抓取网站信息后的使用行为是否合法的问题。"汉涛诉百度"一案中，百度公司的搜索引擎抓取涉案信息并不违反 Robots 协议，但这并不意味着百度公司可以任意使用上述信息，百度公司应当本着诚实信用的原则和公认的商业道德，合理控制源于其他网站信息的使用范围和方式。

三、互联网搜索引擎服务自律公约

互联网搜索引擎服务自律公约，是由百度、即刻搜索、盘古搜索、奇虎360、盛大文学、搜狗、腾讯、网易、新浪、宜搜、易查无限、中搜12家企业发起的。公约规定，各签约方应遵循 Robots 协议，对于违反公约内容的，相关网站应及时删除、断开链接。该公约于2012年11月1日在北京签署，旨在提高搜索引擎服务行业的水平。

第二节　网络爬虫出现的背景及影响

一、商业背景

网络爬虫常见的盈利模式是通过对目标网站的信息进行抓取并汇总后展示在自建网站上，将目标客户吸引到自建网站后，为目标客户提供产品或服务进而获取利润。该项技术最早应用于搜索引擎领域，是搜索引擎获取数据来源的支撑性技术之一。

随着数据资源的爆炸式增长,网络爬虫的应用场景和商业模式变得更加广泛和多样,较为常见的有新闻平台的内容汇聚和生成、电子商务平台的价格对比功能、基于气象数据的天气预报应用等。因不同网站汇聚不同数据,面向不同类别的用户,网络爬虫为用户节省了在相关工作及信息搜集上所花费的时间。作为数据抓取的实践工具,网络爬虫构成了互联网开放和信息资源共享理念的基石,如同互联网世界的一群"工蜂",不断地推动网络空间的建设和发展。

二、技术背景

随着网络的迅速发展,互联网上各种信息充斥在我们生活中,如何有效利用信息成为一个巨大的挑战。搜索引擎(Search Engine),如传统的通用搜索引擎AltaVista、Yahoo!和Google等,作为一个辅助人们检索信息的工具成为用户访问万维网的入口和指南。但是,这些通用性搜索引擎也存在一定的局限性:

(1)不同领域、不同背景的用户往往具有不同的检索目的和需求,通过搜索引擎所返回的结果包含大量用户不关心的网页;

(2)通用搜索引擎的目标是尽可能大的网络覆盖率,有限的搜索引擎服务器资源与无限的网络数据资源之间的矛盾将进一步加深;

(3)万维网数据形式的丰富和网络技术的不断发展,图片、数据库、音频、视频多媒体等不同数据大量出现,通用搜索引擎往往对这些信息含量密集且具有一定结构的数据无能为力,不能很好地发现和获取;

(4)通用搜索引擎大多提供基于关键字的检索,难以支持根据语义信息提出的查询。

为了解决上述问题,定向抓取相关网页资源的网络爬虫应运而生。网络爬虫是一个自动下载网页的程序,它根据既定的抓取目标,有选择地访问万维网上的网页与相关的链接,获取所需要的信息。

三、网络爬虫的影响

网络爬虫类似于搜索引擎,其作为自动化搜索手段相比于人为搜索信息有更快的检索速度,也能达到更深的层次。它能够使目标客户更快更准确地找到所需信息,增强信息的有效利用,促进了信息及数据的流通与共享,避免数据垄断。

但是，因一个单独的爬虫一秒钟要执行多条请求，下载大的文件时，单个服务器也会很难响应多线程爬虫的请求，可能会造成网络拥堵即我们常说的网络崩溃或系统瘫痪。被爬取企业在数据搜集和整理上有成本投入，其数据具有商业价值，爬取数据方与被爬取方往往具有竞争关系，爬取方在爬取数据时有不遵守被爬取网站为维护自身商业利益而制作的Robots协议的情形，此种行为违反商业道德，损害了被爬取人的商业利益，不利于行业有序发展。

第三节　爬虫问题的法律分析

爬取数据涉及的利益主体主要包括经营者及个人用户，即网站经营者对其数据所拥有的权益和个人用户对其个人信息及隐私所拥有的权益。

一、法律法规依据

随着《网络安全法》《数据安全法》《个人信息保护法》，即被称为网络法领域"三驾马车"的相继出台，该领域的相关法律法规逐日增加，对于数据爬取的规制，也从仅可依据《刑法》《民法典》等普通法规制，到可以网络法领域"三驾马车"、《上海数据保护条例》等特别法为依据进行规制。

不正当爬取行为不仅存在引发民事纠纷的风险，亦有引发刑事风险的可能，笔者将实践中可能用到的法律条文梳理如下。

（一）刑事方面法律法规

1.《刑法》

《刑法》第217条规定，以营利为目的，有下列侵犯著作权或者与著作权有关的权利的情形之一，违法所得数额较大或者有其他严重情节的，处3年以下有期徒刑，并处或者单处罚金；违法所得数额巨大或者有其他特别严重情节的，处3年以上10年以下有期徒刑，并处罚金：

（1）未经著作权人许可，复制发行、通过信息网络向公众传播其文字作品、音乐、美术、视听作品、计算机软件及法律、行政法规规定的其他作品的；

（2）出版他人享有专有出版权的图书的；

（3）未经录音录像制作者许可，复制发行、通过信息网络向公众传播其制作的录音录像的；

（4）未经表演者许可，复制发行录有其表演的录音录像制品，或者通过信息网络向公众传播其表演的；

（5）制作、出售假冒他人署名的美术作品的；

（6）未经著作权人或者与著作权有关的权利人许可，故意避开或者破坏权利人为其作品、录音录像制品等采取的保护著作权或者与著作权有关的权利的技术措施的。

第253条之一规定，违反国家有关规定，向他人出售或者提供公民个人信息，情节严重的，处3年以下有期徒刑或者拘役，并处或者单处罚金；情节特别严重的，处3年以上7年以下有期徒刑，并处罚金。

违反国家有关规定，将在履行职责或者提供服务过程中获得的公民个人信息，出售或者提供给他人的，依照前款的规定从重处罚。

窃取或者以其他方法非法获取公民个人信息的，依照第1款的规定处罚。

单位犯前三款罪的，对单位判处罚金，并对其直接负责的主管人员和其他直接责任人员，依照各该款的规定处罚。

第285条第1款规定，违反国家规定，侵入国家事务、国防建设、尖端科学技术领域的计算机信息系统的，处3年以下有期徒刑或者拘役。

第285条第2款规定，违反国家规定，侵入国家事务、国防建设、尖端科学技术领域的计算机信息系统的以外的计算机信息系统或者采用其他技术手段，获取该计算机信息系统中存储、处理或者传输的数据，情节严重的，构成非法获取计算机信息系统数据罪。

第285条第3款规定，提供专门用于侵入、非法控制计算机信息系统的程序、工具，或者明知他人实施侵入、非法控制计算机信息系统的违法犯罪行为而为其提供程序、工具，情节严重的，构成提供侵入、非法控制计算机信息系统程序、工具罪。

2.《最高人民法院、最高人民检察院关于办理危害计算机信息系统安全刑事案件应用法律若干问题的解释》

该解释第1条规定，非法获取计算机信息系统数据或者非法控制计算机信息系统，具有下列情形之一的，应当认定为《刑法》第285条第2款规定的"情节严重"：

(1) 获取支付结算、证券交易、期货交易等网络金融服务的身份认证信息10组以上的；

(2) 获取第1项以外的身份认证信息500组以上的；

(3) 非法控制计算机信息系统20台以上的；

(4) 违法所得5000元以上或者造成经济损失1万元以上的；

(5) 其他情节严重的情形。

实施前款规定行为，具有下列情形之一的，应当认定为《刑法》第285条第2款规定的"情节特别严重"：

(1) 数量或者数额达到前款第1项至第4项规定标准5倍以上的；

(2) 其他情节特别严重的情形。

明知是他人非法控制的计算机信息系统，而对该计算机信息系统的控制权加以利用的，依照前两款的规定定罪处罚。

(二) 民商事方面法律法规

《民法典》在人格权编第六章，对隐私权与个人信息分别进行了法律上的界定；规定个人信息中的私密信息，适用有关隐私权的规定，没有规定的，适用有关个人信息保护的规定。《民法典》第127条规定，法律对数据、网络虚拟财产的保护有规定的，依照其规定。

根据《反不正当竞争法》第2条的规定，未经允许，擅自爬取他人网站上的数据系违反诚实信用原则及商业道德，损害其他经营者或者消费者的合法权益的行为。

《网络安全法》第27条规定，任何个人和组织不得从事非法侵入他人网络、干扰他人网络正常功能、窃取网络数据等危害网络安全的活动；不得提供专门用于从事侵入网络、干扰网络正常功能及防护措施、窃取网络数据等危害网络安全活动的程序、工具；明知他人从事危害网络安全的活动的，不得为其提供技术支持、广告推广、支付结算等帮助。第44条规定，任何个人和组织不得窃取或者以其他非法方式获取个人信息，不得非法出售或者非法向他人提供个人信息。

2019年5月28日，国家网信办出台《数据安全管理办法（征求意见稿）》。该意见稿第16条规定，网络运营者采取自动化手段访问收集网站数据，不得妨碍网站正常运行；此类行为严重影响网站运行，如自动化访问收集流量超过网站日均流量三分之一，网站要求停止自动化访问收集时，应当停止。本条款首次对网络爬虫行为进行了规制,值得未来关注。

2021年9月1日,《数据安全法》生效,该法第32条第1款规定,任何组织、个人收集数据,应当采取合法、正当的方式,不得窃取或者以其他非法方式获取数据。

2021年11月25日出台的《上海市数据条例》第12条规定,本市依法保护自然人、法人和非法人组织在使用、加工等数据处理活动中形成的法定或者约定的财产权益,以及在数字经济发展中有关数据创新活动取得的合法财产权益。该条款首次对于数据加工者对数据拥有的权益以法规的形式予以确认。

二、爬虫引发的纠纷

自网络爬虫技术发展以来,由此而引发的纠纷层出不穷。总体而言,该类行为可能引发刑事风险和民事风险。刑事案由主要包括:侵犯著作权罪,侵犯公民个人信息罪,非法侵入计算机信息系统罪,非法获取计算机信息系统数据罪,提供侵入、非法控制计算机信息系统程序、工具罪等罪名。民事案由则主要涉及侵犯个人信息及不正当竞争两种。

(一) 刑事法律纠纷

学者石经海、苏桑妮认为,在个案中判断相关爬取行为是否需要入刑,需考虑爬取行为的实质违法性和形式违法性,即在现行法规制下,爬取数据行为是否"违反国家规定",具体违反了何种规定,以及实质上是否达到了侵害他人法益以入刑的程度。[1] 网络爬虫规制的目标是在数据资源开放共享与互联网平台经营自由、网站安全之间取得平衡,遵循技术中立性原则,对网络爬虫进行规制应当基于客观结果,即是否妨碍网站的正常运行或者对他人合法权益造成严重危害。[2]

1. 侵犯著作权罪

法律依据:《刑法》第217条,侵犯著作权罪。

《最高人民法院、最高人民检察院、公安部关于办理侵犯知识产权刑事案件适用法律若干问题的意见》第13条规定了关于通过信息网络传播侵权作品行为

---

[1] 参见石经海、苏桑妮:《爬取公开数据行为的刑法规制误区与匡正》,载《北京理工大学学报》2021年第23期。

[2] 参见崔聪聪、许智鑫:《网络爬虫的法律规制》,法宝引证码:CLI.A.0111465。

的定罪处罚标准问题。该条规定,以营利为目的,未经著作权人许可,通过信息网络向公众传播他人文字作品、音乐、电影、电视、美术、摄影、录像作品、录音录像制品、计算机软件及其他作品,传播他人作品的数量合计在500件(部)以上的,属于《刑法》第217条规定的侵犯著作权罪的"其他严重情节",传播他人作品的数量合计在2500件(部)以上的,属于《刑法》第217条规定的侵犯著作权罪的"其他特别严重情节"。

案例介绍:2020年度北京法院知识产权司法保护十大案例之十"网络爬虫非法抓取电子书"侵犯著作权罪一案[①]中,被告公司覃某某等12人,未经掌阅科技股份有限公司、北京幻想纵横网络技术有限公司等权利公司许可,利用网络爬虫技术,爬取正版电子图书后,在其推广运营的"鸿雁传书""TXT全本免费小说"等10余个APP中展示,供他人访问并下载阅读,通过广告收入、付费阅读等方式进行牟利。法院查明,涉案作品侵犯掌阅科技股份有限公司、北京幻想纵横网络技术有限公司享有独家信息网络传播权的文字作品共计4603部。涉案作品侵犯中文在线数字出版集团股份有限公司享有独家信息网络传播权的文字作品共计469部。一审法院认为,被告公司、直接负责的主管人员覃某某等12名被告人以营利为目的,未经著作权人许可,复制发行他人享有著作权的文字作品,情节特别严重,其行为均已构成侵犯著作权罪,应予惩处。

结论:以营利为目的,通过信息网络传播所爬取他人作品达到500件(部)以上的,即构成《刑法》第217条规定的侵犯著作权罪。

2. 侵犯公民个人信息罪

法律依据:依据《刑法》第253条之一,侵犯公民个人信息罪是指违反国家有关规定,向他人出售或者提供公民个人信息,情节严重的行为。窃取或者以其他方法非法获取公民个人信息的,情节严重的,认定为本罪。单位犯本罪的,对单位判处罚金,并对其直接负责的主管人员和其他直接责任人员,依照规定处罚。

依据《最高人民法院、最高人民检察院关于办理侵犯公民个人信息刑事案件适用法律若干问题的解释》第5条,爬取数据过程中,达到非法获取、出售或者提供行踪轨迹信息、通信内容、征信信息、财产信息50条以上的;非法获取、出售

[①] (2020)京0108刑初237号判决书。

或者提供住宿信息、通信记录、健康生理信息、交易信息等其他可能影响人身、财产安全的公民个人信息 500 条以上的;非法获取、出售或者提供该条第 3 项、第 4 项规定以外的公民个人信息 5000 条以上的;数量未达到该条第 3 项至第 5 项规定标准,但是按相应比例合计达到有关数量标准的;违法所得 5000 元以上的应当认定为侵犯公民个人信息罪的"情节严重"。实施该条第 1 款规定的行为,具有下列情形之一的,应当认定为"情节特别严重":造成被害人死亡、重伤、精神失常或者被绑架等严重后果的;造成重大经济损失或者恶劣社会影响的;数量或者数额达到前款规定标准 10 倍以上的;其他情节特别严重的情形。

案例介绍:杭州某某数据科技有限公司、周某某、袁某侵犯公民个人信息罪一案[1]中,被告公司主要与各网络贷款公司、小型银行进行合作,为网络贷款公司、银行提供需要贷款的用户的个人信息及多维度信用数据,方式是被告公司将其开发的前端插件嵌入上述网贷平台 APP 中,在网贷平台用户使用网贷平台的 APP 借款时,贷款用户需要在被告公司提供的前端插件上,输入其通讯运营商、社保、公积金、淘宝、京东、学信网、征信中心等网站的账号、密码,经过贷款用户授权后,被告公司的爬虫程序代替贷款用户登录上述网站,进入其个人账户,利用各类爬虫技术,爬取(复制)上述企、事业单位网站上贷款用户本人账户内的通话记录、社保、公积金等各类数据,并提供给网贷平台用于判断用户的资信情况,从网贷平台获取每笔 0.1 元至 0.3 元不等的费用。其间,被告公司在和个人贷款用户签订的《数据采集服务协议》中明确告知贷款用户"不会保存用户账号密码,仅在用户每次单独授权的情况下采集信息",但未经用户许可仍采用技术手段长期保存用户各类账号和密码在自己租用的阿里云服务器上。被告人周某某明知公司存在保存用户账户密码的行为,未尽管理职责;被告人袁某负责编写具有保存用户账户密码功能的网关程序。截至 2019 年 9 月案发时,对被告公司租用的阿里云服务器进行勘验检查,发现以明文形式非法保存的个人贷款用户各类账号和密码条数多达 21,241,504 条。其中大部分账号密码,如淘宝、京东等,无法二次使用,仅有邮箱等部分账号密码存在未经用户授权被被告公司二次使用的情况。法院认为,被告以其他方法非法获取公民个人信息,情节特别严重,其行为已构成侵犯公民个人信息罪。

---

[1] (2020)浙 0106 刑初 437 号判决书。

结论：侵犯公民个人信息罪的入刑标准较低，国家对违法获取、提供、出售公民个人信息的行为进行严厉打击，这也体现了国家对于公民个人信息的严格保护。另外，本罪采取双罚制，对于单位犯本罪不仅处罚主要责任人员，对单位亦进行处罚。

3.非法侵入计算机信息系统罪

法律依据：依据《刑法》第285条，违反国家规定，侵入国家事务、国防建设、尖端科学技术领域的计算机信息系统的，处3年以下有期徒刑或者拘役。

案例介绍：李某某、王某、卢某某等非法侵入计算机信息系统一案[1]，被告人李某某使用爬虫软件登录"交通安全服务管理平台"，大量爬取全国各地及凉山州公安局交警支队车管所公告的车牌放号信息，之后使用软件突破系统安全保护措施，将爬取的车牌号提交至"交通安全服务管理平台"车辆报废查询系统，进行对比，并根据反馈情况自动记录未注册车牌号，建立全国未注册车牌号数据库。李某某之后编写客户端查询软件，由李某某通过QQ、淘宝、微信等方式，以300～3000元每月的价格，分省市贩卖数据库查阅权限。

法院认为，被告人李某某、王某、卢某某、栾某某、徐某、吴某为牟取私利，违反国家规定，侵入国家事务领域的计算机信息系统，六被告人的行为均已构成非法侵入计算机信息系统罪。

4.非法获取计算机信息系统数据罪

法律依据：依据《刑法》第285条第2款，非法获取计算机信息系统数据罪是指违反国家规定，侵入国家事务、国防建设、尖端科学技术领域以外的计算机信息系统或者采用其他技术手段，获取该计算机信息系统中存储、处理或者传输的数据，情节严重的犯罪。

依据《最高人民法院、最高人民检察院关于办理危害计算机信息系统安全刑事案件应用法律若干问题的解释》第1条，非法获取计算机信息系统数据或者非法控制计算机信息系统，具有下列情形之一的，应当认定为"情节严重"：（1）获取支付结算、证券交易、期货交易等网络金融服务的身份认证信息10组以上的；（2）获取第1项以外的身份认证信息500组以上的；（3）非法控制计算机信息系统20台以上的；（4）违法所得5000元以上或者造成经济损失1万元以上的；

---

[1] （2018）川3424刑初169号判决书。

(5)其他情节严重的情形。实施该条第1款规定行为,具有下列情形之一的,应当认定为《刑法》第285条第2款规定的"情节特别严重":(1)数量或者数额达到前款第1项至第4项规定标准5倍以上的;(2)其他情节特别严重的情形。明知是他人非法控制的计算机信息系统,而对该计算机信息系统的控制权加以利用的,依照该条前两款的规定定罪处罚。

比较可知,本罪与侵犯公民个人信息罪就犯罪嫌疑人违法所得的入刑标准均为5000元以上。

案例介绍:林某某等非法获取计算机信息系统数据一案[①],被告公司于2015年6月成立,法定代表人为被告人林某某,公司成立后研发"推房神器"等APP。自2018年开始,被告公司使用网络爬虫技术爬取北京某信息技术有限公司(以下简称某公司)经营的某网站房产数据。在某公司增加反爬取策略后,2019年10月至2020年7月,被告公司使用破解验证码、绕开挑战登录等方式破解某公司的反爬取措施,非法获取某网站的房源数据,并将非法获取的房产数据存放在自己的服务器中供"推房神器"APP调用,并向该APP用户收取会员费盈利。自2019年10月至案发,被告公司的上述行为给某公司造成直接损失共计人民币10万余元。

法院认为,被告公司违法国家规定,非法获取某公司计算机信息系统中的数据,情节特别严重,依法应予惩处。

5. 提供侵入、非法控制计算机信息系统程序、工具罪

法律依据:依据《刑法》第285条,提供专门用于侵入、非法控制计算机信息系统的程序、工具,或者明知他人实施侵入、非法控制计算机信息系统的违法犯罪行为而为其提供程序、工具,情节严重的,构成提供侵入、非法控制计算机信息系统程序、工具罪。

根据《最高人民法院、最高人民检察院关于办理危害计算机信息系统安全刑事案件应用法律若干问题的解释》第2条,具有下列情形之一的程序、工具,应当认定为《刑法》第285条第3款规定的"专门用于侵入、非法控制计算机信息系统的程序、工具":(1)具有避开或者突破计算机信息系统安全保护措施,未经授权或者超越授权获取计算机信息系统数据的功能的;(2)具有避开或者突破

[①] (2020)京0105刑初2594号判决书。

计算机信息系统安全保护措施,未经授权或者超越授权对计算机信息系统实施控制的功能的;(3)其他专门设计用于侵入、非法控制计算机信息系统、非法获取计算机信息系统数据的程序、工具。

根据《最高人民法院、最高人民检察院关于办理危害计算机信息系统安全刑事案件应用法律若干问题的解释》第3条,提供侵入、非法控制计算机信息系统的程序、工具,具有下列情形之一的,应当认定为《刑法》第285条第3款规定的"情节严重":(1)提供能够用于非法获取支付结算、证券交易、期货交易等网络金融服务身份认证信息的专门性程序、工具5人次以上的;(2)提供第1项以外的专门用于侵入、非法控制计算机信息系统的程序、工具20人次以上的;……

案例介绍:陈某提供侵入、非法控制计算机信息系统程序、工具一案①中,被告人陈某为谋取非法利益,编写爬虫软件用于在浙江淘宝网络有限公司旗下的"大麦网"平台上抢票,并以人民币1888元到6888元不等的价格向他人出售该软件,非法获利人民币12万余元。2019年7月11日,被告人陈某被公安机关抓获。

结论:犯罪嫌疑人编写爬虫软件后,提供给他人,超过法定人次,构成提供专门用于侵入、非法控制计算机信息系统的程序、工具罪。

分析前述各案件可知,爬虫软件具有以非常规的方式发送网络请求,模拟用户在网站平台手动下单和购买商品的功能,具有以非常规手段模拟用户识别和输入图形验证码的功能,该功能可绕过平台的人机识别验证机制,以非常规方式访问或收集网站平台的资源。爬虫技术作为一项技术,本无所谓违法与否。犯罪嫌疑人对于爬虫技术的不正当使用,才使其有了入刑的可能。

现笔者根据传统犯罪构成四要件,对前述各罪予以简要分析。各罪在主体方面均为一般主体;主观方面均为故意,其中侵犯著作权罪要求以营利为目的;客观方面除提供侵入、非法控制计算机信息系统程序、工具罪外,其余罪名的罪状较为类似,均表现为入侵他人网站或计算机信息系统,非法获取相关网站或系统的数据信息;区分各罪名的主要方式即看行为人所侵犯的客体,侵犯著作权罪中行为人主要侵犯的是他人对其作品所拥有的著作权,侵犯公民个人信息罪中行为人主要侵犯的是公民对其个人信息享有的人格权益,非法侵入计算机信息

---

① (2021)粤0115刑初5号判决书。

系统罪的客体是国家重要领域和要害部门的计算机信息系统安全,非法获取计算机信息系统数据罪与提供侵入、非法控制计算机信息系统程序、工具罪两罪的犯罪客体是计算机信息系统的安全。

除非法侵入计算机信息系统罪外,《刑法》对前述罪名的入罪标准均进行了规定且均以"情节严重"作为入罪标准。入罪标准基本从侵害信息的数量和所造成的经济损失方面进行了规定。前述提及的"经济损失",包括危害计算机信息系统犯罪行为给用户直接造成的经济损失,以及用户为恢复数据、功能而支出的必要费用。

(二)民事法律纠纷

检索显示,不当利用爬虫技术爬取信息的行为未达刑事入罪标准时可能引发民事纠纷,具体案由包括:不正当竞争,侵害作品信息网络传播权,侵害外观设计专利权,侵害肖像权、隐私权等人格权,合同效力瑕疵等。实践中被认定为不正当竞争纠纷的案例较多,笔者现就此类纠纷进行进一步分析。

司法实践中,对于企业间因爬取数据引发的不正当竞争的情形,我国普遍采取重保护、轻共享的态度,倾向于保护被爬取方,认定爬取方未经允许爬取他人数据构成不正当竞争。随着大数据经济的发展及相关法律法规的出台,数据交易经济已成为趋势,司法实践应立足于社会发展,在促进经济发展和维护经营者合法利益之间求取平衡。

不正当竞争纠纷系爬虫技术不当爬取行为引发的最典型的民事纠纷。例如,2011年的"汉涛诉爱帮案",2016年的"新浪微博诉脉脉交友软件案""大众点评诉百度案",2018年的"淘宝诉美景案"等。现以相关案例为基础,对于相关纠纷中所涉及的法律问题予以分析。

1. 法律依据及分析

2017年《反不正当竞争法》修订以前,就经营者利用爬虫技术爬取他人有商业价值的数据,司法实践中确认该行为违法的依据多为《反不正当竞争法》第2条。该条被称为"一般条款",由于互联网经济的发展及法律本身的滞后性,实践中大量不正当竞争行为在《反不正当竞争法》中并未被具体列明,因此法院在遇到新类型的互联网不正当竞争行为时,往往选择援引"一般条款"予以规制,以实现维系市场秩序的目的。

《反不正当竞争法》第2条规定:"经营者在生产经营活动中,应当遵循自愿、平等、公平、诚信的原则,遵守法律和商业道德。本法所称的不正当竞争行为,是指经营者在生产经营活动中,违反本法规定,扰乱市场竞争秩序,损害其他经营者或者消费者的合法权益的行为。本法所称的经营者,是指从事商品生产、经营或者提供服务(以下所称商品包括服务)的自然人、法人和非法人组织。"

适用该条款应满足以下要件:(1)法律对该种竞争行为未作出特别规定;(2)适用范围:经营者的生产经营活动;(3)该竞争行为侵害其他经营者或消费者的合法权益;(4)该种竞争行为因确属违反诚实信用原则和公认的商业道德而具有不正当性或者可责性。司法实践中,法院认定爬虫爬取他人商业数据构成不正当竞争亦多从这三个角度进行判断。

关于损害赔偿的计算《反不正当竞争法》在第17条中进行了明确:"因不正当竞争行为受到损害的经营者的赔偿数额,按照其因被侵权所受到的实际损失确定;实际损失难以计算的,按照侵权人因侵权所获得的利益确定。……赔偿数额还应当包括经营者为制止侵权行为所支付的合理开支。"即赔偿范围为实际损失+制止侵权的合理开支,或者侵权人获利+制止侵权的合理开支。

2017年《反不正当竞争法》新增了第12条内容,该条对互联网企业利用技术手段实施不正当竞争的行为进行了具体列举,被业界称为"互联网专条"。《最高人民法院关于适用〈中华人民共和国反不正当竞争法〉若干问题的解释》第21条对《反不正当竞争法》第12条第2款第1项作出了进一步解释,明确了"强制进行目标跳转"的认定,即未经其他经营者和用户同意而直接发生的目标跳转,属于该种情形;对于仅插入链接,目标跳转由用户触发的,人民法院应当综合考虑插入链接的具体方式、是否具有合理理由以及对用户利益和其他经营者利益的影响等因素,综合确认是否属于该种情形。该解释第22条则对《反不正当竞争法》第12条第2款第2项进行了进一步解释,认为经营者事前未明确提示并经用户同意,以误导、欺骗、强迫用户修改、关闭、卸载等方式,恶意干扰或者破坏其他经营者合法提供的网络产品或者服务,即属于该条款规定的误导、欺骗、强迫用户修改、关闭、卸载其他经营者合法提供的网络产品或者服务。

分析该条款可知,法院认定经营者利用爬虫技术构成不正当竞争,注重对经营者以下因素的考虑:(1)是否具有主观上的过错性,即是否违背诚实信用原则、商业道德,恶意干扰或者破坏其他经营者的正常经营;(2)是否经过用户及其他经营者的同意;(3)是否实际上对用户及其他经营者的合法经营产生不利影响。

2.案例评析

司法实践中,就爬取方利用爬虫技术爬取商业数据引发不正当纠纷的相关案件的主要争议焦点如下:

(1)首先,判断争议双方是否存在竞争关系

"新浪微博诉脉脉交友软件案"[①]中,法院认为双方用户群体、业务模式、经营范围都存在交叉重叠,双方在经营活动中也都涉及尽可能吸引用户注册、登录、留存用户信息,并高效安全地使用用户信息等行为。双方在对相关用户社交类信息的使用等方面存在竞争利益,具有竞争关系。

汉涛诉百度一案[②]中,法院认为竞争的本质是对客户交易对象的争夺,也是判断经营主体间是否存在竞争关系的出发点。具体到互联网行业,将网络用户吸引到自己的网站是经营者开展经营活动的基础,即使经营模式存在不同,只要双方在争夺相同的网络用户群体,即可认定为存在竞争关系。

"淘宝诉美景案"[③]中,法院认为,反不正当竞争法的立法目的是通过规制市场主体参与市场竞争的行为,阻止市场主体以不正当手段攫取市场竞争优势,维护"平等、公平、诚信"的市场竞争秩序,其规制的对象不仅局限于同业间的竞争行为,也包括跨行业间的竞争行为。在网络经济环境下,只要双方吸引争取的网络用户群体存在此消彼长的或然性对应关系,即可认定为双方存在竞争关系。美景公司所经营的"咕咕互助平台"以淘宝公司的生意参谋产品为对象,该平台分享生意参谋账号的行为直接导致了淘宝公司生意参谋产品的减少,两者存在此消彼长的替代性,故美景公司与淘宝公司具有竞争关系。

由此可知,司法实践中判断经营者之间是否存在竞争关系,应首先看双方之间竞争的客户对象是否属同类群体;其次,将经营主体所涉及行业、领域、具体经营行为等要素作为辅助判断因素。上述案例均提及,在互联网经济蓬勃发展的背景下,市场主体从事多领域业务的情况实属常见,对于竞争关系的判定,不应局限于相同行业、相同领域或相同业态模式等固化的要素范围,而应从经营主体所竞争的客户群体是否系同类群体,爬取方是否对被爬取方形成实质性替代两

---

① (2016)京73民终588号判决书。
② (2016)沪73民终242号判决书。
③ (2018)浙01民终7312号判决书。

方面加以考量。

(2)其次,在认定双方存在竞争关系的基础上,判断爬取方是否构成不正当竞争[违反诚实信用/商业道德(未经许可、主观恶意)+造成损害]

汉涛诉百度案中,汉涛公司认为百度公司的行为替代了大众点评网向用户提供内容,百度公司由此迅速获得用户和流量,攫取汉涛公司的市场份额,百度公司认为双方不存在竞争关系,且百度公司对信息的使用方式合理,不构成不正当竞争。一审法院认为,虽然百度地图中设置了指向大众点评网的链接,但由于百度地图中的每一条点评信息都是完整的,用户并不需要再去大众点评网查看该信息。百度地图大量使用大众点评网的点评信息,替代大众点评网向网络用户提供信息,会导致大众点评网的流量减少。百度地图在大量使用大众点评网点评信息的同时,又推介自己的团购等业务,攫取了大众点评网的部分交易机会。百度公司大量使用大众点评网点评信息的行为,会给汉涛公司造成损害。综上,汉涛公司与百度公司存在竞争关系,百度公司未经许可在百度地图和百度知道中大量使用了来自大众点评网的信息,实质替代大众点评网向用户提供信息,对汉涛公司造成损害,具有不正当性,构成不正当竞争。

"淘宝诉美景案"中,法院认为,不正当竞争的成立以经营者存在经营上的合法权益为前提。该合法权益可以是法定的有名权益,如企业字号、商业秘密等,也可以是不违反法律法规规定的无名权益,只要其可以给经营者带来营业收入,或者属于带来潜在营业收入的交易机会或竞争优势。该案中,生意参谋数据产品是淘宝公司的劳动成果,其数据内容中所包含的原始数据与衍生数据均系淘宝公司的无形资产,淘宝公司对此依法享有财产所有权及竞争性财产权益。美景公司未付出自己的劳动创造,仅是将生意参谋数据产品直接作为自己获取商业利益的工具,其使用生意参谋数据产品也仅是提供同质化的网络服务。此种据他人市场成果直接为己所用,从而获取商业利益与竞争优势的行为,明显有悖公认的商业道德,属于"不劳而获""搭便车"的不正当竞争行为,如不加禁止将严重挫伤大数据产品开发者的创造积极性,阻碍互联网产业的发展,进而会影响到广大消费者福祉的改善。二审法院则从侵权责任角度对美景公司的不正当竞争行为加以论述。法院认为,首先,淘宝公司生意参谋数据产品享有合法的在先权益;其次,美景公司所经营的"咕咕互助平台"以淘宝公司的生意参谋产品为对象,该平台分享生意参谋账号的行为直接导致了淘宝公司生意参谋产品的减少,两者存在此消彼长的替代性,故美景公司与淘宝公司具有竞争关系;再次,美景公司作为分享账户的平台方明知其组织分享账户的行为会导致生意参谋数据产品销售数量的减少,而恶意组织分享生意参谋账户、借由损害淘宝公司利益而从中牟利的行为,属于直接实施侵权行为;最后,美景公司的牟利行为与淘宝公司的损失之间存在因果关系,其行为系对淘宝公司经营行为的阻碍,包括了交易机会的减少和淘宝公司竞争优势的削弱两方面。

笔者认为,依据《反不正当竞争法》第 2 条,涉及信息使用的市场竞争行为的不正当性在于未遵循诚实信用原则、法律和商业道德,损害其他经营者或者消费者的合法权益。结合司法实践,判断爬取方竞争是否具有不正当性应做如下考虑:首先,被爬取商业信息是否具有商业价值;其次,被爬取方对该商业信息是否具有合法的在先权益,实际表现为为获取相关商业信息付出了大量的人力、物力等成本,并最终合法取得;再次,爬取方是否未经许可,未付出创造性劳动而取得该商业信息;复次,该行为致使在先权利方受损;最后,权利方受损系由不当爬取行为导致。

需要注意的是,因物权法定原则,权利方对其付出劳动而形成的数据产品尚不具有法定权利,对于未经许可使用或利用他人劳动成果的行为,不能当然地认定为构成反不正当竞争法意义上的"搭便车"和"不劳而获",这是因为"模仿自由",以及使用或利用不受法定权利保护的信息是基本的公共政策,也是一切技术和商业模式创新的基础。但是,随着信息技术产业和互联网产业的发展,尤其是在"大数据"的时代背景下,信息所具有的价值超越以往任何时期,越来越多的市场主体投入巨资收集、整理和挖掘信息,如果不加节制地允许市场主体任意地使用或利用他人通过巨大投入所获取的信息,将不利于鼓励商业投入、产业创新和诚实经营,最终损害健康的竞争机制。因此,市场主体在使用他人所获取的信息时,仍然要遵循公认的商业道德,在相对合理的范围内使用,律师在诉讼过程中,亦应考虑爬取方是单纯的搭便车行为,还是以相关产品为基础,付出了创造性劳动。

(3)最后,关于损害赔偿的数额

《反不正当竞争法》第 17 条规定:"因不正当竞争行为受到损害的经营者的赔偿数额,按照其因被侵权所受到的实际损失确定;实际损失难以计算的,按照侵权人因侵权所获得的利益确定。……赔偿数额还应当包括经营者为制止侵权行为所支付的合理开支。"

司法实践中,若现有证据无法证明权利人因被侵权所遭受的实际损失、侵权人因侵权所获得的利益的具体情况,即实际损失和侵权获利均难以确定,可综合考虑侵权行为发生的范围、侵权所造成的影响、持续时间、市场范围及侵权人的主观过错等因素确定或主张权利。

第四节 合 规 指 引

一、收集数据方

1. 依法获取。根据数据在经济社会发展中的重要程度,对拟获取数据进行大体评估,考虑是否需对相关数据支付费用,若无须支付费用,则需在遵守相关法律规定的前提下进行数据的获取。

2. 遵守商业道德及相关网站的 Robots 协议等类似协议。如目标网站设置"反爬"协议或"反爬"措施的,企业应避免使用爬虫手段,并保存网站相关协议。在抓取内容上,应对抓取内容进行审查。如发现抓取的内容属于用户的个人信息、隐私或者他人的商业秘密的,应及时停止抓取并删除;同时注意避免抓取视频、音乐、图片等可能构成作品的数据,引发侵权风险。

二、被爬取数据方

可采取明示、暗示禁止及相关技术措施,防止数据被不正当爬取。明示、暗示防抓取措施,包括明示的函告、警示弹窗,以及暗示的密码登录验证、技术屏蔽等措施。

三、企业被诉不正当竞争的应诉思路

笔者认为,一方面,《刑法》应保持其谦抑性;另一方面,实践中爬取数据行为亦多被认定为民商事纠纷,故企业对相关纠纷的应诉思路应有所了解。

若企业爬取数据的过程中,遵守网站相关协议,所经营业务与被爬取方不存在实质的可替代性,则可以前述原因作为爬取行为不属于不正当竞争行为的抗辩理由。

若企业未遵守协议或未经同意,但该数据利用行为并未对原数据持有者的商业模式产生"实质性替代"效果,可考虑从禁止爬取数据可能违反《反垄断法》,不利于数据的共享,与商业的发展来进行抗辩。

第十五章　算法治理及自动化决策

在网络时代,数据被视作石油一般的宝贵资源。正因如此,有人提出"数据为王",有人指出数据是生产要素。一句话,数据的价值和地位毋庸置疑。但实际上,算法作为加工处理数据"石油"的技术,决定着生产、分配、使用数据"石油"的安全性、公平性。从功能的角度来讲,算法是发现数据之间相关性从而配置数据资源并实现数据价值的机制。作为数据资源价值的发现机制、配置机制和实现机制,算法在数字经济运行过程中起着非常重要的作用。[①] 算法越来越多地代替人们进行决策,管理着信息、劳动力和各种资源的分配,协调着各方利益。[②]

因此,算法治理或者称为数据治理的问题,在目前的社会环境下地位越来越重要。有人认为,数据治理就是通过政府监管、平台自治和社会共治等机制综合施策,规范数据的收集、存储、使用、加工、传输、提供、公开、删除等行为。在数字化时代,任何一种数据行为都须借助算法。因此,数据治理的核心是治理算法和算法治理。算法或许具有工具属性,但是,如何治理算法"黑箱"、歧视、失范等问题,则反映了算法研发和运用的伦理观和价值观取向。只有作为治理对象的算法被纳入法治轨道,公平、透明、非歧视的算法才能作为治理工具实现数据治理的目标,提升数据治理的能力。[③]

如果监管无法打破算法"黑箱",任由算法无序应用,那么围绕数据"石油"

[①] 参见时建中:《治理算法与算法治理》,载法制网, http://www.legaldaily.com.cn/IT/content/2021-11/16/content_8629288.htm。

[②] 参见张咏雪:《算法治理的参与框架》,载澎湃网 2020 年 12 月 13 日, https://m.thepaper.cn/baijiahao_10358439。

[③] 参见时建中:《治理算法与算法治理》,载法制网, http://www.legaldaily.com.cn/IT/content/2021-11/16/content_8629288.htm。

的开发利用,就有可能出现干扰网络空间秩序的各种问题。特别是那些具有舆论属性和社会动员力的算法,可能涉及公众知情权、公共利益、社会安全等重大问题,尤其需要规范应用。

算法治理或者数据治理如何开展?有人提出,一个理想化的算法,需要具备这些特点:(1)理解公众的道德期望;(2)符合各种公平的概念;(3)满足利益相关者的需要和要求。[1] 为加强互联网信息服务算法综合治理,促进行业健康有序繁荣发展,国家互联网信息办公室等九部委发布的《关于加强互联网信息服务算法综合治理的指导意见》提出了算法治理总体指导思想:"建立健全算法安全治理机制,构建完善算法安全监管体系,推进算法自主创新,促进算法健康、有序、繁荣发展,为建设网络强国提供有力支撑"。本章重点讨论算法治理相关问题,主要涉及以下几个方面:算法治理的相关概念、自动化决策以及算法推荐技术。

第一节 算法治理的相关概念

算法治理包括的内容和范围广泛,其中会涉及若干核心概念,如"大数据杀熟""个人信息自动化决策""信息茧房"等,这些概念表达的含义不尽相同,但是有许多交叉重合的地方。本节我们来厘清具体的相关概念。

一、大数据杀熟

(一)大数据杀熟的概念

"大数据杀熟"并非法律术语,而是网络用语。"大数据杀熟"由两部分组成,"大数据"和"杀熟"。什么是大数据?大数据(Big data),是指无法在一定时间范围内用常规软件工具进行捕捉、管理和处理的数据集合,是需要新处理模式才能具有更强的决策力、洞察发现力和流程优化能力的海量、高增长率和多样化的信息资产。从大数据的定义可以看出,体量巨大的电商平台、互联网平台恰恰

---

[1] 参见张咏雪:《算法治理的参与框架》,载澎湃网 2020 年 12 月 13 日,https://m.thepaper.cn/baijiahao_10358439。

天然具备产生大数据的优势。商品、商家、订单、支付结算、物流、客户信息……日复一日的海量数据累积，平台尽在掌握中。互联网时代，普通消费者在平台面前早已无处藏身，一举一动、每一次鼠标点击，都被平台紧紧盯着。

"杀熟"这一俗语不俗，主要指做生意时，利用熟人对自己的信任，采取不正当手段赚取熟人钱财。原以为人熟一通百通，万事便利，实际是人熟一叶障目，难辨真伪。"大数据"和"杀熟"结合到一起，就有了新的含义，百度百科这样介绍"大数据杀熟"："大数据杀熟，是指同样的商品或服务，老客户看到的价格反而比新客户要贵出许多的现象。2018年12月20日，大数据杀熟当选为2018年度社会生活类十大流行语。"

什么是大数据杀熟？电商平台及其他各种提供在线服务的互联网平台，如果利用平台强大的信息汇聚、整合优势，对自己平台的客户进行各种维度分析，利用信息不对称优势以及老客户对平台的信任，根据客户的不同特点，在客户没有防范的情况下报出超过商品正常定价的价格，以非法赚取额外的利润，就是大数据杀熟。

大数据杀熟换用一种书面名称，叫"利用算法进行价格歧视"，互联网平台（商家）利用算法进行价格歧视的各种方式、手段包括：一是对新老用户制定不同价格，会员用户反而比普通用户价格更高；二是对不同地区的消费者制定不同价格；三是多次浏览页面的用户可能面临价格上涨；四是利用纷繁复杂的促销规则和算法，实行价格混淆设置，吸引存在计算真实价格困难的消费者。这类算法会造成选择性的目标伤害。

上述第一种行为就是最标准的杀熟，对于消费者而言，像"同一张机票，新老用户价格不一"这样的案例屡见不鲜，"杀熟"俨然成为大数据、算法的"新用途"；普通消费者比较能直观感受到的大数据杀熟相对集中在网购、网约车、网络视频和在线票务等领域，然而，"价格歧视"的现象在传统领域也是存在的，但线上的实施方式更隐蔽。因为大多时候用户借助电脑或移动终端，凭借自身账号登录后，看到的只是平台展示给自己的价格，而无法像线下"明码标价"式地看到对所有用户都一样的价格，故而这种歧视往往不易被察觉。普通用户被大数据杀熟、大数据"割韭菜"存在于网上购物、住宿、打车、餐饮等众多领域。

(二) 大数据杀熟的原理

大数据杀熟就是通过运用大数据对用户的消费习惯和消费理念进行采集，

分析总结然后运用数据的不对等性对商品价格进行调整,特别是针对忠实的用户进行价格上的调高以获得更多的利润。大数据杀熟主要通过三个步骤实现。第一,对用户的消费习惯和消费理念进行采集。这一步在大数据时代易如反掌,因为我们在平台的每一条消费记录甚至是浏览记录都会被作为数据存储。第二,结合用户的消费习惯和消费理念,对这些数据进行大数据分析,确定用户所需要的是哪一些商品。这就是为什么大家会觉得互联网越来越懂自己的原因。第三,对这些商品进行隐秘性价格调整,因为生活中我们的信息是非常不对等的,即使平台调整了价格,我们很多时候是发现不了的,即使发现了,我们也会更多地认为只是平台的等级制度不同而已。[1]

大数据杀熟引人愤怒的道理其实很简单:当我们事后发现达成的交易、采纳的行为是提供方通过研究我们的喜好、过往,基于我们的历史信息形成的洞察甚至偏见,对于时下的消费或者未来的行为进行自主预判,并施加不合理的影响而形成的结果,我们会不满于这种类似于过去时常发生在熟人社会中的"差别待遇",或者说,我们因为自己的某种特征为相对方所熟悉后而受到了"歧视"。

但与以往最主要的不同点在于,这种所谓"差别待遇"或者"歧视"的产生,或许仅是一种自动化程序的结果,至少在这种结果产生的时点缺少人为干预的因素。这成为企业运用自动化决策而可能带来差别待遇时,其合法性、合理性备受争议的问题焦点。

从简单的经济学观点来看,大数据杀熟实则产生于一方利用自动化决策所产生的信息差,典型的大数据杀熟是交易中的一方利用其充分掌握的交易相对方的信息,来进行个别化的、差异化的定价。这种差异化定价策略,在此前之所以不普遍,主要是因为相关方难以掌握交易相对人的足够信息以及在处理相关信息时存在很大难度。但随着互联网信息技术的发展,消费者数据被大量收集以及商家数据处理、运用能力的飞跃,使差异化定价不再是困难的事情。因此从理论和逻辑上来看,在未来的商业实践中,商家采取差异化定价的策略会越来越普遍。不可否认的是差异化定价策略具有一定经济意义上的合理性,比如基于不同交易主体的特点达成不同的交易条件,定制化地提供服务。

---

[1] 参见《大数据杀熟的原理是什么?》,载知乎网,https://www.zhihu.com/question/478176066/answer/2208047179。

与此同时，上述基于"定制化服务"而形成的差异化定价策略的前提在于交易双方对于交易条件的合理性和公正性至少不具备显著的信息壁垒。即使交易方就交易条件形成合意，在大数据分析工具、自动化决策这样高效率的算法机制介入的情形下，我们无法期待交易中的消费者作为个体，可以对其所达成的全部交易条件的合理性、公正性作出完全准确的预判。

二、信息茧房

"信息茧房"是一个形象的说法，举个例子，不少用户应该都有过在 APP 上刷短视频一刷就是几个小时忘了时间的经历，原因就在于源源不断的推荐会让人深受吸引无法自拔，这就是"信息茧房"。算法推荐最初应用的目的是提升检索效率，降低用户的时间成本，快速匹配用户最需要的内容，但却逐渐演变成为增强用户黏性、延长使用时间的机制保障，这显然与本意有所偏离。

引发更多争议的是"信息茧房"效应。算法推荐会为了取悦用户，不断推荐其感兴趣的内容，这让用户以自身兴趣为砖瓦构筑起一道墙，从此只能沉浸在自己喜爱的、熟悉的已知的世界里，这就是"信息茧房"所描述的状态。

在学术界，针对这一理论的现实效应还存在不少争议，但可以确认的是，算法基于兴趣的个性化推荐，确实收窄了用户的信息接收范围，并减少了接受差异化讯息的可能性。在日渐封闭的信息环境中，用户只看自己想看的，只听自己想听的，并在不断重复和自我验证中强化固有观念，进而相信一些不客观的故事。

三、应用算法推荐技术

"应用算法推荐技术"见于国家网信办公布的《互联网信息服务算法推荐管理规定》(以下简称《算法规定》)，其定义为"利用生成合成类、个性化推送类、排序精选类、检索过滤类、调度决策类等算法技术向用户提供信息"。

而《算法规定》中针对算法推荐服务约束的主体非常广泛，其第 2 条规定，在中国境内应用算法推荐技术提供互联网信息服务(算法推荐服务)的，除非法律、行政法规另有规定，都要适用该规定。《算法规定》的适用范围非常广泛，各类提供算法推荐服务的互联网平台几乎都在监管范围内，如各类短视频平台、电商平台、社交平台及餐饮外卖平台等。

四、自动化决策

《个人信息保护法》中对自动化决策做了明确的定义,根据该法,自动化决策是指通过计算机程序自动分析、评估个人的行为习惯、兴趣爱好或者经济、健康、信用状况等,并进行决策的活动。简言之,自动化决策是在没有人工干预的情况下,计算机自动处理个人信息而产生的对个人有影响力的决策。[①]

五、用户画像

《深圳经济特区数据条例》对算法治理中经常出现的"用户画像"进行了定义:"用户画像,是指为了评估自然人的某些条件而对个人数据进行自动化处理的活动,包括为了评估自然人的工作表现、经济状况、健康状况、个人偏好、兴趣、可靠性、行为方式、位置、行踪等进行的自动化处理。"也就是说,用户画像也是在没有人工干预的情况下,计算机自动处理个人信息的行为。

六、个性化推荐或者定向推送

定向推送(directional push),是指基于特定个人信息主体的网络浏览历史、兴趣爱好、消费记录和习惯等个人信息,向该个人信息主体推荐或展示信息内容、提供商品或服务的搜索结果以及推送商业广告等活动。业务实践中,定向推送也被称为个性化展示或个性化推荐。

以上提到的大数据杀熟、用户画像、应用算法推荐技术、自动化决策,都属于算法治理的范畴。大数据杀熟是一种结果或者说是恶果,大数据杀熟的产生过程,主要是采用应用算法推荐技术,对消费者用户实施用户画像并实行自动化决策的结果,由于对不同的用户产生了不合理的价格歧视、差别对待、差别待遇,损害了用户的个人权益。应当说,应用算法推荐技术、实施用户画像以及自动化决策,其应用的场景和领域很宽泛,并不仅仅限于商品买卖交易环节,只不过,在网购、网约车、网络视频和在线票务等领域,上述技术和手段被有关平台商家不恰当使用,就结出了"大数据杀熟"这一恶果。

[①] 《个人信息保护法》第73条第2项规定:"自动化决策,是指通过计算机程序自动分析、评估个人的行为习惯、兴趣爱好或者经济、健康、信用状况等,并进行决策的活动。"

第二节 自动化决策

一、自动化决策的法律特征及其法律风险

(一) 自动化决策的法律特征

自动化决策具有以下法律特征:

第一,自动化决策的主体是个人信息处理者,是其利用电子计算机程序进行的决策活动;

第二,自动化决策的方法是通过计算机程序自动形成的,而非人工进行,因而属于计算机算法的范畴,即通过某种算法自动作出的决策;

第三,计算机程序作出自动化决策的基础是利用个人信息,包括个人的行为习惯、兴趣爱好或者经济、健康、信用状况等,是在这些个人信息的基础上,自动进行的决策;

第四,自动化决策由于利用个人信息自动进行,因而会对信息主体产生某种影响,严重的甚至造成个人权益的损害。[1]

(二) 自动化决策的法律风险

相关法律规范要约束的是如何在进行互联网营销、广告推荐以及达成交易的过程中合法设计、使用自动化决策的算法程序。自动化决策带来的法律风险主要体现在:

第一,一旦算法有误或者夹杂了错误性、偏见性的内容时,其预测功能就失去价值和意义。例如,自动化决策强调利益最大化,受此影响,平台或商家在推送有关信息时所体现出的倾向性和歧视性特征使"大数据杀熟""算法杀熟"现象愈演愈烈,用户在网络交易中容易受到不合理的差别对待。[2]

第二,在自动化决策的作用下,"信息茧房"和"回声室"效应不断强化,容易

---

[1] 参见杨立新、赵鑫:《利用个人信息自动化决策的知情同意规则及保障——以个性化广告为视角解读〈个人信息保护法〉第24条规定》,载《法律适用》2021年第10期。

[2] 参见张建文、李锦华:《欧盟个人数据保护法上的反自动化决策权研究》,载《重庆邮电大学学报(社会科学版)》2019年第2期。

使用户进入自己的舒适圈形成某种价值取向的固化观念。①

第三,自动化决策容易忽视对个人尊严的尊重,个人信息权益隐私权容易被侵犯。②

二、《个人信息保护法》关于"自动化决策"的相关规定

正如上文所说,《个人信息保护法》中除了定义了"自动化决策"之外,还对平台商家利用个人信息进行自动化决策的行为作出了相应的法律规定,如《个人信息保护法》第24条是关于利用个人信息进行自动化决策的规则的规定。该条有3款,第1款规定个人信息处理者利用个人信息进行自动化决策的透明、公平、公正原则;第2款规定个人信息处理者提供不针对个人特征的选项义务与提供便捷拒绝方式的义务;第3款规定个人的说明请求权和拒绝权。③

另外,《个人信息保护法》第55条规定了个人信息处理者利用个人信息进行自动化决策前应当进行个人信息保护影响评估。④

三、利用个人信息进行自动化决策应遵循透明度原则

(一)遵循透明度原则是为了充分保障用户的知情同意权

利用个人信息进行自动化决策,首先应遵循透明度原则,使其决策公开、合法,能够被他人所知悉。个人信息的处理者,利用个人信息进行自动化决策,应当履行告知义务,所用语言应该简洁易懂,尤其对于未成年人来说,不应给他们造成理解和认识上的障碍。这是《个人信息保护法》第24条的明确规定,欧盟《通用数据保护条例》(GDPR)对此也有相应的规定⑤,个人信息的处理者应当

---

① 参见杨立新、赵鑫:《利用个人信息自动化决策的知情同意规则及保障——以个性化广告为视角解读〈个人信息保护法〉第24条规定》,载《法律适用》2021年第10期。

② 参见郭建利:《"互联网+"法治思维与法律热点问题探析》,法律出版社2016年版,第60页。

③ 《个人信息保护法》第24条规定:"个人信息处理者利用个人信息进行自动化决策,应当保证决策的透明度和结果公平、公正,不得对个人在交易价格等交易条件上实行不合理的差别待遇。通过自动化决策方式向个人进行信息推送、商业营销,应当同时提供不针对其个人特征的选项,或者向个人提供便捷的拒绝方式。通过自动化决策方式作出对个人权益有重大影响的决定,个人有权要求个人信息处理者予以说明,并有权拒绝个人信息处理者仅通过自动化决策的方式作出决定。"

④ 《个人信息保护法》第55条规定:"有下列情形之一的,个人信息处理者应当事前进行个人信息保护影响评估,并对处理情况进行记录:……(二)利用个人信息进行自动化决策……"

⑤ GDPR第12条第1款。

接受相应的监督,保证信息处理的透明度。

利用个人信息进行自动化决策应遵循透明度原则是为了充分保障用户的知情同意权。保障用户的知情同意权是处理个人信息活动的基本前提之一,利用个人信息进行自动化决策也属于个人信息处理活动的范畴,也应充分尊重并保障个人用户的知情同意权。从个人用户的角度来看,保障个人用户的知情同意权,个人可以充分行使查询和质询权以保证其对自动化决策的过程与结果充分知情。[1] 从个人信息处理者的角度来看,个人信息处理者利用个人信息在进行自动化决策时负有告知、披露的义务。

(二)透明度原则要求提高算法的透明度

算法是连接实际问题和计算机系统的桥梁,是计算机可以运行的程序。[2]"算法中立""技术中立"的主张具有片面性,在大数据时代背景下,算法的透明化和黑箱化趋势并行不悖地同步发展,算法的歧视性难以避免,黑箱是人为塑造的结果,技术和算法无法做到绝对的中立和客观,代表着算法的不透明性和难以预测性。[3]

算法解释的目的在于让人了解自动化决策作出的过程,追求的是"适当透明性",是对有助于了解算法模型的逻辑和对相关信息进行公开和解释,从而增加算法的可预测性与责任性。[4] 算法解释权侧重于算法所依赖的运行规则,而不仅仅是计算机技术本身[5],就应该告知的内容而言,包括具体解释、更新解释和个人信息处理者拒不提供解释时提供给相对人可行的救济选择等[6]。

提高信息处理行为的透明度,个人用户才能够更好地理解个人信息自动化决策的过程,其知情同意权的保障才有基础,也才能使个人信息处理者更好地接受监督。个人信息处理者利用个人信息进行自动化决策,必须将其处理行为公

---

[1] 参见陈洪磊:《有限责任公司股东知情权行使中的利益衡量——〈基于公司法司法解释四〉实施后的291份裁判文书的整理分析》,载《法律适用》2019年第6期。

[2] 参见周玉萍主编:《信息技术基础》,清华大学出版社2017年版,第108页。

[3] 参见刘东亮:《技术性正当程序:人工智能时代程序法和算法的双重变奏》,载《比较法研究》2020年第5期。

[4] 参见张恩典:《大数据时代的算法解释权:背景逻辑与构造》,载《法学论坛》2019年第4期。

[5] 参见杨立新、赵鑫:《利用个人信息自动化决策的知情同意规则及保障——以个性化广告为视角解读〈个人信息保护法〉第24条规定》,载《法律适用》2021年第10期。

[6] 参见张凌:《商业自动化决策的算法解释权研究》,载《法律科学(西北政法大学学报)》2018年第3期。

开,能够被他人所感知、所认识,能够确认信息处理行为是否符合法律规定。监督的主体,除了个人信息权益人和国家职能部门外,还应包括信息处理者设立的监督机构。①

四、利用个人信息进行自动化决策应遵循公平合理原则

公平合理原则,是《个人信息保护法》第 24 条明确规定的,利用个人信息进行自动化决策应遵循的基础性原则之一。同时,公平合理原则也符合《民法典》的精神和要求。

(一)《民法典》中关于公平合理原则的规定

民法调整平等主体之间的人身关系和财产关系,利用个人信息进行自动化决策也属于民法调整的民事法律关系的一种,《民法典》规定,民事主体从事民事活动应当遵循公平原则,合理确定各方的权利和义务。利用个人信息进行自动化决策当然也在《民法典》的调整范围之内,其应遵循合法、正当、必要原则,不得过度处理,遵循合法、正当、必要原则也是数据处理、个人信息处理的基本原则。

(二)公平合理原则有利用制定更符合实际的隐私协议

公平合理原则有利用制定更符合实际的"隐私协议"。隐私是个人信息的传统称谓,有人认为,《民法典》实施后,"隐私协议"应当称为"隐私与个人信息协议",即使不改变称谓,"隐私协议"中也应当包含或者主要包含个人信息处分的内容。"隐私协议"由于具有不可协商性使其在贯彻公平合理原则方面有所欠缺,诸如加粗加大字体等告知说明义务被广泛应用,成为 APP 运营者规避告知义务的手段。②

(三)公平合理原则要求防止"在交易价格等交易条件上实行不合理的差别待遇"

自动化决策作为一类算法机制,"算法中立""技术中立"在很多场景下并不

---

① 参见杨立新、赵鑫:《利用个人信息自动化决策的知情同意规则及保障——以个性化广告为视角解读〈个人信息保护法〉第 24 条规定》,载《法律适用》2021 年第 10 期。
② 参见杨立新、赵鑫:《利用个人信息自动化决策的知情同意规则及保障——以个性化广告为视角解读〈个人信息保护法〉第 24 条规定》,载《法律适用》2021 年第 10 期。

必然成立,之所以需要对自动化决策机制进行一定的法律规则限制,原因在于对于这类算法机制的使用不当有可能造成结果上的失衡,从而导致个人信息主体权益受到侵害,最典型的表现就是当个人信息主体为消费者时的公平交易权受损。

从条文表述来看,《个人信息保护法》第 24 条规制的对象为交易条件上的不合理差别待遇,结合立法理由来看,本条款并非旨在禁止一切差别化的交易条件,确保自动化决策透明和结果公平公正才是规制的实质所在,因此实践中对不合理差别待遇的理解应当结合前述规则加以考虑。[①]

五、为个人提供不针对个人特征的选项或者为个人提供便捷的拒绝方式

"通过自动化决策方式向个人进行信息推送、商业营销,应当同时提供不针对其个人特征的选项,或者向个人提供便捷的拒绝方式"。为保障个人用户的知情同意权,对于个人信息处理者来说,在通过自动化决策向个人信息推送、商业营销时,"提供不针对个人特征的选项"或者"为个人提供便捷的拒绝方式",上述两个义务或者选择其一,或者同时履行。

(一)"信息推送"的服务范围

"商业营销"一般指广告投放。而法律条款的"信息推送"可能既包括狭义的"信息推送",也包括广义的"信息推送"。从技术角度出发,狭义的"信息推送"往往指代通过自身产品或第三方工具对于用户移动设备、信箱进行的主动信息推送,这使用户能够在移动设备通知栏、信箱中接收到产品主动推送的信息。广义的"信息推送",可能还包括个性化展示。[②]

个性化展示,在业务实践中也被称为"个性化推荐""定向推送"。主要指平台或商家基于特定个人信息主体的网络浏览历史、兴趣爱好、消费记录和习惯等

[①] 参见张新宝:《新宝看法(二十)|〈个人信息保护法〉第 24 条:规制大数据"杀熟""杀生"行为》,2021 年 9 月 22 日,https://mp.weixin.qq.com/s? src = 11&timestamp = 1638666164&ver = 3477&signature = HZ － 30ctMjkH8Qn2jknWaLQfuAr8AolXR7YkXoRL0jc8u-IilB9DIYCVdLygsKiDXyueQU3fMyk3yosGI9J9I2S3Jry j3Im3ej3o﹡MySTnHc3cm3zpKNKvvbZWaHuGjCE&new = 1。

[②] 参见宁宣凤等:《知我者,当谓我心忧:个人信息自动化决策的法律规制与合规要求》,载威科先行法律库 2021 年 9 月 14 日。

个人信息,向该个人信息主体推荐或展示信息内容、提供商品或服务的搜索结果以及推送商业广告等活动。① 例如,社区、电商、短视频等各类产品应用中常见的根据用户基本资料、使用偏好以及标签信息所进行的"信息流推送",也是法律规制的重点对象,例如,根据用户画像向用户推送用户感兴趣视频的短视频服务提供商、在首页根据用户偏好展示其感兴趣商品的电商平台。②

(二)为个人提供不针对个人特征的选项

通过自动化决策方式向个人进行信息推送、商业营销时,不允许提供针对个人特征的选项,主要是为了维护个人身份信息的安全。为个人用户提供不针对个人特征的选项,也是保证个人用户知情同意权而个人信息处理者在利用自动化决策处理个人信息时应当履行的义务之一。

那么如何理解"不针对个人特征的选项"?

第一,选项具有多样性。应当依据决策的不同内容设置不同的选择。选项的含义是针对内容的差异给重要选项单独设置勾选窗口,而不是通过一个选项来迫使用户认可上述所有条款。③

第二,选项不得具有引导性。对于观察者来说,不同的颜色会有不同的效果。因此,对于网络服务的选项卡来说,"同意"与"不同意"的选项按钮在外观上应无差别,包括颜色、形状、大小的一致性是必要的。

第三,提供选项的内容要求是不针对个人特征。个人特征,是有关特定自然人的、具体真实而非抽象的、具有可识别性的身份特征。个人特征与个人信息密切相关,个人信息包含着部分个人特征,个人信息数量越多,对个人特征的刻画也就更清晰。④ 个人特征须为自然人的真实特征,而不是虚拟身份特征。不针对个人特征,就是自动化决策的特征不得针对个人特征,例如,有关减肥的推送,不得针对具有该个人特征的肥胖者。

---

① 参见电信终端产业协会团体标准:《APP 用户权益保护测评规范定向推送》(T/TAF 078.2—2020)。

② 参见宁宣凤等:《知我者,当谓我心忧:个人信息自动化决策的法律规制与合规要求》,载威科先行法律库 2021 年 9 月 14 日。

③ 参见杨立新、赵鑫:《利用个人信息自动化决策的知情同意规则及保障——以个性化广告为视角解读〈个人信息保护法〉第 24 条规定》,载《法律适用》2021 年第 10 期。

④ 参见杨立新、赵鑫:《利用个人信息自动化决策的知情同意规则及保障——以个性化广告为视角解读〈个人信息保护法〉第 24 条规定》,载《法律适用》2021 年第 10 期。

第四,"不针对个人特征的选项"的延伸法条。《电子商务法》中也有"不针对个人特征的选项"的规定,该法第 18 条规定:"电子商务经营者根据消费者的兴趣爱好、消费习惯等特征向其提供商品或者服务的搜索结果的,应当同时向该消费者提供不针对其个人特征的选项,尊重和平等保护消费者合法权益。"也就是说,《电子商务法》第 18 条是要求电子商务经营者在提供商品或服务搜索结果时提供不针对用户个人特征的选项,而《个人信息保护法》将规制场景扩充为利用个人信息进行自动化决策和进行信息推送、商业营销的所有场景,将规制主体拓宽为所有个人信息处理者,并且增加了个人信息处理者向个人提供便捷拒绝方式的规定。

(三)为个人提供便捷的拒绝方式

为个人用户提供便捷的拒绝方式,是《个人信息保护法》特别强调的内容。该法要求个人信息处理者在利用个人信息进行自动化决策中使用简化、易懂的语言,从而为网络用户提供拒绝该种商业营销、信息推送的方法。这种拒绝方式,一方面,不得影响用户的自主选择权,不能有"强制索权"之嫌疑;另一方面,拒绝的方式应该具有便捷性。个人信息处理者提供的拒绝方式应当是明确、合理且恰当的,不得采用设置隐蔽性拒绝方式等有违便捷性要求的做法;不能以剥夺、变相剥夺用户相关权益为代价;拒绝方式不是隐私政策中的"同意"与"不同意",而是针对自动化决策推送设置明确的拒绝按钮。[①]

六、个人用户享有的请求说明权和拒绝权

根据《个人信息保护法》第 24 条第 3 款的规定,个人信息处理者通过自动化决策方式作出对个人权益有重大影响的决定时,个人有权要求处理者予以说明,并有权拒绝处理者仅通过自动化决策的方式作出决定。本条明确了当个人信息处理者通过自动化决策作出对个人权益有重大影响的决定时,个人可以主张的权利。这里包括一个前提和两个权利。

一个前提是个人信息处理者通过自动化决策处理个人用户信息,并且该自动化决策作出的决定可能对个人用户的权益产生重大影响。两个权利,包括要

---

① 参见杨立新、赵鑫:《利用个人信息自动化决策的知情同意规则及保障——以个性化广告为视角解读〈个人信息保护法〉第 24 条规定》,载《法律适用》2021 年第 10 期。

求个人信息处理者对自动化决策作出说明的权利和拒绝仅通过自动化决策方式作出决定的权利。

(一)对个人权益有重大影响的决定

这一前提要求对个人权益的影响应当达到"重大"的程度,如果只有轻微影响或者一般影响,没有达到重大影响的程度,不能享有请求说明权。

什么才算是"对个人权益有重大影响的决定"呢?这是实务中的一个难点。有人提出,只有自动化决策损害个人住房、工作、信贷等其他重要利益时,人们才享有反对自动化决策的权利,或者说人们至少可以提出自己的意见。[①]

同时,GDPR"对个人权益有重大影响的决定"的做法也可供我们借鉴。GDPR 第 22 条明确规定,数据主体有权不受到对其产生法律效力或对其造成类似的重大影响的自动化决策的限制。在此基础上,欧盟数据保护工作组制定的《关于自动化个人决策目的和识别分析目的准则》(Guidelines on Automated individual decision-making and Profiling for the purposes of Regulation 2016/679)进一步厘清了"对个人权益有重大影响的决定"的定义。在 GDPR 语境下,对个人权益有重大影响的决定是指"具备对个人的境况、行为或选择产生重大影响的潜在可能,在最极端的情况下,可能导致对个人的排除或歧视"的决定,影响某人的财务状况的决定,如在线申请信用卡以及向经济困难的人展示在线赌博广告,以及影响某人的就业机会的决定,如在线招聘等,均属于"对个人权益有重大影响的决定"。

《信息安全技术 个人信息安全规范》第 7.7 条"信息系统自动决策机制的使用"规定,个人信息控制者业务运营所使用的信息系统,具备自动决策机制且能对个人信息主体权益造成显著影响的情形包括自动决定个人征信及贷款额度、用于面试人员的自动化筛选等。

《信息安全技术 个人信息安全影响评估指南》(GB/T 39335—2020)则要求从"限制个人自主决定权""引发差别性待遇""个人名誉受损或遭受精神压力""人身财产受损"四个维度对个人权益影响的重大性进行评估。

[①] 参见[美]弗兰克·帕斯奎尔:《黑箱社会:控制金钱和信息的数据法则》,赵亚男译,中信出版社 2015 年版,第213页。转引自张建文、李锦华:《欧盟个人数据保护法上的反自动化决策权研究》,载《重庆邮电大学学报》2019 年第 2 期。

(二)个人的请求说明权

个人信息处理者通过自动化决策处理个人用户信息,并且该自动化决策作出的决定可能对个人用户的权益产生重大影响时,《个人信息保护法》第 24 条第 3 款明确了个人有向个人信息处理者要求对自动化决策作出说明的权利,即个人的请求说明权。请求说明权是个人知情权的内容之一,个人信息处理者负有说明和解释的权利,以满足个人用户的知情权。同时,个人用户拥有的请求说明权,也是保证自动化决策透明度的必然要求,是确保个人获得其个人信息在包含自动处理的场景下得以被公平、透明地处理,以及对此类决策向个人信息处理者进行确认和沟通的权利。

(三)个人的拒绝权

同样在个人信息处理者通过自动化决策处理个人用户信息,并且该自动化决策作出的决定可能对个人用户的权益产生重大影响的前提下,《个人信息保护法》第 24 条第 3 款还明确了在个人信息处理者仅通过自动化决策方式作出决定时,个人享有拒绝此类决定的权利。"仅通过自动化决策方式作出决定"是指自动化决策作出时仅基于计算机程序,而完全排除人的参与。根据自动化决策依赖于计算机程序分析、评估并作出决策的性质,个人应当具有获得人工干预的权利,任何与个人权益有重大关联的决定都不应当完全仅由机器决定,这既是从伦理上保障对人格尊严的尊重,也是防范数据、算法歧视,确保自动化决策准确、公平和合理的必然要求。

因此,法律通过确认个人享有对仅由自动化决策方式作出决定的拒绝权,以确保个人在自动化决策过程中获得人工干预的可能。这种人工干预应当体现为人在决定形成的过程中保有进行实质意义的监督或影响,个人信息处理者应当保有改变自动化决策所作决定的权利与能力,但这并非要求其必须对自动化决策所形成的决定作出事实上的改变,尤其当人对于自动化决策形成的决定具有包含其他考虑因素的审查时,就不能简单认为完全排除了人的参与。

七、自动化决策具体应用分析

我们选取了苹果手机客户端的京东 APP 及其隐私政策,来分析京东 APP 中跟自动化决策或者称为个性化推荐相关的功能。该 APP 是应用于 iphone 手机的 V10.2.4 版本,对应《京东隐私政策》2021 年 12 月 8 日生效。该 APP 涉及个性化推荐的主要是隐私设置里面的"广告管理"以及"推荐管理"两大栏目。如图 15 – 2 – 1 所示。

图 15 – 2 – 1　苹果手机客户端的京东 APP 隐私政策

(一)"广告管理"栏目

"广告管理"栏目中,专门列出了"个性化广告"和"程序化广告"。两者都涉及自动化推荐。

针对"个性化广告",该 APP 对"个性化广告"作出了书面的定义:"个性化广告,为实现您在 APP、网站、客户端、小程序等的个性化需求,我们根据您的间接用户画像进行智能化广告内容推荐,向您推荐展示更契合您需求的商品或服务广告。您可以通过'隐私设置⇒广告管理'选择对不感兴趣的类别进行关闭,并决定开启或关闭个性化广告设置。您的设置会在 10 分钟内生效。关闭后,您仍然会看到广告,您看到的广告数据量并不会减少,但是广告相关度会降低。如您有个性化广告推荐需求,需要对已关闭类别、按钮进行恢复操作。"上述文字定义下面设置有"个性化广告设置"按钮,方便用户打开或者关闭"个性化广告设置"。

同样,针对"程序性广告",该 APP 也作出了书面定义:"程序化广告,为保证您更便捷地获取我们的商品或服务,我们会根据您的间接用户画像,在京东旗下 APP、网站、客户端、小程序等以外的其他应用上进行智能的广告内容推荐。我们仅提供程序化广告对接技术,仅会向这些其他应用提供推广的覆盖面和有效性的信息,而不会提供您的个人身份信息,或者我们将这些信息进行汇总,以便这些信息不会识别到您个人,同时我们也不会获取您在其他应用内的行为信息或其他个人数据。您可以通过'隐私设置⇒广告管理'查看程序化广告设置的设置情况,并可以决定开启或关闭这个设置。您的设置会在 10 分钟内生效。关闭后,您在其他应用上仍然会看到广告,您看到的广告数据量并不会减少,但是广告相关度会降低。如您有程序化广告推荐需求,需要对程序化广告设置按钮进行恢复操作。"上述文字定义下面设置有"程序化广告设置"按钮,方便用户打开或者关闭"程序化广告设置"。

(二)"推荐管理"栏目

"推荐管理"栏目给出了"个性化推荐"的书面定义:"个性化推荐,为了给您提供更贴合您个人需求的个性化商品及服务,提高您的购物效率及体验,我们可能会使用到您如下信息:您在访问或使用京东平台网站或客户端时的服务日志,包括浏览记录、点击查看记录、搜索查询记录、点赞、收藏、添加至购物车、交易、售后、关注分享信息、发布信息,以及 IP 地址、浏览器类型、电信运营商、使用语言、访问日期和时间。您所使用设备相关信息,包括设备型号、操作系统版本、设备设置、MAC 地址及 IMEI、设备识别码、设备环境、移动应用列表等软硬件特征信息;设备所在位置相关信息(包括您授权的 GPS 位置以及 WLAN 接入点、蓝牙和基站等传感器信息)。我们会基于您以上的个人信息提取您的用户画像和需求特征,并向您推荐您可能感兴趣的商品或服务。如果您对个性化推荐的商品或服务不感兴趣或者不希望我们为您提供个性化推荐的服务,您可以通过长按被推荐商品并选择原因来屏蔽此类商品,您也可以通过下面按钮关闭个性化推荐服务。如果您关闭按钮,您看到的推荐内容相关性可能会降低,如需要您可再次开启。"上述文字定义下面设置有"个性化推荐"按钮,方便用户打开或者关闭"个性化推荐"按钮。

第一,该 APP 利用设置的"个性化广告"、"程序化广告"和"个性化推荐"向个人用户推送广告或者进行个性化推荐都属于利用个人信息进行自动化决策。首先,该 APP 的运营者是个人信息处理者。其次,该 APP 设置的"个性化广告"、"程序化广告"和"个性化推荐"都是通过计算机的算法自动生成。根据该 APP 描述,"个性化广告"系根据用户的间接用户画像进行智能化广告内容推荐,向用户推荐展示商品或服务的广告。"程序化广告",系根据用户的间接用户画像,在京东旗下 APP、网站、客户端、小程序等以外的其他应用上进行智能的广告内容推荐,具体操作是该 APP 向这些其他应用提供推广的覆盖面和有效性的信息,而不会提供用户的个人身份信息,或者将这些信息进行汇总。"个性化推荐"系该 APP 使用用户在访问或使用京东平台网站或客户端时的服务日志和设备相关信息,基于上述个人信息提取用户的用户画像和需求特征,向用户推荐商品或服务。服务日志包括浏览记录、点击查看记录、搜索查询记录、点赞、收藏、添加至购物车、交易、售后、关注分享信息、发布信息,以及 IP 地址、浏览器类型、电信运营商、使用语言、访问日期和时间。用户所使用设备相关信息,包括设备型号、操作系统版本、设备设置、MAC 地址及 IMEI、设备识别码、设备环境、移动应用列表等软硬件特征信息;设备所在位置相关信息(包括用户授权的 GPS 位置以及 WLAN 接入点、蓝牙和基站等传感器信息)。也就是说,该 APP 运营者设置并推送"个性化广告"、"程序化广告"或者提供"个性化推荐"都是利用电子计算机程序进行的决策,都符合《个人信息保护法》中界定的"利用个人信息进行自动化决策"。

第二,笔者认为,该 APP 运营者通过自动化决策推送广告或者进行个性化推荐,基本符合了决策透明度的要求和结果公平合理原则的要求。该 APP 利用设置的"个性化广告"、"程序化广告"和"个性化推荐"向个人用户推送广告或者进行个性化推荐,做到了公开、被个人用户所知悉,履行了相关的告知义务,所用语言简洁易懂。该 APP 利用设置的"个性化广告"、"程序化广告"和"个性化推荐"向个人用户推送广告或者进行个性化推荐,也未针对不同用户在交易价格等交易条件上实行不合理的差别待遇。

第三,该 APP 利用设置的"个性化广告"、"程序化广告"和"个性化推荐"向个人用户推送广告或者进行个性化推荐,针对"个性化广告"、"程序化广告"和"个性化推荐"都设置了方便快捷的关闭按钮,也没有提供针对用户个人特征的选项,满足了"通过自动化决策方式向个人进行信息推送、商业营销,应当同时提供不针对其个人特征的选项,或者向个人提供便捷的拒绝方式"的要求。

第四,该 APP 利用设置的"个性化广告"、"程序化广告"和"个性化推荐"向个人用户推送广告或者进行个性化推荐,对个人用户的个人权益没有重大影响。正如前面的分析,如果个人信息处理者采用自动化决策对个人用户的个人权益产生重大影响,个人用户有权行使请求说明权和拒绝权,要求个人信息处理者进行说明或者解释,也可以拒绝自动化推送广告或者个性化推荐的行为。此处,"个性化广告""程序化广告"中涉及的是个人用户的间接用户画像,而"个性化推荐"涉及的是个人用户的服务日志和设备相关信息,上述信息都不属于个人敏感信息,通过上面的分析,该 APP 利用设置的"个性化广告"、"程序化广告"和"个性化推荐"向个人用户推送广告或者进行个性化推荐,从限制个人自主决定权、引发差别性待遇、个人名誉受损或遭受精神压力、人身财产受损四个维度对个人权益影响的重大性进行评估,也不属于"通过自动化决策方式作出对个人权益有重大影响的决定"。

八、进行自动化决策的个人信息处理者具体合规操作

对于过程的透明性要求一方面与个人信息处理者使用了自动化决策的算法机制的可解释性以及解释的程度相关,另一方面也向个人信息处理者提出了向个人信息主体告知其所可能用于自动化决策、用户画像分析以及基于此所进行

的一系列大数据处理活动规则的必要性。

具体合规操作：

（1）将"隐私政策""隐私协议"修改为"隐私与个人信息政策""隐私与个人信息协议"；

（2）在隐私政策中明确告知使用自动化决策、用户画像或者画像分析技术的业务场景；

（3）在具体的业务模块或者前端界面中使用通知横幅、弹窗或者页面标签等形式向用户明示自动化决策机制的使用；

（4）形成针对自动化决策机制所使用的个人信息类型、目的和方式等基本要素的单独描述文件，以满足相应的法律要求。

第三节　算法推荐技术

算法治理的核心，是对算法推荐技术的管理。关于算法推荐技术，目前最全面的法律规范是《互联网信息服务算法推荐管理规定》（以下简称《算法规定》）。

一、《算法规定》的适用范围及规制对象

《算法规定》第 2 条规定："在中华人民共和国境内应用算法推荐技术提供互联网信息服务（以下简称算法推荐服务），适用本规定。法律、行政法规另有规定的，依照其规定。"也就是说，应用算法推荐技术提供互联网信息服务的具体应用场景，除了法律、行政法规另有规定之外，都要受到《算法规定》的规制。

这里提到了"互联网信息服务"，因此有必要厘清"互联网信息服务"的法律概念和范围。

（一）互联网信息服务

首先，"互联网信息服务"是"增值电信业务"的一种。2016 年修订的《电信条例》附"电信业务分类目录""二、增值电信业务"中，共列出了 9 项业务内容，"（一）电子邮件；（二）语音信箱；（三）在线信息库存储和检索；（四）电子数据交换；（五）在线数据处理与交易处理；（六）增值传真；（七）互联网接入服务；

(八)互联网信息服务;(九)可视电话会议服务。"也就是说,互联网信息服务是增值电信业务的一种,增值电信业务是互联网信息服务的上位概念。

其次,大量线上服务场景,都属于互联网信息服务的范畴。《互联网信息服务管理办法》规定,互联网信息服务是指通过互联网向上网用户提供信息的服务活动,包括经营性互联网信息服务与非经营性互联网信息服务。可见,互联网信息服务仍可能涵盖较大范围的线上服务场景,无论是网站还是APP、是提供电子商务服务还是社交娱乐服务,只要涉及以互联网为媒介向用户提供信息,都会落入互联网信息服务的范围内。

(二)算法推荐技术的定义及分类

《算法规定》第2条第2款规定:"前款所称应用算法推荐技术,是指应用生成合成类、个性化推送类、排序精选类、检索过滤类、调度决策类等算法技术向用户提供信息。"

首先,该条款明确了应用算法推荐技术提供互联网信息服务也就是"算法推荐服务"都会被调整和规制。

其次,对算法推荐技术进行了定义列举:生成合成类、个性化推送类、排序精选类、检索过滤类、调度决策类等算法技术。算法推荐技术也被称为推荐算法。

1.生成合成类算法

生成合成类算法:该类算法基于深度学习技术拟合一种概率分布,从而合成或生成文本、语音、图像等文件,如利用大数据、人工智能等技术自动合成新闻、博文、帖子、评论等信息。该类算法技术同样可能适用于AI换脸APP涉及的"深度伪造"与"深度合成"等场景。

2.个性化推送类

个性化推送类算法:该类算法通过人工智能分析和过滤机制对海量数据进行深度分析,可以实现信息内容与用户的精准匹配,如线上购物软件通常可应用该算法,基于用户喜好为其推荐可能喜欢、感兴趣的商品。

3.排序精选类

排序精选类算法:该类算法可以将一串资料依照特定方式排序,如搜索引擎对搜索结果进行排序展示。

4.检索过滤类

检索过滤类算法:该类算法可以基于用户需求或法律要求,从可行的决策

(推荐)方案中过滤出合适的推荐结果,如可用于自动识别敏感字词。

5.调度决策类

调度决策类算法:该类算法可以在资源有限但有多个进程同时发出请求的情况下,决定合适资源使用者,如作业调度算法、进程调度算法等。典型场景如网约车平台调度算法向乘客附近的网约车司机派单,并为司机与乘客提供信息撮合服务。

二、算法推荐服务的监管

(一)行政机关监管

不少观点认为,各级网信部门是算法推荐服务的监管机构,因为《算法规定》第3条规定,"国家网信部门负责统筹协调全国算法推荐服务治理和相关监督管理工作","地方网信部门负责统筹协调本行政区域内的算法推荐服务治理和相关监督管理工作"。

但同时,除了各级网信部门之外,各级电信管理机构,以及新闻、出版、教育、卫生、药品监督管理、工商行政管理和公安、国家安全等有关主管部门,在各自职责范围内都有权对涉及应用算法推荐服务提供互联网信息服务实施监督管理。因为,《算法规定》第3条规定,"国务院电信、公安、市场监管等有关部门依据各自职责负责算法推荐服务监督管理工作","地方电信、公安、市场监管等有关部门依据各自职责负责本行政区域内的算法推荐服务监督管理工作"。另外,前面我们分析,算法推荐服务的具体应用场景是提供"互联网信息服务",《互联网信息服务管理办法》第18条规定:"国务院信息产业主管部门和省、自治区、直辖市电信管理机构,依法对互联网信息服务实施监督管理。新闻、出版、教育、卫生、药品监督管理、工商行政管理和公安、国家安全等有关主管部门,在各自职责范围内依法对互联网信息内容实施监督管理。"

(二)行业自律

《算法规定》第5条规定:"鼓励相关行业组织加强行业自律,建立健全行业标准、行业准则和自律管理制度,督促指导算法推荐服务提供者制定完善服务规范、依法提供服务并接受社会监督。"也就是说,《算法规定》鼓励相关行业组织加强行业自律,建立健全自律制度、行业准则、行业标准、算法推荐服务规范。

(三)社会监督

《算法规定》第22条规定:"算法推荐服务提供者应当设置便捷有效的用户申诉和公众投诉、举报入口,明确处理流程和反馈时限,及时受理、处理并反馈处理结果。"也就是说,《算法规定》为社会监督提供渠道,要求算法推荐服务提供者应向公众提供便捷有效的投诉、举报入口,接受社会监督。

三、对算法推荐服务提供者实施分级分类管理

(一)分级分类的主要依据

《算法规定》第23条规定,网信部门会同电信、公安等部门应"根据算法推荐服务的舆论属性或者社会动员能力、内容类别、用户规模、算法推荐技术处理的数据重要程度、对用户行为的干预程度等对算法推荐服务提供者实施分级分类管理。"根据上述规定,网信部门对算法建立分级分类管理制度,根据下列因素对既有算法进行梳理并进行初步分级分类,以识别出敏感程度较高的算法,并加强对其的审核、监测以满足上述算法推荐服务监管规则的要求:(1)舆论属性;(2)算法的社会动员能力;(3)内容类别;(4)用户规模;(5)算法推荐技术处理的数据重要程度;(6)对用户行为的干预程度。该分级分类制度的具体实施规则仍待进一步明确,如应划分为哪几类,哪几个等级,分别适用何种监管措施等。

(二)什么是特殊算法推荐服务提供者

可以明确的是,建立分级分类制度,对算法推荐服务提供者实施分级分类管理,主要是为了区分一般算法推荐服务提供者和特殊算法推荐服务提供者。《算法规定》规定,具有舆论属性或者社会动员能力的算法推荐服务提供者为"特殊算法推荐服务提供者"。《算法规定》未对特殊算法推荐服务提供者的定义和范围进行说明,有待相关配套规定以及相关执法案例进一步明确。

(三)对特殊算法推荐服务提供者的特殊管理

其一,特殊算法推荐服务提供者应当进行备案。《算法规定》规定,具有舆论属性或者社会动员能力的算法推荐服务提供者(特殊算法推荐服务提供者)应当通过相关备案系统填报相关信息,进行备案,并在其对外提供服务的平台的显著位置标明其备案编号并提供公示信息链接。

其二,特殊算法推荐服务提供者应当进行安全评估。在上述分级分类制度的基础之上,根据《算法规定》第27条,具有舆论属性或者社会动员能力的算法推荐服务提供者应当按照国家有关规定开展安全评估。

其三,特殊算法推荐服务提供者负有配合检查的义务。网信部门会同有关主管部门对算法推荐服务负责开展算法安全评估和监督检查工作时,相关算法推荐服务提供者应提供必要的支持和协助,算法推荐服务提供者负有配合检查的义务。根据《算法规定》第28条第2款,算法推荐服务提供者应当依法留存网络日志,配合网信部门和电信、公安、市场监管等有关部门开展安全评估和监督检查工作,并提供必要的技术、数据等支持和协助。这意味着主管机构在进行安全评估和检查工作时,算法推荐服务提供者可能需要向其提供数据、算法模型等,以供其查验。若相关算法推荐服务提供者未按上述要求完成安全评估、日志留存或者配合检查等义务,则按照有关法律、行政法规和部门规章的规定予以处理。

四、算法推荐服务应遵循公开透明原则,以保障用户知情权、选择权

算法的透明度原则是国际社会在进行算法监管时所普遍要求的原则之一。算法的公开透明、可解释性一方面可以保障作为用户或者消费者的算法使用者的知情权,另一方面有助于算法服务提供者自证算法合规,例如,算法服务提供者为证明其算法并未设置诱导用户沉迷或者高额消费等违背公序良俗的模型,或者并未根据消费者的偏好、交易习惯等特征在交易价格上实行不合理的差别待遇,其需要对其算法逻辑、基本原理和机制进行解释。除此之外,算法的公开透明原则也有助于对算法进行监测和审核,以确保其运行状态和输出结果在预期范围内且相对可控。保证算法推荐服务遵循公开透明原则应:

(一)建立健全相关规则和制度

算法推荐服务提供者应当落实算法安全主体责任:

(1)建立健全用户注册、信息发布审核、算法机制机理审核、安全评估监测、安全事件应急处置、数据安全保护和个人信息保护等管理制度;

(2)制定并公开算法推荐相关服务规则;

(3)配备与算法推荐服务规模相适应的专业人员和技术支撑。

(二)加强服务规则的可解释性,公示算法相关情况

《算法规定》第16条规定:"算法推荐服务提供者应当以显著方式告知用户其提供算法推荐服务的情况,并以适当方式公示算法推荐服务的基本原理、目的意图和主要运行机制等。"为落实算法公开透明原则提出的细化要求,算法推荐服务提供者可以运用内容去重、优化检索、优化排序及选择等方式,加强服务规则的透明性和可解释性,避免对用户产生不良影响,并且以显著方式公示告知用户算法推荐服务的相关原理、运作机制、对用户可能的潜在影响等。

(三)明确用户选择权

与《个人信息保护法》相关规定相呼应,《算法规定》也明确了用户接受算法推荐服务的选择权。《算法规定》第17条规定:"算法推荐服务提供者应当向用户提供不针对其个人特征的选项,或者向用户提供便捷的关闭算法推荐服务的选项。用户选择关闭算法推荐服务的,算法推荐服务提供者应当立即停止提供相关服务。"该规定主要针对实践中众多互联网平台未提供算法推荐服务关闭选项或难以关闭相关服务的情形。据报道,某些社交APP要经过至少14个步骤,才可关闭为期6个月的个性化定制广告。费尽千辛万苦关闭后,用户其实仍会接收到普遍投放的广告。《算法规定》的相关条款生效后,可督促平台设置更为便捷的算法推荐服务关闭方式,真正便利用户行使选择权。

《算法规定》第17条进一步规定:"算法推荐服务提供者应当向用户提供选择或者删除用于算法推荐服务的针对其个人特征的用户标签的功能。"该条在算法推荐方面给了用户一定主动权,可以避免企业根据自己所确定的用户标签,持续向用户推送相关信息。

第四节 企业算法治理的合规性建议

算法治理涉及的范围较广,几乎涵盖了所有提供算法推荐服务、自动化推荐服务的互联网企业,相关法律规范对算法治理活动做了较为全面的规范,有关内容对涉及算法治理的企业影响较大,建议相关企业应着重从以下方面进行准备。

一、关注数据来源合法合规

企业不管是面对自动化决策算法研发与应用、用户画像、个性化推荐，还是可能存在的"大数据杀熟"，都会涉及大量数据的收集与使用，也就是数据的来源问题。

企业为了提升算法的准确性与有效性，收集数据的方式包括：通过产品直接收集个人信息、设备信息以及使用行为信息，或通过第三方间接获取大量标签信息。而数据作为算法演练与后续应用的基础，如相关数据来源合规性存在瑕疵，将不可避免地使整体业务模式的合规性存在较高风险。因此，为确保整体业务模式的合规性，企业应首先确保数据来源合法合规。具体而言：

针对直接从用户侧收集使用的数据：如无法基于《个人信息保护法》第13条第1款之外的条款建立个人信息处理的合法性基础，则企业需要通过隐私政策披露等方式就个人信息的收集及后续使用获取用户同意，以构建收集相关信息用于自动化决策的合法性基础。

针对间接从第三方获取的数据：建议企业在开展合作前，对于第三方数据供应商进行全面评估，就供应商资质、数据安全能力、是否存在任何不良记录进行尽职调查，要求对方提供数据来源合法合规的相关证明，并签署关于数据来源合法合规的相关承诺，从而尽可能规避因数据来源瑕疵而引发的合规风险。

二、评估将数据用于自动化决策、用户画像、个性化推荐的必要性

企业在算法研发应用过程中，除满足上述合法性要求外，还应满足数据收集使用的必要性要求。尽管我们理解企业为提升算法推荐的精准度实现"千人千面"，往往需要收集海量个人信息用于算法研发、精准画像，而从业务角度出发，各类信息的收集使用均具有其必要性。但从目前监管实践来看，如收集个人信息的类型与实现产品服务的业务功能缺乏直接关联、频次过高或数量过多，均可能被认定超出收集个人信息的必要范围，从而引发合规风险。因此从合规角度出发，企业仍应建立针对信息收集使用的必要性评估机制，从用户侧角度评估将信息用于算法研发、精准画像的必要性，并重点关注监管目前可能重点关注的字段类型，如应用列表信息、设备标识符信息（包括但不限于 IMEI、Android ID、IDFA）等。

三、事前进行个人信息安全影响评估并留存相关记录

参照《个人信息保护法》第 55 条的要求,个人信息处理者如涉及利用个人信息进行自动化决策应当事前进行个人信息保护影响评估并对处理情况进行记录。因此,企业在产品规划设计阶段或首次使用前即应参照《个人信息保护法》第 56 条以及《信息安全技术 个人信息安全影响评估指南》(GB/T 39335—2020)的要求开展相关评估并留存相关记录,评估点应至少包括但不限于以下内容:是否向用户说明了自动化决策的基本原理或运行机制;是否定期对自动化决策的效果进行评价;是否对自动化决策使用的数据源、算法等持续优化;是否向用户提供针对自动化决策结果的投诉渠道;是否支持对自动化决策结果的人工复核。

四、制定相关规则制度、将合规要求纳入产品设计环节

按照《算法规定》的要求制定相关服务规则、管理制度,并配备相关专业人员及技术支撑。鉴于《个人信息保护法》以及相关国家标准、指南为进一步保护用户权益,均要求产品服务提供者向用户提供不针对个人特征的选项,为避免产品研发后为满足合规要求重新对产品功能模式进行调整从而造成不必要的资源浪费与时间拖延,建议企业在产品功能设计环节即对于相关服务类型或算法类型涉及的个人信息保护、消费者权益保护要求进行全面梳理,并参考相关要求进行产品功能设计。例如,参照《信息安全技术 个人信息安全规范》的要求,企业产品如在推送新闻信息服务的过程中使用个性化展示的,则应在功能设计时即考虑为用户提供简单直观的退出或关闭个性化展示模式的功能,而当用户选择退出或关闭个性化展示模式时,应在界面内为用户提供删除或匿名化定向推送活动所基于的个人信息的选项。

五、建立畅通权利响应渠道,并确保能够响应权利请求

为确保满足用户对于个人信息处理以及产品服务自动化决策机制的相关权利请求,企业宜建立畅通的权利响应渠道,及时响应用户各类权利请求。同时考虑到用户可能要求公司就产品相关自动化决策的公平性、合理性等问题进行解释说明,建议企业提前准备相关算法可解释性文档或应答话术,确保相关客服人员能够准确应答用户请求,保障相关用户的知情权。

第十六章 数据合规中的刑事合规

第一节 刑事合规司法实践

一、刑事合规概述

企业一旦构成刑事犯罪,不仅可能面临高额罚金,而且还可能面临被吊销许可证或失去行业入门资格的风险。因此,企业必须高度警惕和重视数据处理中的刑事风险防范。

刑事合规不是一个法律概念,只是法律界对涉企犯罪通过事前的合规或者事后的整改而获得不起诉或量刑优惠等宽大处理结果的概括性说法,这一概念的内涵和外延均未明确。我国最高人民检察院发布的指导意见和合规典型案例中使用的都是"企业合规",均未出现"刑事合规"这一概念。可以认为,企业刑事合规的说法是法律实务界对企业合规在刑事法领域的积极效益或司法价值的概括。为了方便表述,本书沿用"刑事合规"这一约定俗成的用法。

企业合规是指企业通过构建企业行为准则,遵循法律法规、商业规则和道德,以及企业内部的规章制度,积极预防、发现和遏制法律风险的发生。它是一种综合性的企业治理方式,所涉及的法律包括民事、行政、刑事等法律规范,但合规的目标更多体现在对行政监管和刑事法律风险的预防和责任的规避上面。因此,企业进行刑事合规建设的主要目的在于最大化地预防刑事风险。

需要注意的是,企业预防刑事风险不能仅依靠刑事法,无论是事前的合规体系的构建还是犯罪后的合规整改,所涉及的法律规范都不限于刑事法,更注重将行政法规、监管规定以及刑法的禁止性规定转化为企业内部的管理要求、管理制度,以及有效落实。因此,虽然刑事法律风险防范是企业合规的重要组成部分也是主要目的,但刑事法律风险的防范不能仅靠刑事合规实现,所谓刑事合规也不能从企业合规中剥离出来,而是融合在整个企业合规体系中。

我国现阶段推行的企业合规改革试点可以使企业或个人在企业生产经营中涉嫌犯罪后通过合规整改而获得不起诉或量刑优惠的处理结果,是一种涉企犯罪的新型治理方式,体现了国家在司法程序中对企业合规作用的肯定和价值导向。

二、我国企业合规刑事抗辩第一案

在我国刑事司法实践中,以企业合规进行抗辩最早出现在2017年雀巢公司员工侵犯公民个人信息一案中。

根据(2016)甘0102刑初605号、(2017)甘01刑终89号刑事裁判文书,2011年至2013年9月,被告人郑某、杨某在分别担任雀巢(中国)有限公司西北区婴儿营养部市务经理、兰州分公司婴儿营养部甘肃区域经理期间,为了抢占市场份额,推销雀巢奶粉,授意该公司兰州分公司婴儿营养部员工被告人杨某某、李某某、杜某某、孙某通过拉关系、支付好处费等手段,多次从多家医院医务人员手中非法获取公民个人信息45,659条。本案各被告人对自己构成侵犯公民个人信息罪并无异议,但辩解自己的行为系公司行为,本案属于单位犯罪。

诉讼过程中,雀巢公司主张本案是员工个人行为,是员工为了完成业绩而实施公司明令禁止的犯罪行为,并提交大量的证据进行抗辩,证明:(1)雀巢公司不允许向医务人员支付任何资金或者给予其他利益;(2)雀巢公司不允许员工以非法方式收集消费者个人信息。

雀巢公司提供的证据主要证明以下事项:

(1)雀巢公司在《雀巢指示》以及《关于与保健系统关系的图文指引》等文件中明确规定,"对医务专业人员不得进行金钱、物质引诱"。对于这些规定要求,雀巢公司要求所有营养专员接受培训并签署承诺函。

(2)医务渠道WHO在线测试成绩、测试卷、关于在高风险国家与医务专业人员和医疗保健机构交往的指示、员工奖金表,证实被告人郑某、杨某、李某某、杜某某、杨某甲、孙某均参加了雀巢公司不允许营养专员以向医务人员支付费用获取公民信息的培训、测试。

(3)雀巢公司的政策与指示、雀巢宪章、关于与卫生保健系统关系的图文指引,证实雀巢公司遵守世界卫生组织《国家母乳代用品销售守则》及卫生部门的规定,禁止员工向母亲发放婴儿配方奶粉免费样品、禁止向医务专业人员提供金钱或物质的奖励,以引诱其推销婴儿配方奶粉等。

最终法院认定被告人郑某等人在明知法律法规以及公司禁止性规定的情况下,为完成工作业绩而置法律规范、公司规范于不顾,违规操作进而贿买医务人员、获取公民个人信息的行为,并非雀巢公司的单位意志体现,本案不属于单位犯罪。

根据目前我国单位犯罪的理论,单位员工尤其是高级管理人员代表单位对外开展业务活动过程中发生的违法犯罪行为,往往会被认定为代表单位意志,其法律后果会及于单位,给单位带来刑事责任。如果单位是在事前通过企业合规明确禁止员工从事违法犯罪行为,则可以将企业从员工个人的违法犯罪行为中切割出来,从而免于承担法律后果。陈瑞华教授认为,这一裁决的重大突破在于,法院以企业合规管理体系为依据,认定单位不存在构成犯罪所需要的主观意志因素,从而将单位责任与员工个人责任进行了切割。[1]

三、我国刑事合规制度的发展

企业合规是2018年以后才在我国推行的制度,国家推行企业合规的目的,一是引导企业加强内部管理,主动以法律、法规规范企业及员工的行为,从而在事前预防企业犯罪;二是在企业出现违法犯罪时,基于企业合规或者进行合规整改而对其予以宽大处理,降低企业特别是大型企业因为犯罪受罚而产生的社会影响。企业合规无论是在企业内部治理上还是犯罪治理方面均属于新型的模式,还处于探索阶段,因此在犯罪治理方面的处理方式和结果也在不断变化和完善。

2020年3月,最高人民检察院在上海浦东、金山,江苏张家港,山东郯城,广东深圳南山、宝安6家基层检察院开展企业合规改革第一期试点工作,司法程序中的企业刑事合规正式拉开帷幕。2020年年底,最高人民检察院检察长张军在企业合规试点工作座谈会上开宗明义地提出:"要加强理论研究,深化实践探索,稳慎有序扩大试点范围,以检察履职助力构建有中国特色的企业合规制

---

[1] 参见陈瑞华:《合规无罪抗辩第一案》,载"中国律师"微信公众号2020年6月3日,https://mp.weixin.qq.com/s/d9AYAYxUxClogvwgWESvEQ。

度。"2021年4月,最高人民检察院发布《关于开展企业合规试点改革工作的方案》启动第二期改革试点工作,将试点范围扩大至北京、辽宁、上海、江苏、浙江、福建、山东、湖北、湖南、广东10个省、直辖市。该方案提到,检察机关对于办理的涉企刑事案件,在依法作出不批准逮捕、不起诉决定或者根据认罪认罚从宽制度提出轻缓量刑建议等的同时,针对企业涉嫌具体犯罪,结合办案实际,督促涉案企业作出合规承诺并积极整改落实,促进企业合规守法经营。可见,刑事合规整改不是检察机关作出不起诉或者轻缓量刑建议的先决条件,企业只要在形式上作出合规承诺即可,而合规承诺的落实情况、企业整改的效果等并不影响之前作出的不起诉决定或者量刑建议。

但在实践中,有些检察机关并未固守上述方案的要求,而是在实践中对作出有利处理决定与合规整改的先后顺序进行了调整。2021年6月3日,最高人民检察院发布4起企业合规改革试点典型案例[①],案例三和案例四是先作出不起诉决定再督促合规整改。案例三王某某、林某某、刘某乙对非国家工作人员行贿案,检察院依法对涉案企业负责人作出不起诉决定,而后对企业提出整改意见,签署合规监管协议,推动企业合规建设。案例四新泰市J公司等建筑企业串通投标系列案件,检察机关对涉案企业作出不起诉决定后,发出检察建议,要求企业围绕所涉罪名及相关领域开展合规建设,并对合规建设情况进行跟踪监督,验收落实情况。而在案例一和案例二中,检察机关先要求企业进行合规整改,而后作出不起诉或者轻缓处理决定。案例一张家港市L公司、张某甲等人污染环境案,检察机关主动根据企业的合规承诺决定对其进行合规考察,并对企业的合规计划与落实情况进行评估,通过合规考察后才对企业作出不起诉决定。案例二上海市A公司、B公司、关某某虚开增值税专用发票案,检察机关督促企业作出合规承诺并开展合规建设,并对企业及实际控制人以轻缓的量刑建议起诉到法院(涉案金额的法定刑应是10年以上,结合涉案主体有立功情节,判处缓刑显然是最有利的结果),在判决后检察机关回访发现涉案企业的合规建设需进一步完善,又向涉案企业制发检察建议督促进一步加强合规建设。

案例一和案例二的模式将企业刑事合规作为刑罚减免激励的前置程序无疑

---

① 参见《最高检发布企业合规改革试点典型案例》,载最高人民检察院网,https://www.spp.gov.cn/xwfbh/wsfbh/202106/t20210603_520232.shtml,2022年6月16日最后访问。

更符合在刑事案件处理中开展企业合规的初衷和目的。对于具有减轻从轻处罚情节的或者社会危害性不大且认罪认罚的企业涉罪的案件,先作出暂缓起诉的决定,督促企业建立一整套的合规体系,经过一定的期限考察,评估达标后对其作出不起诉决定或者提出从宽处罚的量刑建议,这种模式显然更为合理。

最高人民检察院在同日发布的《关于建立涉案企业合规第三方监督评估机制的指导意见(试行)》中,对涉企犯罪中企业合规整改的要求相对于原来的试点方案就有了明显变化。该指导意见明确要求检察院在办理涉企犯罪案件时由第三方监督评估组织对涉案企业的合规承诺进行调查、评估、监督和考察,第三方监督评估组织要确定合规考察期限,对企业合规计划履行情况进行检查和评估,其最终的考察结果作为人民检察院依法处理案件的重要参考。这里对企业刑事合规的要求由形式上的合规承诺转变为实质上的合规整改或者说对合规有效性的考察。

2021年12月8日,最高人民检察院发布的第二批企业合规典型案例[①]中的6起案例中均适用了第三方监督评估机制,并对企业刑事合规的结果进行评估验收后才作出轻缓的处理决定。

四、企业合规在刑事案件处理中的几种结果

根据我国司法实践,对涉罪企业合规建设或合规整改的处理结果有以下四种:

(一)出罪

规避企业的刑事风险是企业合规的目的之一,基于企业合规而认定企业不构成犯罪无疑是最好的结果。当然,这一结果以企业基于合规制度从而不符合犯罪构成要件为前提。例如,前文提到的雀巢公司员工侵犯公民个人信息一案中,因该公司有合规制度,可以证明公司员工的行为违背公司意志,犯罪行为并非雀巢公司的单位意志体现,最终认定雀巢公司不构成单位犯罪。这一结果体现了企业合规的防火墙作用,杜绝了法律风险的发生。

---

① 参见《企业合规典型案例(第二批)》,载最高人民检察院网,https://www.spp.gov.cn/xwfbh/wsfbt/202112/t20211215_538815.shtml#2。

(二)不起诉

在企业确实构成单位犯罪的情况下,检察院可基于企业的前期合规建设或者后期的合规整改,作出不起诉的处理决定。我国检察院在企业合规改革试点中对涉罪企业作出不起诉决定的同时,往往对其负责人也作出不起诉决定,而没有采用美国"放过违规企业,严惩违规高管和员工"这一做法。这与我国企业大多为小微企业,企业与负责人往往具有紧密关系,严惩负责人可能会导致企业陷入困境甚至破产、违背刑事合规的初衷有很大关系,也是有中国特色的企业合规制度的具体体现。最高人民检察院公布的企业合规典型案例中大多数案件都是以不起诉结案。

(三)获得轻缓的量刑结果

在企业确实构成犯罪的前提下,检察机关基于企业事前或事后的合规工作而提出轻缓量刑建议,最终使企业和员工获得轻缓的量刑结果。例如,第二批企业合规典型案例中的案例六海南文昌市 S 公司、翁某某掩饰、隐瞒犯罪所得案中,检察院根据案情,并结合企业合规整改情况,以 S 公司、翁某某涉嫌掩饰、隐瞒犯罪所得罪提起公诉并提出轻缓量刑建议。最终法院采纳检察机关全部量刑建议,以掩饰、隐瞒犯罪所得罪分别判处被告单位 S 公司罚金 3 万元;被告人翁某某有期徒刑 1 年,缓刑 1 年 6 个月,并处罚金人民币 1 万元。

(四)撤销案件

犯罪企业的刑事合规整改主要由检察院主导,发生在审查起诉阶段,但如果检察院在侦查阶段即介入案件,并指导企业进行合规整改后向公安机关提出撤销案件的建议,则企业的刑事合规可以实现撤销案件的效果。

当然这一结果在极个别情况下才会出现。例如,第二批企业合规典型案例中的案例二张家港 S 公司、睢某某销售假冒注册商标的商品案,系检察机关在开展涉民营企业刑事诉讼"挂案"专项清理工作中发现的"挂案",检察机关介入侦查后通过与企业合规改革试点结合的方式指导企业进行合规整改并建议公安机关撤销案件从而实现对"挂案"的清理。

从上述结果来看,刑事合规的最终结果或目标并不限于不起诉,而是多样性的,但共同点是以是否合规为标准给予奖励性的处理结果,因此将刑事合规及其后果称为"刑事合规激励机制"更为妥当。

五、我国刑事合规激励机制的发展方向

如前所述,目前我国的刑事合规对刑事犯罪的影响主要体现为企业犯罪后通过合规整改而获得不起诉或宽缓量刑的结果。这与我国企业合规的发展现状有密切关系,由于大多数企业的合规工作处于起步阶段,而开展合规工作的中小企业更是鲜见,因此只有在企业涉嫌犯罪后对符合条件的企业以合规整改的方式给予宽大处理。

可以预见,随着我国刑事合规制度的发展、合规理论的完善以及合规工作在企业中的普及,涉企犯罪案件办理中的刑事合规激励机制也会发生相应改变。

(一)适用刑事合规激励机制的条件,由事后的合规整改调整为事前的合规制度建设

在当前的实践中,刑事合规工作一般在审查起诉阶段开展,检察机关在审查案件后决定是否启动合规程序。犯罪行为发生在前,刑事合规发生在后,这种事后合规对犯罪行为的性质无法产生影响,定罪方面的实体法适用已经无更改空间,只能在刑罚方面给予激励。实践中有不少对企业作出刑事合规不起诉处理的案例,但均为相对不起诉,并未否定犯罪行为的性质,主要原因在于现行《刑法》中没有与刑事合规完全契合的不起诉的法律规定。我们相信,随着合规理论和立法的完善,刑事合规激励机制适用的条件会由事后的合规整改调整为事前的合规建设,也即要求企业在案发前就制定完善的合规制度,以此作为免除或者减轻刑事责任的事由,案发后的合规承诺或合规整改则不再作为处理案件的重要参考。以此引导企业提前进行合规制度的建设,预防犯罪行为的发生,而不是事后再"亡羊补牢"。

(二)刑事合规激励机制的结果由相对不起诉变更为绝对不起诉

在我国目前司法实践中,刑事合规激励机制的最好结果是相对不起诉,对企业和其人员均不追究刑事责任,但仍然认定构成犯罪。随着企业合规理论的完善以及立法的发展,刑事合规可能会成为企业的责任阻却事由。刑事合规之所以能够阻却单位犯罪的成立,是因为刑事合规最基本的功能是预防企业犯罪,也即单位人员的不法行为不能当然地等同于单位行为,如果单位建立了有效的合规制度,而单位人员的不法行为正好是有效的合规制度所明确禁止的,那么刑事

合规制度可以作为阻却单位刑事责任的抗辩事由。另外，由于企业具有拟制的人格，拥有独立的意志，如果企业的独立意志通过事前合规的方式表现出对犯罪的预防和抵制，那么企业就不具有犯罪故意，即便管理人员实施犯罪行为也不能把责任直接归咎于企业，不认定企业构成单位犯罪而只能追究企业人员的刑事责任。

六、刑事合规适用的罪名范围

根据《关于建立涉案企业合规第三方监督评估机制的指导意见（试行）》[①]（以下简称《第三方监督评估意见》）第3条的规定，第三方机制适用于公司、企业等市场主体在生产经营活动中涉及的经济犯罪、职务犯罪等案件，既包括公司、企业等实施的单位犯罪案件，也包括公司、企业实际控制人、经营管理人员、关键技术人员等实施的与生产经营活动密切相关的犯罪案件。

该规定表明，适用合规不起诉的涉企犯罪案件类型主要集中在与企业生产经营活动相关的罪名，既包括单位犯罪案件，也包括单位中的个人犯罪案件。从发布的合规典型案例及司法实践来看，包括但不限于虚开增值税专用发票罪、污染环境罪、串通投标罪、假冒注册商标罪、生产销售假冒伪劣产品罪、骗取贷款罪、违法发放贷款罪、走私罪、非法经营罪、非法采矿罪、侵犯公民个人信息罪等生产经营活动中的单位犯罪。

另外，与企业生产经营活动密切相关的个人犯罪，即使该罪名不存在单位犯罪，也可以适用合规不起诉。例如，第二批企业合规典型案例中的案例四随州市Z公司康某某等人重大责任事故案，由于涉案企业存在安全生产管理制度不健全、操作规程执行不到位等问题，发生重大责任事故，经过企业合规整改后检察机关对相关责任人作出不起诉决定。

七、涉企犯罪适用刑事合规激励机制的条件

根据《第三方监督评估意见》第4条的规定，对于同时符合下列条件的涉企犯罪案件，试点地区人民检察院可以根据案件情况适用该指导意见：

[①] 参见《关于建立涉案企业合规第三方监督评估机制的指导意见（试行）》，载最高人民检察院网，https://www.spp.gov.cn/xwfbh/wsfbh/202106/t20210603_520224.shtml，2022年6月16日最后访问。

（1）涉案企业、个人认罪认罚；

（2）涉案企业能够正常生产经营，承诺建立或者完善企业合规制度，具备启动第三方机制的基本条件；

（3）涉案企业自愿适用第三方机制。

由此可见，检察机关在处理具体案件时适用刑事合规激励机制，还需要考虑企业的实际情况，需要同时具备以下三个条件：

1. 涉案企业、个人认罪认罚。刑事合规激励机制是一种协商型的犯罪治理方式，因此，认罪认罚是适用刑事合规激励机制的前提。如果当事人对案件的定性和事实存有异议，则不能适用刑事合规激励机制。

2. 涉案企业正常经营。这是开展企业合规整改的客观条件。检察机关考虑开展刑事合规考察时，需对涉案企业在犯罪后的经营状况和财务状况进行评估。如果涉案企业存在犯罪被查处后难以生存、无法承担合规整改成本等情况，则客观上也不具备适用刑事合规激励机制的条件。

3. 涉案企业有进行合规整改的意愿。需要承诺建立或完善企业合规制度，并积极配合检察机关和第三方组织的监管与评估。

根据《第三方监督评估意见》第 5 条的规定，对于具有下列情形之一的涉企犯罪案件，不适用企业合规试点以及第三方机制：

（1）个人为进行违法犯罪活动而设立公司、企业的；

（2）公司、企业设立后以实施犯罪为主要活动的；

（3）公司、企业人员盗用单位名义实施犯罪的；

（4）涉嫌危害国家安全犯罪、恐怖活动犯罪的；

（5）其他不宜适用的情形。

以上不适用企业合规整改的犯罪除了危害国家安全犯罪、恐怖活动犯罪外，都是个人为一己私利而以单位名义实施的犯罪行为，实际上与企业生产经营活动无关。

第二节　适用刑事合规激励机制的程序

目前，检察机关并无文件明确规定在涉企犯罪中适用刑事合规激励机制的具体程序。但根据《第三方监督评估意见》及公布的合规典型案例,可以总结出适用刑事合规包括以下步骤或程序。

一、人民检察院主动提出或应企业、个人申请而适用刑事合规

人民检察院在办理涉企犯罪案件时,应当注意审查是否符合企业合规试点以及第三方机制的适用条件,并及时征询涉案企业、个人的意见。

涉案企业、个人及其辩护人、诉讼代理人或者其他相关单位、人员提出适用企业合规试点以及第三方机制申请的,人民检察院应当依法受理并进行审查。

二、企业出具《企业合规承诺书》

企业申请或同意进行刑事合规整改后,须向检察院出具《企业合规承诺书》。承诺书的内容可以分为两个方面:

1. 就涉嫌刑事案件的情况进行承诺。包括但不限于如实供述案件事实、认罪认罚;承诺合规整改期间不再犯罪;在可能被处以行政处罚时,承诺愿意接受行政部门的处罚、积极缴纳罚款等。

2. 就合规作出承诺。包括但不限于承诺出具有效的整改方案;承诺服从整改配合验收;承诺接受指派第三方监管人指导;承诺遵守规定、服从整改、配合验收等。

三、由第三方组织介入开展调查、评估、监督

人民检察院经审查认为涉企犯罪案件符合第三方机制适用条件的,可以商请本地区第三方机制管委会启动第三方机制。第三方机制管委会应当根据案件具体情况以及涉案企业类型,从专业人员名录库中分类随机抽取人员组成第三方组织,并向社会公示。

四、企业出具整改方案或计划

涉案企业应提交专项或者多项合规计划,并明确合规计划的完成时限。

合规计划应主要围绕与企业涉嫌犯罪有密切联系的企业内部治理结构、规章制度、人员管理等方面存在的问题,制定可行的合规管理规范,构建有效的合规组织体系,健全合规风险防范报告机制,弥补企业制度建设和监督管理漏洞,

防止再次发生相同或者类似的违法犯罪。

五、第三方组织审查合规计划

第三方组织应当对涉案企业合规计划的可行性、有效性与全面性进行审查，提出修改完善的意见建议，并根据案件具体情况和涉案企业承诺履行的期限，确定合规考察期限。

六、企业根据整改方案自行整改

企业依据整改方案，对照常见风险点自行整改，并将整改的情况整理汇总，交由第三方组织核验。

七、第三方组织进行检查、评估、考核

在合规考察期内，第三方组织可以定期或者不定期对涉案企业合规计划履行情况进行检查和评估，可以要求涉案企业定期书面报告合规计划的执行情况，同时抄送负责办理案件的人民检察院。第三方组织发现涉案企业或其人员尚未被办案机关掌握的犯罪事实或者新实施的犯罪行为，应当中止第三方监督评估程序，并向负责办理案件的人民检察院报告。

第三方组织在合规考察期届满后，应当对涉案企业的合规计划完成情况进行全面检查、评估和考核，并制作合规考察书面报告，报送负责选任第三方组织的第三方机制管委会和负责办理案件的人民检察院。

八、人民检察院召开公开听证会

人民检察院对于拟作不批准逮捕、不起诉、变更强制措施等决定的涉企犯罪案件，可以根据《人民检察院审查案件听证工作规定》召开听证会，并邀请第三方机制人员到会发表意见。

九、对涉案企业作出从宽处理决定

如果涉案企业合规方案通过验收，听证会一致同意对该企业、个人从宽处理，检察院经审查认为符合《刑事诉讼法》相关规定的，将对该企业、个人作出不起诉或从宽量刑建议的决定。

第三节　数据处理中的刑事法律风险

根据《数据安全法》规定，数据是指任何以电子或者其他方式对信息的记录。数据的收集、存储、使用、加工、传输、提供、公开等数据处理活动均需要遵守法律规定，依法进行，否则就可能触犯《刑法》构成犯罪。

我国尚未形成数据犯罪的罪名体系，根据目前的《刑法》规定，企业在处理数据中可能产生的刑事风险可以分为以下几类。

一、通过计算机信息系统处理数据的刑事风险

当前，数据成为网络的核心要素，并且主要产生自网络，通常都是存放在计算机信息系统里面，如以各种手段侵入计算机系统获取数据信息，就可能涉嫌犯罪，具体罪名包括非法侵入计算机信息系统罪，非法获取计算机信息系统数据、非法控制计算机信息系统罪，破坏计算机信息系统罪，提供侵入、非法控制计算机信息系统程序、工具罪。上述罪名构建了对计算机信息系统数据的保护体系。

二、数据收集、使用中的刑事风险

数据是信息的载体，保护数据是为保护信息安全。在数据的收集、使用中可能触犯的罪名还有侵犯公民个人信息罪，侵犯著作权罪，侵犯商业秘密罪，非法经营罪，掩饰、隐瞒犯罪所得罪等。

三、未尽数据保护义务的刑事风险

《数据安全法》第四章给数据处理者设定了数据安全保护义务，如数据处理者不履行该义务则可能涉嫌犯罪，《刑法》规定的相关罪名有三个：拒不履行信息网络安全管理义务罪、帮助信息网络犯罪活动罪、非法利用信息网络罪。

第十六章　数据合规中的刑事合规　277

第四节　数据相关罪名解析

目前,我国刑事立法中非法获取计算机信息系统数据罪、侵犯公民个人信息罪是与数据处理较为密切的罪名,而拒不履行信息网络安全管理义务罪则是互联网企业作为网络服务提供者在经营活动中最可能触犯的罪名,了解其犯罪构成和关键要素对于企业预防刑事风险具有较为重要的作用,因此,本节主要针对这三个罪名进行解析。

一、非法获取计算机信息系统数据罪

非法获取计算机信息系统数据罪是指违反国家规定,侵入国家事务、国防建设、尖端科学技术领域以外的计算机信息系统,或者采用其他技术手段,获取该计算机信息系统中存储、处理或者传输的数据,情节严重的行为。

该罪规定在《刑法》第285条第2款和第4款:"非法获取计算机信息系统数据、非法控制计算机信息系统罪,是指违反国家规定,侵入前款规定以外的计算机信息系统或者采用其他技术手段,获取该计算机信息系统中存储、处理或者传输的数据,或者对该计算机信息系统实施非法控制,情节严重的,处三年以下有期徒刑或者拘役,并处或者单处罚金;情节特别严重的,处三年以上七年以下有期徒刑,并处罚金。""单位犯前三款罪的,对单位判处罚金,并对其直接负责的主管人员和其他直接责任人员,依照各该款的规定处罚。"

《刑法》第285条第2款规定的罪名是非法获取计算机信息系统数据、非法控制计算机信息系统罪,是选择性罪名,即行为人只实施非法获取计算机信息系统数据或非法控制计算机信息系统的行为之一的,则以具体实施的行为确定非法获取计算机信息系统数据罪或者非法控制计算机信息系统罪,若实施两个行为,则以非法获取计算机信息系统数据、非法控制计算机信息系统罪定罪处罚,而不是数罪并罚。

虽然实践中先非法控制计算机系统,又非法获取其数据的行为比比皆是,但两种行为的具体罪状和犯罪构成并不完全一致,此处只解析非法获取计算机信息系统数据罪。

(一)犯罪构成

非法获取计算机信息系统数据罪的客体是计算机信息系统的数据安全。2017年出台的《网络安全法》第10条规定,建设、运营网络或者通过网络提供服务,应维护"网络数据"的完整性、保密性和可用性。数据的保密性,即免被未授权人知悉;数据的完整性,即免受无权篡改;数据的可用性,即权利人可随时无障碍地利用。该罪保护的数据安全的内涵包括数据的保密性、完整性、可用性,排除行为人侵犯他人的数据。

该罪的犯罪对象仅限于使用中的计算机信息系统(包括电脑、手机、网络设备、自动化控制设备等)中存储、处理、传输的数据,而不包括脱离计算机信息系统存放的计算机数据,如光盘、U盘中的计算机数据。

在客观方面表现为行为人违反国家规定,实施侵入国家事务、国防建设、尖端科学技术领域以外的普通计算机信息系统,或者采用其他技术手段,从而获取这些计算机信息系统中存储、处理或者传输的数据的行为。并且,本罪为情节犯,行为人在结果上应达到《刑法》规定的"情节严重"的标准。

犯罪主体是一般主体,即达到刑事责任年龄即年满16周岁并且具有刑事责任能力的自然人,包括单位犯罪。

在主观方面表现为故意,即行为人明知是侵入计算机信息系统或以其他技术手段获取数据的行为,仍故意为之。

根据《刑法》规定,正确适用非法获取计算机信息系统数据罪,必须正确认定"违反国家规定""侵入或者采用其他技术手段""数据""情节严重"四个方面。

(二)违反国家规定

根据《刑法》第96条,该法所称违反国家规定,是指违反全国人民代表大会及其常务委员会制定的法律和决定,国务院制定的行政法规、规定的行政措施、发布的决定和命令。

本罪涉及的国家规定包括且不限于:

1.《全国人民代表大会常务委员会关于维护互联网安全的决定》第3条第3项中关于利用互联网侵犯他人知识产权和第4条第2项中关于非法截获他人其他数据资料的规定。

2.《网络安全法》第27条"任何个人和组织不得从事非法侵入他人网络、干扰他人网络正常功能、窃取网络数据等危害网络安全的活动;不得提供专门用于从事侵入网络、干扰网络正常功能及防护措施、窃取网络数据等危害网络安全活动的程序、工具;明知他人从事危害网络安全的活动的,不得为其提供技术支持、广告推广、支付结算等帮助"的规定。

3.《计算机信息系统安全保护条例》第7条"任何组织或者个人,不得利用计算机信息系统从事危害国家利益、集体利益和公民合法利益的活动,不得危害计算机信息系统的安全"的规定。

4.《计算机信息网络国际联网安全保护管理办法》第4条"关于任何单位和个人不得利用国际联网危害国家安全、泄露国家秘密,不得侵犯国家的、社会的、集体的利益和公民的合法权益,不得从事违法犯罪活动"的规定和第6条"关于未经允许不得实施进入计算机信息网络或者使用计算机信息网络资源"的规定。

5.违反国家规定体现了行为人行为的违法性,这是构成本罪的前提。是否具有违法性主要看是否有权利或者经过他人授权。如果行为人利用技术手段批量获取属于自己的或自己有权利获取的数据,没有从实质上损害其他任何主体的利益或者国家的利益,则行为不具有违法性,自然也不属于违反国家规定。

(三)手段的特定性

非法获取数据的前提是侵入计算机信息系统或者采用其他技术手段。

有文献指出,该罪中的获取包括从他人计算机信息系统中窃取,如直接侵入他人计算机信息系统,秘密复制其中的信息,也包括骗取,如设立假冒网站,骗取用户输入账号、密码等信息。

有观点认为,无论是侵入还是采取其他手段获取数据,均要求采用的是计算机技术手段,否则不构成该罪。但最高人民检察院发布的第九批指导性案例①中卫某龙、龚某、薛某东非法获取计算机信息系统数据案(检例第36号),则突破了该罪对于技术手段的要求。

在该案中,被告人卫某龙与龚某系原同事,曾供职于某大型网络公司。被告人薛某东系卫某龙商业合作伙伴。因工作需要,龚某拥有登录该网络公司内部

---

① 参见《关于印发最高人民检察院第九批指导性案例的通知》,载最高人民检察院网,https://www.spp.gov.cn/spp/zdgz/201710/t20171017_202599.shtml。

管理开发系统的账号、密码、Token 令牌(计算机身份认证令牌),查看工作范围内相关数据信息的权限。但该网络公司禁止员工私自在内部管理开发系统查看、下载非工作范围内的电子数据信息。2016 年 6 月至 9 月,经三人事先合谋,龚某向卫某龙提供自己所掌握的该大型网络公司内部管理开发系统账号、密码、Token 令牌。卫某龙利用龚某提供的账号、密码、Token 令牌,违反规定多次在异地登录该大型网络公司内部管理开发系统,查询、下载该计算机信息系统中储存的电子数据,并出售牟利。法院认定卫某龙、龚某、薛某东构成非法获取计算机信息系统数据罪。因此,该案明确了超出授权范围使用账号、密码登录计算机信息系统属于侵入计算机信息系统的行为;侵入计算机信息系统后下载其储存的数据可以认定为非法获取计算机信息系统数据。

在实践中,技术手段主要体现为以植入木马的方式入侵网站服务器、向用户手机预置"静默插件"的方式侵入手机后台、设立钓鱼网站诱导用户下载含有木马程序的安装包、利用扫号软件和基础数据筛选用户信息等。非技术手段主要体现为超出授权范围使用账号、密码或者购买、窃取账号、密码后访问计算机系统并获取数据。

(四)"数据"的认定

本罪中的计算机信息系统特指除"国家事务、国防建设、尖端科学技术领域的计算机信息系统"以外的计算机信息系统。因此,数据也特指这些计算机信息系统中的数据。

根据《最高人民法院、最高人民检察院关于办理危害计算机信息系统安全刑事案件应用法律若干问题的解释》第 1 条规定,本罪涉及的数据主要指身份认证信息。该解释第 11 条第 2 款规定,身份认证信息是指用于确认用户在计算机信息系统上操作权限的数据,包括账号、口令、密码、数字证书等。例如,在(2019)浙 0602 刑初 636 号判决书中,被告人北京瑞某华胜科技股份有限公司及其员工通过签署合作协议的方式获取了运营商服务器的登录权限,但是该公司通过部署恶意程序的方式采集并保存服务器中的用户登录数据,并通过利用自行研发的爬虫程序调用数据库中保存的数据和信息,并服务于公司研发的 QQ、淘宝、微博、抖音等加粉程序,进行强制添加好友、强行推送广告等。法院认定该公司及主要涉案人员构成非法获取计算机信息系统数据罪。

有观点认为,根据上述司法解释第 1 条第 1 款第 5 项规定的"其他情节严重的情形"可以将身份认证信息以外的信息认定为该罪中的"数据"。那么,该信息本身应当是有价值的,而且其重要性应当跟以上身份认证信息的重要性相当,达到了需要刑法保护的程度才行。在实践中,窃取具有重要意义的身份认证信息之外的系统数据的行为也多有发生,部分行为在司法实践中被认定为非法获取计算机信息系统数据罪。例如,在(2017)沪0101刑初456号判决书中,被告人非法进入医院数据库系统,下载采集医生用药信息数据,出售给医药销售人员牟利,法院认定被告人构成非法获取计算机信息系统数据罪。该罪的数据在实践中主要体现为用户注册信息、身份认证信息、账号信息、手机机主信息、医院的医生用药信息、视频课程、购物优惠券、游戏币、网络直播后台数据等具有相应商业、社会价值的数据。

(五)情节严重的认定

本罪是情节犯,只有达到"情节严重"的程度才构成犯罪。

根据《最高人民法院、最高人民检察院关于办理危害计算机信息系统安全刑事案件应用法律若干问题的解释》第1条规定,获取支付结算、证券交易、期货交易等网络金融服务的身份认证信息10组以上,或者获取其他身份认证信息500组以上,或者违法所得5000元以上或者造成经济损失1万元以上的,或者具有其他严重情节,属于非法获取计算机信息系统数据罪的"情节严重"情形的,追究刑事责任。

(六)典型案例

李某、王某等非法获取计算机信息系统数据、非法控制计算机系统案。[1]

2009年上海益采信息技术有限公司(以下简称益采公司)注册成立,被告人李某系公司法定代表人及经营负责人。2018年至2020年,益采公司在未经淘宝公司授权许可的情况下,由被告人李某决策通过非法手段抓取淘宝直播数据,并通过益采公司开发的"优大人"小程序出售牟利。在李某授意下,担任益采公司部门负责人的被告人王某、高某等人分工合作,以使用IP代理、"X-sign"签名算法等手段突破、绕过淘宝公司的防护机制,再通过数据抓取程序(俗称爬虫)大量抓取淘宝公司存储的各主播在淘宝直播时的开播地址、销售额、观看PV、

---

[1] (2021)沪0104刑初148号。

UV等数据。其中,王某负责提供淘宝直播数据接口、技术帮助、转达具体开发要求及对获取的数据进行分析处理,高某负责带领技术团队研发数据抓取程序。截至案发,益采公司整合非法获取的数据后通过微信小程序对外出售牟利,违法所得共计22万余元。针对本案争议焦点即李某等人是否构成非法获取计算机信息系统数据罪,该案法院认为:

《刑法》第285条第2款"违反国家规定,侵入前款规定以外的计算机信息系统或者采用其他技术手段,获取该计算机信息系统中存储、处理或者传输的数据……"中的国家规定是指《网络安全法》《计算机信息网络国际联网安全保护管理办法》等相关法律法规。《网络安全法》第21条规定:"国家实行网络安全等级保护制度。网络运营者应当按照网络安全等级保护制度的要求,履行下列安全保护义务,保障网络免受干扰、破坏或者未经授权的访问,防止网络数据泄露或者被窃取、篡改……";第27条规定:"任何个人和组织不得从事非法侵入他人网络、干扰他人网络正常功能、窃取网络数据等危害网络安全的活动……";《计算机信息网络国际联网安全保护管理办法》第6条规定:"任何单位和个人不得从事下列危害计算机信息网络安全的活动:(一)未经允许,进入计算机信息网络或者使用计算机信息网络资源的……"上述法律法规制定的目的是保障网络安全,维护国家利益、社会公共利益,保护公民、法人和其他组织的合法权益。数据获取应在法律框架内展开。

从本案非法性认知和行为手段来看。被告人李某、王某、高某使用IP代理、"X-sign"签名算法手段,使用爬虫程序获取淘宝直播数据。使用IP代理目的是绕过淘宝公司对同一IP短时间高频次发送请求进行拦截的安全保护措施。"X-sign"算法是服务器验证合法请求的协议,是系统辨别是否是正常手机淘宝APP客户端发出请求的安全保护措施,如不破解该算法就无法伪造成合法请求的数据包,请求会被拒绝。根据司法鉴定意见书、微信聊天记录等在案证据,被告人李某、王某、高某等人在微信聊天中讨论如何非法抓取数据。李某和高某聊天记录显示,2017年高某向李某提出获取数据方面是最困难的,李某称"主播现在做直播茫然,但就这么茫然,都可以产生巨大的商业价值";高某称"(抓取数据)这个事违反阿里政策,只能私下合作,找的人要担责的,一般工程师不敢透露这些东西,控制得太严了"。高某和王某聊天记录中,高某称"好多业务都建立在非官方接口上,风险本来就很高;感觉反爬又严格了,直播详情接口用不了,挂了代理也不行,估计调试时访问频率太快了,但是加了代理了,看看代理是不是用完了?"王某回复称"IP还有100多万"。上述证据证实被告人李某、王某、高某明知其行为有法律风险,淘宝公司对除个人用户正常网络浏览外的爬取数据行为予以禁止或限制并使用"反爬虫"机制,仍商议利用技术手段对抗"反爬虫"安全措施,其行为应认定为"侵入"计算机信息系统。

从本案获取数据看。被告人李某、王某、高某利用爬虫软件,获取淘宝公司直播系统中的主播 ID、店铺 ID、标签、PV、UV、商品销量等数据。淘宝公司直播数据分为三类,第一类为所有用户可见数据(APP 和网页端登录或不登录情况下)包括"观看 PV""点赞次数""主播粉丝总量";第二类为仅主播本人可见数据(主播登录后台查看),如"直播间浏览次数""最高在线人数""封面图点击率""新增粉丝数""平均观看时长""商品点击次数""引导成交笔数""引导成交金额";第三类为所有用户不可见数据(未在任何地方公开),如"观看 UV""评论 PV/UV""分享 PV/UV"。根据司法鉴定意见、证人证言及被告人供述,益采公司以淘宝数据为卖点的"优大人"多种数据产品,内容涉及主播位置、PV、UV、销量、IP 地址、销售额、标签等,内含无法通过正常账号登录获取的淘宝公司存储的不对外公开或是限制权限查看的数据。随着社会迈入数据时代,数据作为生产要素、核心竞争力之一,具有相应商业、社会价值,是法律保护的法益。

本案是否属于情节特别严重。益采公司非法获取淘宝直播数据后,寻求商业化途径,形成多种数据产品,并通过微信小程序出售牟利,经司法鉴定共计获利 22 万余元,依法属于情节特别严重。益采公司非法获取数据后进行分析、整合的投入为犯罪成本,不予从违法所得中扣除。

最终法院认定各被告人构成非法获取计算机信息系统数据罪,判处 1 年 3 个月至 2 年 6 个月不等的有期徒刑,并处罚金。

二、侵犯公民个人信息罪

侵犯公民个人信息罪是指违反国家有关规定,向他人出售或提供公民个人信息,或者窃取或者以其他手段非法获取公民个人信息,情节严重的行为。

《刑法》第 253 条之一规定:"违反国家有关规定,向他人出售或者提供公民个人信息,情节严重的,处三年以下有期徒刑或者拘役,并处或者单处罚金;情节特别严重的,处三年以上七年以下有期徒刑,并处罚金。违反国家有关规定,将在履行职责或者提供服务过程中获得的公民个人信息,出售或者提供给他人的,依照前款的规定从重处罚。窃取或者以其他方法非法获取公民个人信息的,依照第一款的规定处罚。单位犯前三款罪的,对单位判处罚金,并对其直接负责的主管人员和其他直接责任人员,依照各该款的规定处罚。"

（一）构成要件

本罪侵犯的客体是公民个人信息的安全和公民的隐私权。

客观方面,表现为非法获取、出售或者提供公民个人信息,情节严重的行为。

犯罪主体是一般主体,即凡年满16周岁具有刑事责任能力的自然人均可以构成犯罪。单位可以成为本罪的主体。

主观方面是故意,不要求具有特定的目的与动机。若是由于过失行为将他人的个人信息发布出去或者泄露给他人,则不能以侵犯公民个人信息罪来定罪。

（二）公民个人信息的范围

此处的公民不限于中国人,也包括外国人。

前文提到的《个人信息解释》规定,公民个人信息是指以电子或者其他方式记录的能够单独或者与其他信息结合识别特定自然人身份或者反映特定自然人活动情况的各种信息,包括姓名、身份证件号码、通信通讯联系方式、住址、账号密码、财产状况、行踪轨迹等。例如,在（2020）浙0683刑初352号判决书中,某教育公司从网上购买学生信息（姓名、学校、家长电话号码、住址等）27万余条,并雇用他人使用购买的学生信息,以打电话、上门免费授课等方式推销"名师讲堂"软件。法院认定该公司及主要涉案人员构成侵犯公民个人信息罪。

经过处理无法识别特定自然人且不能复原的信息,虽然也可能反映自然人活动情况,但与特定自然人无直接关联,不属于公民个人信息的范畴。

对于企业工商登记等信息中所包含的手机、电话号码等信息,应当明确该号码的用途。对由公司购买、使用的手机、电话号码等信息,不属于个人信息的范畴,故而应严格区分"手机、电话号码等由公司购买,归公司使用"与"公司经办人在工商登记等活动中登记的个人电话、手机号码"两种不同情形。

（三）对"违反国家有关规定"的认定

《刑法修正案（九）》将原第253条之一的"违反国家规定"修改为"违反国家有关规定",后者的范围明显更广。根据《刑法》第96条的规定,"国家规定"仅限于全国人大及其常委会制定的法律和决定,国务院制定的行政法规、规定的行政措施、发布的决定和命令。而根据《个人信息解释》"国家有关规定"还包括部门规章。

(四)侵犯行为的表现形式

该罪表现为出售或提供公民个人信息的行为。

出售也属于提供,且属于有偿提供。凡是使他人可以知悉公民个人信息的行为均属于提供。但提供行为并不要求以牟利为目的,也就是说,行为人只要实施了提供行为,即使没有获利,也涉嫌触犯本罪。经过合法收集的个人信息,未经被收集者同意而提供给他人的,也属于违反国家规定提供个人信息的行为。

除了窃取行为,根据《个人信息解释》第 4 条的规定,获取行为包括但不限于"购买、收受、交换"等方式。非法获取也不要求具有特定目的与动机,无论是用于合法行为还是违法行为,均不影响对非法获取的认定。

例如,侵犯公民个人信息犯罪作为电信网络诈骗的上游犯罪,诈骗分子往往先通过网络向他人购买公民个人信息,然后自己直接用于诈骗或转发给其他同伙用于诈骗,诈骗分子购买公民个人信息的行为属于非法获取行为,其同伙接收公民个人信息的行为明显也属于非法获取行为。

又如,一些房产中介、物业管理公司、保险公司、担保公司的业务员往往与同行通过 QQ、微信群互相交换各自掌握的客户信息,这种交换行为也属于非法获取行为。此外,行为人在履行职责、提供服务过程中,违反国家有关规定,未经他人同意收集公民个人信息,或者收集与所提供的服务无关的公民个人信息的,也属于非法获取公民个人信息的行为。

(五)典型案例

枣庄无琼电子商务有限公司等犯侵犯公民个人信息案。[①]

2019 年 11 月,被告单位枣庄无琼电子商务有限公司为电话销售黑枸杞,该单位负责人杜某将含有公民个人电话、住址等共计 13.06 万余条公民个人信息提供给被告人李某,作为交换,被告人李某提供给对方 12.68 万余条内含公民个人电话、住址等的公民个人信息。

---

① (2020)苏 0113 刑初 175 号。

法院认为,被告单位枣庄无琼电子商务有限公司、被告人杜某、李某违反国家有关规定,通过交换方式非法获取公民个人信息,情节特别严重,其行为已构成侵犯公民个人信息罪,对被告单位判处罚金人民币4万元;对被告人杜某、李某分别判处有期徒刑和罚金。

三、拒不履行信息网络安全管理义务罪

拒不履行信息网络安全管理义务罪,是指网络服务提供者不履行法律、行政法规规定的信息网络安全管理义务,经监管部门责令采取改正措施而拒不改正,情节严重的行为。

本罪名是2015年《刑法修正案(九)》增加的罪名。《刑法》第286条之一规定:"网络服务提供者不履行法律、行政法规规定的信息网络安全管理义务,经监管部门责令采取改正措施而拒不改正,有下列情形之一的,处三年以下有期徒刑、拘役或者管制,并处或者单处罚金:(一)致使违法信息大量传播的;(二)致使用户信息泄露,造成严重后果的;(三)致使刑事案件证据灭失,情节严重的;(四)有其他严重情节的。单位犯前款罪的,对单位判处罚金,并对其直接负责的主管人员和其他直接责任人员,依照前款的规定处罚。有前两款行为,同时构成其他犯罪的,依照处罚较重的规定定罪处罚。"

(一)构成要件

本罪主体是特殊主体,仅限于网络服务提供者,即提供网络设施、中介、接入服务的个人用户、网络服务商等。除传统意义上的网络服务外,云服务商、云计算服务提供者、移动应用系统(APP)服务提供者等,均属于本罪主体"网络服务提供者"。此处的网络服务提供者还有别于《网络安全法》中规定的网络运营者,后者还包括网络的所有者、管理者。

自然人和公司、企业等单位均可以成为本罪主体,而且不要求提供网络服务的行为具有营利性。

根据《最高人民法院、最高人民检察院关于办理非法利用信息网络、帮助信息网络犯罪活动等刑事案件适用法律若干问题的解释》(以下简称《信息网络犯罪解释》)规定,网络服务提供者包括以下三类:

(1)网络技术服务提供者:网络接入、域名注册解析等信息网络接入、计算、存储、传输服务。

(2)网络内容服务提供者:提供信息发布、搜索引擎、即时通讯、网络支付、网络预约、网络购物、网络游戏、网络直播、网站建设、安全防护、广告推广、应用商店等信息网络应用服务。

(3)网络公共服务提供者:利用信息网络提供电子政务、通信、能源、交通、金融、教育、医疗等公共服务。

本罪保护的法益是具备公共利益属性的特定信息专有权,具体内涵以《刑法》明文规定为限。[1]

本罪的罪过形式是故意,而且只能是直接故意,且本罪故意内容中不要求具有特定目的。[2]

本罪的客观方面表现为行为人违反法律、行政法规规定的信息网络安全管理义务,并且经监管部门责令改正而拒不改正从而造成特定危害后果。

(二)网络服务提供者的信息网络安全管理义务

信息网络安全管理义务必须来自法律、行政法规的规定。《全国人民代表大会常务委员会关于加强网络信息保护的决定》《网络安全法》《未成年人保护法》《互联网信息服务管理办法》《计算机信息网络国际联网安全保护管理办法》《电信条例》等法律、法规对网络服务提供者应当履行的信息网络安全管理义务有直接或间接的规定。

《全国人民代表大会常务委员会关于加强网络信息保护的决定》从信息的收集、保管、非法信息的处置、核实用户真实身份、配合有关部门履行职责等多个方面规定了网络服务提供者的义务。

《网络安全法》也从多个方面规定了网络运营者的义务。该法中网络运营者的范围广泛,包括了网络的所有者、管理者和网络服务提供者。

《互联网信息服务管理办法》第15条则明确规定,互联网信息服务提供者不得制作、复制、发布、传播含有下列内容的信息:

(1)反对宪法所确定的基本原则的;

(2)危害国家安全,泄露国家秘密,颠覆国家政权,破坏国家统一的;

---

[1] 参见敬力嘉:《论拒不履行网络安全管理义务罪——以网络中介服务者的刑事责任为中心展开》,载《政治与法律》2017年第1期。

[2] 参见谢望原:《论拒不履行信息网络安全管理义务罪》,载《中国法学》2017年第2期。

（3）损害国家荣誉和利益的；

（4）煽动民族仇恨、民族歧视，破坏民族团结的；

（5）破坏国家宗教政策，宣扬邪教和封建迷信的；

（6）散布谣言，扰乱社会秩序，破坏社会稳定的；

（7）散布淫秽、色情、赌博、暴力、凶杀、恐怖或者教唆犯罪的；

（8）侮辱或者诽谤他人，侵害他人合法权益的；

（9）含有法律、行政法规禁止的其他内容的。

《互联网信息服务管理办法》第16条规定，互联网信息服务提供者发现其网站传输的信息明显属于该办法第15条所列内容之一的，应当立即停止传输，保存有关记录，并向国家有关机关报告。

从上述法律、行政法规的规定来看，网络服务提供者的安全管理义务主要包括以下三个方面：

（1）应当落实信息网络安全管理制度和网络安全保护技术措施；

（2）发现他人利用网络制作、复制、查阅、传播违法信息应当立即停止传输，并且采取删除地址、目录或者关闭服务器等处置措施，及时上报主管部门；

（3）依法备份和留存网络信息和网络日志等数据。

（三）本罪的成立要求以行政处置为前提

本罪成立的条件之一是"经监管部门责令采取改正措施而拒不改正"，因此，成立本罪以行政处置为前提。根据《信息网络犯罪解释》，"监管部门责令采取改正措施"，是指网信、电信、公安等依照法律、行政法规的规定承担信息网络安全监管职责的部门，以责令整改通知书或者其他文书形式，责令网络服务提供者采取改正措施。

通常而言，网络服务提供者的行为都是中性的业务行为或中立帮助行为。立法设置"经监管部门责令采取改正措施而拒不改正"的前置程序，说明本罪处罚的不是提供网络服务的中性行为。

所谓中性行为，是指就其独立存在的角度来看，具有日常性、职业性等特点的行为，如出租车司机运送客人、五金店老板售卖刀具等。但当这种行为与其他人的犯罪行为具有某种关系时，如行为人估计到或者认识到他人买刀具是用于杀人而卖给他人刀具，他人后来用所买刀具杀人了，刑法理论上将经营者售卖刀具这类行为称为"中性帮助行为"。德国学者罗克辛教授认为，就所谓中性的帮助行为来说,帮助者仅仅是估计到了实行人的犯罪举止,而因为自己的"日常行为"或"职业行为"卖给他人(实行人)刀具的,不应当承担帮助责任;而帮助者已经认识到实行人的犯罪决定,仍然卖给其刀具的,就应当承担帮助责任。①

提供网络服务的中性行为不具有违法性,但拒不按照监管部门的通知进行改正的行为则是具有违法性的,这正是该罪的立法价值与适用空间。

监管部门的责令应当符合依法行政的要求,其主体、程序、方式必须符合法律、行政法规的要求。换言之,信息网络安全监管部门事前未依据法律、行政法规规定发出指令;相关指令没有法律、行政法规依据;或者不是根据法律、行政法规而仅依据部门规章发出改正通知;仅仅发出口头整改通知,甚至违法发出指令的,网络服务提供者均不构成该罪。②

所谓拒不改正,是指行为人收到责令通知后,具有改正的条件和能力而不采取改正措施。实践中,考察行为人是否属于拒不改正,应当综合考虑监管部门责令改正是否具有合法依据,所要求的改正措施及期限要求是否明确、合理,网络服务提供者是否具有按照要求进行改正的能力、条件等因素进行判断。

比如,根据2021年7月5日浙江省通信管理局的复函③,2019年11月11日,阿里云计算有限公司未经用户同意擅自将用户留存的注册信息泄露给第三方合作公司,其行为违反《网络安全法》第42条的规定,浙江省通信管理局根据《网络安全法》第64条规定责令阿里云计算有限公司改正。如果阿里云计算有限公司没有履行整改义务,未来因同样的行为导致严重后果的,就可能涉嫌构成拒不履行信息网络安全管理义务罪。

(四)严重后果或严重情节的产生是由拒不改正的行为导致

本罪的危害后果包括以下几种:

1. 致使违法信息大量传播

违法信息主要指《互联网信息服务管理办法》第15条规定的法律禁止制作、复制、发布、传播的信息。认定违法信息大量传播,主要可根据违法信息的数量、受众的人数以及传播的渠道、被点击次数等因素进行认定。

---

① 参见谢望原:《论拒不履行信息网络安全管理义务罪》,载《中国法学》2017年第2期。
② 参见周光权:《拒不履行信息网络安全管理义务罪的司法适用》,载《人民检察》2018年第9期。
③ 参见《阿里云未经用户同意泄露信息给第三方!回应来了》,载21世纪经济报道微信公众号,https://mp.weixin.qq.com/s/9ILT0enLzCrTNNlZORRWNw。

根据《信息网络犯罪解释》第 3 条的规定，拒不履行信息网络安全管理义务，致使传播违法视频文件 200 个以上、其他违法信息 2000 个以上、向 2000 个以上用户账号传播违法信息、利用群组成员账号数累计 3000 个以上的通讯群组或者关注人员账号数累计 30000 个以上的社交网络传播违法信息、违法信息实际被点击数达到 50000 次以上等情形，均属于"致使违法信息大量传播"。

2. 致使用户信息泄露造成严重后果

《网络安全法》第 40 条规定，网络运营者应当对其收集的用户信息严格保密，并建立健全用户信息保护制度。用户信息既包括与个人隐私密切相关的踪轨迹信息、通信内容、征信信息、财产信息，也包括可能影响人身、财产安全的住宿信息、通信记录、健康生理信息、交易信息等信息，以及其他信息。

根据《信息网络犯罪解释》第 4 条的规定，拒不履行信息网络安全管理义务，致使泄露行踪轨迹信息、通信内容、征信信息、财产信息 500 条以上，泄露住宿信息、通信记录、健康生理信息、交易信息等其他可能影响人身、财产安全的用户信息 5000 条以上，其他用户信息 50000 条以上，造成他人死亡、重伤、精神失常或者被绑架等严重后果，造成重大经济损失，严重扰乱社会秩序等情形，均属于"致使用户信息泄露，造成严重后果"。

3. 致使刑事案件证据灭失，情节严重

《网络安全法》第 21 条规定，网络运营者应当采取监测、记录网络运行状态、网络安全事件的技术措施，并按照规定留存相关的网络日志不少于 6 个月。网络运营者应当为公安机关、国家安全机关依法维护国家安全和侦查犯罪的活动提供技术支持和协助等。

一般来说，致使刑事案件证据灭失的行为主要是指网络服务提供者未按要求保存用户信息或者采用其他安全防卫措施，或者在接到不得删除、销毁有关信息的指令后，仍然违反指令，违法删除有关数据、信息，使司法机关查处特定案件变得很困难，从而妨害司法秩序的行为。

认定情节严重要结合所涉案件罪名以及重大程度、灭失证据的重要性、灭失证据是否可补证、灭失证据的次数以及对刑事追诉活动产生的影响，进行综合认定。

根据《信息网络犯罪解释》第 5 条的规定，拒不履行信息网络安全管理义务，造成危害国家安全犯罪、恐怖活动犯罪、黑社会性质组织犯罪、贪污贿赂犯罪案件的证据灭失,造成可能判处 5 年有期徒刑以上刑罚犯罪案件的证据灭失,多次造成刑事案件证据灭失,刑事诉讼程序受到严重影响等情形,均属于"致使刑事案件证据灭失,情节严重"。

4. 其他严重情节

此规定是兜底条款。在实践中适用时应当结合前 3 项规定的具体情形及社会危害程度,考察行为人的行为是否达到了与之相当的程度。

根据《信息网络犯罪解释》第 6 条的规定,拒不履行信息网络安全管理义务,对绝大多数用户日志未留存或者未落实真实身份信息认证义务、2 年内经多次责令改正拒不改正、致使信息网络服务被主要用于违法犯罪、致使提供公共服务的信息网络受到破坏等情形,均属于"其他严重情节"。

另外需要注意的是,本罪成立还要求危害结果的发生与拒不改正行为具有因果关系。如果导致的上述严重后果或者严重情节是在接到责令改正通知之前或者改正过程中发生的,则行为人不构成该罪。

(五)典型案例

李某全拒不履行信息网络安全管理义务案。①

被告人李某全 2014 年 8 月在远特(北京)通信技术有限公司工作,是公司的高级运营总监,2019 年 3 月离职。2018 年 9 月,山东亚飞达信息科技股份有限公司董事长任某(另案处理)为盗取回收卡上绑定的用户个人微信账号,由任某向远特(北京)通信技术有限公司董事长王某(另案处理)要求将用户停机 3 个月后被回收的卡进行重新制卡后发送给山东亚飞达信息科技股份有限公司,王某对此予以同意,并安排李某全负责与山东亚飞达信息科技股份有限公司对接相关的具体事项。

2018 年 9 月,李某全将三四万张行业卡交给山东亚飞达信息科技股份有限公司挑卡,山东亚飞达信息科技股份有限公司从中挑出 4000 张带有公民个人微信的卡号并要求远特(北京)通信技术有限公司进行制卡。于是,李某全便根据任某挑选的回收卡安排人员进行制卡和发卡工作。山东亚飞达信息科技股份有限公司在拿到该批回收卡后,将该批回收卡违规实名登记在济南甲午新能源科技有限公司、济南仕通信息科技有限公司名下,并将回收卡卖给昆明黑兔子工作

---

① (2020)云 0103 刑初 1206 号。

室的林某彬(另案处理)用于盗取回收卡上绑定的用户微信账号,导致回收卡上绑定的微信号被大量盗取。

经查,2016年12月21日,远特(北京)通信技术有限公司因违反《电话用户真实身份信息登记规定》第6条被辽宁省通信管理局处以3万元人民币罚款,并责令立即改正;2017年1月10日,工业和信息化部网络安全管理局在《关于电话用户真实身份信息登记违规行为的通报》中,对抽查远特(北京)通信技术有限公司部分网点违反实名制问题进行了通报,提出立即进行整改并严格落实电话用户登记工作的有关规定;2017年2月21日,工业和信息化部办公厅《关于防范打击通信信息诈骗工作专项督导检查情况的通报》中对远特(北京)通信技术有限公司检查存在的"电话实名工作落实情况"问题进行了通报,并要求进行整改。以上相关部门的处罚及责令改正情况均与违反实名制规定有关。

法院认为,被告人李某全负有查验、评估、审核行业卡使用情况的职责,在明知违反实名制管理规定的情况下,仍然将大量带有公民个人信息的回收卡交给山东亚飞达信息科技股份有限公司,违反用户实名制进行挑卡,造成严重后果,且在两年内经监管部门多次责令改正而拒不改正。2020年7月14日,经工业和信息化部网络安全管理局出具《关于涉及远特(北京)通信技术有限公司相关咨询的复函》证实,远特(北京)通信技术有限公司将绑定个人微信号的移动电话卡回收制作成行业卡销售给其他公司,为落实行业卡短信功能限制要求,未认真履行行业用户安全评估责任,违反了电话用户实名制、行业卡安全管理等相关规定。

最终法院认定,被告人李某全作为网络服务提供管理者,拒不履行信息网络安全管理义务,经监管部门责令采取改正措施而拒不改正,其行为构成拒不履行信息网络安全管理义务罪,判处有期徒刑1年零3个月,并处罚金5000元。

第十七章　数据要素交易

市场主体对数据的需求主要通过数据的流通交换来实现,主要包括数据交易和数据开放共享等形式。其中,数据交易是最主要也是最市场化的数据流通方式。一方面,数据交易能够连接传统产业和新兴产业,以新兴产业赋能传统产业,以传统产业厚植新兴产业,实现传统产业与新兴产业共同发展;另一方面,数据交易是实现数据要素市场化配置的最有效手段。

数据交易市场的繁荣,是实现数据价值、推动数字经济发展的关键。政策层面,我国在延续"十三五"规划关于大数据产业定义和内涵的基础上,进一步强调数据要素价值,党的十九届四中全会提出将数据作为生产要素参与分配,2020年3月30日印发的《关于构建更加完善的要素市场化配置体制机制的意见》将数据要素列为与土地、劳动力、资本、技术同等地位的基本生产要素,数据作为生产要素之一被正式纳入国家所定义的要素市场化配置中,国家层面大力推行数据要素市场化配置改革,使数据资源通过市场化配置充分发挥数据效用和价值。2021年1月31日印发的《建设高标准市场体系行动方案》明确提出"加快培育发展数据要素市场";国家"十四五"规划纲要对完善数据要素产权性质、建立数据资源产权相关基础制度和标准规范、培育数据交易平台和市场主体等作出战略部署;2021年11月15日,工业和信息化部印发的《"十四五"大数据产业发展规划》,围绕数据要素价值的衡量、交换和分配全过程,明确将建立数据价值体系、健全要素市场规则、提升要素配置作用作为重点部署工作。

第一节 数据要素交易发展现状

一、国外数据要素交易情况及特点

国外数据交易平台自 2008 年前后开始起步，发展至今，既有美国的 BDEX、Ifochimps、Mashape、Rapid API 等综合性数据交易中心，也有很多专注细分领域的数据交易商，如位置数据领域的 Factual，经济金融领域的 Quandl、Qlik Data market，工业数据领域的 GE Predix、德国弗劳恩霍夫协会工业数据空间 IDS 项目，个人数据领域的 DataCoup、Personal 等。除专业数据交易平台外，近年来，国外很多 IT 头部企业依托自身庞大的云服务和数据资源体系，也在构建各自的数据交易平台，以此作为打造数据要素流通生态的核心抓手。较为知名的如亚马逊 AWS Data Exchange、谷歌云、微软 Azure Marketplace、LinkedIn Fliptop 平台、Twitter Gnip 平台、富士通 Data Plaza、Oracle Data Cloud 等。目前，国外数据交易机构采取完全市场化模式，数据交易产品主要集中在消费者行为趋势、位置动态、商业财务信息、人口健康信息、医保理赔记录等领域。

参照美国数据经纪产业发展模式，以数据开放共享推动大数据交易资源建设、以交易和产品运行推动大数据交易发展，可能是我国未来大数据交易产业健康良性发展的可选之路。

（一）美国数据资产交易模式

美国数据资产交易主要有三种模式，即数据平台 C2B 分销模式、数据平台 B2B 集中销售模式、数据平台 B2B2C 分销集销混合模式，其中第三种数据平台 B2B2C 分销集销混合模式发展迅速，目前已经形成相当市场规模，塑造了在美国数据产业中占据重要地位的数据经纪产业。本部分对三种模式进行简要说明，并就主要数据交易模式 B2B2C 分销集销混合模式的产业特征进行说明。

1. C2B 分销模式

C2B 分销模式，即用户将自己的个人信息通过合法授权的模式贡献给数据平台，数据平台通过向用户给付一定数额的商品、货币、服务等实物或者优惠、打折、积分等作为利益对价返还。例如，美国 Car and Driver 网站通过其网站面向用户提供一款服务，用户只要提供汽车注册车主的汽车型号、车辆年限等信息，即可获得网站提供的各种现金优惠。

2. B2B 集中销售模式

B2B 集中销售模式,即数据平台以中间代理人身份为数据提供方和数据购买方提供数据交易撮合服务,数据提供方、数据购买方均为经交易平台审核认证、自愿从事数据买卖的实体公司;数据提供方往往选择一种交易平台支持的交易方式对数据自行定价出售,并按特定交易方式设定数据售卖期限及使用和转让条件。

美国微软 Azure、Datamarket、Factual、Infochimps 等数据中间平台代理数据提供方、数据购买方进行的数据买卖活动,大多属于此类模式。

3. B2B2C 分销集销混合模式

B2B2C 分销集销混合模式,即数据平台以数据经纪商身份,收集用户个人数据并将其转让、共享与他人,主要以 Acxiom、Corelogic、Datalogix 等数据经纪商为代表,B2B2C 分销集销混合模式在目前美国数据产业主要数据交易模式中占有重要地位。

(二) 美国数据经纪商的产业特征

数据经纪商通过多种信源广泛收集用户个人信息,绝大多数情况下用户对此并不知情。数据经纪商往往通过商业、政府及其他公共途径收集用户个人数据,收集的数据种类包括破产信息、选民登记信息、用户消费信息、网络浏览器运行信息、担保品登记信息、用户日常互动的细节信息等。

数据经纪产业由多层互相提供数据的数据经纪商所组成。数据经纪商不仅为终端用户提供数据,同时也互相提供数据。绝大多数数据经纪商的数据来源于其他数据经纪商,而不是某一固定原始信源。

数据经纪商收集、存储着海量数据元素,几乎覆盖每个美国用户。数据经纪商的数据收集范围几乎涵盖了每个美国家庭和每笔商业交易,例如,一家数据经纪商的数据库中储存了 1.4 万亿条用户交易信息、7000 亿条集成数据元素;一家数据经纪商的数据库中存储了 1 万亿美元的用户交易信息;另一家数据经纪商逐月添加 30 亿条新的数据记录;还有一家数据经纪商拥有几乎每个美国用户的 3000 条数据段。

数据经纪商联结并分析用户数据,以便作出包括潜在敏感推理在内的用户推理。数据经纪商从用户数据中推理出用户兴趣,根据用户兴趣结合其他信息对用户进行分类,有些分类如"狗主人""冬季运动爱好者""邮件按序应答者"等是无害的,有些分类自一开始便聚焦于伦理和收入问题,如"城市抢夺人""移动式搅拌器"等便聚焦于低收入的拉丁美洲人和非裔美国人,因此属于"潜在敏感分类"。

数据经纪商将线上线下数据与市场用户的在线数据相结合。数据经纪商依托网站注册功能和浏览器cookies抓取跟踪功能来发现用户在线行为轨迹,推理用户离线行为特征并向其推送在线互联网广告。

二、国内数据要素交易的发展历程

中国数据交易平台起步较晚,大致可以划分为四个阶段:

第一阶段,2013年,我国刚刚跨入大数据元年,全球数据增长迎来大爆发,2014年,由中关村大数据交易产业联盟发起筹建,成立中关村数海大数据交易平台,是我国数据要素市场配置探索关键一步。该平台主要通过API(应用程序接口)的形式,为数据提供商提供一个第三方的数据调用平台,数据所有方可以开放自己的系统数据并进行定价,数据购买方可通过平台购买数据调用权限。作为一个第三方的交易平台,平台本身并不存储数据、截流任何数据,仅作为交易管道,实现双方交易和对交易流程进行管理。

第二阶段,2015年8月31日,国务院发布《促进大数据发展行动纲要》(国发〔2015〕50号),该文件指出"大数据正日益对全球生产、流通、分配、消费活动以及经济运行机制、社会生活方式和国家治理能力产生重要影响"。在该文件的指导下,以贵阳大数据交易所为代表的众多地方政府参与的数据交易平台成立。

第三阶段,以百度、腾讯、阿里巴巴等为代表的互联网企业凭借其拥有的数据规模优势和技术优势在大数据交易领域快速"跑马圈地",并派生出数据交易平台。其一般基于母公司本身业务派生而来,与企业母体存在强关联性。数据主要源于"母体"并以服务"母体"为目标;也有一部分数据交易平台脱离"母体"独立运营,即便如此也能在其身上看到"母体"的影子。以京东万象为例,京东万象作为京东的业务组成部分,其交易的数据与服务的主体与电商息息相关。同时也出现了专业数据服务公司、信息科技公司自建的数据服务平台,如数据宝、天眼数聚、万维易源聚合数据等。

第四阶段,2020年3月,《中共中央、国务院关于构建更加完善的要素市场化配置体制机制的意见》，明确提出"加快培育数据要素市场"的要求，以北京国际大数据交易所、上海数据交易所为代表，基于区块链技术、多方安全计算技术、隐私计算等先进技术的"新型"数据交易平台，在数据确权、数据流通、数据安全合规、数据隐私保护等方面进行创新实践，正引发新一轮发展热潮。

三、国内的数据要素交易模式及特征

目前，国内学术界对数据交易场所和模式还存在不同分类观点，通过调研分析，笔者认为中国信息通信研究院发布的《中国数字经济发展白皮书（2020年）》中对我国数据交易场所的分类较符合市场实际情况。依据《中国数字经济发展白皮书（2020年）》，国内数据交易场所及模式可以分为四类：政府主导建立的大数据交易所和交易中心、产业联盟数据交易平台、企业主导型数据服务商、大型互联网公司数据交易平台。

第一类以大数据交易所为代表，交易所主体在政府指导下建立，一定程度上有政府背书，具有一定的权威性，如北京国际大数据交易所、贵阳大数据交易所、长江大数据交易所、东湖大数据交易平台等。这类数据交易所具有两个特征，一是在运营方面坚持"国有控股、政府指导、企业参与、市场运营"原则，二是在股权模式设置方面主要采用国资入股、管理层持股、主要数据提供方参股的混合所有制模式。一般采用会员制，制定一系列涉及数据交易和会员管理的规则，组织数据交易并提供数据储存、分析等相关服务。

第二类以行业机构为代表，如交通、零售、金融等领域的行业机构。例如，中科院深圳先进技术研究院北斗应用技术研究院与华视互联联合成立的"交通大数据交易平台"，该平台交易的主要是交通大数据。

第三类以数据服务商为代表，如数据堂、爱数据、美林数据等，通过对大数据进行采集、挖掘分析、生产和销售的"采产销"数据服务商平台。

第四类以大型互联网公司建立的交易平台为代表，如京东万象，以服务大型互联网公司发展战略为目标。

各数据交易平台简介如表17-1-1所示。

表 17-1-1　各数据交易平台简介

交易机构名称	交易机构类型	简介
北京国际大数据交易所	政府类	由北京市经济和信息化局、北京市地方金融监督管理局、北京市商务局与北京市委网信办等部门组织，北京金融控股集团有限公司牵头发起，多方参与成立。北京国际大数据交易所从技术、模式、规则、生态等方面进行全新设计，着力破解数据交易的入场难、确权难、定价难、流通难等痛点。采用区块链技术、多方安全计算技术、隐私计算等先进技术，从技术层面对数据确权、数据流通效率等方面进行创新实践；基于隐私计算技术，实现数据使用权和所有权的分离，有效地解决由于数据被无限复制、数据用途不可控而造成数据所有权的丧失。这可以有效降低敏感数据泄露和滥用的风险，从技术上保障数据交易的安全合规，提高数据交易市场的可信度
上海数据交易所	政府类	2021年11月25日，上海数据交易所揭牌成立，该所启动全数字化交易系统，聚焦确权难、定价难、互信难、入场难、监管难等关键共性难题，在发展数据要素市场化上进行创新探索。全新构建"数商"新业态，涵盖数据交易主体、数据合规咨询、质量评估、资产评估、交付等多领域。首发数据交易配套制度，确立了"不合规不挂牌，无场景不交易"的基本原则，让数据流通交易有规可循、有章可依。上线新一代智能数据交易系统，保障数据交易全时挂牌、全域交易、全程可溯；首发数据产品登记凭证，首次通过数据产品登记凭证与数据交易凭证的发放，实现一数一码，可登记、可统计、可普查；首发数据产品说明书，以数据产品说明书的形式使数据可阅读，将抽象数据变为具象产品
京东万象	平台类	京东万象是京东云旗下的综合性数据服务平台，致力于为数据提供方、数据需求方和数据服务方构建端到端的数据生态体系，目前已拥有超过400个数据提供商，超过1000个数据源，和超过100个数据标签，可实现数据提供方与需求方间最直接的数据对接，解决企业内部资源整合、数据缺失、数据孤岛等问题。同时，京东万象是国内率先应用区块链技术的大数据流通平台

续表

交易机构名称	交易机构类型	简介
聚合数据	平台类	互联网专业数据科技服务商,致力于基于 API 技术向客户提供覆盖多领域、多场景的标准化 API 技术服务与集 API 治理、数据治理和相关技术服务于一体的数字化整体解决方案,助力企业客户实现数字化升级。主营业务包括标准化 API 技术服务与数字化整体解决方案等,涵盖智能制造、人工智能、5G 应用等领域。其中 API 技术服务典型客户包括大地保险、微民保险、天翼征信、中国联通、联动云汽车、腾讯、京东等知名企业。数字化整体解决方案已在中国银联、中国民生银行、苏州银行、空中客车等大型企业以及苏州公安、苏州工业园区等政务领域中应用部署
贵阳大数据交易所	政府类	全国第一家大数据交易所,涵盖 30 多个领域,为综合类、全品类数据交易平台。贵阳大数据交易所在贵州省政府、贵阳市政府大力支持下,率先构建并持续完善数据要素价格市场,共建开源数据交易生态;目前正基于区块链等技术持续迭代升级自主研发的数据交易系统,构建可信的大数据交易平台,驱动数据有序高效流通,支撑大数据政用、商用、民用
中关村数海大数据交易平台	政府类	第三方的交易平台,只为实现交易的进行,平台本身并不存储数据、截流任何数据,仅作为交易管道,实现双方交易和对交易流程进行管理。主要通过 API(应用程序接口)的形式,为数据提供商提供一个第三方的数据调用平台,数据所有方可以开放自己的系统数据并进行定价,数据购买方可通过平台购买数据调用权限
西咸新区大数据交易所	政府类	陕西"西咸新区大数据交易所"是国内首个围绕"一带一路"经济带的大数据交易平台,旨在通过数据交易,加快数据资产的开放、共享和互通,整合政府、企业、公共服务等多方面数据资源,围绕"一带一路"开展国际数据资源的共享融通,支撑国内数据资源的互通交易
华东江苏大数据交易中心	政府类	华东江苏大数据交易中心是在实施"国家大数据战略"大背景下,由国家批准设立,是华东地区首家,也是唯一一家跨区域、标准化、综合性大数据交易平台,提供大数据金融衍生数据的设计、加工、处理服务;大数据清洗及建模技术开发;大数据相关的金融杠杆数据设计、加工;产业数据众包采集服务;构建数据分析系统服务;数据资产评估;数据资产咨询服务

续表

交易机构名称	交易机构类型	简介
哈尔滨数据交易中心	政府类	哈尔滨数据交易中心是由哈尔滨经济技术开发区与北京亚信数据有限公司共同合作创立,主要业务是面向全国提供创新型交易模式的数据交易服务,采用"政府指导,市场化运作"的方针,遵循"公平、开放、安全、可控"的基本原则,旨在促进数据流动,规范数据交易行为,维护数据交易市场秩序,保护数据交易各方合法权益,向社会提供完整的数据交易、支付、结算、交付、安全保障、数据资产管理等服务
河北大数据交易中心	政府类	中国首家开展数据资产证券化的服务机构、华北地区第一家数据资产交易平台。该平台可推动京津冀一带形成大数据产业带,实现数据资产在京津冀地区的跨区域流动。该数据交易中心主要开展数据资产登记、数据资产托管管理、数据商品交易、数据资产交易、数据资产金融产品设计服务、金融杠杆数据设计及服务、数据资产证券化、数据资产权益类交易等业务。盘活京津冀地区的数据资源,实现数据资产的有效利用,并可与"中关村数海大数据交易平台"实现对接,打通京津冀大数据走廊,促成数据的供需对接,推动产业升级
钱塘大数据交易中心	政府类	钱塘大数据交易中心是国内首家"工业大数据"综合服务机构,为互联网金融+大数据在行业垂直市场领域提供大数据交易,预处理交易,算法交易及大数据分析、平台开发、技术服务,数据定价,数据金融,交易监督等综合服务;基于数据金融资产化方向提供撮合、买卖、典当、融资、抵押、贷款等多种合作模式,为各经济主体(包括企业、机构、个人等)盘活数据存量资源提供全面解决方案
华中大数据交易平台	政府类	华中大数据交易所是中国乃至全球首个全网系大数据交易平台,是国内首个独立同时支持个人和机构用户的综合实时在线交易系统,旨在促进数据流通的公正、有公信力、创新型的第三方数据交易平台,向社会提供完整的数据交易、结算、交付、安全保障、数据资产管理和融资等综合配套服务。平台遵循"开放、规范、安全、可控"的原则,秉承规范数据交易行为、维护数据交易市场秩序、保护数据交易各方合法权益的服务宗旨,旨在逐步将平台建设为大数据要素交易服务为一体的综合性、专业化大数据交易服务平台,构建一个立足湖北、辐射全国、影响世界的网络化大数据交易市场

续表

交易机构名称	交易机构类型	简介
武汉东湖大数据交易中心	政府类	武汉东湖大数据交易中心以"数据即资产,数据即服务"为出发点和落脚点,以电子交易为主要形式,搭建高效、便捷、开放的大数据资源集成机制、交易机制和服务机制;以"大数据+产业+金融"的业务发展模式,推动数据资源开放、流通和应用,努力把交易中心建设成为全国重要的大数据资产采集加工中心、大数据资产交易中心、大数据资产定价中心、大数据资产金融服务中心、大数据资产管理中心和大数据资产质量控制中心
上海数据交易中心	政府类	上海数据交易中心是经上海市人民政府批准,上海市经济和信息化委员会、上海市商务委员会联合批复成立的国有控股混合所有制企业,承担着促进商业数据流通、跨区域的机构合作和数据互联、公共数据与商业数据融合应用等工作职能。交易中心以国内领先的"技术+规则"双重架构,创新结合 IKVLTP 六要素技术,采用自主知识产权的虚拟标识技术和二次加密数据配送技术,结合面向应用场景的交易规则,在全面保障个人隐私、数据安全前提下推动数据聚合流动。聚焦"政府治理和公共服务能力提升、经济发展方式转变"两个方面,创新"交易机构+创新基地+产业基金+发展联盟+研究中心""五位一体"大数据产业链生态发展布局,力争打造国家数据科学中心、亚太数据交换中心和全球"数据经济"中心,形成集数据贸易、应用服务、先进产业为一体的大数据战略高地
浙江大数据交易中心	政府类	浙江大数据交易中心是由浙江日报报业集团发起,浙江日报控股上市公司浙数文化投资设立的浙江省第一家大数据交易场所,也是目前浙江省唯一一家大数据交易场所。平台通过数据产品、数据接口、数据包资产评估、交易供需匹配、交易平台提供来完成数据交易服务,同时以数据加工、整合、脱敏、模型构建等服务提供额外配套数据增值服务,促进数据资产转化

交易机构名称	交易机构类型	简介
数据宝	平台类	数据宝是中国领先的国有数据资产代运营服务商,致力为国有数据资源方提供数据治理智能化、建模加工产品化、场景应用商品化、流通交易合规化等数据要素商品化全生命周期管理服务。是国内少数同时具备"国资参股、政府监管扶持、市场化运作、大数据资产交易合法经营资质"属性的大数据"国家队",为70个国家部委局、31个省(区、市)、96家央企的大数据产品流通充当"审核员、服务员、监督员"的角色,把好大数据安全关,帮助国有大数据资源方与需求方之间构建起一条安全、稳定、高效的数据交互智能枢纽,并运用"堡垒机"机制,确保国有数据资源安全和脱敏脱密,确保国有数据产品的合法合规使用
天元数据	平台类	该平台隶属浪潮集团,该平台持续整合浪潮自有数据、政府公开数据以及联盟伙伴数据,数据商品涵盖了线上零售、生活服务、企业数据、农业、资源能化等10大类,促进了大数据商品的流通和交易,为政府、企业及个人提供门类齐全、安全可靠、真实、合法、及时、中立的数据资源

四、国内数据要素市场交易存在的问题及挑战

国内数据要素市场发展实践过程中阻碍数据要素市场化配置顺利进行且亟须解决的"拦路虎",涉及数据要素市场化配置体制机制的不健全、监管体系的不完善以及相关法律法规的缺失等方面;参考其他相关调研结果[①],国内数据要素交易市场在实践运行中存在的主要问题表现为以下几个方面:

第一,我国数据交易平台的场内交易量普遍偏小,基本处于停运或者半停运状态,同时场外交易问题比较突出,大量数据通过"灰市"甚至"黑市"场外交易完成,导致大量用户隐私数据泄露的事故频发。

第二,数据要素市场化流通与政府数据开放方面,开放数据集规模小且企业生产经营利用率普遍偏低,政府与企业双向数据流通共享基本处于冰点状态;各地政府牵头组建的数据交易中心同质化竞争激烈,同时数据服务半径受限于数

---

① 参见国家信息中心、王璟璇、窦悦、黄倩倩等:《全国一体化大数据引领下超大规模数据要素市场的体系架构与推进路径》,载《电子政务》2021年第6期。

据流通的区域壁垒,规模化发展受到阻碍;行业层面,数据垄断现象开始凸显,逐步形成以字节跳动、腾讯、百度、阿里、京东为代表的头部数据阵营,不利于数据要素市场的一体化建设。

第三,作为数据要素交易的重要前提条件的数据确权,目前在世界范围内仍未达成共识,数据确权存在难度,在法律层面定义缺失、政策层面定义不清晰,同时普遍缺乏对数据权属和来源进行检验的技术水平和专业能力,阻碍数据要素市场有序健康发展。

第四,数据定价方面,由于数据具有来源多样性、多次融合衍生性、价值传递差异性、价值行业性及高成本低边际效应等特点,目前缺少统一的数据定价规则,存在随意定价、垄断性定价、掠夺性定价等问题,扰乱交易市场的稳定。

第五,数据安全隐私保护层面,包括《数据安全法》《个人信息保护法》在内的一系列涉及网络安全、数据安全的的法律陆续施行或出台,使个人信息保护和数据要素安全流通使用"有法可循",同时法律对数据交易管理、安全评估、安全审查等都作出了比较完整的规定,倒逼企业(如国内金融、能源、医疗保行业及互联网厂商等行业)在数据安全合法合规方面提高保护措施,从而保证数据要素市场安全合规发展。

第六,数据交易场所的信任机制、交易机制有待进一步完善,缺少有效的数据流通基础环境。事前缺少交易数据的合法合规及质量的有效检验手段、事后缺少可信的第三方监管对数据使用流向、用途进行监管。

第二节 数据要素交易主要内容

数据要素交易,涉及数据资产的定义、数据资产估值和定价、数据确权、交易参与主体、交易流程等。本书分两节来分析讨论。

一、数据交易基础——数据资产

数据的价值在于利用,数据交易是激活数据价值、推动数字经济发展的重要方式。而数据可以进行市场交易的前提条件,是通过产品化过程、资产化手段,将数据转化为数据资产,然后通过数据交易平台进行市场化数据交易流通,实现数据变现，否则它纯粹只是资源。

谈到数据交易，必须先了解什么数据才能作为交易对象进行交易。

(一)资产的定义

对资产的定义，目前较为权威的依据主要来自国际会计准则及我国财政部发布的《企业会计准则——基本准则》。国际会计准则对资产的定义为"资产是指作为以往事项的结果而由企业控制的可望向企业流入未来经济利益的资源"。我国财政部《企业会计准则——基本准则》(2014年修改)第20条将资产定义为"资产是指企业过去的交易或事项形成的、由企业拥有或者控制的、预期会给企业带来经济利益的资源"。对于无形资产，《企业会计准则第6号——无形资产》中作出了明确的定义，即无形资产是指企业拥有或控制的没有实物形态的可辨认非货币性资产。

由此资产必须具有以下特征：(1)企业需拥有某项资产的所有权或控制权；(2)资产由过去的交易或事项形成；(3)不管是有形资产还是无形资产都要能为企业创造未来经济利益。

(二)数据资产

数据是资产虽然已成为行业共识，但是数据资产的实际管理和应用目前处于起步摸索阶段，面临诸多挑战。其中就包括数据资产的定义，目前国家法律规章、行业标准及学术界，对数据资产的定义有一些探索性研究和尝试，但尚未形成统一的定义。中国信通院、大数据技术标准推进委员会联合发布的《数据资产管理实践白皮书(4.0版)》中将数据资产进行定义为："数据资产(Data Asset)是指由企业拥有或者控制的，能够为企业带来未来经济利益的，以物理或电子的方式记录的数据资源，如文件资料、电子数据等。在企业中，并非所有的数据都构成数据资产，数据资产是能够为企业产生价值的数据资源。"

结合数据、资产、无形资产的定义以及国家标准、行业指引、专家学者文献等研究实践，本书从企业应用的角度将数据资产定义为：企业过去的交易或事项形成的，由企业合法拥有或控制，且预期在未来一定时期内为企业带来经济利益的以电子方式记录的数据资源。其具体意义可表述为以下几点：

（1）"企业过去的交易或事项形成"，是指数据必须是现实存在的，未来预期产生或获取的数据不能划分为数据资产；

（2）"由企业合法拥有或控制"，是指数据来源及出处必须合法合规，企业以不正当手段非法获取的、有产权争议的、无法控制的数据资源不能确认为数据资产；

（3）"预期在未来一定时期内为企业带来经济利益"，是指数据资产预期在未来一段时间内，通过直接或间接等形式能为企业带来持续经济效益，没有经济价值或在现有的技术条件下无法确定未来经济利益的数据以及不能反复连续使用的数据不能划分为数据资产；

（4）"电子记录"，是指能够通过盘点、注册等管理手段，对数据资产进行识别、记录及计量，手工记录的数据不属于数据资产范围。

（三）数据资产的特征

中国资产评估协会发布的《资产评估专家指引第9号——数据资产评估》从数据资产的基本特征、价值影响因素等方面对数据资产的特征进行了详细的归纳说明，即数据资产的基本特征通常包括：非实体性、依托性、形式多样性、可加工性等；数据资产的价值影响因素包括技术因素、数据容量、数据价值密度、数据应用的商业模式和其他因素。其中技术因素通常包括数据获取、数据存储、数据加工、数据挖掘、数据保护、数据共享等。数据资产可以按照数据应用所在的行业进行划分，不同行业的数据资产具有不同的特征，这些特征可能会对数据资产的价值产生较大的影响。相同的数据资产，由于应用领域、使用方法、获利方式的不同，其价值也会有差异。数据资产的具体特征参见图17-2-1。

数据资产特征

非实体、无消耗性
数据资产无实物形态，其非实体性导致了数据的无消耗性，即数据不会因为使用频率的增加而磨损、消耗。

依托性
数据必须存储在一定的介质里。

形式多样性
可以是数字、表格、图像、声音、视频、文字、光电信号、化学反应，甚至是生物信息等。

可加工性
数据可以被维护、更新、补充、增加数据量；也可以被删除、合并、归集，消除冗余；还可以被分析、提炼、挖掘，加工得到更深层次的数据资源。

多次融合衍生性
多样的信息可以通过不同的方法进行互相转换，从而满足不同数据消费者的需求。衍生出不同价值的数据产品服务。

价值传递差异性
由于不同数据消费者使用方式的不确定性，相同的数据资产，由于其应用领域、使用方法、获利方式的不同，会造成数据资产的价值变化差异。

价值易变性
数据资产的价值受多种不同因素影响，这些因素随时间的推移不断变化。

价值行业性
根据数据应用所在的行业的不同，数据资产具有不同的特征，这些特征可能会对数据资产的价值产生较大的影响。

可共享性
数据资产可以无限地进行交换、转让和使用，为他人所共享。同一数据可以同时支持多个主体使用，不同主体对同一数据的利用将产生不同的价值。

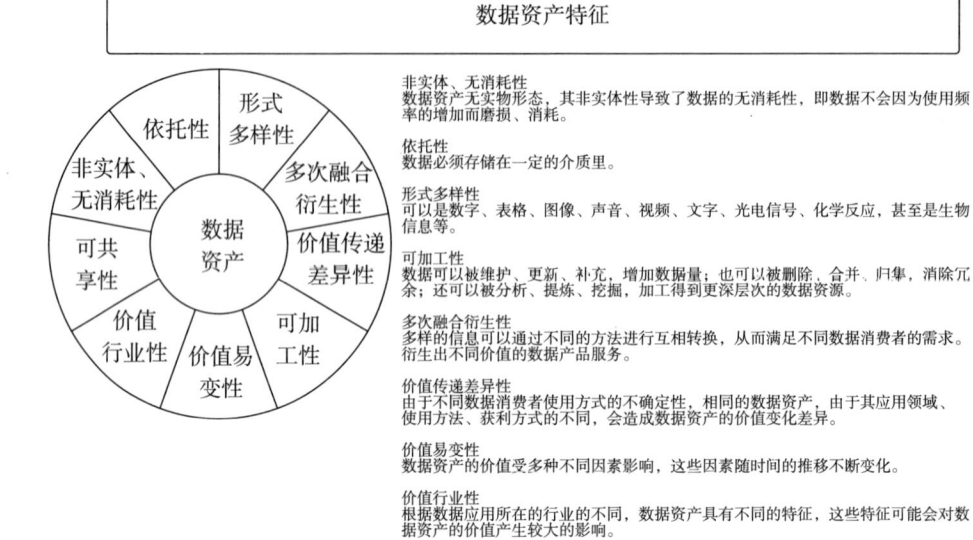

图 17 – 2 – 1　数据资产的具体特征

二、数据资产估值和定价

(一) 估值和定价

价值是资产的核心属性，数据资产估值是数据要素定价机制及价值核算的重要因素，是数据要素市场化流通交易的关键组成部分。目前学术界对数据资产估值和定价进行研究时，容易将价值评估与定价混为一谈，使数据要素在整个要素流通环节中的价值难以厘清，不利于数据要素的有效流通，同时也带来对数据要素价值收益的分配上的困惑。

数据资产的价值评估与定价是构成数据价值的两个过程阶段，估值即价值评估，是指数据资产生产者或者初级所有者根据数据资产的本身价值特点进行价值评估，这是数据定价的基础和参考依据；而数据定价属于市场行为，数据购买者根据其本身业务需要，在交易市场中对某项符合要求的数据资产进行应用价值评估，通过对多种数据产品的比较，以形成购买者可接受价格进行数据交易的市场出清价格。也可以说估值是定价的基础，定价是对估值的一种市场化调整。

（二）数据资产的价值评估方法

数据资产价值评估是量化数据资产价值的有效方式,同时也是企业参与数据要素流通的基础,已经成为企业关注焦点。部分企业已开展探索性实践,如2021年1月,光大银行发布《商业银行数据资产估值白皮书》,系统研究了商业银行的数据资产估值体系建设;2021年10月,浦发银行联合IBM、中国信息通信研究院共同发布《商业银行数据资产管理体系建设实践报告》,阐明了数据资产的概念、数据资产管理体系的内涵与外延、体系框架、管理规则等内容,为商业银行数据资产化之路提供有价值的参考。

通过对传统资产评估方法及目前业界的理论研究,数据资产估值方法按照估值结果可以分为以货币度量的估值方法体系及非货币度量的估值方法体系。货币类资产评估方法当前已经有较为成熟的方法体系,但由于数据资产与传统的有形资产和无形资产均有一定差异,相比于传统资产,数据资产具有其独特性,传统资产评估的成本法、收益法和市场法,在数据资产估值实践中存在较大的局限性,当前估值方法难以适用于数据资产,市场当前也无实际应用货币度量类的估值方法对数据资产价值进行衡量的先例。相比之下,非货币度量估值方法不受货币单位的限制,部分数据技术领先的企业已具备实际应用条件。总体而言,数据资产评估根据与数据资产价值实现相关的维度构建评估模型,但不同企业对数据资产评估的范围各不一致,且评估时普遍会依据自身的业务关注点选取特有的衡量维度创建度量体系,在维度和模型算法构建上也有较大差异。

三、数据定价模式探索

市场是一个隐含交易各方行为规则、知识和信息的集合,而价格则是这些元素相互作用的集中体现。在交易市场中,不同主体关注数据要素价值的视角各有不同,数据卖方重视数据要素资源的变现能力和未来预期收益,数据买方则重视数据要素资源的应用价值,数据交易平台运营方站在数据要素市场的宏观视角,基于博弈论等理论,对市场价格变动进行预判和监管,以支撑市场顶层设计及相关政策制定。

与土地、资本等其他成熟的生产要素市场相比,当前数据要素市场发展尚处于起步阶段。在数据要素交易场景下,交易数据或数据产品的估值定价体系,可以借鉴股票市场的运行原理,构建类似股票市场的一级、二级市场价格体系。

一级市场聚焦于数据资产估值,可以委托数据资产评估机构或利用先进的数字化评估系统,对企业数据资产在入市交易前进行价值评估。

二级市场聚焦于数据或者数据产品的市场化交易定价。数据在经过一级市场数据价值评估及交易场所的安全合规审核之后,经由"数据商"在数据交易市场上架进行市场化流通交易。数据购买者根据其本身业务需要,对市场中符合要求的数据进行价值评估,在综合考虑类似数据产品历史成交价、类似数据市场行情后,对数据产品给出其可接受的市场价格。

国家信息中心大数据发展部相关人员出具的《超大规模数据要素市场体系下数据价格生成机制研究》报告中指出,数据交易市场中数据交易价格可分为建设初期和成熟期分步走的数据产品动态定价策略,即在数据要素市场培育的初期,由于数据交易所或数据交易平台尚处于运营初期,公信力、认可度不足,场内交易较少,历史交易参考价值不高,同时作为数据要素流通生态的"估价"的第三方机构(智库或高校院所等研究机构、会计师事务所等传统资产评估机构、行业协会)等专业化数据价值评估机构也处在初步建设初期,所以在市场建设初期,其职能以交易撮合为主,在价格指导及价格形成机制上采用以交易双方议价撮合为主、第三方机构估价为辅的价格生成模式;随着数据交易市场的成熟,数据要素市场相关政策、制度及规则的相继完善,市场体系逐渐健全,场内交易形成集聚效应,数据交易平台的公信力在此过程中也逐步得到市场的实践认可;同时在此阶段,第三方机构估价业务逐步成熟,出现专业化第三方数据价值评估机构,其对数据价值的评估能较好地反映市场实际价值,在价格指导及价格形成机制上逐步形成科学公允的价格机制,进而对数据产品的定价形成一定的指导标准。在数据市场成熟时同样存在买卖双方溢价行为,与初期相比较,其议价空间有了市场指导参考标准。

四、数据确权

确权是任何资源市场化利用的前提,同样明确的数据权属是数据要素市场化发展的前提和基础。土地、资本等其他的生产要素通常有较为明确的权利类型与权利归属,但数据资产的无实体、可多次衍生、可复制性、非竞争性、权属复杂性等特点使数据与实物资本在物理特性上根本不同,很难进行确权,这一问题法律界、学术界一直存在争议,未形成统一标准。

数据确权一直都是数据要素交易中难以解决但又不能回避的问题,下面笔者从国家政策法律方面对数据确权的指导、数据交易所的实践创新和新兴技术方面进行探讨。

(一)政策法律支持数据确权

近年来,国内在数据确权方面也进行了大胆探索尝试。2021年,各地相继出台的数据条例中也大都对数据权益进行了明确,包括针对个人信息的人格权益和财产权益。通过明确自然人、法人和非法人组织的数据权益,保障包括自然人在内各参与方的财产收益,一定程度上可以缓解由于数据资产难确权带来的问题,鼓励企业在合法合规的前提下参与数据资产流通,促活政府与企业、企业与企业间的数据要素化流通。如:

2021年7月,深圳市发布的《深圳经济特区数据条例》中规定:"自然人对载有其个人信息的数据享有法律、行政法规及本条例规定的人格权益。""自然人、法人和非法人组织对其合法处理数据形成的数据产品和服务享有法律、行政法规及本条例规定的财产权益。但是,不得危害国家安全和公共利益,不得损害他人的合法权益。"

2021年7月,广东省第十三届人大常委会第三十三次会议通过的《广东省数字经济促进条例》明确:"自然人、法人和非法人组织对依法获取的数据资源开发利用的成果,所产生的财产权益受法律保护,并可以依法交易"。

2021年11月,上海市第十五届人大常委会第三十七次会议表决通过的《上海市数据条例》规定:"本市依法保护自然人对其个人信息享有的人格权益。本市依法保护自然人、法人和非法人组织在使用、加工等数据处理活动中形成的法定或者约定的财产权益,以及在数字经济发展中有关数据创新活动取得的合法财产权益。"

(二)数据交易所数据确权创新实践

同时作为数据要素交易的"中介"载体的数据交易所(或数据交易中心)在数据交易实际操作层面也积极创新,弥补法律层面确权的缺失,解决数据确权难题。

从本质上说,数据交易行为的最终达成,随着数据所承载的信息内容或信息权利的交换。数据交易相比一般的实物交易，除了传统市场意义上的价值交换之外，还伴随着数据/信息权利的交换，在市场交易中数据权利是必须要探讨研究的关键问题之一。

关于数据确权，目前法律界已经进行相关研究和探讨，比如所有权、人格权等，但是目前还没有统一标准和定论，所以我们今天搁置法律层面的数据权属问题，探讨一下数据交易领域中的确权方式和其可行性。

第一，数据交易中数据产权是一种新型民事权利，数据要素作为一种新的交易产品，由于数据的易复制、多次衍生等特点，导致其与传统的权利不同，其与物权相比，支配数据具有非损耗和非"物"上的排他性；与债权相比，目前相关法律制度不能为数据权利提供充分保护；与知识产权相比，数据采集、汇聚、存储不包含明显的智慧加工。[①] 所以我们搁置"数据归谁所有"，从数据使用权利、数据流通权利、数据收益权利层面确定数据产权归属，在现阶段已有数据交易所/数据交易中心引入数据登记和合规公证体系，以解决数据权属不清的问题（见图17-2-2）。

```
确权原则
搁置"数据归谁所有"，从数据使用权利、数据流通权利、数据收益权利层面确
定数据产权归属，引入数据登记和合规公证体系，解决数据权属不清的问题，保
证交易合法合规。
```

数据使用权利	数据流通权利	数据收益权利
↓	↓	↓
数据实际控制者		按数据生产贡献度分配

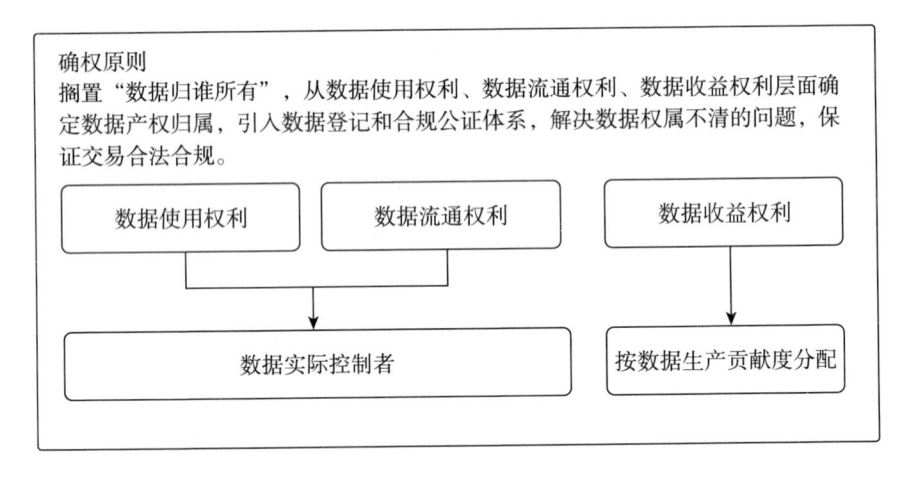

图17-2-2 数据确权原则

如图17-2-2所示：数据使用、流通权利归属数据实际控制者；数据收益权利应当应根据数据生产中的贡献度分配给多方主体。在数据交易场景中，数据

[①] 参见王建冬、于施洋、黄倩倩：《数据要素基础理论与制度体系总体设计探究》，载《电子政务》2022年第2期。

实际控制者在数据准入阶段能够提供其数据或者数据产品的来源合法合规相关证明,就可以入场进行产品登记和挂牌交易;对于数据收益权利,目前某些省、市的数据条例中也作出了明确的规定,如《上海市数据条例》《深圳经济特区数据条例》中规定了数据的收益权。

第二,在数据交易主体方面,已有数据交易所/数据交易中心采用交易主体实名注册方式,并对注册主体营业执照、征信报告、诉讼情况、社保缴纳、财务状况等信息进行准入审查,实现"上市有审核、购买有资质"的准入机制,同时参考实体经济市场的做法,实施准入负面清单动态调整机制和第三方评估机制,为数据交易主体的市场交易行为以及交易数据的安全合规建立信用审核保障。

第三,在交易数据权属方面,已有数据交易所/数据交易中心引入律师事务所、公证处等第三方机构,为数据交易主体提供合规公证服务,不仅对数据交易主体数据进行数据合规审核,并且对数据来源的合规性进行审核,并出具数据合规报告、数据真实性证明报告等材料,通过公证机构向社会进行公开,通过社会监督模式在一定程度上保证交易数据权属的合规性(见图17-2-3)。

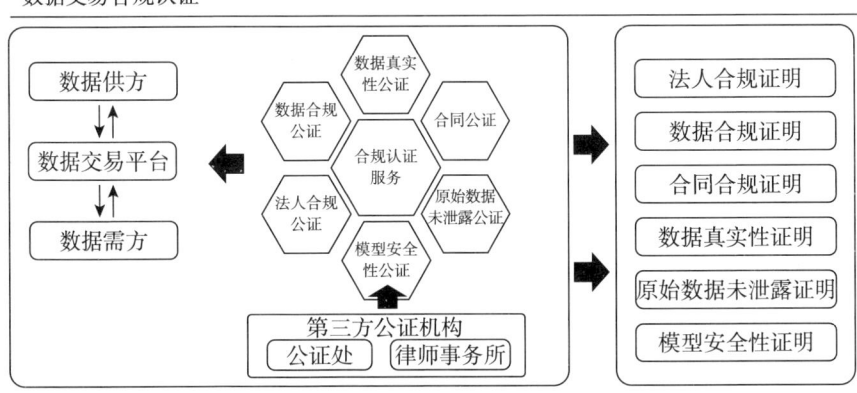

图 17-2-3 数据交易合规认证

第四,积极引入新兴技术从技术层面实践探索数据确权问题,即通过多方计算技术、联邦学习等新兴技术,以"数据可用不可见,用途可控可计量"模式,将数据的使用权(利用大数据相关技术对数据进行计算后得到的数据价值)从所有权中分离出来,实现数据所有权和使用权的解耦,为厘清数据使用的"责、权、利"提供技术手段。

第五,新型数据要素交易模式下的交易标的,首先市场交易流通出售的不再是原始数据本身(数据作为数据交易对象进行交易导致数据所有权的让渡转移),而是采用"数据+场景+算法"的模式,通过交易让渡数据所蕴含的数据服务价值,即数据在特定场景下的数据使用权,将数据使用权作为数据交易的标的,保证了数据所有者对数据所有权的控制。其次,通过"数据可用不可见、用法用量可控"的技术手段,防止交易数据滥用情况的发生,同时基于数据交易方达成的"交易合约"机制,通过对交易数据使用场景的授权实现对交易数据用途的控制。

五、数据要素交易的商品形态

数据交易场所作为连接各数据交易方的中介,为不同市场主体提供自由平等的交易服务平台,以达到数据要素市场化配置的效果。《全国一体化大数据中心引领下超大规模数据要素市场的体系架构与推进路径》一文[①]从要素形态、信息价值、隐私敏感度、确权基础等维度将数据要素分为四种要素形态。即 0 阶原始数据、1 阶脱敏数据、2 阶模型化数据、3 阶人工智能化数据,其中 2 阶和 3 阶的数据交易流通场景主要体现为"数据+算法+算力"的综合体流通。详见表 17-2-1。

0 阶原始数据,指通过物理传感器、网络爬虫、问卷调查等途径采集获取的未经处理、加工、开发的原始信号数据。

1 阶脱敏数据在 0 阶原始数据的基础上,将敏感或涉及隐私的数据进行脱敏处理,形成便于数据流通的要素数据,其通过脱敏处理确保了数据安全和隐私保护。

2 阶模型化数据,是企业根据数据服务需求,结合业务场景(如精准营销、金融风控、产业知识图谱、产业发展预测等)在 0 阶原始数据的基础上,进行算法模型化开发,形成以"用户画像""产业链图谱"等为展现形式的"数据+服务"要素

[①] 参见国家信息中心、王璟璇、窦悦、黄倩倩等:《全国一体化大数据引领下超大规模数据要素市场的体系架构与推进路径》,载《电子政务》2021 年第 6 期。

数据。

3阶人工智能化数据，在前面三层数据之上，融合机器学习、神经网络、自然语言处理、计算机视觉等人工智能技术形成的如人脸识别、语言识别等"智能化能力"，从形态上已经由原本"数据"转化为"智能化数据"。

表17-2-1 数据四种要素形态

交易产品	交易确权基础	要素形态	隐私风险
原始数据集(0阶)	原始数据所有权、使用权	数据	高
脱敏数据集(1阶)	原始数据所有权、使用权	数据	高
模型化数据(2阶)	原始数据使用权 结果数据所有权	数据+服务	低
人工智能化数据(3阶)	原始数据使用权 AI模型所有权	服务	低

第三节 数据要素交易主体及流程

一、数据要素交易的相关主体

（一）数据提供方

数据提供方是指在数据交易中提供"交易标的"（数据/数据产品/模型产品/衍生和配套数据服务等）的组织机构。

（二）数据消费方

数据消费方是指在数据交易中，根据自身业务需要购买和使用"交易标的"（数据/数据产品/模型产品/衍生和配套数据服务等）的组织机构。

（三）数据交易服务机构

数据交易服务机构是指为数据供需双方提供交易服务的组织机构，一般指数据交易平台的运营机构，即数据交易所或数据交易中心，负责交易所的生态运营和技术实现。

(四)数商

数商,即数据商,是数据交易中的特有角色,涵盖数据发现者、价值赋能者、联结者和服务提供者等各类经济主体。作为数据价值的发现者,数商帮助企业发现数据资源的价值;作为跨组织跨行业的数据资源联结者,数商通过组织数据产品、联结各方数据资源需求,促活数据交易市场。

在数据交易过程中,数商主要负责引入、撮合数据提供方和数据消费方的供需适配,同时负责数据产品开发和产品上架等活动。数商一般需要通过数据交易所审批,且在数据交易所中占有席位。数商根据构成单位特质可以分为数据资源类数据商、数据产品类数据商、衍生和配套服务类数据商以及综合类数据商等,也可以按照行业属性和地域属性划分(见图17-3-1)。

数商体系——数商主要工作职能

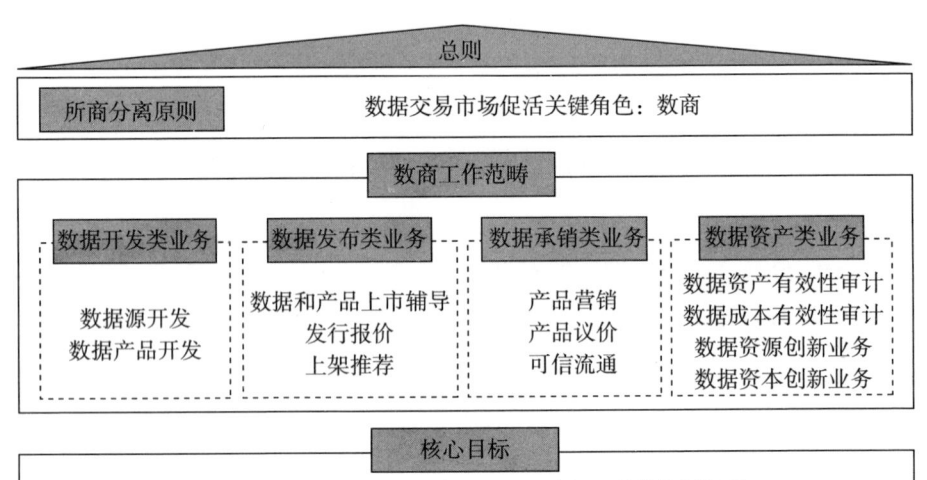

总则

所商分离原则　　数据交易市场促活关键角色：数商

数商工作范畴

数据开发类业务	数据发布类业务	数据承销类业务	数据资产类业务
数据源开发 数据产品开发	数据和产品上市辅导 发行报价 上架推荐	产品营销 产品议价 可信流通	数据资产有效性审计 数据成本有效性审计 数据资源创新业务 数据资本创新业务

核心目标

帮助企业发现数据资源的价值,跨组织跨行业联结数据资源,
联结各方数据资源需求,组织数据产品交易,促活数据交易市场,释放数据要素价值

图17-3-1　数商体系

(五)第三方服务机构

第三方服务机构作为第三方服务公司接入数据交易所或数据交易中心,一般包括资产评估机构、第三方公证处、律师事务所。资产评估机构为数据交易提供数据资产评估服务,律师事务所从法律层面数据交易提供合法合规法律咨询

服务,公证处为数据提供方、数据需求方、数据交易平台运营方提供数据交易过程中的各项公证服务。

(六)技术开发服务商

技术开发服务商是指在数据交易过程中,从技术层面为数据交易主体提供诸如数据清洗、数据加工、数据处理、数据标注、模型开发等技术服务能力的组织机构。

二、数据要素交易流程

目前国内主要数据交易所或数据交易中心的交易模式中,数据交易流程基本可以划分为入市准备、进场准入、数据登记/数据确权公证、数据接入、数据定价评估、数据上架发布、样本数据试验、数据产品采购、数据产品生产运行及售后服务阶段,涵盖数据交易的全生命周期。具体流程见图17-3-2。

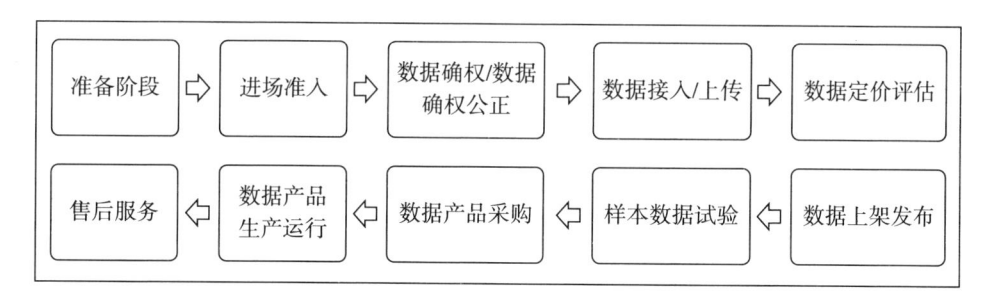

图17-3-2 数据交易流程

(一)入市准备

本阶段主要完成数据交易的各项准备工作,包括数商的组建、数据源/数据产品的开发、数据源合作商以及数据技术服务商的选择、数据产品或者数据服务的孵化等工作,为接入数据交易场所做准备。

(二)进场准入

进场准入阶段,旨在对拟进入数据交易场所的数据交易主体(数据应用主体、数据提供主体)进行合规性审查,完成进场资格准入审核。审核信息涉及数据交易主体工商注册信息的合法性有效性、数据交易主体征信情况、数据交易主体是否存在诉讼纠纷、数据交易主体是否正常缴纳社保以及数据交易主体财务状况是否正常。

(三)数据登记(数据确权)

本阶段主要对通过准入审核的数据交易提供主体提供的拟交易数据进行合规性审核,并按照数据特点对数据进行分级分类,并通过第三方公证机构对拟交易数据进行合规公证,完成数据的登记和权属确定。其中数据合规性审核涉及数据来源是否合法合规,拟交易数据本身是否存在涉及国家安全、对社会造成潜在危害的重要数据或者敏感数据。

(四)样本数据接入

本阶段根据交易数据的安全等级(高保密、中保密、低保密)采用不同的技术方式将拟交易数据接入数据交易场所的交易平台。其中,低保密数据可以通过 API 方式或者数据打包方式接入,高中保密数据通过采用隐私计算技术以"数据可用不可见"的模式接入样本试验数据。

(五)数据定价

目前国内数据交易尚处在建设初期,这也是数据要素市场培育阶段,由于数据交易所或数据交易平台及相关生态服务机构尚处于运营初期,公信力认可度不足,场内交易较少,历史交易参考价值不高,专业化数据价值评估机构也处在初步建设初期,所以在市场建设初期其职能以交易撮合为主,在价格指导及价格形成机制上采用"交易双方议价撮合为主、第三方机构估价为辅"的定价模式。即先由数据提供方根据自身数据成本和预期输入自行报价形成"初始价",然后根据需要可委托第三方数据评估机构对数据产品进行数据质量、数据信用度、数据评价、数据应用、数据管理成熟度等方面的数据贡献度评估,形成"建议价";数据提供方结合第三方估价机构给出的建议价和市场实际情况形成数据上架的"挂牌价";在交易所/交易平台的撮合下,买卖双方依据"挂牌价"进行议价协商,达成交易的"成交价"。

数据交易中数据产品的初始定价,可从数据成本、数据质量、应用价值、数据提供方品牌等维度综合评估,其中数据成本可从数据采集、数据处理加工、数据管理和数据运维等方面投入的成本进行评估,数据质量方面可参考《信息技术 数据质量评价指标》设定的规范性、一致性、完整性、时效性、准确性等数据质量评估指标;应用价值根据数据在不同应用场景下的应用价值和业务效能、数据奇缺性等方面进行评估;数据提供方品牌方面根据数据提供方在相关领域的权威性、信用水平、数据管理成熟度等方面进行评估。

第三方数据评估机构的数据贡献度评估,可从样本数据、数据质量、数据贡献度、数据信用度、数据评价、数据应用、数据资产、数据管理成熟度等维度对数据贡献度进行评估,见图17-3-3。

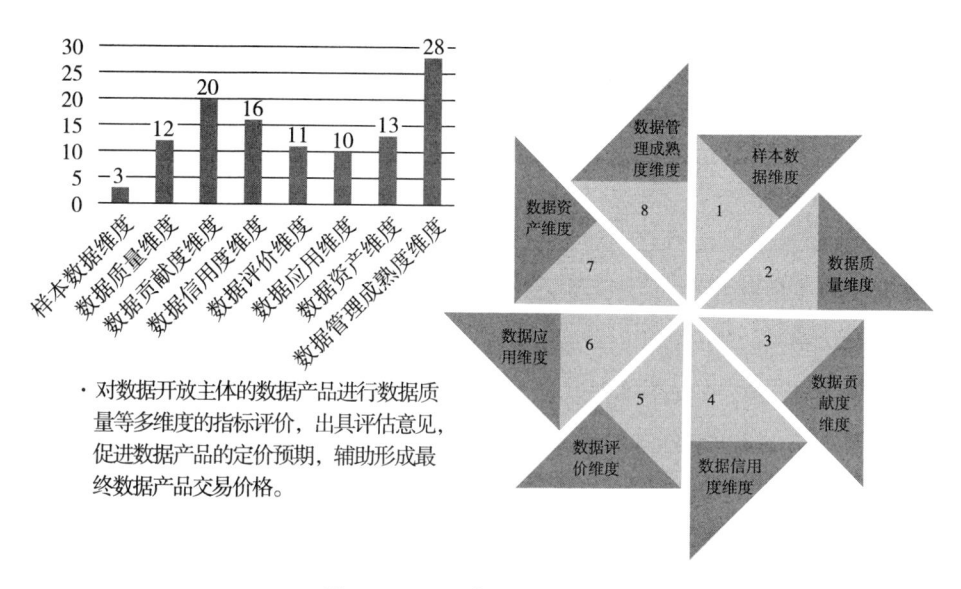

·对数据开放主体的数据产品进行数据质量等多维度的指标评价,出具评估意见,促进数据产品的定价预期,辅助形成最终数据产品交易价格。

图 17-3-3 数据贡献度评估

（六）上架发布

数据上架发布阶段,在完成进场准入审核、数据登记、数据接入及数据定价后,数据提供方或数据经纪人对拟交易的数据产品、数据服务等进行上架发布,数据交易运营方对上架数据产品进行审核,审核发布后的数据产品即可在数据交易平台上进行流通交易。

（七）数据试验

数据交易相较一般商品交易具有诸多特殊性,在传统商品交易中,买方可以较为直观地获知商品的质量和功能,还可以通过试用来判断商品是否满足自身需求,以决定是否购买,有的商品甚至可以在购买后的一定期限内进行退换。但对于数据交易而言,买方若不被允许提前浏览数据,则无法确定数据的效用是否符合描述和预期,而一旦买方提前浏览了该数据,则即刻获得了部分乃至全部数据权益,可以无须再行购买。为此,在数据交易流程中某些数据交易场所会提供数据试验功能。

数据试验阶段,数据消费方通过数据交易平台提供的数据查询服务或者数据产品推荐服务,根据业务需求确定待采购的数据产品或数据服务。在正式采购前,消费方通过数据交易场所提供的数据试验环境对拟采购的数据产品进行试验评估,试验方式包括数据API接入、数据下载以及隐私计算技术。数据消费方结合自身的业务需求对数据交易市场的多家数据产品试验评比后,择优选择数据产品。

(八)数据采购

本阶段中,数据消费方在通过数据试验阶段确认交易产品后,数据交易双方对拟交易数据产品进行价格磋商、交易合同签署、预定交易付款方式等一系列采购活动。

(九)生产运行及售后服务

数据产品生产运行阶段,在完成采购阶段的合同签署等活动后,数据交易双方进行数据产品交付实施,即根据数据采购合同数据提供方将真实数据接入数据消费方的生产信息系统中,数据消费方根据自身业务需求通过数据分析、数据挖掘等大数据技术手段实现对采购数据的开发利用。

同时,由于数据质量、权属和来源的检验复杂度高,即使在最初审核时数据符合相关要求,但在最终交付和使用过程中也可能出现数据来源、权属不清,数据质量、业务匹配度、数据更新频率等与试验数据存在较大差异等问题的情况,届时可向数据交易运营方或数商申请售后服务,也可以通过诉讼与调解、仲裁、行政裁决等多元化解纷方式进行解决。

第四节 数据要素交易的合规

《网络安全法》《数据安全法》《个人信息保护法》是我国现阶段数据保护领域最重要的三部法律,分别在网络安全、数据安全、个人信息保护等方面作出了相应的规定,为数据交易的安全合规性提供了法律层面的依据和支撑。结合数据交易的特点,数据交易的合规可以分为数据产品的合规、数据交易主体的合规、交易过程的合规三个方面。

一、数据产品合规

数据产品的合规涵盖数据来源的合法性、数据产品本身的合规性。

(一) 数据来源的合法性

数据交易方面,数据交易主体的数据来源首先应该"合法、正当",符合《数据安全法》"任何组织、个人收集数据,应当采取合法、正当的方式,不得窃取或者以其他非法方式获取数据"的要求;同时满足各地数据管理条例的要求,如《上海市数据条例》第14条明确规定:"自然人、法人和非法人组织对其合法取得的数据,可以依法使用、加工。法律、行政法规另有规定或者当事人另有约定的除外。"

根据来源的不同,数据可以分为企业自行收集的数据、公共数据或其他公开数据、授权运营数据,由于数据来源方式不同,其安全合规标准亦有区别。企业自行收集的数据,企业在经营过程中通过其业务信息系统、终端设备等方式进行数据采集时需要符合授权同意、合理、最小化等基本原则,同时作为数据产品时要经过脱敏处理、去标识化处理;公共数据,目前国内各省市出台的数据管理条例都明确将公共数据分为无条件开放、有条件开放和非开放三类,"以共享为原则,不共享为例外";授权运营数据的合规合法性,可通过对授权链条进行审查,保证数据授权合法正当,同时被授权运营主体应当在授权范围内进行数据开发利用,形成数据产品和服务,比如《上海市数据条例》明确规定:"被授权运营主体应当在授权范围内,依托统一规划的公共数据运营平台提供的安全可信环境,实施数据开发利用,并提供数据产品和服务","通过公共数据授权运营形成的数据产品和服务,可以依托公共数据运营平台进行交易撮合、合同签订、业务结算等;通过其他途径签订合同的,应当在公共数据运营平台备案"。

(二) 数据产品本身的合规性

数据产品本身的可交易性需要考察数据权属、数据本身是否属于可交易的数据等方面。

1. 数据权属明确

目前,对于数据权属究竟如何认定以及数据权属的法律性质是什么仍然没有统一结论,但在不断的创新探索中,有些部门地方政府发布的数据条例中已明确数据的财产权益属性,如2022年1月1日起实施的《上海市数据条例》规定:"本市依法保护自然人、法人和非法人组织在使用、加工等数据处理活动中形成的法定或者约定的财产权益,以及在数字经济发展中有关数据创新活动取得的合法财产权益"。

2. 交易数据合法范围

综合现行法律法规(包括地方规定和部分国家标准、指南),目前明确不适合作为交易数据的至少包括:未经个人同意的一般个人信息、敏感个人信息和隐私信息(获取同意后能否交易还应符合现有的个人信息保护的规定),重要数据[1],核心数据,国家秘密以及相关规定明确禁止或不宜交易的数据,以及其他通过违反法律、行政法规的规定或者侵犯他人的合法权益所获得的数据。

在市场进行交易的数据产品,其数据来源如果涉及个人信息,需要审查其数据产品是否已经经过充分的去标识化或匿名化处理,以及形成的聚合数据或者重标识数据是否在可接受风险范围内,并保证不能通过逆向计算反推出个人信息。

二、交易主体合规

在数据交易中,参照《网络安全法》《数据安全法》《个人信息保护法》对交易主体的要求,数据交易主体是否合规要考察数据交易主体是否按照《网络安全法》以及网络安全的等级保护制度的要求,采取了信息系统安全等级保护措施,履行网络运行安全保护义务;是否按照《数据安全法》及《信息安全技术 数据安全能力成熟度模型》的要求对数据收集、存储、传输、使用、加工、提供、公开等方面构建数据安全安保障体系;是否按照《个人信息保护法》的要求充分履行了个人信息保护相关的义务。

---

[1] 根据《信息安全技术 大数据服务安全能力要求》(GB/T 35274—2017)的规定,重要数据通常指公共通信和信息服务、能源、交通、水利、金融、公共服务、电子政务等重要行业和领域的各类机构在开展业务活动中收集和产生的,不涉及国家秘密,但一旦泄露、篡改或滥用将会对国家安全、经济发展和社会公共利益造成不利影响的数据(包括原始数据和衍生数据)。

同时，如果数据交易主体涉及特殊行业，如被认定为关键信息基础设施的企业、特殊监管行业的企业，在满足上述法律的要求外必须要满足其所属行业的相关合规要求。

三、交易过程合规

在数据交易中，交易过程是否合规直接关系到数据交易相关主体的切身利益。数据交易机构在制定数据交易制度时，应同时构建严格的数据交易风险控制和合规制度，确保数据交易不侵害相关主体合法权益。严格防范数据交易过程中可能对个人隐私、企业商业利益甚至社会和国家安全造成的侵害，建立事前检验、事中把控的全过程机制保障，谨慎对待未经处理的包含特定主体信息的数据的交易，保证数据交易在合法合规前提下进行。

构建覆盖数据交易全过程的合规机制，包括基于CA数字认证、数字签名、区块链等技术，覆盖交易法人、交易对象、交易过程、交易合同的数据公证体系，解决数据交易权责法律边界问题；为满足数据交易的监管审计及交易纠纷处理需求，针对数据交易的各个环节构建数据授权机制以及基于区块链的数据存证、数据溯源机制，提供基于隐私计算技术"规定交易数据的用途用量"的功能服务；同时引入公证机构、律师事务所等第三方机构对交易过程进行公证及法律审查。

第十八章　公　共　数　据

本章我们探讨公共数据领域的合规问题。主要向读者阐述公共数据是什么？公共数据的范围在哪里？公共数据主体权责有哪些？负责管理和运营公共数据的主体在管理和运营公共数据的过程中存在哪些合规风险？笔者将结合在公共数据开放领域、信息安全领域及隐私计算领域的工作实践，尝试给出一套管理和技术相结合的公共数据安全合规解决方案，并通过方案的迭代运营，以持续保障公共数据安全和合规。

第一节　认识公共数据

准确认识公共数据，划清公共数据的边界对政府部门、公共企事业管理部门以及企业而言至关重要，其不仅关乎政府权力的边界，关乎各主体行使权利及履行义务的范围，更关乎数据要素市场的发展空间。准确认识公共数据也是开展公共数据安全与合规治理工作的基础。对于企业而言，区分自己管理和运营的数据是否属于公共数据，是否要依法进行共享和开放等，对开展数据安全与合规治理工作的影响不容小觑。

一、公共数据定义

2017年2月，中央全面深化改革领导小组审议通过的《关于推进公共信息资源开放的若干意见》中，明确定义公共信息资源是政务部门和公共企事业单位在依法履职或生产经营活动中产生和管理的，以一定形式记录、保存的文字、数据、图像、音频、视频等各类信息资源。

2021年6月29日，经深圳市第七届人民代表大会常务委员会第二次会议通过的《深圳经济特区数据条例》中,定义公共数据是指公共管理和服务机构在依法履行公共管理职责或者提供公共服务过程中产生、处理的数据。

2021年9月30日,经山东省第十三届人民代表大会常务委员会第三十次会议通过的《山东省大数据发展促进条例》中,定义公共数据是指国家机关、法律法规授权的具有管理公共事务职能的组织、人民团体以及其他具有公共服务职能的企业事业单位等,在依法履行公共管理和服务职责过程中收集和产生的各类数据。

2021年11月25日,由上海市第十五届人民代表大会常务委员会第三十七次会议通过的《上海市数据条例》中,定义公共数据是指本市国家机关、事业单位,经依法授权具有管理公共事务职能的组织,以及供水、供电、供气、公共交通等提供公共服务的组织,在履行公共管理和服务职责过程中收集和产生的数据。

从以上国家及地方的相关文件中可以看出,目前对公共数据的定义不尽相同,我们从中提炼共性内容,基本可以认为公共数据是指具有公共管理和服务职能的组织,为履行法定职责或者提供基础性公共服务,无须事先取得数据主体的授权,也无须通过市场交易等方式而获得的数据。基于这种共识,我们可以进行泛化的表达,认为公共数据是指"可以取之于民,也须用之于民"的数据。

二、公共数据范围

准确划分公共数据的范围和边界,不仅关乎政府权力的边界以及数据要素市场的发展空间,对相关公共企业如何做好对自身数据的安全防护要求也起着至关重要的作用。基于对公共数据定义的辨析,我们可以尝试划定公共数据的范围,即公共数据不仅包括政府数据,还应该包括公共事业部门的数据,国有和私有企业受政府委托授权,得到公共财政支持所创建的数据,以及掌握在这些企业手中但与公共事务相关、具有重大公共利益的数据。

从公共数据管理和运营的主体来看,其应当具有公共属性,履行的是公共管理和服务职能,政府部门、水电气暖企业等主体,都符合这一界定标准。从公共数据产生和收集的渠道来看,公共数据应当是这些主体在依法履行公共管理和服务职能过程中收集和产生的数据。从公共数据的流通目的来看,公共数据的共享、开放、授权运营以及交易,必须有利于促成公共利益,而不是谋取个人或少数群体的利益,公共数据必须是普惠的。当然,除了上述讨论的范围外,公共数据还包含哪些内容,以及一些特定企业的数据是否属于公共数据都是大家关心的问题。可以看到公共数据范围的界定较为复杂,不可笼统地将所有与公共服务沾边或者从事公共服务的主体的数据归为公共数据,有专家建议除政府数据外,要根据数据应用的实际场景,采用一事一议的方式确定公共数据范围。① 尤其在开展公共数据开放以及公共数据授权运营过程中,需要审慎界定公共数据范围,一方面,业务主管单位要制定无争议的公共数据开放或者授权清单;另一方面,针对有争议的公共数据,可以依据实际数据需求采用一事一议的方式进行开放或者授权运营。

三、公共数据权责

我们这里探讨的公共数据的权责,仅针对管理和运营公共数据的主体。对于这类主体而言,其自身拥有和承担什么样的权责,对于其处理数据,进行数据安全和合规治理工作非常重要。

2018年9月26日,上海市政府第二十六次常务会议通过的《上海市公共数据和一网通办管理办法》第28条(应用场景授权)提出,市大数据中心根据"一网通办"、城市精细化管理、社会智能化治理等需要,按照关联和最小够用原则,以公共管理和社会服务的应用需求为基础,明确数据共享的具体应用场景,建立以应用场景为基础的授权共享机制。公共管理和服务机构的应用需求符合具体应用场景的,可以直接获得授权,使用共享数据。由此可见,公共管理和服务机构不仅行使相应的管理权,还享有对公共数据的使用权。

2016年9月,国务院印发的《政务信息资源共享管理暂行办法》是我国第一部关于政务信息资源共享的规范性文件,《政务信息资源共享管理暂行办法》对数据主体进行了若干规定,在很大程度上可以作为公共数据权责的参考规范。《政务信息资源共享管理暂行办法》第13条规定了数据主体的责任,按照"谁主管,谁提供,谁负责"的原则,提供部门应及时维护和更新信息,保障数据的完整性、准确性、时效性和可用性,确保所提供的共享信息与本部门所掌握信息的一致性。第14条规定,按照"谁经手,谁使用,谁管理,谁负责"的原则,使用部门应根据履行职责需要依法依规使用共享信息,并加强共享信息使用全过程管理。

---

① 参见范佳佳:《政府数据是不是公共数据?谁享有数据权益?数据立法要把这些问题说清楚》,载上观新闻2021年6月2日,https://export.shobserver.com/baijiahao/html/372993.html。

使用部门对从共享平台获取的信息,只能按照明确的使用用途用于本部门履行职责需要,不得直接或以改变数据形式等方式提供给第三方,也不得用于或变相用于其他目的。由此可见,公共管理和服务机构需要对公共数据的完整性、准确性、时效性、可用性、一致性负责,同时对公共数据的使用也不是无限制地使用,而是需要在有相应授权,有明确的使用用途的情况下进行使用。

2021 年 6 月 10 日,第十三届全国人大常委会第二十九次会议通过的《数据安全法》,在第四章规定了若干数据安全保护的义务。其中第 27 条规定,开展数据处理活动应当依照法律、法规的规定,建立健全全流程数据安全管理制度,组织开展数据安全教育培训,采取相应的技术措施和其他必要措施,保障数据安全。利用互联网等信息网络开展数据处理活动,应当在网络安全等级保护制度的基础上,履行上述数据安全保护义务。《数据安全法》第 28 条规定,开展数据处理活动以及研究开发数据新技术,应当有利于促进经济社会发展,增进人民福祉,符合社会公德和伦理。第 27 条和第 28 条的规定也反映了我国坚持维护数据安全与促进数据开发利用并重,互相促进。《数据安全法》第 29 条规定,开展数据处理活动应当加强风险监测,发现数据安全缺陷、漏洞等风险时,应当立即采取补救措施;发生数据安全事件时,应当立即采取处置措施,按照规定及时告知用户并向有关主管部门报告。《数据安全法》第 30 条规定,重要数据的处理者应当按照规定对其数据处理活动定期开展风险评估,并向有关主管部门报送风险评估报告。第 29 条和第 30 条规定了对数据处理活动的安全风险从事前、事中到事后采取何种措施,其中规定,发生数据安全事件时除了要及时处置并告知用户外,还需向有关主管部门报告。关于该规定,一个较为直观的案例是,2021 年 11 月,某著名开源软件被曝出了一个影响力巨大的 Log4j2 的漏洞,该漏洞一旦被攻击者利用会产生严重危害,但我国某头部互联网企业发现该漏洞后未及时报告上级主管部门而遭到了主管部门的处罚。该案例对管理和运营公共数据的主体具有警示意义。《数据安全法》第 35 条规定,公安机关、国家安全机关因依法维护国家安全或者侦查犯罪的需要调取数据,应当按照国家有关规定,经过严格的批准手续,依法进行,有关组织、个人应当予以配合。这条表明管理和运营公共数据的主体,有在特殊情况下配合国家相关部门调取公共数据的义务。《数据安全法》第 36 条规定,中华人民共和国主管机关根据有关法律和中华人民共和国缔结或者参加的国际条约、协定,或者按照平等互惠原则,处理外国司法或者执法机构关于提供数据的请求。非经中华人民共和国主管机关批准，境内的组织、个人不得向外国司法或者执法机构提供存储于中华人民共和国境内的数据。这条表明公共数据的跨境流动需要经国家主管机关批准，不得擅自对外提供。

第二节　公共数据流通

数据只有流通才能发挥更大价值，公共数据的流通形式现阶段包括共享、开放及开发利用。

从国家顶层规划来看，2019年10月，党的十九届四中全会在《中共中央关于坚持和完善中国特色社会主义制度　推进国家治理体系和治理能力现代化若干重大问题的决定》中首次提出数据作为生产要素参与社会分配。2020年3月30日颁布的《中共中央、国务院关于构建更加完善的要素市场化配置体制机制的意见》中提出，要加快培育数据要素市场，推进政府数据开放共享，提升社会数据资源价值，加强数据资源整合和安全保护。同年5月发布的《中共中央、国务院关于新时代加快完善社会主义市场经济体制的意见》中提出，要加快培育发展数据要素市场，建立数据资源清单管理机制，完善数据权属界定、开放共享、交易流通等标准和措施，发挥社会数据资源价值，推进数字政府建设，加强数据有序共享，依法保护个人信息。国家顶层规划在培育数据要素市场和推进公共数据流通方面释放了积极有力的信号。

从地方发展规划来看，2021年7月，广东省人民政府发布了《广东省数据要素市场化配置改革行动方案》（以下简称《行动方案》），《行动方案》作为全国首份数据要素市场化配置改革文件，提出要加快推进公共数据与社会数据融合，完善数据要素交易规则和监管机制，建立协同高效、安全有序的数据要素流通体系，培育两级数据要素市场。山东省人民政府也在同年同月发布了《山东省"十四五"数字强省建设规划》，提出促进数据要素市场流通。探索公共数据授权运营、有偿使用等新模式，鼓励企业、科研机构、社会组织等市场主体不断运营自有数据，丰富数据要素供给。江苏省人民政府在同年8月发布了《江苏省"十四五"数字经济发展规划》，提出要促进公共数据资源有序开放、推进政企数据融合开发利用、探索数据要素流通交易。上海市在同年11月通过的《上海市数据条例》中提到,要提高公共数据共享效率,扩大公共数据有序开放,构建统一协调的公共数据运营机制,推进公共数据和其他数据融合应用,充分发挥公共数据在推动城市数字化转型和促进经济社会发展中的驱动作用。重庆市人民政府也在同年11月发布了《重庆市数字经济"十四五"发展规划(2021—2025年)》,提出要开展政府数据授权运营试点,建立公共数据资源开放机制,鼓励第三方深化对公共数据的挖掘分析,安全有序推进公共数据开发利用,探索数据资源交易流通。通过地方政府密集出台的政策文件可以看出,各地已经在积极布局、规划和建设适合本地区发展的数字政府、数字经济产业。

国家和地方政府的一系列政策相继颁布,为我国公共数据的流通发展按下了"快进键"。与此同时,公共数据在流通过程中的安全性如何保障?各地方都进行了哪些实践探索?

一、公共数据共享

共享即共同分享,字面意思是将某件东西与其他所有人共同拥有。公共数据共享,是指在满足一定条件的情况下将公共数据供给其他特定范围内的需求主体使用。2015年国务院印发的《促进大数据发展行动纲要》(以下简称《行动纲要》)提出,要加快政府数据开放共享,推动资源整合,提升治理能力。要依托政府数据统一共享交换平台,大力推进国家人口基础信息库、法人单位信息资源库、自然资源和空间地理基础信息库等国家基础数据资源,以及金税、金关、金财、金审、金盾、金宏、金保、金土、金农、金水、金质等信息系统跨部门、跨区域共享。《行动纲要》是截至目前我国促进大数据发展的第一份权威性、系统性文件,其从国家大数据发展战略全局的高度,提出了我国大数据发展的顶层设计,是指导我国大数据发展的纲领性文件。阅读《行动纲要》全文可以直观地感受到,其核心是推动各部门、各地区、各行业、各领域的数据资源共享开放。在《行动纲要》正文中,"共享"一词共出现59次,"开放"一词共出现36次,充分显示了数据共享开放对国家大数据发展的极端重要性。[①]

[①] 参见单志广:《〈促进大数据发展行动纲要〉解读》,载国家信息中心官网2018年5月4日,http://www.sic.gov.cn/News/609/9713.htm。

自《行动纲要》发布以来,我国公共数据共享工作明显加快,目前全国一体化数据共享交换体系已建成,全国投资在线审批平台、全国信用共享交换、全国公共资源交易等多项跨部门、跨层级共享交换业务依托政务外网统一数据共享交换平台在稳定运行。公共数据共享业务的深入推进,有效促进了跨地区、跨层级、跨部门的畅通流动和业务的高效协同。

2021年7月,国家互联网信息办公室发布的《数字中国发展报告(2020年)》显示,截至2020年年底,基于全国一体化政务服务平台,电子证照共享服务系统已汇聚跨地区部门证照861种,为电子证照"全国互认"提供数据基础支撑。全国信用信息共享平台已联通46个部门和31个省(区、市),累计归集各类信息超600亿条,基本形成覆盖全部市场主体、所有信息信用类别、全国所有区域的信用信息网络。国家人口基础库已为31个省(区、市)、36个部委、228个业务系统提供接口服务16.08亿次。国家法人单位信息资源库将现存1.4亿户市场主体基本信息共享。基础地理、土地、地质、矿产、海洋等自然资源和不动产登记数据共享和国土空间基础信息平台在2020年向各部委、各级政府和社会公众提供在线服务近7亿次。① 另外,水利部、国家信访局、住房和城乡建设部、退役军人事务部等部门也已通过各自建设的数据平台向社会共享了所在领域数据以履行相应义务。

公共数据共享工作的开展,取得了一些积极的成效。以这两年大家亲身经历的新冠肺炎疫情为例,公共数据的共享有力支撑了疫情精准防控。例如,工业和信息化部利用通信大数据,与卫生健康、公安、海关、移民局等部门建立数据共享机制,监测全国重点地区人员流动情况、涉疫重点人群流动情况,为开展精准防控提供数据支持。此外,工业和信息化部还组织中国信息通信研究院和三家基础电信企业推出"通信行程卡",截至2020年年底,"通信行程卡"累计提供查询服务54亿余次。国办电子政务办依托全国数据共享平台推动全国"健康码"互通互认,基本实现"一码通行",累计使用访问量600亿余次。②

---

① 参见《国家互联网信息办公室发布〈数字中国发展报告(2020年)〉》,载国家互联网信息办公室官网,http://www.cac.gov.cn/2021-06/28/c_1626464503226700.htm。

② 参见《国家互联网信息办公室发布〈数字中国发展报告(2020年)〉》,载国家互联网信息办公室官网,http://www.cac.gov.cn/2021-06/28/c_1626464503226700.htm。

二、公共数据开放

公共数据开放,是指具有公共管理和服务职能的组织,将机器可读取、可利用、具有原始性的公共数据提供给自然人、法人及其他组织,供其开发利用的一种服务。我国公共数据开放主要分为两种类型,第一类是无条件开放,指政府或公共企事业单位无条件地通过公共数据开放平台面向社会免费开放公共数据;第二类是有条件开放,指向特定有需求的行业或企业,按照对应的条件开放公共数据。公共数据开放是我国大数据战略的重要组成部分,也是近两年国家和地方政策文件中频频被提及的重要工作任务之一。什么是公共数据开放,公共数据开放由哪些内容构成,公共数据开放面临什么样的挑战……对上述问题的认识和了解将有助于我们更好地融入和参与公共数据开放工作,从而为我国公共数据开放工作更好更快发展贡献力量。

(一)认识公共数据开放

公共数据开放工作是一项复杂且系统性的工作,包含若干基础性原则。根据世界银行的定义,开放数据是"能被任何人出于任何目的不受限制地进行自由利用、再利用和分发,并最大程度保持其原始出处和开放性的数据"。《开放数据宪章》将开放数据定义为具备必要的技术和法律特性,从而能被任何人、在任何时间和地点进行自由利用、再利用和分发的电子数据。《数据安全法》第41条规定,国家机关应当遵循公正、公平、便民的原则,按照规定及时、准确地公开政务数据,依法不予公开的除外。由此我们可以总结出公共数据开放的通用基本原则,包括非歧视性、普惠性、原始性、及时性、准确性及可机读性等。

早期大家对数据开放的认识还仅限于政府数据开放,认为只有政府才有责任和义务开放数据。随着数据开放工作的不断深入,大家认识到除了政府之外,公共企事业单位,如水、电、气、暖主管部门,一些受公共财政支持的企业以及一些手握事关国家和人民重大公共利益的数据的企业等,也有相应的责任和义务开放部分数据。

很多人对数据开放和数据共享的关系,对数据开放和信息公开的关系都存在不少误解,甚至将数据开放和数据共享、信息公开等概念混为一谈。数据共享多指数据在内部受控范围内的共享和交换,以政府数据共享为例,其仅限于数据在政府部门之间流动,数据共享交换网站等基础设施的访问也仅限于政府内部网络访问。信息公开的主体是政府,公开的信息是经过相关人员分析、加工和解读而产生的内容,主要满足公众的知情权。数据开放的主体除了政府之外,还可以是公共企事业单位及其他社会组织,数据开放强调的是数据的原始性,要求开放的是第一手的原始记录,除了满足公众的知情权外,还要满足公众的使用权。[1]

(二)公共数据开放体系

公共数据开放体系是支撑公共数据开放工作的数据、安全、技术、保障、运营等一系列要素体系的总称[2],包括数据体系、安全体系、技术体系、保障体系和运营体系。

公共数据开放的数据体系是公共数据开放的核心内容,是贯穿数据全生命周期的数据管理体系。安全体系是公共数据开放的基础前提,没有安全的基础作为前提,也就无从谈数据开放。技术体系是公共数据开放的支撑载体,其通过软硬件等基础设施的建设,将公共数据通过开放平台等载体开放给社会公众。保障体系是公共数据开放的信心基石,数据开放需要有组织管理、政策法规、标准规范及资金等多方面的保障措施,以推动公共数据开放工作持续有效开展。运营体系是公共数据开放的价值媒介,公共数据开放不是最终目的,公共数据被社会公众最大限度地使用才是公共数据开放的最终目的,应通过举办数据开放大赛、设置问题悬赏、制作数据报告、开发数据应用等运营活动,让公共数据得到最大限度地传播和开发利用。

《关于推进公共信息资源开放的若干意见》提出,"开放平台采用统一体系架构、中央和省两级建设、重点领域顶层汇聚模式。各级政务部门和公共企事业单位要依托开放平台,构建各自信息资源开放专栏,形成上下联动、互相衔接、广泛覆盖、集中可控的开放渠道。统一体系架构指围绕构建统一、规范、多级联动的国家公共信息资源统一开放平台技术体系。中央和省两级建设指中央部委自行建设数据开放平台,实现中央部委开放数据汇聚,各省自行建设省级数据开放平台实现省、市开放数据汇聚,最终实现与部委、省级公共数据开放平台之间的

---

[1] 参见郑磊:《开放不等于公开、共享和交易:政府数据开放与相近概念的界定与辨析》,载《南京社会科学》2018年第9期。

[2] 参见公共数据开放联合课题组:《数据开放浪潮》,社会科学文献出版社2020年版,第59页。

数据资源的汇聚。重点领域顶层汇聚指将中央部委和各省重点领域的数据资源汇聚到国家开放平台"。

了解和认识公共数据开放体系的构成，有助于我们准确全面地分析和研究公共数据开放业务领域的安全及合规风险，并制定有针对性的应对方案。对于安全行业（尤其是数据安全行业）的从业者而言，研究公共数据开放的体系组成，尤其是数据体系和安全体系组成部分，将有助于洞察隐藏其中的机遇和挑战，而这种机遇和挑战也有可能成为从业者自身业务拓展和营收增长的爆发点。

(三) 公共数据开放现状

我国公共数据开放工作目前主要以政府为主导，通过建设统一的公共数据开放平台，将本地区可开放的公共数据以数据集、API 等方式提供给社会公众使用。可开放的公共数据主要由政府各部门统一进行报送。政府也鼓励公共企事业单位及其他社会组织提供可开放的数据以丰富公共数据多样性及提升公共数据质量，但目前尚未常态化和规模化。

1. 政府数据开放

"中国开放数林指数"是我国专注于评估政府数据开放水平的专业指数，由复旦大学数字与移动治理实验室制作出品。"中国开放数林指数"邀请国内外政界、学术界、产业界专家共同参与，组成"中国开放数林指数"评估专家委员会，以体现跨界、多学科、第三方的专业视角。"中国开放数林指数"评估指标体系共包括准备度、平台层、数据层、利用层四个维度及下属多级指标，具体指标如图 18 – 2 – 1 所示。

2021 年下半年最新发布的"中国开放数林指数"显示，截至 2021 年 4 月底，我国已有 174 个省级和城市的地方政府上线了数据开放平台，其中省级平台 18 个（含省和自治区，不包括直辖市和港澳台），城市平台 156 个（含直辖市、副省级与地级行政区）。全国地级及以上政府数据开放平台数量增长显著，从 2017 年的 20 个到 2021 年上半年的 174 个，开放数据已蔚然成林。

层级	权重	一级指标	权重	二级指标	权重
利用层	22%	利用促进	6.0%	比赛举办	3.0%
				引导赋能活动	3.0%
		利用多样性	4.0%	利用者多样性	1.0%
				成果形式多样性	2.0%
				成果主题多样性	1.0%
		成果数量	5.0%	有效成果数量	3.0%
				成果有效率	2.0%
		成果质量	7.0%	优质成果	1.0%
				服务应用质量	5.0%
				创新方案质量	1.0%
数据层	38%	数据数量	8.0%	有效数据集总数	2.0%
				单个数据集平均容量	6.0%
		数据质量	17.0%	优质数据集	4.0%
				无质量问题	9.0%
				数据持续性	4.0%
		数据规范	7.0%	开放协议	1.5%
				开放格式	3.5%
				描述说明	2.0%
		开放范围	6.0%	主题覆盖	1.0%
				部门覆盖	1.0%
				常见数据集覆盖	2.0%
				关键数据集覆盖	2.0%
平台层	20%	平台关系	2.0%	省域整体性	1.5%
				区域协同性	0.5%
		发现预览	3.0%	开放数据目录	1.0%
				搜索功能	1.0%
				数据集预览功能	1.0%
		数据获取	6.0%	无条件开放数据获取	1.0%
				有条件开放数据申请	3.0%
				未开放数据请求	2.0%
		成果提交展示	2.0%	利用成果提交功能	1.0%
				利用成果展示	1.0%
		互动反馈	5.0%	数据发布者联系方式	0.5%
				用户评价	0.5%
				意见建议	1.5%
				数据纠错	1.5%
				权益申诉	1.0%
		用户体验	2.0%	账号互通性	1.0%
				个性化服务	1.0%
准备度	20%	法规政策效力与内容	7.0%	数据开放要求	2.5%
				数据利用要求	1.5%
				全生命周期安全管理	1.5%
				保障机制	1.5%
		标准规范	7.0%	标准规范等级	1.0%
				数据标准规范	4.0%
				平台标准规范	2.0%
		组织与领导	6.0%	统筹管理机制	2.0%
				领导重视	2.0%
				年度工作计划与方案	2.0%

图 18-2-1 "中国开放数林指数"评估指标体系

2. 公共企事业单位数据开放

一些公共数据开放工作开展较好的地方也有公共企事业单位提供可开放数据,如浙江省电力公司在浙江省数据开放平台开放了若干数据①,如图18-2-2所示。浙江省电力公司开放数据的举动无疑为其他地方起了很好的榜样示范作用。电力数据的重要性不言而喻,将一些可开放的电力数据通过权威安全的渠道开放出来,可极大地促进本地区的创新发展和数据生态构建。

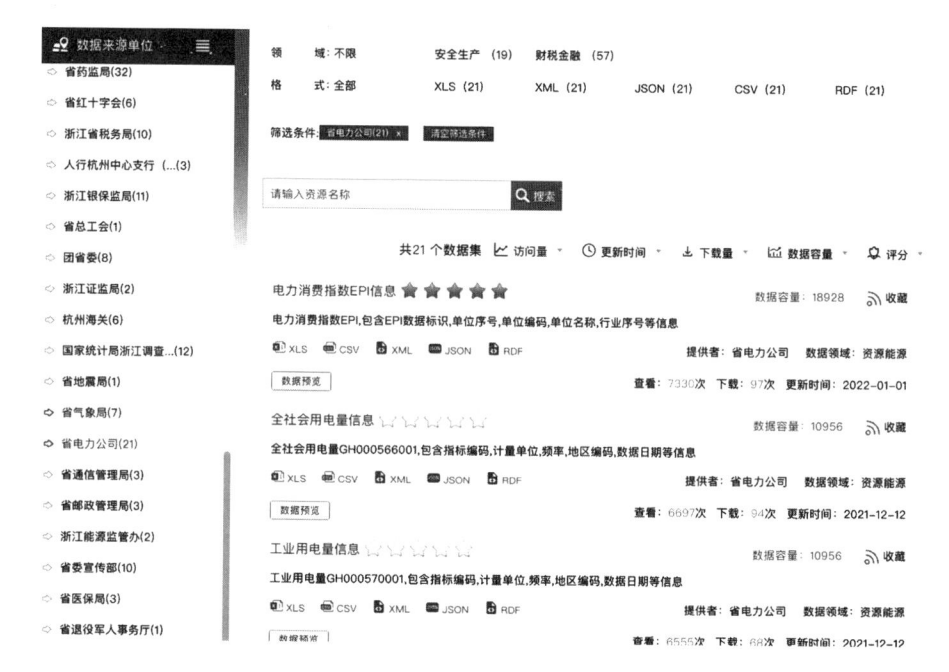

图18-2-2 浙江省数据开放平台省电力公司开放的数据集截图

3. 社会其他组织数据开放

（1）百度数据开放平台

百度数据开放平台（见图18-2-3）是用户提交结构化信息数据的端口与平台,它通过与广大优质站点的数据开放对接合作,为用户提供"即搜即得"简单可依赖的便捷信息服务。该平台设置了数据开放、开放学院、合作案例、帮助反馈、个人中心等栏目。首页展示了平台简介、合作流程示意图、热门类目、联系

---

① 载浙江省电力公司在浙江省数据开放平台,http://data.zjzwfw.gov.cn/jdop_front/channal/data_public.do? deptId=224&domainId=0,2022年4月27日最后访问。

方式、合作案例等内容。其中，数据开放栏目包括百度汽车搜索、百度百聘、百度购物、百度本地生活等十多个热门类目的数据收录指引。

图 18-2-3　百度数据开放平台(open.baidu.com)

百度数据开放平台主要服务数据提供者。用户向平台提供数据主要是为了：①品牌宣传：通过加入百度数据开放平台，借助百度的影响力进行曝光，扩大品牌知名度；②拓展流量：通过百度首页搜索提交的数据，跳转导流，拓展流量入口；③销售线索：在百度的合适页面获取销售线索展位，引导更多用户达成线下交易。

百度数据开放平台是给应用开放者/作者或者资源运营者提交应用数据的端口与平台。平台是为了收录更多用户的结构化数据，从而获得在百度搜索结果页"即搜即得"的搜索展现。

(2)高德开放平台

高德开放平台(见图 18-2-4)是将高德地图专业的定位、地图、导航等位置能力和 LBS 服务开放出来，供合作伙伴和开发者使用。该平台设置了产品介绍、解决方案、开发支持、示例中心、商务合作等栏目。首页展示了平台简介、丰富的地图产品与服务、应用场景解决方案、平台服务能力、合作伙伴、开发文档、应用搭建流程等内容。其中，开发支持栏目下设的地图工具子栏目有数据管理台功能模块，可以创建和管理开发者的地图数据。

图 18-2-4　高德开放平台(lbs.amap.com)

高德开放平台主要服务合作伙伴和开发者。越来越多的企业和个人愿意成为高德开放平台的用户,一方面是想通过使用高德地图精准的地图服务,丰富自身产品功能,从而更好地服务自己的用户;另一方面是想与其成为合作伙伴,享受高德地图的品牌宣传与曝光。

高德开放平台是给合作伙伴和开发者提供地图产品、解决方案以及开发支持的服务平台。该平台是为了吸引用户,提高高德地图与用户的黏性,从而使高德地图更加普及。

三、公共数据开发利用

公共数据开发利用对于培育数据要素市场、发展数字经济、建设创新型国家以及发展大数据战略性新兴产业具有重要的战略意义。国务院办公厅在2020年5月2日印发了《公共数据资源开发利用试点方案》(国办函〔2020〕29号),确定在上海、江苏、浙江、福建、山东、广东、海南、贵州8地开展公共数据开发利用试点工作。《公共数据资源开发利用试点方案》提出试点的工作目标是到2021年年底,试点地区在公共数据资源开发利用的资源管理、技术支撑、长效机制、安全保障等方面形成可复制、可推广的经验做法,发挥示范引领和辐射带动作用,推动公共数据资源开发利用工作规范化、制度化。《公共数据资源开发利用试点方案》也提出试点的工作内容是要建立公共数据资源开发利用管理制度;要提高技术支撑保障能力;要探索业务管理和数据资源配置模式;要明确数据安全管理要求;要建立统筹推进工作机制。早在国家发布《公共数据资源开发利用试点方案》之前,就有不少地区积极探索公共数据资源开发利用,在释放经济红利、激发创新活力等方面取得了一定的进展。在《公共数据资源开发利用试点方案》发布后试点地区都进行了有益探索,如海南、山东等地。下面将分别以合肥、海南、青岛作为案例进行介绍,以期为其他地方探索公共数据开发利用提供参考借鉴。

(一)合肥市数据要素流通平台

2021年12月17日,合肥市在中国(合肥)数字经济创新峰会上宣布合肥数据要素流通平台(以下简称"合肥平台",如图18-2-5所示)正式上线。"合肥平台"是合肥市政府为贯彻落实国家、省、市"十四五"规划和2035年远景目标要求,推进数据要素市场化配置,促进数据流通交易,赋能区域经济社会发展,由合肥市数据资源局会同合肥市大数据资产运营有限公司搭建而成的。据合肥市数据资源局发布的通知,"合肥平台"上线当天,超百家数据要素市场供应商、需求商、服务商正式入驻。截至2021年12月20日的官方宣传,"合肥平台"提供专业数据产品超100项,汇聚优质数据资源超20亿条,数据总量超过20PB。[1]

"合肥平台"创新打造三率先、三定位、五支撑的"335"数据要素流通体系。三率先即在全国范围内率先培育数据要素入场流通模式、率先开展公共数据授权运营试点、率先进行数据产品确权登记探索。三定位即做数据产品"生产者",通过政府数据、社会数据授权,提供质量好、价值高、需求大的数据产品,做到以应用来牵引;做数据交易"服务员",及时对接各类数据要素供需,准确提供数据服务,成为数据流通的重要枢纽,做到有需求必响应;做流通平台"运营商",通过创建优质可信数据交易环境和市场化的体制机制,建设面向全国、具有合肥特色的数据要素综合服务平台,做到先入场再交易。五支撑即依托规则、资源、技术、服务、人才五大支撑建设平台。

---

[1] 参见《合肥数据要素流通平台正式上线 全国百家数商签约入驻》,载合肥市大数据资产运营有限公司官网,http://www.bigdatahefei.com/index.php/index/show/index?id=1261。

图 18-2-5　合肥数据要素流通平台①

在平台保障层面,合肥成立了数据要素产业创新联盟,为"合肥平台"提供多方资源支撑,同时借助合肥综合性国家科学中心人才优势,为合肥数据要素流通交易提供人才支撑。在数据安全层面,"合肥平台"引入多方安全计算、联邦学习、数据沙箱、区块链等技术,实现数据"可用不可见""相逢不相识",确保数据全流通周期安全。此外,在产业扶持层面,依托合肥市先算中心、大数据产业示范园、数投基金,为企业提供优质算力、物理空间、金融投资等配套服务支撑。

(二)海南省数据产品超市

2021 年 12 月 28 日,海南省在海口市发布上线海南省数据产品超市(以下简称"海南超市",如图 18-2-6 所示)。"海南超市"作为公共数据资源开发利用试点的成果之一,是在海南省大数据管理局的指导下,由中国电信集团按照"需求导向、创新发展、安全可控"的原则搭建而成的。据海南省政府官方新闻,截至发布当天,已有近百家企业入驻"海南超市",近百种数据产品在"海南超市"上架,其中数据服务类产品 80 余种,通用软件类产品 30 余种,数据报表 10

---

① 载合肥数据要素流通平台,http://www.bigdatadex.com.cn/dataBusiness/home,2022 年 4 月 27 日最后访问。

余种,其他类产品 40 余种。①

图 18-2-6　海南省数据产品超市②

海南省建设"海南超市",将构建公共数据产品开发利用"1+3+N"模式(构建 1 套海南省数据产品开发利用体系,强化数据产品交易服务能力、数据产品开发支撑能力、平台管理能力,生成 N 个数据产品);搭建好服务平台,完善大数据服务公共服务平台建设;建立好标准体系,确立数据要素交易规则,做好数据产品超市生产、交易、运营等标准体系建设;创新好应用场景,形成一批涵盖金融、旅游等多领域数据产品的应用场景;打造开放生态,围绕数据资源上下游引进和培育一批数据服务商和供应商,构建多层次数据要素交易市场体系。

从制度保障来看,早在"海南超市"发布上线之前,海南省人民政府办公厅印发了《海南省公共数据资源开发利用试点实施方案》,以加快推进海南省公共数据资源开发利用试点工作,为贯彻落实该方案中"建立健全公共数据资源开发利用管理制度"的要求,海南省又制定了《海南省公共数据产品开发利用暂行管理办法》(以下简称《管理办法》),《管理办法》是在海南省前期已做好公共数据开放相关工作的基础上,为了规范和指导公共数据开发利用而出台的管理制度性文件。从数据安全保障来看,"海南超市"基于多方安全计算技术和联邦学习的技术架构,提供"原始数据不出本地、数据可用不可见"等数据安全保护功

---

① 参见《海南省公共数据资源开发利用试点成果发布》,载海南省人民政府官网,https://www.hainan.gov.cn/hainan/tingju/202112/7e24bda5aec64a8387a20599699563c9.shtml,2022 年 6 月 13 日最后访问。

② 载海南省数据产品超市平台,https://www.datadex.cn,2022 年 4 月 27 日最后访问。

能。从数据运营机制来看,海南省大数据管理局和中国电信海南分公司签订了"海南超市"项目市场化建设运营合作协议。海南省大数据管理局与中国电信海南分公司、中国移动海南公司、中国联通海南分公司三大运营商,按照"需求导向、创新发展、安全可控"的原则,在公共数据产品开发与服务方面建立全面战略合作伙伴关系,共同推进公共数据资源开发利用工作的创新发展。

(三)青岛市公共数据服务平台

2020年12月11日,青岛市在"数据赋能应用场景对接会"上上线了公共数据服务平台(以下简称"青岛平台",如图18-2-7所示)。"青岛平台"定位为"多元数据流通平台、供需精准对接平台、融合创新应用平台、安全精细管控平台",不仅提供公共数据,还支持企业、科研院所和中介机构提供社会数据,支持计算资源服务商、数据分析商、模型服务商等数据服务商入驻,为数据开发利用提供服务。据青岛市政府网站发布的通知,除平台建设外,青岛市大数据发展管理局还整理形成了数据需求清单、数据供给清单、数据应用场景需求清单、数据应用场景供给清单"四张清单",首批"四张清单"共包含200条供需信息,涉及20个政府部门、38家企业及高校,以此为牵引带动相关需求方与供给方充分对接交流,实现合作共赢。①

图18-2-7 青岛市公共数据服务平台②

---

① 参见《青岛发布全国首个公共数据服务平台》,载青岛政务网,http://www.qingdao.gov.cn/ywdt/zwyw/202012/t20201212_2815321.shtml,2022年6月13日最后访问。

② 载青岛公共数据服务平台,http://dsj.qingdao.gov.cn/dataservice/home,2022年4月27日最后访问。

青岛市公共数据服务平台建成后,或将实现三个"更加",一是"数据资源更加丰富"。"青岛平台"遵循简便、灵活、友好的设计理念,打造全市公共数据及时、互动、整合的信息感知、传递和处理"中枢",支持数据要素在线开放、共享交换,为社会公众提供权威、统一的数据要素渠道,提高公共数据资源的开发利用率。二是"数据保护更加安全"。"青岛平台"聚合各类数据要素,通过"数据沙箱"等技术,解决数据开放主体和数据利用主体之间的数据互信使用、安全合规流通、数据价值如何赋能等问题,实现"逻辑封闭,进出审计,内部自由",保证系统数据安全性的同时,满足了申请方数据要素使用需求。三是"数据赋能更加高效"。聚合数据应用场景供给方、数据应用场景需求方、数据供给方、数据需求方等主体入驻,带动多元数据融合应用,打造数据创业创新应用生态,激发社会创业创新活力,为数字经济发展增添动力。

第三节　公共数据安全及合规

2021年被公认为数据安全元年,《数据安全法》《个人信息保护法》相继出台,与《网络安全法》一同构成了数据合规领域的"三驾马车",这也标志着数据合规的基本法律架构已初步搭建完成。数据安全俨然已经成为数字经济的基础命题,数据安全与合规已经从"要不要做"变为"怎么做"。公共数据的安全及合规是指在国家法律法规允许的范围内,通过采取必要措施,确保数据处于有效保护和合法利用的状态,以及具备保障持续安全状态的能力。无论共享、开放还是开发利用,确保公共数据的安全及合规是首要前提。只有在公共数据持续安全与合规的前提下,围绕公共数据开展的相关活动才能更加健康有序。

一、公共数据安全及合规政策

(一)《网络安全法》

2016年11月7日,第十二届全国人大常委会第二十四次会议通过了《网络安全法》,并于2017年6月1日起施行。《网络安全法》是我国第一部全面规范网络空间安全管理方面问题的基础性法律,是我国网络空间法治建设的重要里程碑,是依法治网、化解网络风险的法律重器,是互联网在法治轨道上健康运行的重要保障。《网络安全法》第18条规定,国家鼓励开发网络数据安全保护和利用技术,促进公共数据资源开放,推动技术创新和经济社会发展。国家支持创新网络安全管理方式,运用网络新技术,提升网络安全保护水平。该条规定有利于数据安全保护和利用技术的发展,有利于促进公共数据开放,有利于推动国家数字经济发展。《网络安全法》第42条规定,网络运营者不得泄露、篡改、毁损其收集的个人信息;未经被收集者同意,不得向他人提供个人信息。但是,经过处理无法识别特定个人且不能复原的除外。网络运营者应当采取技术措施和其他必要措施,确保其收集的个人信息安全,防止信息泄露、毁损、丢失。在发生或者可能发生个人信息泄露、毁损、丢失的情况时,应当立即采取补救措施,按照规定及时告知用户并向有关主管部门报告。该条规定对公共数据的主体处理数据提出了相关要求,一方面需要采取技术措施和其他必要措施,确保收集的个人信息安全;另一方面在向他人提供可以识别特定个人的信息时需要先获得被收集者的同意。

(二)《数据安全法》

《数据安全法》作为我国实施数据安全监督和管理的一部基础法律,其根本目的就是要提升国家数据安全的保障能力和数字经济的治理能力。《数据安全法》的发布与实施有利于我国管理好、利用好数据资源,形成全社会共同维护数据安全和促进发展的良好环境。《数据安全法》的发布与实施也标志着我国在数据安全领域将有法可依,各行业数据安全也将有监管依据。

《数据安全法》第6条明确规定,各地区、各部门对本地区、本部门工作中收集和产生的数据及数据安全负责。工业、电信、交通、金融、自然资源、卫生健康、教育、科技等主管部门承担本行业、本领域数据安全监管职责。公安机关、国家安全机关等依照本法和有关法律、行政法规的规定,在各自职责范围内承担数据安全监管职责。国家网信部门依照本法和有关法律、行政法规的规定,负责统筹协调网络数据安全和相关监管工作。该条对公共数据监管方的数据安全责任作了明确规定,意味着监管强度日渐收紧、合规压力日益凸显。《数据安全法》第40条规定,国家机关委托他人建设、维护电子政务系统,存储、加工政务数据,应当经过严格的批准程序,并应当监督受托方履行相应的数据安全保护义务。受托方应当依照法律、法规的规定和合同约定履行数据安全保护义务,不得擅自留存、使用、泄露或者向他人提供政务数据。该条对从事政府信息化建设的相关企业作出了具体而明确的规定,即在建设和维护信息化平台过程中,不得擅自留存、使用、泄露或者向他人提供政务数据。《数据安全法》第41条规定,国家机关应当遵循公正、公平、便民的原则,按照规定及时、准确地公开政务数据。依法不予公开的除外。该条明确了政务数据开放的基本原则,将进一步促进我国公共数据开放业务的发展。《数据安全法》第12条规定,任何个人、组织都有权对违反本法规定的行为向有关主管部门投诉、举报。收到投诉、举报的部门应当及时依法处理。有关主管部门应当对投诉、举报人的相关信息予以保密,保护投诉、举报人的合法权益。该条规定赋予了个人和组织对违反本法规定的行为的投诉和举报权利,这无疑增加了公共数据主体在处理数据和公共数据流通过程中需要承担的安全及合规性压力,同时也对处理数据和运营数据的安全及合规水平提出了更高要求。

(三)《个人信息保护法》

2021年8月20日,第十三届全国人大常委会第三十次会议审议通过《个人信息保护法》,并于2021年11月1日施行。《个人信息保护法》是保障个人信息权益乃至宪法性权利的基本法。《个人信息保护法》对自然人关于个人信息的权利、个人信息处理者对于个人信息的义务、相关部门对于个人信息的保护职责、个人信息处理具体要求、个人信息跨境、法律责任等作出了明确和可操作的规定。

《个人信息保护法》第4条规定,个人信息是以电子或者其他方式记录的与已识别或者可识别的自然人有关的各种信息,不包括匿名化处理后的信息。个人信息的处理包括个人信息的收集、存储、使用、加工、传输、提供、公开、删除等。该条规定了个人信息的定义以及个人信息处理包含的具体环节。第5条规定,处理个人信息应当遵循合法、正当、必要和诚信原则,不得通过误导、欺诈、胁迫等方式处理个人信息。第6条规定,处理个人信息应当具有明确、合理的目的,并应当与处理目的直接相关,采取对个人权益影响最小的方式。收集个人信息,应当限于实现处理目的的最小范围,不得过度收集个人信息。第7条规定,处理个人信息应当遵循公开、透明原则,公开个人信息处理规则,明示处理的目的、方式和范围。第5条、第6条和第7条规定了处理个人信息应当遵循的若干基本原则,即合法、正当、必要和诚信、最小化范围、公开、透明等。第9条规定,个人信息处理者应当对其个人信息处理活动负责,并采取必要措施保障所处理的个人信息的安全。第 28 条规定,敏感个人信息是一旦泄露或者非法使用,容易导致自然人的人格尊严受到侵害或者人身、财产安全受到危害的个人信息,包括生物识别、宗教信仰、特定身份、医疗健康、金融账户、行踪轨迹等信息,以及不满 14 周岁未成年人的个人信息。只有在具有特定的目的和充分的必要性,并采取严格保护措施的情形下,个人信息处理者方可处理敏感个人信息。第 9 条和第 28 条对个人信息处理者的信息安全保护责任做了相关说明。公共数据中也存在大量个人信息,公共数据的开放及开发利用工作将对公共数据主体的数据安全及合规处理水平提出更高要求。

二、公共数据安全及合规技术

公共数据的安全及合规离不开技术的支撑。《信息安全技术 数据安全能力成熟度模型》(GB/T 37988—2019),按照数据采集、传输、存储、处理、交换、销毁全生命周期对不同阶段划分了不同的安全能力(如图 18 - 3 - 1 所示)。在本部分只选取公共数据在流通环节可能会用到的技术进行介绍,主要包括数据加密技术、数据脱敏技术、数据识别技术、数字水印技术、数据沙箱技术、隐私计算技术。

数据生命周期安全过程域					
数据采集安全	数据传输安全	数据存储安全	数据处理安全	数据交换安全	数据销毁安全
• PA01-数据分类分级 • PA02-数据采集安全管理 • PA03-数据源鉴别及记录 • PA04-数据质量管理	• PA05-数据传输加密 • PA06-网络可用性管理	• PA07-存储介质安全 • PA08-逻辑存储安全 • PA09-数据备份和恢复	• PA10-数据脱敏 • PA11-数据分析安全 • PA12-数据正当使用 • PA13-数据处理环境安全 • PA14-数据导入导出安全	• PA15-数据共享安全 • PA16-数据发布安全 • PA17-数据接口安全	• PA18-数据销毁安全 • PA19-介质销毁安全

通用安全过程域				
PA20-数据安全策略规划	PA21-组织和人员管理	PA22-合规管理	PA23-数据资产管理	PA24-数据供应链管理	PA25-元数据管理
PA26-终端数据安全	PA27-监控与审计	PA28-鉴别与访问控制	PA29-需求分析	PA30-安全事件应急	

图 18 - 3 - 1 《信息安全技术 数据安全能力成熟度模型》数据安全 PA 体系

数据加密技术,是指以密码技术为基础对数据进行编码转化,从而让攻击者无法获取有价值的信息,而拥有密钥的一方可从乱码中恢复原始数据的技术。数据加密技术满足数据全生命周期的各个环节的安全需求。在公共数据流通过程中，公共数据主体可将数据加密技术同其他数据安全技术组合使用，根据实际业务场景的需求，提供多种解决方案。

数据脱敏技术，是指对数据中包含的秘密或隐私信息（如个人身份识别信息、商业机密数据等）进行数据变形处理，使恶意攻击者无法从经过脱敏处理的数据中直接获取敏感信息，从而实现对机密及隐私信息的保护。数据脱敏技术能够消除数据的信息敏感性，有效保证重要数据在分析、监管协作、开发测试等过程中的安全性。

数据识别技术，是指利用关键字、正则表达式、文件指纹、自然语言处理等技术识别和发现敏感数据的技术。通过识别和发现敏感数据，可以精准有效地实施数据安全保护措施。此外，通过数据识别技术可以对公共数据进行解析与扫描，从而进行自动化分类分级。

数字水印技术，是指在数据流通时，在提供方原始数据中嵌入具有可鉴别性的数字信号，从而实现溯源追踪的技术。数字水印技术具有比较好的不可见性和信息载荷量，可帮助客户实现数据产品在流通之后的溯源追踪，提高数据产品安全性，保障数据所有者对数据财产的合法权益。

数据沙箱技术，是指利用数据脱敏、加密、权限管理和区块链审计等技术，在网络、数据、业务等多层次建立安全隔离环境，实现"数据不动程序动""数据可用不可见"的技术。

隐私计算技术，是指在提供隐私保护的前提下实现数据价值挖掘的技术体系，而非单一技术，它是一套包含人工智能、密码学、数据科学等众多领域交叉融合的跨学科技术体系。隐私计算技术在无须改变数据存储位置的情况下支持数据查询、数据建模等多方数据协同利用的场景，进而实现对于数据价值的挖掘。

三、公共数据安全及合规建议

公共数据的安全及合规工作是一项长期持续性的工作，是需要管理与技术相结合的工作，不可能一蹴而就，需要做好长期发展规划。建议公共数据安全及合规工作可以遵循以下三个原则。一是长期规划，分步实施原则。目前公共数据的管理与运营尚缺一些具体可操作的标准规范及实施落地方案，如目前国家层面还未有专门针对公共数据开放的政策法规，公共数据开发利用尚缺顶层规划设计，数据确权、数据定价等问题尚无统一标准。因此公共数据的安全及合规工作需要长期规划,分布实施。前期工作开展较好的机构,可提前规划制定公共数据相关政策及标准化体系框架,并根据当前实际需要优先制定和完善部分急需标准,部署技术较为成熟的安全产品,用于指导和辅助公共数据流通工作开展。二是避免重复建设,实用够用原则。公共数据安全及合规工作的开展需要建设部分基础设施,要在开展相关工作之前做好调研分析,避免重复建设,铺张浪费,尽可能利用已有成果,争取最小化投入,满足实用够用即可。三是勇于创新,循序渐进原则。公共数据流通工作目前面临不少的挑战与阻碍,其最大的问题是相关制度不健全,安全保障不到位,导致数据提供方不敢"给"、不愿"给"数据,数据使用方"要"不到、找不着数据。在全国都"摸着石头过河"的情况下,公共数据管理和运营主体需要在遵守现有相关规定的前提下,在公共数据安全及合规机制设计方面勇于创新、在数据安全及合规技术方面敢于试错,定期总结经验教训,循序渐进推进,为公共数据融入全国数据要素市场体系,为本地区、本行业数字经济发展提供可借鉴的经验。

建议公共数据安全及合规工作从以下四个方面开展,一是要加强公共数据安全及合规组织领导;二是要完善公共数据安全及合规管理制度;三是要建设面向公共数据合规管控的能力;四是要建设面向数据隐私安全保护的能力。

(一)加强公共数据安全及合规组织领导

公共数据安全及合规是公共数据流通的基础前提,同时也是一项艰巨而复杂的任务,需要加强组织领导,建立专门的公共数据安全及合规领导小组(以下简称"合规小组"),由组织一把手担任组长,从相关部门及单位抽调专业人员,制定规划分工实施方案,明确责任分工,统筹推进各项工作行动。"合规小组"需要定期召开工作会议,发现和总结在具体工作实施过程中遇到的问题和先进做法,通过持续不断地发现问题并总结经验教训,持续强化"合规小组"工作的执行力,从而坚定有力地推进公共数据安全及合规工作。

(二)完善公共数据安全及合规管理制度

公共数据的安全及合规不仅取决于承载公共数据的平台所采用的安全技术和安全设备,还取决于平台遵守的安全保障措施和平台运行管理措施。公共数据承载平台建设目标及就安全策略制定完善的安全管理制度是实现安全及合规的基础。公共数据安全及合规管理制度的内容应该全面覆盖公共数据安全及合规工作涉及的方方面面,同时还应提出确保安全及合规管理制度起到真正的规范和约束作用的方法。通过对所制定的各项制度的执行情况进行质量考核和对有关人员的工作进行评比,促进管理制度的更好落实,确保高质量地完成各项安全管理任务。需要注意的是,公共数据安全及合规管理制度的完善要有针对性,需要根据《数据安全法》和《个人信息保护法》的相关规定,对以往数据安全管理工作中的弱项进行补足。举例而言,《个人信息保护法》规定了个人信息处理者在收集和处理个人信息前都需要履行事先告知的义务,为此绝大多数商业网站及 APP 都制定了相关隐私政策,积极履行告知义务,我国的各级政府网站本方面的工作需要进一步加强。

(三)建设面向公共数据合规管控的能力

公共数据合规管控能力的核心是帮助数据处理主体规避公共数据处理和流通过程中的合规风险。公共数据合规管控能力由数据资产管理能力、敏感数据发现能力、数据流量监控能力、数据安全策略能力、数据安全运营能力等内容组成。其中,数据资产管理能力是指可建立全网的数据资产库,同时对敏感数据进行生命周期管理的能力。敏感数据发现能力是指对数据库存储、大数据存储、文件系统等进行敏感数据扫描识别的能力。数据流量监控能力是指在数据流转环节通过对流量数据的解析,识别敏感数据并进行标注,并按照相关流程上报发现的涉敏事件的能力。数据安全策略能力是指将国家法律法规及监管部门制定的相关要求和规范拆解为管理策略并提供给客户,由客户提供对应的合规策略,同时可对合规策略进行管控的能力。数据安全运营能力是指对系统运行状况、数据处理行为等进行监控,对数据安全风险进行检测、分析、预警、处置等操作,提升业务安全的能力。

公共数据合规管控能力的建设需参考行业先进方法论,从上到下,从需求调研开始实施数据合规管控。千万不可跨过数据合规调研分析、合规管控优先级分析、制定合规管控整体策略,而直接从技术工具开始对数据合规进行管控。我们可参考 Gartner 数据安全治理框架(如图 18-3-2 所示)所展现的内容来建设面向公共数据合规管控能力。

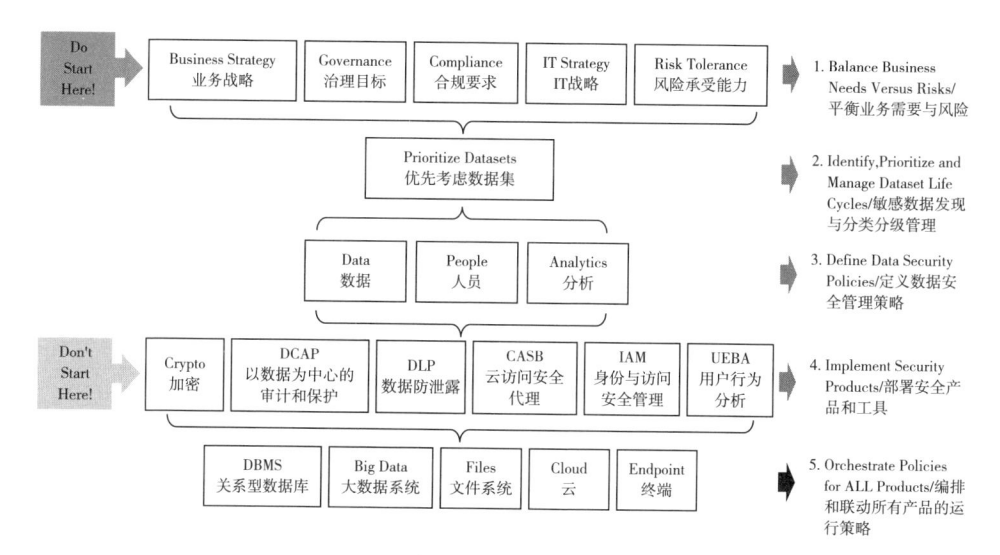

图 18-3-2 Gartner 数据安全治理框架

第一步需要先做好业务需求与风险/威胁/合规性之间的平衡,主要从业务战略、治理目标、合规要求、IT 战略和风险承受能力五个维度进行分析和考虑。第二步要设置好数据优先级,公共数据主体应当优先对重要数据进行合规管控工作。工作的着手点是对敏感数据的自动化发现和分类分级。通过梳理公共数据家底,明确公共数据共享开放类型、属性、分布、访问对象、访问方式、使用频率等,绘制"数据地图",以此为依据进行数据分类分级,对不同级别的数据实行合理的安全手段。第三步要制定合规管控的策略,谁能访问/谁不能访问、什么时间能访问/什么时间不能访问、通过什么途径能访问/哪些途径不能访问、具备什么访问权限/不具备什么访问权限、是否可对外共享和开放、共享和开放或不共享和不开放各自依据什么法规等都要定义清楚,以此降低合规风险。第四步是依据上一步定义的各种策略,针对各个系统、各类数据、各个访问通道去部署各种各样的数据安全能力,包括加密技术、数据脱敏技术、数据识别技术、数字水印技术、数据沙箱技术、隐私计算技术,等等。第五步是要编排和联动所有产品的运行策略。在部署相关安全产品和能力时要注意对数据访问和使用的安全策略保持同步下发,确保所有产品建立起联防联控堡垒并持续有效运行。

(四)建设面向数据隐私安全保护的能力

针对公共数据流通环节,应建设面向数据隐私安全保护的能力。通过提供

"原始数据不出本地""数据可用不可见、用法用量可控可计量"等技术能力,帮助用户解决公共数据在流通过程中的安全性问题。隐私计算作为防止未经授权访问,减少个人信息泄露、被篡改和丢失的一种技术手段,可以在不获知其他参与方原始数据的情况下完成数据多方协作,目前被公认是平衡数据流通与安全性的技术解决方案。

隐私计算是面向隐私信息全生命周期保护的计算理论和方法,是隐私信息的所有权、管理权和使用权分离时隐私度量、隐私泄露代价、隐私保护与隐私分析复杂性的可计算模型与公理化系统。[1] 产业界目前普遍认为隐私计算技术作为涉及多领域交叉融合的跨学科技术体系,主要包含多方安全计算、联邦学习、机密计算等关键技术。其中,多方安全计算(Secure Multi-Party Computation,MPC)最早由我国姚期智院士在1982年正式提出,是指互不信任的参与者在不泄露各自隐私数据的情况下,利用隐私数据参与保密计算,共同完成某项计算任务。安全多方计算主要用到秘密分享、不经意传输、混淆电路、同态加密、零知识证明等密码学技术。联邦学习(Federated Learning,FL)最初由谷歌科学家 H. Brendan McMahan 等人在2016年提出,其本质是一种分布式机器学习技术。联邦学习过程中各参与方的数据始终保存在其本地服务器,参与方之间交换训练中间结果和模型参数,而不交换数据本身,有效降低了传统中心化机器学习带来的数据泄露的风险。机密计算(Confidential Computing)是指在受信任的硬件执行环境基础上构建安全区域,对使用中的数据进行保护。机密计算的所有参与方将需要参与运算的明文数据加密传输至该安全区域内并完成运算,安全区域外部的任何非授权的用户和代码都无法获取或者篡改安全区域内的任何数据。

---

[1] See F Li, H Li, B Niu, J Chen, *Privacy Computing: Concept, Computing Framework, and Future Development Trends*, Engineering 5(6), 2019, p.1179.

第十九章 汽车行业数据合规

本章我们探讨汽车行业的数据合规问题。汽车行业曾属于传统产业,距今已有一百多年历史,但是,随着人工智能技术的快速发展,新能源汽车、无人驾驶技术、车联网[①]技术的不断发展,汽车行业又有了新的变化。特别是随着车联网技术的快速发展及商业化,汽车行业的各类设备会采集海量的个人信息与测绘信息等重要数据,这些重要数据可以与其他智能终端进行数据交互,使汽车从传统的信息孤岛转变成为网络信息节点。目前,智能网联汽车的大部分功能,包括驾驶辅助系统、车载摄像头、车辆和机器系统的语音信息等都涉及大量车内外信息、司乘信息等多种类、敏感度高的数据,使汽车行业数据合规问题面临严峻挑战。

第一节 汽车行业数据合规监管框架

正如前面所说,我们见证了以《网络安全法》《数据安全法》《个人信息保护法》形成的"三驾马车"为数据合规及隐私保护领域的主要法律框架的搭建,见证了从内部机构设置到制度体系构建的顶层设计规划,见证了对数据合规治理工作提供更多指引、参考及解决思路的发展与进步。汽车数据合规的生命周期如图19-1-1所示。

[①] 参见《工业和信息化部关于加强车联网网络安全和数据安全工作的通知》(2021年9月15日发布):"车联网是新一代网络通信技术与汽车、电子、道路交通运输等领域深度融合的新兴产业形态。"

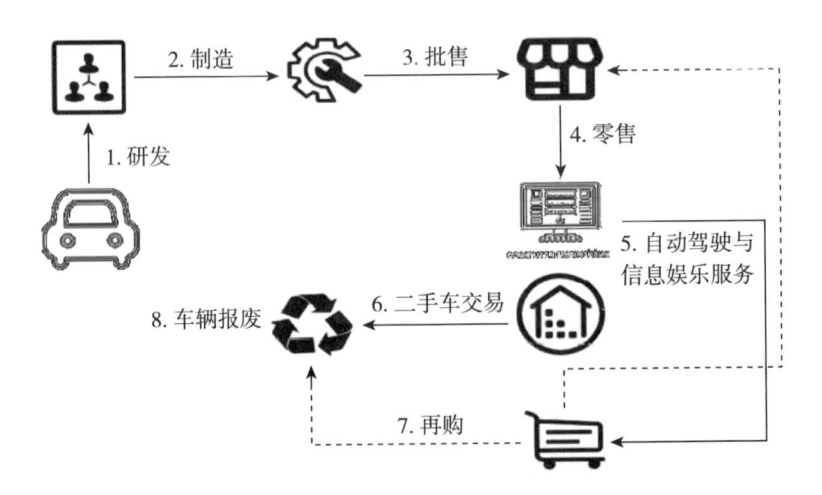

图 19-1-1 汽车数据合规全生命周期

具体到汽车行业,汽车行业网络安全与数据合规的监管是贯穿于车辆生命周期始终的,始于汽车研发,终于车辆的报废,其中每个阶段都涉及数据合规问题。针对汽车数据合规整体监管框架,我们可以分为以下六个层面予以展开,既包括国家产业政策与行业发展战略、法律、行政法规及部门规章与规范性文件等法律层面,也包括对上位法的要求做了细分处理的国家与行业标准等技术层面,通过这样一种整体监管框架,为汽车企业数据合规提供了标准性的指导及参考性的建议。

一、国家产业政策与行业发展战略

《智能汽车创新发展战略》。

《推进综合交通运输大数据发展行动纲要(2020—2025 年)》。

《新能源汽车产业发展规划(2021—2035 年)》。

《交通强国建设纲要》。

《数字交通发展规划纲要》。

二、法律

《民法典》。

《刑法》。

《国家安全法》。

《网络安全法》。

《数据安全法》。

《个人信息保护法》。

《消费者权益保护法》。

《测绘法》。

三、行政法规

《电信条例》。

《互联网信息服务管理办法》。

《地图管理条例》。

《测绘成果管理条例》。

四、部门规章与规范性文件

《网络安全审查办法》。

《汽车数据安全管理若干规定(试行)》。

《数据出境安全评估办法》。

《智能网联汽车道路测试与示范应用管理规范(试行)》。

《智能网联汽车生产企业及产品准入管理指南(试行)》(征求意见稿)。

《国家测绘局关于导航电子地图管理有关规定的通知》。

《外国的组织或者个人来华测绘管理暂行办法》。

《测绘地理信息管理工作国家秘密范围的规定》。

《国家测绘地理信息局关于加强自动驾驶地图生产测试与应用管理的通知》。

《测绘资质管理办法》和《测绘资质分类分级标准》。

五、地方性法规与规范性文件

《深圳经济特区智能网联汽车管理条例》。

《深圳市智能网联汽车道路测试与示范应用管理实施细则》(征求意见稿)。

《上海市智能网联汽车测试与应用管理办法》。

《上海市智能网联汽车测试与示范实施办法》。
《北京市智能网联汽车政策先行区总体实施方案》。
《北京市自动驾驶车辆道路测试管理实施细则(试行)(2020 修订)》。

六、国家与行业标准

《车载信息交互系统信息安全技术要求及试验方法》(GB/T 40856—2021)。
《汽车信息安全通用技术要求》(GB/T 40861—2021)。
《汽车网关信息安全技术要求及试验方法》(GB/T 40857—2021)。
《电动汽车远程服务与管理系统信息安全技术要求及试验方法》(GB/T 40855—2021)。
《信息安全技术—网络安全等级保护基本要求》(GB/T 22239—2019)。
《导航电子地图安全处理技术基本要求》(GB 20263—2006)。
《车联网信息服务　平台安全防护技术要求》(YD/T 3752—2020)。
《车联网信息服务　数据安全技术要求》(YD/T 3751—2020)。
《车联网信息服务　用户个人信息保护要求》(YD/T 3746—2020)。
《汽车采集数据处理安全指南》(TC 260—001)。

第二节　汽车行业数据合规的重要概念

上述归纳的汽车行业数据合规监管框架中,我们主要梳理了所有行业均适用的法律,如《网络安全法》《数据安全法》《个人信息保护法》。除此之外,我们也重点梳理了具体到汽车行业数据合规方面的法律法规等体系,如《汽车数据安全管理若干规定(试行)》(以下简称《汽车数据安全管理若干规定》)是其中最重要的法律规范之一。《汽车数据安全管理若干规定》是 2021 年 8 月 16 日国家互联网信息办公室、国家发展和改革委员会、工业和信息化部、公安部、交通运输部联合发布的,于 2021 年 10 月 1 日生效实施。《汽车数据安全管理若干规定》是监管部门在《网络安全法》和《数据安全法》等法律法规的基础上,专门就汽车领域涉及的个人信息和重要数据处理活动提出的合规要求。

《汽车数据安全管理若干规定》全文共 19 条,明确了汽车数据、汽车数据处理者及汽车处理活动的定义、范围和基本要求,旨在规范在中华人民共和国境内开展的汽车数据处理活动及其安全监管活动,《汽车数据安全管理若干规定》这一部门规章的适用范围与其上位法《数据安全法》一脉相承,均采取了属地管辖原则。而且,《汽车数据安全管理若干规定》中不仅规范与车主、司机相关的数据和个人信息,还要求对乘客甚至车外人的数据和个人信息进行保护,这与我国当前针对个人信息和重要数据保护的监管趋势一致。也就是说,对于汽车行业而言,无论是传统的汽车制造商、零部件供应商、经销商、维修机构以及出行服务企业等,还是为汽车企业提供各类车载服务的供应商,如车载导航服务供应商、车内摄像头服务供应商、车载信息娱乐服务供应商等,只要在境内开展汽车数据处理活动,即可能受制于《汽车数据安全管理若干规定》的管辖。另外,《汽车数据安全管理若干规定》也明确了个人信息、重要数据的识别与认定及汽车数据的基本处理要求等,反映了监管部门对汽车数据合规处理的合理期待,也给予汽车企业以明确的合规指引。

下面我们具体讨论汽车行业数据合规涉及的重要概念,本章中如无特殊说明的,一般以该《汽车数据安全管理若干规定》对有关概念的定义为准。

一、汽车

"汽车"是个常见用词,不过在企业开展相关数据合规工作时,需要对有关概念有个准确的界定,《汽车数据安全管理若干规定》中未对"汽车"予以解释,我们可参考《汽车产业发展政策》、《道路机动车辆生产企业及产品准入管理办法》及《汽车采集数据处理安全指南》中的规定来界定"汽车"概念。"汽车"属于"道路机动车辆"的下位概念。

根据《汽车产业发展政策》的规定,道路机动车辆是指在道路上行驶的,至少有两个车轮,且最大设计车速超过每小时 6 公里的各类机动车及其挂车。主要包括汽车、农用运输车、摩托车和其他道路运输机械及挂车。不包括利用轨道行驶的车辆,以及农业、林业、工程等非道路用各种机动机械和拖拉机。其中,汽车是指国家标准(GB/T 3730.1—2001)2.1 款定义的车辆,包括汽车整车和专用汽车;所称专用汽车是指国家标准(GB/T 3730.1—2001)2.1.1.11、2.1.2.3.5、2.1.2.3.6 款定义的车辆;所称农用运输车是指国家标准(GB

18320—2001)中定义的车辆;所称摩托车是指国家标准(GB/T 5359.1—1996)中定义的车辆。

《道路机动车辆生产企业及产品准入管理办法》第 2 条第 3 款规定:"本办法所称道路机动车辆,是指由动力装置驱动或牵引,上道路行驶的供人员乘用或用于运送物品以及进行工程专项作业的轮式车辆,不包括汽车列车、无轨电车、有轨电车、轮式专用机械车、拖拉机及拖拉机运输机组。"

《汽车采集数据处理安全指南》对汽车也进行了相应的定义,汽车即由动力驱动、用于载运人员货物的非轨道承载的车辆。

二、汽车数据

汽车数据具体来讲是指汽车在承担交通、运输等业务功能过程中,包括自其设计、生产、销售、使用、运维及行驶过程、静止停止、汽车维修等全生命周期所产生和收集的各类数据。

《汽车数据安全管理若干规定》第 3 条第 1 款对汽车数据进行了明确的解释,即包括汽车设计、生产、销售、使用、运维等过程中的涉及个人信息数据和重要数据。该范围应包括汽车(及汽车各软硬件配件)从开始设计、研发、测试、生产、销售、投入使用到最后报废的汽车全生命周期过程中可能涉及的个人信息和重要数据。即《汽车数据安全管理若干规定》明确了汽车数据既包括了个人信息,也包括重要数据。可见,《汽车数据安全管理若干规定》中所规范的汽车数据并不是全部的"汽车数据",还包括汽车数据中所涉的个人信息和重要数据,具体见图 19 - 2 - 1。

第十九章 汽车行业数据合规

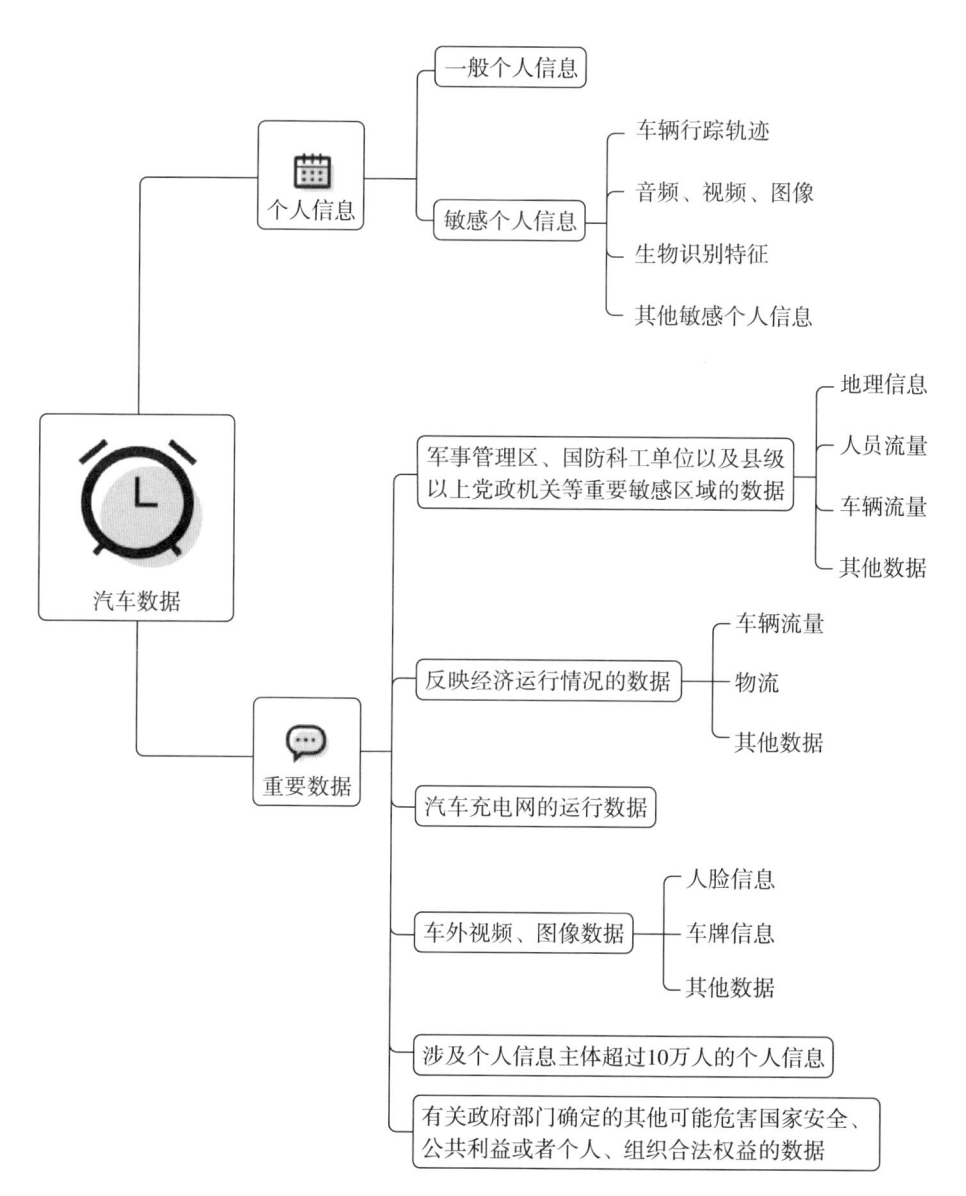

汽车数据
├─ 个人信息
│   ├─ 一般个人信息
│   └─ 敏感个人信息
│   ├─ 车辆行踪轨迹
│   ├─ 音频、视频、图像
│   ├─ 生物识别特征
│   └─ 其他敏感个人信息
└─ 重要数据
    ├─ 军事管理区、国防科工单位以及县级以上党政机关等重要敏感区域的数据
    │   ├─ 地理信息
    │   ├─ 人员流量
    │   ├─ 车辆流量
    │   └─ 其他数据
    ├─ 反映经济运行情况的数据
    │   ├─ 车辆流量
    │   ├─ 物流
    │   └─ 其他数据
    ├─ 汽车充电网的运行数据
    ├─ 车外视频、图像数据
    │   ├─ 人脸信息
    │   ├─ 车牌信息
    │   └─ 其他数据
    ├─ 涉及个人信息主体超过10万人的个人信息
    └─ 有关政府部门确定的其他可能危害国家安全、公共利益或者个人、组织合法权益的数据

图 19-2-1 汽车数据中所涉的个人信息和重要数据

(一)汽车数据中的个人信息

根据《汽车数据安全管理若干规定》的规定,"个人信息",是指以电子或者其他方式记录的与已识别或者可识别的车主、驾驶人、乘车人、车外人员等有关

的各种信息,不包括匿名化处理后的信息。

"敏感个人信息",是指一旦泄露或者非法使用,可能导致车主、驾驶人、乘车人、车外人员等受到歧视或者人身、财产安全受到严重危害的个人信息,包括车辆行踪轨迹、音频、视频、图像和生物识别特征等信息。汽车数据与个人信息等的关系见图19-2-2。

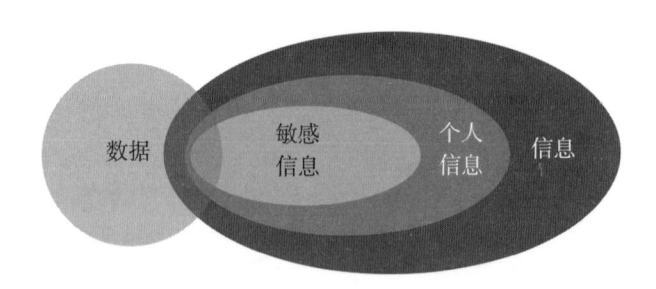

图19-2-2 汽车数据与个人信息等的关系

从《汽车数据安全管理若干规定》对"个人信息"的定义中不难看出,汽车数据的个人信息主体主要涉及车主、驾驶人、乘车人以及车外人员,而个人信息又可分为一般个人信息和敏感个人信息。其中,一般个人信息包括电话号码、邮箱、车辆防碰撞预警服务中心的个人信息、红绿灯车速引导过程中的个人信息;敏感个人信息包括个人生物识别信息(指纹、人脸、声纹、心率、虹膜、脸谱等)、个人身份信息(身份证、驾驶证、社保卡等)、车辆位置及行踪轨迹、驾驶人或乘车人音视频、车联网交易类(交易账号和密码、交易记录等)等信息。

"个人信息"在《民法典》《网络安全法》《个人信息保护法》中均有规定。其中,《网络安全法》和《民法典》对个人信息的定义类似,即指能够单独或者与其他信息结合识别自然人的各种信息。

《个人信息保护法》将个人信息界定为与已识别或者可识别的自然人有关的各种信息。《汽车数据安全管理若干规定》中个人信息的定义与其上位法《个人信息保护法》中的定义保持一致,《汽车数据安全管理若干规定》使用"个人信息数据"的概念,从文义解释上可能既包括个人信息的内容(如车主姓名和联系方式等),也包括对个人信息进行记录的各种结构化或者非结构化的相关数据。根据《数据安全法》对"数据"的定义(任何以电子或者其他方式对信息的记录)可得知,对个人信息收集、存储以及使用加工等处理活动的记录本身也成为一类数据,且该类型数据与个人信息主体密切相关,两者是互为表里、相辅相成的关系。《汽车数据安全管理若干规定》将上述数据看作整体并以一种独立的数据类型将其归纳为"个人信息数据",体现了概念定义上的延展性与全面性。[①]

(二)汽车数据中的重要数据

"重要数据"源于2017年6月1日实施的《网络安全法》,这是其第一次在等级保护制度及数据跨境传输条款中被提及,但《网络安全法》未明确给予"重要数据"以定义或解释。

2021年9月1日,《数据安全法》正式施行,其将数据安全保护视为国家整体安全观的重要组成部分。首先,《数据安全法》确立了数据的分级分类保护,根据《数据安全法》第21条的规定,国家建立数据分类分级保护制度,数据分类分级的参考依据是"数据在经济社会发展中的重要程度,以及一旦遭到篡改、破坏、泄露或者非法获取、非法利用,对国家安全、公共利益或者个人、组织合法权益造成的危害程度"。其次,在《数据安全法》规划的数据分级分类保护中,"核心数据"是处于最高保护等级的数据,《数据安全法》中明确了"关系国家安全、国民经济命脉、重要民生、重大公共利益等数据属于国家核心数据"。最后,《数据安全法》第21条提出了重要数据目录的制定,即"各地区、各部门应当按照数据分类分级保护制度,确定本地区、本部门以及相关行业、领域的重要数据具体目录,对列入目录的数据进行重点保护"。但是,《数据安全法》未明确"重要数据"的定义及具体范围。

2021年10月1日,《汽车数据安全管理若干规定》正式施行,其一大亮点,就是明确了"重要数据"的定义及范围。"重要数据"这个概念,多次被提及,但这次规定却是首次在中国目前生效的法律文件中,针对特定行业中的"重要数据"予以明确定义及解释,开创了细分领域重要数据保护的先河,同样为后续数据保护立法完善提供了方式和路径。

《汽车数据安全管理若干规定》指出,重要数据是指一旦遭到篡改、破坏、泄露或者非法获取、非法利用,可能危害国家安全、公共利益或者个人、组织合法权益的数据。具体包括:

(1)军事管理区、国防科工单位以及县级以上党政机关等重要敏感区域的

[①] 参见宁宣凤、吴涵等:《道路千万条,数说十九条:〈汽车数据安全管理若干规定(试行)〉重点解读》,载微信公众号"金杜研究院"2021年8月22日。

地理信息、人员流量、车辆流量等数据；

（2）车辆流量、物流等反映经济运行情况的数据；

（3）汽车充电网的运行数据；

（4）包含人脸信息、车牌信息等的车外视频、图像数据；

（5）涉及个人信息主体超过 10 万人的个人信息；

（6）国家网信部门和国务院发展改革、工业和信息化、公安、交通运输等有关部门确定的其他可能危害国家安全、公共利益或者个人、组织合法权益的数据。

由此可知，个人信息与重要数据产生了一定范围的交集。在汽车领域中，包含人脸识别信息的车外数据既构成个人信息，又构成重要数据，则这部分数据需要同时符合针对个人信息和重要数据的两套监管体系。

也就是说，《汽车数据安全管理若干规定》以列举的方式规定了汽车行业可能涉及的重要数据示例，以及《汽车数据安全管理若干规定》通过"汽车数据"的概念明确个人信息属于一种特殊类型的数据，特别是明确了涉及个人信息主体超过 10 万人的个人信息也属于重要数据。这就意味着，处理涉及个人信息主体超过 10 万人的个人信息的汽车数据处理者，需要在满足个人信息保护要求的基础上，遵从重要数据安全处理规范。

2022 年 2 月 10 日，工业和信息化部发布的《工业和信息化领域数据安全管理办法（试行）》（征求意见稿）中，对重要数据的范围及处理要求也进行了明确的规定，并根据危害程度对重要数据进行了界定。

其第 10 条规定："危害程度符合下列条件之一的数据为重要数据：（一）对政治、国土、军事、经济、文化、社会、科技、电磁、网络、生态、资源、核安全等构成威胁，影响海外利益、生物、太空、极地、深海、人工智能等与国家安全相关的重点领域；（二）对工业和信息化领域发展、生产、运行和经济利益等造成严重影响；（三）造成重大数据安全事件或生产安全事故，对公共利益或者个人、组织合法权益造成严重影响，社会负面影响大；（四）引发的级联效应明显，影响范围涉及多个行业、区域或者行业内多个企业，或者影响持续时间长，对行业发展、技术进步和产业生态等造成严重影响；（五）经工业和信息化部评估确定的其他重要数据。"

其第 11 条规定："危害程度符合下列条件之一的数据为核心数据：（一）对

政治、国土、军事、经济、文化、社会、科技、电磁、网络、生态、资源、核安全等构成严重威胁,严重影响海外利益、生物、太空、极地、深海、人工智能等与国家安全相关的重点领域;(二)对工业和信息化领域及其重要骨干企业、关键信息基础设施、重要资源等造成重大影响;(三)对工业生产运营、电信网络(含互联网)运行和服务、无线电业务开展等造成重大损害,导致大范围停工停产、大面积无线电业务中断、大规模网络与服务瘫痪、大量业务处理能力丧失等;(四)经工业和信息化部评估确定的其他核心数据。"

《工业和信息化领域数据安全管理办法(试行)》(征求意见稿)中对重要数据的范围界定比较宽泛,由于该办法由工业和信息化部起草,其正式发布后是否适用于汽车行业领域,需待监管机关的明确。

三、汽车数据处理和汽车数据处理者

(一)汽车数据处理

《汽车数据安全管理若干规定》指出,汽车数据处理"包括汽车数据的收集、存储、使用、加工、传输、提供、公开等",即汽车数据的处理活动涉及汽车全生命周期的处理。

在立法思路上,《汽车数据安全管理若干规定》呼应了《数据安全法》以行为规范而非主体规范为原则的适用逻辑与立法定位,将适用范围划定为从事汽车数据处理活动的行为,即只要在境内开展汽车数据处理活动,均需满足《汽车数据安全管理若干规定》中的数据保护义务的相关要求。因此,是否适用《汽车数据安全管理若干规定》的关键在于判断主体的行为是否涉及"汽车数据的收集、存储、使用、加工、传输、提供、公开等"处理行为,而非以汽车行业相关运营主体的资质范围作为认定标准。

(二)汽车数据处理者

《汽车数据安全管理若干规定》明确,汽车数据处理者是指开展汽车数据处理活动的组织,包括汽车制造商、零部件和软件供应商、经销商、维修机构以及出行服务企业等。

在汽车数据处理活动中往往涉及多场景、多主体参与的情况,履行汽车数据保护义务的主体为"汽车数据处理者",各处理者的角色和责任分配是企业合规

落地的重点和难点。以车联网场景为例,可能既有车企向用户打包提供的部分设备和服务,也有车联网供应商直接向用户提供的部分设备和服务,还可能涉及用户自行从市场上购买和安装的设备和服务,而且即使在同一个业务模式下,各方的数据处理角色也可能会因各方权利义务约定的不同而有所区分。数据处理角色和相关责任义务的分配往往又会牵涉产品责任、行车安全、数据使用权主张、业务资质等多方面因素。因此,对于企业而言,如何厘清与各相关方的关系,确保在合法合规的前提下使用数据将至关重要,特别是目前《汽车数据安全管理若干规定》中规定的告知、授权、用户行权以及监管报送等合规义务,可能会成为各方博弈的重点和难点。此外,汽车制造企业的服务是否可能因涉及接入不同第三方的服务而被认定为《个人信息保护法》下的互联网平台服务,也有待监管进一步明确。

此外,在《汽车数据安全管理若干规定》(征求意见稿)中,保险公司作为汽车行业生态的一员,不可避免地也被列入"汽车数据处理者"的范围;但正式生效的《汽车数据安全管理若干规定》中,将保险公司从"汽车数据处理者"的范围中排除了,这可能是不同监管部门博弈的结果;但从实践情况来看,若保险公司在提供与车辆相关的保险服务的同时,涉及汽车数据处理活动,则保险公司也属于法定的汽车数据处理者,同样需遵守数据保护相关规定,履行数据保护义务。

第三节 汽车数据处理的原则

一、合法、正当、最小必要和等级保护原则

数据处理包括数据的收集、存储、使用、加工、传输、提供、公开等。需要明确的是,汽车数据处理活动是数据处理活动的一种,因此,开展一般数据处理活动以及开展个人信息处理活动时应当遵循的原则,在开展汽车数据处理活动时是同样要遵守的。

我们在前面的章节中详细分析了,开展数据处理活动及个人信息处理活动应当遵循"合法""正当""最小必要原则",对数据实行分类分级保护和等级保护制度。《汽车数据安全管理若干规定》对上述原则也有同样的规定,其第 4 条规定了合法、正当、最小必要原则,即汽车数据处理应当合法、正当、具体、明确,须

与汽车的设计、生产、销售、使用、运维等直接相关。

确定处理目的是否合法、正当、具体、明确,应当根据信息所属的类别分别判断。前述我们提到,汽车数据分为个人信息与重要数据,个人信息又分为一般个人信息和敏感个人信息。其中,对于一般个人信息而言,其处理活动应当与汽车的设计、制造、服务直接相关;对于敏感个人信息而言,其处理活动须直接服务于驾驶人或乘车人的目的,包括增强行车安全、辅助驾驶、导航、娱乐等;对于特定的生物识别信息,则仅可以为了方便用户使用、增加车辆电子和信息系统安全性等目的而处理,且还需要提供一个基于非生物性识别的替代性方案,这一要求与欧盟《通用数据保护条例》的规定一致。

"最小必要"原则主要体现在《汽车数据安全管理若干规定》第 6 条的"车内处理原则"及《汽车采集数据处理安全指南》第 6 条中。根据《汽车采集数据处理安全指南》存储应当遵循:"6.1 车外数据、位置轨迹数据在远程信息服务平台[1]等车外位置中保存时间均不应超过 14 天。"第 6.2 条明确了例外规定,即满足以下条件的数据,可作为上述条款的例外。包括:"a)为优化行驶安全功能而存储的特定场景数据,但每车每天不应超过 3 个连续时间的数据片段,每个片段不应超过 2 分钟。b)符合 5.3c)要求,用户传输到远程信息服务平台的数据。c)由采集训练数据的专用采集车辆或在特定区域行驶的专用测试车辆采集的数据,但车辆外部应有'测试车辆'或'数据采集车辆'及所属单位的显著标识,且驾驶人员为具备授权的特定人员。d)新能源汽车、道路运输车辆、网络预约出租汽车依据相关行政管理要求进行存储的数据。e)用于生产经营的汽车产生的,生产经营者可控的位置轨迹数据。"

另外,《汽车数据安全管理若干规定》第 5 条规定了等级保护原则,明确了汽车数据处理者利用互联网等信息网络开展汽车数据处理活动时,应当落实网络安全等级保护等制度,加强汽车数据保护,依法履行数据安全义务。

除此之外,《汽车数据安全管理若干规定》针对汽车数据的特点制定了处理汽车数据的四大原则,即车内处理、默认不收集、匿名化处理以及精度范围适用原则,接下来我们会一一展开分析。四大原则的规定具体见《汽车数据安全管

---

[1] 参见《信息安全技术 网联汽车 采集数据的安全要求(草案)》第 3.1 条:远程信息服务平台 telematics service provider,"用于车辆管理或者提供信息服务的远程系统"。

理若干规定》第6条,即:"国家鼓励汽车数据依法合理有效利用,倡导汽车数据处理者在开展汽车数据处理活动中坚持:(一)车内处理原则,除非确有必要不向车外提供;(二)默认不收集原则,除非驾驶人自主设定,每次驾驶时默认设定为不收集状态;(三)精度范围适用原则,根据所提供功能服务对数据精度的要求确定摄像头、雷达等的覆盖范围、分辨率;(四)脱敏处理原则,尽可能进行匿名化、去标识化等处理。"

二、"车内处理"原则,除非确有必要企业不得向车外提供

《汽车数据安全管理若干规定》第6条第1款提倡"车内处理"原则,即除非确有必要企业不得向车外提供。确有必要向车外提供的,如在为了实现相关功能所必须等情况下,向车外提供的数据还应当进行匿名化脱敏处理。

除了上述提到的"车内处理"的原则之外,全国信息安全标准化技术委员会发布的《信息安全技术 网联汽车 采集数据的安全要求(草案)》"数据传输"中也有类似规定,即:"5.1 未经被收集者的单独同意,网联汽车不得通过网络、物理接口向车外传输包含个人信息的数据。将清晰度转换为120万像素以下且已擦除可识别个人身份的人脸、车牌等信息的视频、图像数据除外。5.2 网联汽车不得通过网络、物理接口向车外传输汽车座舱内采集的音频、视频、图像等数据及经其处理得到的数据。"这些规定和《汽车数据安全管理若干规定》提出的"车内处理"的原则是一脉相承的。

该原则在全国信息安全标准化技术委员会的技术文件《汽车采集数据处理安全指南》中也有体现:

5.1 未经个人信息主体单独同意,汽车不应通过网络向外传输包含其个人信息的车外数据,已进行匿名化处理的视频、图像数据除外。

注1:匿名化处理包括对视频、图像中可识别个人身份的人脸、车牌等信息进行擦除等,确保无法利用视频、图像数据识别个人身份。

注2:通过网络向外传输是指通过移动通信网络、无线局域网、充电桩接口等方式,向位于车外的设备、系统传输。

5.2 汽车不应通过网络向外传输座舱数据。

5.3 满足以下条件的,可作为上述条款的例外情形。

a)为实现5.1所述匿名化处理功能,需要通过远程信息服务平台实时执行

匿名化处理操作的情形,但应确保原始数据传输到平台后不用于其他目的,并在匿名化处理后得到删除。

b) 为实现语音识别等直接服务于驾驶人或乘员的功能,需要通过远程信息服务平台实时配合处理座舱数据的情形,但应征得驾驶人同意授权,且确保功能实现后即时删除原始数据及处理结果。

c) 为实现用户远程监控车内外情况、使用云盘存储用户数据等直接服务于用户的功能,需要通过网络向用户终端设备传输数据或使用远程信息服务平台存储数据的情形,但应在传输以及存储时采取加密等措施,确保用户数据只能由用户终端设备访问,在其他设备以及远程信息服务平台上无法访问。

d) 道路运输车辆、运营车辆依据相关行政管理要求向外传输座舱数据的情形。

e) 道路交通事故发生后按执法部门要求向外传输数据的情形。

《汽车采集数据处理安全指南》对座舱数据亦有明确的规定,系指通过摄像头、红外传感器、指纹传感器、麦克风等传感器从汽车座舱采集的数据,以及对其进行加工后产生的数据。这份技术文件指出,原则上不应当向外传输座舱数据,但可基于第5.3条规定的特定目的进行例外处理。

例如,在第5.3-a条中规定,经过匿名化处理后的数据,是无须经过驾驶人单独授权同意的,由于在车机端通过车机系统进行匿名化处理的能力非常有限,仍然需要通过远程信息服务平台实时执行匿名化处理,但应确保原始数据不用于其他目的,且在匿名化处理后删除原始数据,这将作为实务中车辆本地处理、向车外传输需要获取授权的例外。

又如,在第5.3-b条中规定,因为车机系统芯片处理能力不足,需要远程信息服务平台的配合处理,同样也需要驾驶人的单独同意授权,并且在实现功能后须予以删除原始数据及处理结果。

再如,第5.3-d条规定,如新能源汽车或智能网联汽车等,在进行有线自动驾驶或蓝牙自动驾驶时,其向车外传输实时位置、驾驶等操作数据时系依据相关法律规范的要求,并传输至监管机关平台(如新能源或智能网联汽车监管平台)以实现监管机关的数据托管及调用功能等。

就"车内处理"中"车内"范围的具体界定,还有待相关法律规范以及司法实务进一步明确。

首先,在实践中,不少企业会将汽车数据存储在远程信息服务平台或云端进行处理。若将"车内"的含义狭义解释为仅包括车内存储设备,而不包括与此相连的远程信息服务平台,则会对汽车企业车内软硬件设备提出相当高的要求,并对行业的技术迭代带来巨大的挑战。因此,目前行业普遍会将车内数据传输到远程信息服务平台,即大量汽车数据将在云端予以处理。

其次,《信息安全技术 网联汽车 采集数据的安全要求》(草案)对"数据存储"规定,"网联汽车采集的车辆位置、轨迹相关数据在车内存储设备、远程信息服务平台(TSP)中保存时间均不得超过 7 天"。如果这一规定是"车内处理"规则的延伸,则这一规定似乎把"车内存储设备"和"远程信息服务平台"都当作"车内"的范围来进行界定。从汽车行业相关企业的实际业务开展来看,将"车内存储设备"和"远程信息服务平台"都理解为"车内"似乎更合理一些。

最后,"车内处理"原则似乎也有例外情形。《信息安全技术 网联汽车采集数据的安全要求》(草案)在"数据传输"中规定,"未经被收集者的单独同意,网联汽车不得通过网络、物理接口向车外传输包含个人信息的数据。将清晰度转换为 120 万像素以下且已擦除可识别个人身份的人脸、车牌等信息的视频、图像数据除外"。该规定为向车外传输数据提供了例外,按照《信息安全技术 网联汽车 采集数据的安全要求》(草案)的规定,清晰度为 120 万像素以下且已擦除可识别个人身份的人脸、车牌等信息的视频、图像数据似乎可以向车外传输,这与《汽车数据安全管理若干规定》倡导的"车内处理"原则似乎也有冲突,或者可以理解为清晰度为 120 万像素以下且已擦除可识别个人身份的人脸、车牌等信息的视频、图像数据可以按照"车内处理"原则的例外情形向车外传输,这个问题有待实务中进一步界定厘清。

如上所述,无论"车内"范围被限定为狭义的"车内存储设备",抑或是包括"远程信息服务平台",要想真正实现"车内处理"原则,仍然需要更完备的硬件设备、车机操作系统的支持。

三、默认不收集原则,除非驾驶人自主设定,每次驾驶时默认设定为不收集状态

《汽车数据安全管理若干规定》倡导汽车数据处理者遵守默认不收集用户数据原则,即每次驾驶时默认为不收集状态,但保留了驾驶人自主设定开启默认收集数据的权限,该规定是个人信息"最小必要"收集原则的具体体现。

在《汽车数据安全管理若干规定》(征求意见稿)中,对于获取驾驶人的授权提出了较高的要求,即无论是智能汽车被临时使用,还是被长期使用,处理者均必须在每次处理个人信息和重要数据前,获得驾驶人的同意,一旦驾驶人离开驾驶席后,前述所获取的授权及收集的数据都失效。这一规定在很大程度上加重了汽车数据处理者和驾驶人的负担,也进一步影响了驾驶及用车体验。比如,驾驶人在临时停车时,一旦离席则需要在短时间内进行多次授权。正式施行的《汽车数据安全管理若干规定》则调整了权利授予的范式,即"除非驾驶人自主设定,每次驾驶时默认设定为不收集状态",取消了征求意见稿中"确有必要时可以默认设定为收集状态"的可能性。将"默认收集"的选择权交还给驾驶人,意味着汽车数据处理者应设计多样的服务场景及适当的授权机制,在满足法律基本要求的同时,尽可能达到数据保护与满足驾驶人需求的双重目的。

四、精度范围适用原则,根据所提供功能服务对数据精度的要求确定摄像头、雷达等的覆盖范围、分辨率

《汽车数据安全管理若干规定》提倡汽车数据处理者坚持精度范围适用原则。精度范围适用原则要求汽车数据处理者根据所提供功能服务对数据精度的要求确定摄像头、雷达等的覆盖范围、分辨率。这一要求对车载摄像头、汽车雷达等传感器收集的交通信号灯状态、行人位置和移动路线以及车外敏感视频等多场景、多种类数据进行精细度划分,由此,可能会对将来智能汽车传感器的配置标准产生影响,也就是说,分辨率或功能覆盖范围高于、大于所提供功能服务的传感器可能会被监管部门认为违反了"精度范围适用"这一原则。这一要求是"最小必要性"原则在精度范围内的重要体现。我们拿监控驾驶员状态的车内摄像头进行举例,如果 120 万像素的摄像头可以计算出驾驶员是否疲劳,那么就没有必要使用 200 万像素甚至更高像素的车载摄像头。如果汽车数据处理者收集驾驶员面部视频是为了分析驾驶人的疲劳状态,那么过度追求设备精度,会导致产品成本增加,车机端计算能力被过度占用,这对功能实现无过多帮助,反而带来不必要的个人信息和重要数据安全风险。

五、脱敏处理原则,尽可能进行匿名化、去标识化等处理

关于脱敏处理原则,《汽车数据安全管理若干规定》第 6 条规定:"国家鼓励

汽车数据依法合理有效利用，倡导汽车数据处理者在开展汽车数据处理活动中坚持：……（四）脱敏处理原则，尽可能进行匿名化、去标识化等处理。"

《汽车数据安全管理若干规定》第8条规定："汽车数据处理者处理个人信息应当取得个人同意或者符合法律、行政法规规定的其他情形。因保证行车安全需要，无法征得个人同意采集到车外个人信息且向车外提供的，应当进行匿名化处理，包括删除含有能够识别自然人的画面，或者对画面中的人脸信息等进行局部轮廓化处理等。"

根据《汽车数据安全管理若干规定》中的表述，匿名化和去标识化都属于脱敏处理的方式和手段。那么，两者该如何区别呢？《个人信息保护法》中对两者的概念进行了解释。"去标识化，是指个人信息经过处理，使其在不借助额外信息的情况下无法识别特定自然人的过程。""匿名化，是指个人信息经过处理无法识别特定自然人且不能复原的过程。"也就是说，"匿名化"对个人信息的脱敏处理程度更高。

实践中该规定最为典型的适用场景是在汽车自动驾驶道路测试环境下，为了完成道路场景模拟和算法训练，为设计和完善自动驾驶系统模型而提供车外图像采集信息服务的技术供应商或合作商，除了必须具备开展业务所必需的资质条件外，还需要满足《汽车数据安全管理若干规定》中的匿名化的个人信息保护要求，具体为：其一，删除含有能够识别自然人的画面；其二，对画面中可能包含的人脸信息等进行轮廓化处理等。该要求实际上是个人信息处理和对外提供的最小够用原则在汽车数据处理中的具体化。

从上述条文规定中可以看到，该项原则要求汽车具备在车内进行数据脱敏处理的能力，前述车内处理原则存在车内数据处理给汽车软硬件设备的性能要求带来巨大挑战的问题。因此，该项原则要求在车内进行数据脱敏处理，同样对汽车数据处理者的车内软硬件设备提出了极高的技术要求。

《汽车数据安全管理若干规定》将其征求意见稿中的"匿名化处理原则"修改为"脱敏处理原则"，区分了脱敏、匿名化和去标识化处理的不同方式，这一变化符合《个人信息保护法》对"匿名化"的定义以及敏感个人信息的处理要求，同时也反映了监管部门更加注重实务可操作性及汽车行业"新四化"的可持续发展。随着车辆智能化、网联化程度的加深，汽车逐渐成为可移动的数据资产中心，汽车行业的"新四化"发展需要将数据要素价值发挥出来，但在数据合规的强监管下,机械套用《数据安全法》和《个人信息保护法》中规定的告知同意、匿名化及去标识化原则等,以牺牲部分数据维度为代价,将导致数据信息无法有效被利用,将加剧数据孤岛的现状,难以实现智能汽车行业的发展目标。因此,有效解决智能汽车技术发展及数据安全问题,平衡公共利益与个人利益的冲突,就成为了监管部门亟待解决的难题。

第四节　汽车数据处理者的合规义务

汽车数据处理者在数据合规方面的责任义务,主要落脚点在对处理个人信息、敏感个人信息和重要数据的安全管理义务,这是合规经营不可或缺的组成部分。

一、处理个人信息的合规义务

(一)告知同意原则

随着《网络安全法》《个人信息保护法》等法律法规的出台,"告知同意"原则已发展成为我国目前个人信息保护最主要的合法性基础,也成为个人信息处理规则的核心。2021年10月1日实施的《汽车数据安全管理若干规定》同样遵循了"告知同意"框架,要求汽车数据处理者处理个人信息时应当充分保障个人用户的知情权和自决权。

"告知同意"原则是指汽车数据处理者在处理个人信息时,应当对有关个人信息的收集、存储、使用、加工、传输、提供、公开等情况进行充分的告知,并取得个人的同意。告知同意权是个人信息权的积极职能之一,可分为告知权和同意权。

一方面,告知权是指个人有权利知悉汽车数据处理者所处理的与其相关的一切数据包括但不限于个人信息、驾驶信息、事故信息及地理信息等,是个人信息处理者的一项普遍义务。应当以显著方式、清晰易懂的语言真实、准确、完整地向个人告知必要内容,落实告知义务同样需根据信息属一般个人信息或敏感个人信息而有所区分。

汽车数据处理者处理一般个人信息,应当向个人用户告知处理个人信息的种类、收集的具体场景、处理个人信息的目的、用途、方式等事项范围;且应以显著方式告知个人,显著方式包括用户手册、车载显示面板、语音、汽车使用相关应用程序等。①

汽车数据处理者处理敏感个人信息,同样应当通过用户手册、车载显示面板、语音、汽车使用相关应用程序等显著方式,告知处理敏感个人信息的必要性以及对个人的影响,不同于告知处理一般个人信息,前者重点强调了显著性及告知的实时性。且汽车数据处理者在处理敏感个人信息时,在履行告知、征得个人单独同意等义务的基础上,还应当满足限定处理目的、提示收集状态、为个人终止收集提供便利等具体要求,即在保证行车安全的前提下,以适当方式提示收集状态,为个人终止信息的收集提供便利。其中针对个人生物特征信息,强调汽车数据处理者具有增强行车安全的目的和充分的必要性时方可收集。②

另一方面,告知是同意的前提,同意是告知的目的,同意的对象是一切形式的数据处理行为。③ 还有学者认为,告知是同意的内在规范要求。④ 在这种意义上,落实告知要求后的同意原则,也是汽车数据个人信息保护中的一项重要机制。

同意权要求汽车数据处理者处理个人信息时应当以取得个人同意为原则,这一原则旨在保护个人信息权益,尊重个人对其信息处理的自决权,也是个人信息处理的法律基础之一(其他法律基础详见《个人信息保护法》第 13 条的规

---

① 参见《汽车数据安全管理若干规定》第 7 条:"汽车数据处理者处理个人信息应当通过用户手册、车载显示面板、语音、汽车使用相关应用程序等显著方式,告知个人以下事项:(一)处理个人信息的种类,包括车辆行踪轨迹、驾驶习惯、音频、视频、图像和生物识别特征等;(二)收集各类个人信息的具体情境以及停止收集的方式和途径;(三)处理各类个人信息的目的、用途、方式;(四)个人信息保存地点、保存期限,或者确定保存地点、保存期限的规则;(五)查阅、复制其个人信息以及删除车内、请求删除已经提供给车外的个人信息的方式和途径;(六)用户权益事务联系人的姓名和联系方式;(七)法律、行政法规规定的应当告知的其他事项。"

② 参见《汽车数据安全管理若干规定》第 9 条第 1 款:汽车数据处理者处理敏感个人信息,应当符合以下要求或者符合法律、行政法规和强制性国家标准等其他要求:(一)具有直接服务于个人的目的,包括增强行车安全、智能驾驶、导航等;(二)通过用户手册、车载显示面板、语音以及汽车使用相关应用程序等显著方式告知必要性以及对个人的影响;(三)应当取得个人单独同意,个人可以自主设定同意期限;(四)在保证行车安全的前提下,以适当方式提示收集状态,为个人终止收集提供便利;(五)个人要求删除的,汽车数据处理者应当在十个工作日内删除。

③ 参见齐爱民:《信息法原论——信息法的产生与体系化》,武汉大学出版社 2010 年版。

④ 参见陆青:《个人信息保护中"同意"规则的规范构造》,载《武汉大学学报(哲学社会科学版)》2019 年第 5 期。

定）。《网络安全法》第 41 条①、《汽车数据安全管理若干规定》第 6 条和第 8 条②及《个人信息保护法》第 13 条③均对取得个人同意的具体情形进行了明确规定：

1. 处理一般个人信息

汽车数据处理者处理个人信息应当取得授权同意，遵守"同意原则"和"默认不收集原则"，但符合如下情形的，应当在进行匿名化或脱敏后处理：①因保证行车安全需要，无法征得个人同意采集到车外个人信息；②向车外提供；③提供的个人信息应当进行匿名化处理。

2. 处理敏感个人信息

对于车辆位置、生物识别信息、驾驶信息等敏感个人信息，需要取得个人的单独同意，个人可自主设定同意期限。也就是说针对特定的数据处理行为，汽车数据处理者在处理时就无法将两个特定的数据处理活动绑定在一起以获得同意，如摄像头需采集人脸信息，则在获取座舱信息同意时不得同步默认获取摄像头开启的同意，应需要用户单独同意开启摄像头。

（二）公开投诉举报渠道的入口，便于处理用户投诉举报

《汽车数据安全管理若干规定》规定，汽车数据的处理者可以通过汽车使用相关应用程序的方式，向个人信息主体告知处理个人信息的规则。相较于用户手册、车载显示面板，APP 和 H5 页面等移动应用的方式更便于更新，也更具有易读性，此外在设计隐私政策时应注意《个人信息保护法》对信息披露的真实、

---

① 参见《网络安全法》第 41 条第 1 款："网络运营者收集、使用个人信息，应当遵循合法、正当、必要的原则，公开收集、使用规则，明示收集、使用信息的目的、方式和范围，并经被收集者同意。"

② 参见《汽车数据安全管理若干规定》第 8 条，"汽车数据处理者处理个人信息应当取得个人同意或者符合法律、行政法规规定的其他情形。因保证行车安全需要，无法征得个人同意采集到车外个人信息且向车外提供的，应当进行匿名化处理，包括删除含有能够识别自然人的画面，或者对画面中的人脸信息等进行局部轮廓化处理等"。

③ 参见《个人信息保护法》第 13 条："符合下列情形之一的，个人信息处理者方可处理个人信息：（一）取得个人的同意；（二）为订立、履行个人作为一方当事人的合同所必需，或者按照依法制定的劳动规章制度和依法签订的集体合同实施人力资源管理所必需；（三）为履行法定职责或者法定义务所必需；（四）为应对突发公共卫生事件，或者紧急情况下为保护自然人的生命健康和财产安全所必需；（五）为公共利益实施新闻报道、舆论监督等行为，在合理的范围内处理个人信息；（六）依照本法规定在合理的范围内处理个人自行公开或者其他已经合法公开的个人信息；（七）法律、行政法规规定的其他情形。依照本法其他有关规定，处理个人信息应当取得个人同意，但是有前款第二项至第七项规定情形的，不需取得个人同意。"

准确和完整的要求,特别是在涉及基于同意处理个人信息时,告知的明确与否将决定授权的效力。

二、处理重要数据的合规义务

(一)风险自评估及报送报告义务

汽车数据处理者开展重要数据处理活动,应该按照规定开展风险评估,并且向省、自治区、直辖市网信部门和有关部门报送风险评估报告。

《汽车数据安全管理若干规定》第10条规定:"汽车数据处理者开展重要数据处理活动,应当按照规定开展风险评估,并向省、自治区、直辖市网信部门和有关部门报送风险评估报告。风险评估报告应当包括处理的重要数据的种类、数量、范围、保存地点与期限、使用方式,开展数据处理活动情况以及是否向第三方提供,面临的数据安全风险及其应对措施等。"

(二)出境安全评估义务及配合抽查核验义务

汽车数据处理者开展重要数据处理活动,重要数据应当依法在境内存储,因业务需要确需向境外提供的,应当通过国家网信部门会同国务院有关部门组织的安全评估。

《汽车数据安全管理若干规定》第11条规定:"重要数据应当依法在境内存储,因业务需要确需向境外提供的,应当通过国家网信部门会同国务院有关部门组织的安全评估。未列入重要数据的涉及个人信息数据的出境安全管理,适用法律、行政法规的有关规定。我国缔结或者参加的国际条约、协定有不同规定的,适用该国际条约、协定,但我国声明保留的条款除外。"

同时,《汽车数据安全管理若干规定》第12条也对数据出境进行了限制,原则上向境外提供重要数据,不得超出出境安全评估时明确的目的、范围、方式和数据种类、规模等。

国家网信部门会同国务院有关部门以抽查等方式核验前述事项,汽车数据处理者应当予以配合,并以可读等便利方式予以展示。

《汽车数据安全管理若干规定》第15条第1款规定,"国家网信部门和国务院发展改革、工业和信息化、公安、交通运输等有关部门依据职责,根据处理数据情况对汽车数据处理者进行数据安全评估,汽车数据处理者应当予以配合"。

另外，根据《汽车采集数据处理安全指南》第 7 条规定的数据出境要求，车外数据、座舱数据、位置轨迹数据不应出境；运行数据[①]如需出境，应当通过国家网信部门组织开展的数据出境安全评估。汽车制造商应为主管监管部门开展数据出境情况的抽查工作提供技术手段，包括传输的数据格式、便于读取的数据展示方式等。

(三)年度报告义务

汽车数据处理者开展重要数据处理活动，应当在每年 12 月 15 日前向省、自治区、直辖市网信部门和有关部门报送年度汽车数据安全管理情况。

具体见《汽车数据安全管理若干规定》第 13 条，即："汽车数据处理者开展重要数据处理活动，应当在每年十二月十五日前向省、自治区、直辖市网信部门和有关部门报送以下年度汽车数据安全管理情况：(一)汽车数据安全管理负责人、用户权益事务联系人的姓名和联系方式；(二)处理汽车数据的种类、规模、目的和必要性；(三)汽车数据的安全防护和管理措施，包括保存地点、期限等；(四)向境内第三方提供汽车数据情况；(五)汽车数据安全事件和处置情况；(六)汽车数据相关的用户投诉和处理情况；(七)国家网信部门会同国务院工业和信息化、公安、交通运输等有关部门明确的其他汽车数据安全管理情况。"

(四)涉及重要数据出境的年度报告中的补充报告义务

如涉及向境外提供重要数据，汽车数据处理者在年度报告中还应当补充报告向境外提供重要数据的相关情况。《汽车数据安全管理若干规定》第 14 条规定："向境外提供重要数据的汽车数据处理者应当在本规定第十三条要求的基础上，补充报告以下情况：(一)接收者的基本情况；(二)出境汽车数据的种类、规模、目的和必要性；(三)汽车数据在境外的保存地点、期限、范围和方式；(四)涉及向境外提供汽车数据的用户投诉和处理情况；(五)国家网信部门会同国务院工业和信息化、公安、交通运输等有关部门明确的向境外提供汽车数据需要报告的其他情况。"

(五)总结

通过上述的梳理分析，我们简单总结如下，汽车数据处理者在处理重要数据

[①] 参见《汽车采集数据处理安全指南》将运行数据限定为："通过车速传感器、温度传感器、轴转速传感器、压力传感器等从动力系统、底盘系统、车身系统、舒适系统等电子电气系统采集的数据。"

时，应当履行"风险评估＋报告""境内存储＋出境安全评估＋抽查""年度报告"三大合规义务。

1."风险评估＋报告"。涉及重要数据处理的企业，应当开展风险评估，并形成"风险评估报告"报送省级主管部门，汇报内容包括重要数据种类、数量、范围、保存地点与期限、使用方式、处理活动情况、向第三方提供情况、风险及应对措施等。

2."境内存储＋出境安全评估＋抽查"。应将重要数据存储在境内，如需出境，则要通过网信部门和国务院有关部门组织的安全评估。且在后续出境时不得超出出境安全评估时明确的目的、范围、方式、数据种类等，网信部门和相关部门会不时对前述情况进行抽查，相关企业须以可读方式配合反馈。

3."年度报告"。开展重要数据处理活动的处理者应当在每年12月15日前向省级网信部门和相关部门报送汽车数据安全管理情况，内容包括安全管理负责人、用户权益联系人的姓名和联系方式，数据处理的情况，安全管理措施（保存地点和期限等），向境内第三方提供数据的情况，数据安全事件情况，用户投诉情况，五部门要求的其他情况。如果涉及重要数据出境的，还需在前述汇报的基础上增加汇报境外接收者的情况、出境的数据情况、境外保存情况、用户投诉情况、五部门要求的其他情况等。

三、重要数据处理的内部责任体系

除了以上所述的重要数据处理规则及义务等，同样需要健全内部的数据安全保护责任体系。《汽车数据安全管理若干规定》第13条第1项明确了，汽车数据处理者应当设置汽车数据安全管理负责人、用户权益事务联系人。

除此之外，在工业和信息化部发布的《工业和信息化领域数据安全管理办法（试行）》（征求意见稿）中设置了针对重要数据进行处理的通用性要求及额外要求，具体见表19－4－1。

表 19-4-1　重要数据处理的通用性要求及额外要求

名称	条款	内容
通用要求	第13条	明确主要负责人和责任部门;确定操作权限,实行人员权限管理;定期对从业人员开展数据安全教育和培训;确认数据处理关键岗位级人员,签署数据安全责任书,记录数据处理活动
涉重要数据、核心数据的额外要求	第14条和第15条	1.在组织架构方面,建立覆盖本单位相关部门的数据安全工作体系,明确数据安全负责人和管理机构,建立常态化沟通与协作机制。 2.在负责人方面:①本单位党委(党组)或领导班子对数据安全负主体责任;②本单位法定代表人或者主要负责人是数据安全第一责任人;③领导团队中分管数据安全的成员是直接责任人

第五节　汽车数据安全监管部门及处罚

一、汽车数据安全监管部门

《汽车数据安全管理若干规定》明确了汽车数据安全管理的五大机关,分别是国家互联网信息办公室、国家发展和改革委员会、工业和信息化部、公安部、交通运输部,前述部门与汽车行业、数据管理相关问题关联性较大,企业须重视关注前述部门的监管动向,积极配合监管工作。但各个部门之间的具体监管职责分工,还有待进一步明确。

二、法律责任

《汽车数据安全管理若干规定》中未对数据处理者违反规定所需承担的法律责任予以明确规定,而是在第18条明确按照《网络安全法》《数据安全法》等法律、行政法规的规定进行处罚;构成犯罪的,依法追究刑事责任。从前述章节可知,汽车数据同样应受《个人信息保护法》《民法典》《反不正当竞争法》《刑法》等法律法规的规制。根据行为所违反的法律性质的不同,法律责任可分为以下三种:

(一)民事责任

在汽车数据领域所承担的民事责任主要表现为侵权责任。《个人信息保护法》第69条对数据处理者采用"过错推定"的[①]原则,但并未规定侵害个人信息权益的侵权责任实行因果关系推定,据此,个人信息主体在起诉时只需要提出相应证据证明被告存在侵害个人信息权益的行为的高度盖然性即可,个人信息处理者如不能证明自己没有过错,则应当承担损害赔偿等侵权责任。上述损害赔偿责任按照个人因此受到的损失或者个人信息处理者因此获得的利益确定;个人因此受到的损失和个人信息处理者因此获得的利益难以确定的,根据实际情况确定赔偿数额。

(二)行政责任

《个人信息保护法》第66~68条规定,违反《个人信息保护法》的规定处理个人信息,或者处理个人信息未履行该法规定的个人信息保护义务的,予以责令改正,给予警告,没收违法所得,对违法处理个人信息的应用程序,责令暂停或者终止提供服务;拒不改正的,并处100万元以下罚款;对直接负责的主管人员和其他直接责任人员处1万元以上10万元以下罚款。

有上述违法行为,情节严重的,由省级以上履行个人信息保护职责的部门责令改正,没收违法所得,并处5000万元以下或者上一年度营业额5%以下罚款,并可以责令暂停相关业务或者停业整顿、通报有关主管部门吊销相关业务许可或者吊销营业执照;对直接负责的主管人员和其他直接责任人员处10万元以上100万元以下罚款,并可以决定禁止其在一定期限内担任相关企业的董事、监事、高级管理人员和个人信息保护负责人。

另外,其行政处罚也会依照有关法律、行政法规的规定记入信用档案,并予以公示。如涉及国家机关不履行《个人信息保护法》规定的个人信息保护义务的,由其上级机关或者履行个人信息保护职责的部门责令改正;对直接负责的主管人员和其他直接责任人员依法给予处分。

(三)刑事责任

如违反上述法律法规等而构成犯罪的,同样将被依法追究刑事责任。根据

[①] 参见《个人信息保护法》第69条第1款:"处理个人信息侵害个人信息权益造成损害,个人信息处理者不能证明自己没有过错的,应当承担损害赔偿等侵权责任。"

我国《刑法》的相关规定，与数据安全相关的罪名大致包括：侵犯公民个人信息罪；非法获取计算机信息系统数据、非法控制计算机信息系统罪；提供侵入、非法控制计算机信息系统程序、工具罪；破坏计算机信息系统罪；非法侵入计算机信息系统罪；拒不履行信息网络安全管理义务罪。

其中，侵犯公民个人信息罪，主要涉及住宿、财产、征信、轨迹等敏感内容，极易引发绑架、诈骗、敲诈勒索等二次关联犯罪，存在较为严重的社会危害性。例如，2020年12月4日，北京市第三中级人民法院对审理涉公民个人信息犯罪案件的情况及典型案例进行了通报，发现近几年被侵犯的公民个人信息不仅从数量上呈现"指数级"爆炸式增长，涉案的信息类型也从过去的姓名、身份证号、手机号、住址等传统静态信息，拓展至征信信息、定位信息、行踪轨迹信息、住宿信息、房屋产权信息等多方面、多维度的动态信息——该等信息的泄露和滥用将对公民造成极大的次生危害。

第六节　关于智能网联汽车的规定

一、智能网联汽车监管体系

智能网联汽车是未来智能交通、智慧城市的重要单元，也是全球汽车产业发展的战略必争之地，目前正处于技术快速演进、产业加速布局的关键阶段。世界主要国家和地区持续加大法规建设和政策支持力度，不断加快智能网联汽车产业发展进程。在各方共同努力下，我国智能网联汽车产业发展取得积极成效，基本与全球先进国家和地区处于"并跑"阶段。

既往，汽车安全主要包括主动安全、被动安全、功能安全三大概念，但随着全球汽车产业"新四化"进程的持续推进，智能网联汽车逐步取代传统汽车，成为一台"移动的大型手机"，与此同时，其所暴露出的汽车数据安全问题和风险隐患日益突出，因此，汽车安全概念也开始向数据安全迁移。

为了进一步推动智能网联汽车产业健康有序发展，我国开始逐步完善智能网联汽车领域法律法规、技术标准和安全监管体系，以推动智能网联汽车产业高质量发展。

首先，从网络安全等级保护制度来看，2016年发布的《网络安全法》仅仅是对企业建立网络安全等级保护制度提出了普适性的原则要求。2021年9月1日正式施行的《数据安全法》，奠定了国家建立数据分类分级保护制度的基础，使我国在网络与信息安全领域的法律法规体系得到了进一步的完善。

其次，2021年6月22日，工业和信息化部发布《关于加强车联网（智能网联汽车）网络安全工作的通知》（征求意见稿），指导基础电信企业、车联网运营企业、智能网联汽车生产企业加强车联网（智能网联汽车）网络安全管理工作，要求加强数据安全管理，提升数据安全技术保障能力，规范数据开发利用和共享使用，强化数据出境安全管理，以加快提升网络安全保障能力，促进车联网（智能网联汽车）产业规范健康发展。同年7月，工业和信息化部正式发布《关于加强智能网联汽车生产企业及产品准入管理的意见》（以下简称《准入管理意见》），着重强调了网络安全能力、数据安全能力以及规范的软件在线升级能力。在网络安全能力保障部分，规定了智能网联汽车生产企业应当建立汽车网络安全管理制度，依法落实网络安全等级保护制度和车联网卡实名登记管理要求，明确网络安全责任部门和负责人。依法依规落实网络安全事件报告和处置等一系列要求。应当注意的是，虽然《准入管理意见》的要求仅针对"汽车生产企业"，但可以预期，智能网联汽车行业的相关企业，包括生产企业和关键联网部件与服务的供应企业，都将面临较高保护等级的监管要求，专门针对智能汽车行业网络安全的可操作性强的具体标准和规则将会陆续发布。

再次，由国家网信办、公安部等五部门联合发布的《汽车数据安全管理若干规定》专门在第1条增加了"促进汽车数据合理开发利用"的表述，并将"组织的合法权益"也作为保护对象，同时在第6条明确表示"国家鼓励汽车数据依法合理有效利用"，也在第18条设置专门条款强调国家加强智能网联汽车的平台建设、开展安全保障服务、加强安全防护等。前述条款，改变了征求意见稿中只强调保护个人权益的立场，可以显示出国家层面对于企业充分开发利用汽车数据资源之诉求的重视，这对于大数据时代汽车行业的进一步健康发展是一个利好消息，但具体应如何促进、如何维护相关企业的权益，以及如何才能开发数据资源，《汽车数据安全管理若干规定》并未提及，有待后续更多具体配套措施落地。该规定也是首次针对汽车行业细化和明确了重要数据的定义和范围，为智能网联汽车数据管理工作提供了重要的规范基础。可见，数据安全已上升到国家战略层面进行监管。

最后,参照传统汽车行业来看,智能网联汽车监管主要包括了三个方面,即生产企业的准入、技术质量标准的设定以及产品质量的检验监督。就生产企业的准入来说,可参考《准入管理意见》。但在技术质量标准方面,不管是国标还是行业标准,我国目前都还处于探索、初步建设的阶段。现阶段技术质量标准的缺失,也必然给检验监督带来了障碍。但可以肯定的是,在不久后的将来,与智能汽车有关的技术标准规范将陆续制定出台,并逐渐形成标准体系。

二、智能网联汽车的定义

所谓智能网联汽车,在诸多文件中均有定义。首先,根据工业和信息化部、公安部、交通运输部联合发布的《智能网联汽车道路测试与示范应用管理规范(试行)》,智能网联汽车是指搭载先进的车载传感器、控制器、执行器等装置,并融合现代通信与网络技术,实现车与车、路、人、云端等智能信息交换、共享,具备复杂环境感知、智能决策、协同控制等功能,可实现"安全、高效、舒适、节能"行驶的新一代汽车。智能网联汽车通常也被称为智能汽车、自动驾驶汽车等。

其次,在2021年4月28日的《信息安全技术 网联汽车 采集数据的安全要求(草案)》中对网联汽车 connected vehicle 定义如下:"通过网络与远程信息服务平台连接并进行数据交换的汽车。"

再次,2022年2月25日发布的《车联网网络安全和数据安全标准体系建设指南》也从监管角度给出了定义:车联网是新一代网络通信技术与汽车、电子、道路交通运输等领域深度融合的新兴产业形态。

也就是说,智能网联汽车系以车联网为基础,以实现智能交通化管理,车辆智能化控制等为主要功能,以实现信息数据在车与车、车与人、车与云端之间的自由流动为基础条件。

最后,我们亦可参考欧盟的《车联网个人数据保护指南》对网联汽车的定义:"它可以被定义为一辆装配有许多电子控制单元(ECU)的车辆,这些电子控制单元通过车内网络以及网联设施连接在一起,网联设施使其能够与车内和车外的其他设备分享信息。如此,数据可以在汽车和与之相连的个人设备间进行交换,比如允许手机应用镜像到汽车的仪表盘信息和娱乐单元。同样地,独立的手机应用的开发,即车辆在协助驾驶员时是非独立的(如依赖于智能手机的唯一使用），也被包括在本文件的范围内，因为它们也帮助提高了车联的网联能力，即使它们可能不能有效地依赖于与车辆自身的数据传输。"

三、智能网联汽车数据

根据 2020 年 8 月工业和信息化部发布的《车联网信息服务 数据安全技术要求》(YD/T 3751—2020)，可将智能网联汽车可能合剂的数据类型及范围归类见表 19-6-1。

表 19-6-1 智能网联汽车可能合剂的数据类型及范围

数据类型	类别界定	类型细分	举例
基础属性类	车联网信息服务主体及相关主体的基础信息数据	车辆基础属性数据	车牌号、发动机号、车架号、车辆颜色
		车联网移动终端应用软件基础属性数据	应用软件的开发商、类别、版本及大小等
		车联网服务平台基础属性数据	车联网服务平台的开发商或运营商、平台服务器和操作系统等的品牌和版本、平台主机及软件的配置信息等
车辆工况类	与车辆实际运行特征或车辆实际系统操作有关的数据，包括但不限于动力系统、底盘系统、车身系统等相关的运行状态、系统工作参数，以及整车控制器等相关的工况数据	车辆运行工况类数据	车辆起步、驻车怠速、平缓加速、急加速、无制动减速
		车辆静态工况类数据	匀速度、匀加速度、匀减速度、一定时间内的平均油耗、加油频率等

续表

数据类型	类别界定	类型细分	举例
环境感知类	主要与车辆所处外部环境相关	车联网信息服务中与车辆进行通信或交互的外部设备、终端、行人等相关的数据信息	车—车通信中的车辆位置、行驶速度、红绿灯信息、道路基础设施相关的测速雷达、摄像头等采集的信息，道路行人的具体位置、行驶和运动的方向、行驶和运动状态、距离、速度、有无发生碰撞的可能相关的状态数据，以及针对电动汽车获取的充电桩等设备相关的数据
车控类	车联网信息服务过程与对车辆操控直接相关的指令数据	智能决策车控类数据	线控制动与驱动、线控转向、自动变速、底盘一体化控制等
		车辆远程操控类数据	远程开关门锁、远程开关空调、远程开关车窗、远程控制车辆熄火、远程诊断等
应用服务类	与车联网产业各主体间的信息交换密切相关，包括信息娱乐、交通安全管控以及涉车服务等数据	信息娱乐类数据	多媒体下载、广播、网站浏览等
		交通安全管控类数据	道路交通安全预警、紧急救援、车辆远程监控管理等相关数据
		涉车服务类数据	与车辆驾驶行为密切相关的车辆行为数据、出行行为数据（车辆出行时间、出行路线、出行位置等信息的记录），与车载娱乐系统等使用操作等信息相关的数据
用户个人信息	按照《车联网信息服务 用户个人信息保护要求》（YD/T 3746—2020）的相关规定执行，其中将用户个人信息定义如下：指车联网信息服务如数据采集传输和使用销毁等过程中与用户密切相关的数据信息，这些数据信息能够一定程度上识别车联网用户个人身份或反映出用户个人活动情况		

其中，汽车领域的用户个人信息分类示例见表19-6-2。

表 19-6-2　用户个人信息分类示例

用户个人信息类别		用户个人信息范围	用户个人信息示例
A:用户身份证明类信息	A1:用户自然人身份和标识信息	A1-1:用户基本资料	姓名、证件类型及号码、年龄、性别、职业、工作单位、地址、宗教信仰、民族、国籍、电话号码等
		A1-2:用户身份证明	身份证、军官证、护照、机动车驾驶证、社保卡等证件影印件
		A1-3:用户生理标识	指纹、声纹、虹膜、脸谱等
	A2:用户虚拟身份和鉴权信息	A2-1:普通车联网信息服务身份标识和鉴权信息	电话号码、账号、邮箱地址、用户个人数字证书以及服务涉及的密码、口令、密码保护答案、解锁图案等
		A2-2:车联网交易类信息服务身份标识和鉴权信息	各类交易账号和相应的密码、密码保护答案、解锁图案、系统或平台中登录的个人银行账号、交易验证码、动态口令、交易信息等
B:车联网信息服务内容类用户数据信息	B1:用户服务内容信息	B1-1:驾驶及行车安全服务类信息	智能辅助驾驶相关服务场景下的车辆驾驶行为、行径路线等信息;车联网在车辆防碰撞(如碰撞预警、紧急刹车预警、变道预警、车辆失控预警、异常车辆预警等)、车车编队辅助和防撞人或物等服务中相关的用户个人信息
		B1-2:生活服务信息	车联网生活服务相关的内容信息,如个人数据文件、邮件服务、广播服务、网页浏览、购物、在线音乐和视频服务、天气预报及推送、社交服务、移动办公服务等用户个人信息
		B1-3:交通出行管理服务信息	车联网在交通动态信息通知服务(如信号灯信息推送、红绿灯车速引导、闯红灯预警等信息)中相关的个人信息;车联网在浮动交通管理(如车辆信息动态交换采集、违法信息抓拍上榜、停车诱导和管理、交通流量疏导、交通应急信息发布等)服务中相关的用户个人信息

续表

用户个人信息类别		用户个人信息范围	用户个人信息示例
B:车联网信息服务内容类用户数据信息	B1:用户服务内容信息	B1-4:涉车服务信息	车联网涉车服务(如UBI保险和交易、分时租赁和约车拼车、车辆检修保养救援)等相关的用户个人信息
		B1-5:行业营运服务信息	车联网在行业运营服务中相关的内容信息(如公交、出租、物流、换位、港口、景区等运营车辆管理),如与车况和位置信息上报、远程控制、越界和超速预警、特定区域特定路线特定行业下自动驾驶等相关的用户个人信息
	B2:用户资料信息	B2-1:联系人信息	通讯录、好友列表等用户资料数据;车内蓝牙配对拷贝的联系人列表
		B2-2:用户私有资料数据	用户云存储、终端、SD卡等存储的用户文字、多媒体等资料数据信息
		B2-3:信息服务内容衍生信息	基于定位及导航服务内容分析获取的车辆活动轨迹、精准定位信息、个人生活习惯、健康状况信息等
C:用户服务相关信息	C1:用户服务使用信息	C1-1:业务订购、订阅关系	业务订购信息,业务注册时间,修改、注销状况信息等
		C1-2:服务记录	车联网信息服务平台、智能网联汽车及车联网智能终端中存储或缓存的直接或间接产生的用户操作记录,如信息服务中涉及的照片、音频、视频、通话记录等;浏览的新闻或购物浏览器访问的网址列表,娱乐软件记录、汽车远程操控指令记录、语音服务的系统备份信息、网页购物记录等
		C1-3:日志	反映用户操作记录的如日志信息、日志文件等
		C1-4:交易服务信息	交易信息、消费记录、流水记录等

续表

用户个人信息类别		用户个人信息范围	用户个人信息示例
C：用户服务相关信息	C2：用户车辆基本标识信息	C2-1：车辆基本资料	车辆类型、车辆品牌、车辆型号、车辆底盘型号、发动机号、燃油种类、车牌号、发动机号、车辆识别代码（VIN码）等
	C3：用户设备、系统和平台信息	C3-1：设备、系统或平台信息	硬件型号、唯一设备识别码 IMEI、设备/系统/平台 MAC 地址、SIM 卡 IMS 信息等

四、智能网联汽车合规重点

智能网联汽车首次在国家战略层面被提及是在 2015 年。国务院发布的《中国制造 2025》中明确提出，到 2025 年，我国将建立较完善的智能网联汽车自主研发体系、生产配套体系以及产业群，基本完成汽车产业的转型升级。自此，车联网及智能网联汽车迅速发展。2015 年 7 月，汽车网络安全问题给快速发展的智能网联汽车领域敲响了第一记警钟，这就是"黑客入侵自由光事件"，事件由两名美国白帽黑客的攻击引起，二人成功侵入一辆正在行驶的 JEEP 自由光 SUV 的网络系统并使其失控翻车，该事件最终导致制造商召回近 140 万辆已售车辆。事后，智能网联汽车的安全问题再度被重视，该事件也推动了智能网联汽车领域安全措施的发展。

从前文论述中，我们了解到，智能网联汽车严重依赖于车外环境，尤其是道路环境、天气环境数据收集、使用、存储等功能。这些数据一部分需要在车机端处理，一部分需要在远程信息服务平台处理，且智能网联汽车、自动驾驶技术必须建立在通过对数据进行大量收集和处理从而生成的驾驶决策之上，因此，智能网联汽车数据本就具有信息数量大、种类繁多的特点，这给数据合规带来了很大的挑战。一方面高精导航电子地图是智能网联汽车运行所必备的工具，这意味着对周围道路、设施、车辆的经纬度、道路的高程曲率，甚至是周边的三维图像，都需要进行一个非常准确的信息采集，但是根据我国相关法律规定，道路相关的很多信息，尤其是测绘信息及构成涉密的测绘成果，是禁止对外随意披露的。

另一方面，智能网联汽车会收集大量的个人信息。首先是车载网卡，根据我国法律规定，如手机卡等均需要进行实名认证；其次是车辆驾驶，在该过程中，毫无疑问也需要收集驾驶信息,如驾驶证、车辆标识系统、车辆识别码、周边环境数据、车辆运行数据、车辆速度、转向等;另外,在使用车载应用服务时,同样会收集用户行为偏好、使用操作、浏览记录、用户通讯记录、语音指令、车载摄像头记录等信息,上述部分信息甚至构成隐私,均给智能网联汽车带来了重大的数据合规挑战,其数据合规重点主要体现在测绘安全保护上。

(一)关于测绘安全保护

据《IT时报》报道,当前一辆配备三颗摄像头、一颗32线激光雷达以及组合惯导系统等传感器的自动驾驶测试车,每小时约产生20GB数据,每天相当于拍500部高清电影。也就是说收集的数据信息数量极大、种类繁多,其中包含了大量的高精度测绘数据,由此涉及国家安全、公共安全。因此,对这些数据的处理亦应遵守《测绘法》的相关规定。

我国《测绘法》第2条对测绘进行了定义,即指对自然地理要素或者地表人工设施的形状、大小、空间位置及其属性等进行测定、采集、表述,以及对获取的数据、信息、成果进行处理和提供的活动。上述定义的范围之宽,直接导致一部分的道路信息很有可能构成测绘地理信息,从而落入《测绘法》的规制之中。

另外,根据《测绘资质管理办法》第1条的规定,测绘行为在我国实行严格的资质准入门槛,应当依法取得测绘资质证书,并在测绘资质等级许可的专业类别和作业限制范围内从事测绘活动。而且根据《测绘法》第8条的规定,在我国境内外商独资企业不能从事测绘活动,即测绘地理信息属于外商投资的负面清单,外资必须以中外合资、合作形式从事测绘活动。

测绘工作的监管部门在《测绘法》第4条中有明确规定,其中国务院测绘地理信息主管部门负责全国测绘工作的统一监督管理。国务院其他有关部门按照国务院规定的职责分工,负责本部门有关的测绘工作。县级以上地方人民政府测绘地理信息主管部门负责本行政区域测绘工作的统一监督管理。县级以上地方人民政府其他有关部门按照本级人民政府规定的职责分工,负责本部门有关的测绘工作。军队测绘部门负责管理军事部门的测绘工作,并按照国务院、中央军事委员会规定的职责分工负责管理海洋基础测绘工作。

(二)测绘地理信息分类

前述内容提及,与车辆位置相关的服务与研发离不开数据的支持,相关的位置数据、地图数据按敏感程度可分为以下三类,均可以称为"广义的测绘地理信息",具体见表19-6-3。

表19-6-3　广义的测绘地理信息

依法可公开的地图数据	经过审图后公开的数据 ——来自《地图审核管理规定》	位置精度不得高于50米;不得包括重要桥梁的限高、限宽、净空、载重量和坡度属性,不得包括重要隧道的高度和宽度属性 ——来自《公开地图内容表示补充规定(试行)》	不得包括快速路、高架路、引道、街道及内部道路的最大纵坡和最小曲率半径 ——来自《基础地理信息公开表示内容的规定(试行)》
测绘地理数据	自然地理要素或者地表人工设施的形状、大小、空间位置及其属性的数据 ——来自《测绘法》	车联网服务于自动驾驶研发涉及的典型测绘地理信息包括:GPS坐标、三维模型、激光雷达收集的点云、实景影像、高程、道路曲率等	—
涉密测绘地理信息	根据精度、覆盖范围以及是否涉及军事禁区、国家安全要害部门、国民经济重要设施划分的测绘地理信息 ——来自《测绘地理信息管理工作国家秘密范围的规定》,具体目录详见《测绘地理信息管理工作国家秘密目录》		
	秘密级	机密级	绝密级
	1.泄露后会对国家安全、利益和领土主权及海洋权益造成威胁或者损害的; 2.泄露后会对国家重要军事设施、国家安全警卫目标造成威胁或者损害的; 3.泄露后会对国家局部军事防御能力造成损害的; 4.泄露后会对国家测绘地理信息核心技术水平、知识产权保护造成损害的; 5.泄露后会对社会稳定和民族团结造成损害的	1.泄露后会对国家安全、利益和领土主权及海洋权益造成严重威胁或者损害的; 2.泄露后会对国家重要军事设施、国家安全警卫目标造成严重威胁或者损害的; 3.泄露后会对国家整体军事防御能力造成严重威胁或者损害的; 4.泄露后会对社会稳定和民族团结造成严重损害的	1.泄露后会对国家安全、利益和领土主权及海洋权益造成特别严重威胁或者损害的; 2.泄露后会对国家重要军事设施、国家安全警卫目标造成特别严重威胁或者损害的; 3.泄露后会对国家整体军事防御能力造成特别严重威胁或者损害的

原则上,处理依法可公开的地图数据不需要取得测绘资质证书,处理不可公开的或者涉密测绘地理信息,需要取得测绘资质证书。

(三)测绘资质分类分级标准

《测绘资质分类分级标准》于 2021 年 7 月 1 日实施,其设置了十类测绘资质,分为甲、乙两个级别。其中,与自动驾驶研发、车联网服务相关的三类测绘资质见表 19-6-4。

表 19-6-4　与自动驾驶研发、车联网服务相关的三类测绘资质

序号	资质名称	服务内容	业务场景	外资准入
1	地理信息系统工程	地理信息数据采集、地理信息数据处理、地理信息系统及数据库建设、地面移动测量、地理信息软件开发、地理信息系统工程监理	车辆位置与周围环境数据采集(与导航电子地图制作资质有一定交叉);地理信息软件、系统开发等	否
2	导航电子地图制作	制作含有空间位置地理坐标,能够与空间定位系统结合,准确引导人或交通工具出发地到达目的地电子地图或数据集(乙级资质不得在相关政府部门划定的自动驾驶区域外从事导航电子地图制作)	高精地图制图;路径规划和导航等	否
3	互联网地图服务	地理位置定位、地理信息上传标注、地图数据库开发(仅限甲级资质)	定位	开放(难)

五、智能网联汽车数据合规建议

(一)评估自身业务的适用性

《汽车数据安全管理若干规定》对数据处理者、汽车数据的范围进行了规定,相关企业应当依据该规定及《个人信息保护法》《数据安全法》《网络安全法》等法律,重新结合自身业务操作,研判企业所开展的数据处理活动是否属于《汽车数据安全管理若干规定》或其他法律的规制范围,并进一步厘清相关数据究竟属于一般个人信息还是敏感个人信息,是一般数据还是重要数据。此外,在排查相关电子数据的同时,亦不能忽视对非电子数据的处理活动的研判。

(二)风险识别

此阶段的重点工作是依据法律法规,以及国家标准、行业标准的要求,识别数据合规风险。此类风险不仅涉及企业自身,还包括各类供应商有关数据合规的风险点。特别是涉及数据出境业务的企业,不仅要依据中国法律识别数据合规风险,还要按照其涉及的法域所制定的数据安全及个人信息保护法规,排查相应风险点。

(三)建立符合要求的数据安全制度,确保义务的履行

依据《个人信息保护法》《数据安全法》《网络安全法》等的相关规定,应结合企业处理数据的实际情况,搭建数据合规制度体系,对数据进行分类分级保护,建立不同的合规流程与管理制度。同时,要对供应商开展的数据合规工作提出明确要求,确保其数据处理行为合法合规。

(四)任命独立的数据合规管理部门或合规人员

为确保数据合规体系能够顺利运转,企业应当明确数据合规人员或管理机构,落实数据安全保护责任。合规人员可以从熟悉数据隐私法的公司法务部门选择,亦可从懂得信息技术的IT部门选择。对于规模较大或数据合规工作较为繁重的企业,应当设立专门的合规管理部门,负责企业合规体系的建设。

(五)定期开展风险评估,履行风险评估报告义务

应定期开展风险评估工作,针对所处理的个人信息、重要数据的种类和数量、开展数据处理活动的情况、数据安全风险及其应对措施等进行定期风险评估。具体可以根据《个人信息保护法》《数据安全法》《汽车数据安全管理若干规定》所规定的个人信息、重要数据安全影响评估的规则,提前部署风险评估工作及评估制度。

(六)定期开展数据安全培训

根据《数据安全法》等的要求,一方面应定期对数据安全岗位相关人员开展数据安全培训,培训应涵盖法律法规、管理要求、安全技术等内容;另一方面应定期对全员开展数据安全意识培训,加强员工数据安全意识与能力。

第二十章　金融行业数据合规

金融行业是国家的重要基础行业,区块链、移动支付、数字货币等科技手段给传统的金融行业带来了十分深远的影响。《网络安全法》第31条强调,国家对公共通信和信息服务、能源、交通、水利、金融、公共服务、电子政务等重要行业和领域,以及其他一旦遭到破坏、丧失功能或者数据泄露,可能严重危害国家安全、国计民生、公共利益的关键信息基础设施,在网络安全等级保护制度的基础上,实行重点保护。在当下的金融行业,数据贯穿了金融业机构经营活动的始终——金融产品研发阶段,大数据的使用有利于更精准地挖掘客户需求、优化产品设计;营销阶段,正确利用数据有利于广告的精准投放与个性化定制;业务过程中,利用数据可提高识别筛查能力,加强承揽业务前的风险控制,以准确地核定风险进而进行合理报价与收费;在金融服务合同履行过程中,对客户数据的更新及因此产生的合理化建议有利于降低客户违约风险,进而降低成本,提高客户体验。反之,如果不能合法、及时、高效地利用数据,则会给前述方面产生负面影响。因此,在数据已成为与土地、劳动力、资本、技术相当程度的生产要素之际,在数据时代势不可挡之际,金融数据合规已成为金融业机构必须加倍重视的部分。

第一节　金融行业数据合规的法律规范

一、涉及金融业数据的规定与标准列举

所谓金融,指在经济生活中,银行、证券或保险业者从金融市场主体(如储户、证券投资者或者保险者等)募集资金,并借贷给其他市场主体的经济活动,

因此金融业通常指银行、证券或保险业等。根据《国民经济行业分类》(GB/T 4754—2017)，金融业主要包括货币金融服务，资本市场服务如证券市场、公开募集证券投资基金、期货市场管理服务，保险业如人身保险、商业养老金及保险中介服务等，其他金融业如信托公司、金融资产管理公司等。

金融业作为行业分类的一种，其从业机构既要从宏观层面，遵守国家关于所有行业数据合规的法律、行政法规、部门规章等相关规定性文件及国家各部门、标准委员会制定的规范、标准、指南、指引等相关标准性文件，也要遵守金融行业自身乃至于更细分行业领域的相关规定性文件与标准性文件。考虑到其重要性，金融行业成为我国最早开展数据合规工作的行业之一，无论是法律、行政法规还是相关部门颁布的规范性文件，都体现了这一行业数据合规的重要性。

本书第二章，已经对以《网络安全法》《数据安全法》《个人信息保护法》为纲的规定与国家标准进行了体系化梳理。因此，本章不再作重复性梳理，仅将金融业的数据合规相关规定与标准列表，具体见表 20-1-1、表 20-1-2、表 20-1-3。

表 20-1-1　金融业通用规定

文号	名称	发布单位	实施时间	主题
国务院新闻办公室、商务部、国家工商行政管理总局令第 7 号	外国机构在中国境内提供金融信息服务管理规定	国务院新闻办公室、商务部、国家工商行政管理总局（已撤销）	2009 年 6 月 1 日	金融信息服务
银发〔2012〕80 号	中国人民银行关于金融机构进一步做好客户个人金融信息保护工作的通知	中国人民银行	2012 年 3 月 27 日	个人金融信息保护
暂无	金融信息服务管理规定	国家互联网信息办公室	2019 年 2 月 1 日	金融信息服务
银发〔2019〕209 号	金融科技（FinTech）发展规划（2019—2021 年）	中国人民银行	2019 年 8 月 22 日	金融科技

续表

文号	名称	发布单位	实施时间	主题
互金发〔2019〕42号	关于增强个人信息保护意识依法开展业务的通知	中国互联网金融协会	2019年11月1日	个人金融信息保护
暂无	个人金融信息（数据）保护试行办法（初稿）	中国人民银行	2019年10月发布，审议中	个人金融信息保护
中国人民银行、中国银行保险监督管理委员会、中国证券监督管理委员会令〔2022〕第1号	金融机构客户尽职调查和客户身份资料及交易记录保存管理办法	中国人民银行、中国银行保险监督管理委员会、中国证券监督管理委员会	2022年3月1日	个人金融信息保护

表 20-1-2　金融业通用标准

标准号	名称	发布单位	实施时间	主题
JR/T 0149—2016	中国金融移动支付　支付标记化技术规范	中国人民银行	2016年11月9日	金融科技
JR/T 0167—2020	云计算技术金融应用规范　安全技术要求	中国人民银行	2020年10月16日	金融科技
JR/T 0166—2020	云计算技术金融应用规范　技术架构	中国人民银行	2020年10月16日	金融科技
JR/T 0168—2020	云计算技术金融应用规范　容灾	中国人民银行	2020年10月16日	金融科技
JR/T 0164—2018	移动金融基于声纹识别的安全应用技术规范	中国人民银行	2018年10月9日	金融科技
GB/T 36618—2018	信息安全技术　金融信息服务安全规范	国家市场监督管理总局、中国国家标准化管理委员会	2019年4月1日	金融信息服务安全
JR/T 0171—2020	个人金融信息保护技术规范	中国人民银行	2020年2月13日	个人金融信息保护
JR/T 0092—2019	移动金融客户端应用软件安全管理规范	中国人民银行	2019年9月27日	金融科技

续表

标准号	名称	发布单位	实施时间	主题
T/PCAC 0007—2020	移动金融客户端应用软件安全检测规范	中国支付清算协会	2020年11月20日	金融科技
JR/T 0196—2020	多方安全计算金融应用技术规范	中国人民银行	2020年11月24日	金融科技
JR/T 0197—2020	金融数据安全 数据安全分级指南	中国人民银行	2020年9月23日	金融数据安全
JR/T 0223—2021	金融数据安全 数据生命周期安全规范	中国人民银行	2021年4月8日	金融数据安全
JR/T 0218—2021	金融业数据能力建设指引	中国人民银行	2021年2月9日	金融数据能力建设
暂无	金融数据安全 数据安全评估规范（征求意见稿）	中国人民银行	2021年12月发布，审议中	金融数据安全

表20-1-3 金融业各具体行业相关规定及标准

文号或标准号	名称	发布单位或主管部门	实施时间	具体行业
银监发〔2010〕44号	银行业金融机构外包风险管理指引	银监会（已撤销）	2010年6月4日	银行业
银发〔2011〕17号	中国人民银行关于银行业金融机构做好个人金融信息保护工作的通知	中国人民银行	2011年5月1日	银行业
银监发〔2013〕38号	银行业消费者权益保护工作指引	银监会（已撤销）	2013年8月30日	银行业
银保监发〔2018〕22号	银行业金融机构数据治理指引	银保监会	2018年5月21日	银行业
JR/T 0068—2020	网上银行系统信息安全通用规范	中国人民银行	2020年2月5日	银行业

续表

文号或标准号	名称	发布单位或主管部门	实施时间	具体行业
中国人民银行令〔2020〕第 5 号	中国人民银行金融消费者权益保护实施办法	中国人民银行	2020 年 11 月 1 日	银行业
T/PCAC 0008—2020	商业银行应用程序接口安全管理检测规范	中国支付清算协会	2020 年 11 月 20 日	银行业
保监发〔2013〕82 号	人身保险客户信息真实性管理暂行办法	保监会(已撤销)	2013 年 11 月 4 日	保险业
保监发〔2017〕54 号	保险销售行为可回溯管理暂行办法	保监会(已撤销)	2017 年 11 月 1 日	保险业
银保监会令 2020 年第 13 号	互联网保险业务监管办法	银保监会	2021 年 2 月 1 日	保险业
JR/T 0158—2018	证券期货业数据分类分级指引	证监会	2018 年 9 月 27 日	证券期货业
GB/T 39662—2020	基金行业数据集中备份接口规范	中国人民银行	2021 年 7 月 1 日	证券期货业

二、对重要规定与标准的简要说明

信息是数据的内容,数据是信息的载体。数据种类很多,包括个人信息、公共传播信息、网络数据、核心数据、重要数据、一般数据、公共数据、组织数据、衍生数据、商业秘密等。鉴于社会是人与环境形成的关系总和,因此个人信息是数据中至关重要的一部分,个人金融信息保护也是金融数据合规中举足轻重的一部分。下文主要围绕金融业领域,对个人金融信息保护和金融数据合规的重要规定与标准进行简要阐述。

关于数据与网络安全的几部法律都起着提纲挈领的作用。《网络安全法》的出台,明确了监管部门、网络运营者、网络相关行业组织等主体在网络安全支持与促进、网络运行安全、网络信息安全、监测预警与应急处置等方面应承担的不同责任。《数据安全法》明确了国家保障数据安全与促进数据开发利用齐头并进的立法理念,强调保护个人、组织的合法权益与维护国家主权、安全、发展的战略意义。该法不仅规制境内的数据处理活动,也确定了"长臂管辖权"以维护我国国家、公民和组织的安全与利益。该法提出了"核心数据""重要数据""数据交易中介""数据跨境流动审查"等概念;提出了数据分类分级保护制度、数据安全风险评估制度、数据安全应急处置机制、数据安全审查制度、重要数据保护制度等数据领域的重要制度。虽然多数规定仅是原则性规定,但也体现了国家的立法意图及监管趋势。《个人信息保护法》确立了个人信息保护的原则,即合法、正当、必要、诚信原则,明确、合理目的与直接相关原则,最小必要原则,公开、透明原则,准确、完整性原则,负责性原则,安全性原则,并对个人信息处理规则进一步细化。同时该法也规定了个人的权利(知情权、决定权、限制权、拒绝权、查阅权、复制权、可携带权、更正权、删除权等)、个人信息跨境的规则、个人信息处理者的义务、履行个人信息保护职责的部门与各方的法律责任。整体而言,《个人信息保护法》的实施,为个人信息的全生命周期保护提供了翔实的法律依据。

在以上立法的基础上,金融业也通过更加具体的规范、标准、通知予以落实,加强整个行业就金融数据的合规意识。2018年5月1日开始实施的《信息安全技术 个人信息安全规范》(GB/T 35273—2017)是一部关于我国个人信息安全保护的国家标准,该标准针对个人信息面临的安全问题,规范了个人信息控制者在收集、保存、使用、共享、转让、公开披露等信息处理环节中的相关行为。

2018年,由国家互联网信息办公室发布的《金融信息服务管理规定》,明确了"金融信息服务"的定义,即"向从事金融分析、金融交易、金融决策或者其他金融活动的用户提供可能影响金融市场的信息和/或者金融数据的服务";明确了负责监督管理执法工作的机构为国家和地方的互联网信息办公室;明确了金融信息服务者应具备相应资质、履行主体责任、注明信息来源、确保来源可追溯、有所为有所不为、自觉接受监督与处理投诉;并规定了处罚条款。

2020年2月13日,中国人民银行发布了《个人金融信息保护技术规范》(JR/T 0171—2020)。该规范系中国人民银行在《信息安全技术 个人信息安全规范》(GB/T 35273—2020)的基础上,以保护个人金融信息为目的,针对金融行业的特性制定的金融行业基础标准。此标准按照敏感程度从高至低,将信息分为C3、C2、C1三个级别;并规定了不同级别的个人金融信息在收集、传输、存储、使用、删除、销毁等生命周期各环节的安全防护要求,从安全技术和安全管理两个方面,对个人金融信息保护提出了规范性要求。此规范适用于提供金融产品和服务的金融业机构以及处理个人金融信息的机构(如与处理个人金融信息有关的外部合作机构)。此规范虽然并非强制性规范而属于推荐性规范,但仍为安全评估机构开展安全检查与评估工作提供了参考,为行政管理部门提供了管理实践的依据。金融业机构应提高重视并参照布局。

新版《信息安全技术 个人信息安全规范》(GB/T 35273—2020)于2020年10月1日开始实施,在旧版的基础上增加和修改了"多项业务功能的自主选择、用户画像的使用限制、个人信息安全工程、个人信息主体注销账户以及实现个人信息主体自主意愿的方法"等内容,进一步严格规定了个人信息处理活动应遵循的原则和安全要求。

于2021年12月31日实施,由全国信息安全标准化技术委员会发布的《网络安全标准实践指南——网络数据分类分级指引》(TC 260—PG—20212A)是企业必须着重注意的国家标准。该指引系全国信息安全标准化技术委员会在《个人信息保护法》发布后,参考各个法律及相关指南、规范后制定的,是目前最新且最有价值的网络数据分类分级参考标准之一。该指引对网络数据、重要数据、核心数据、一般数据、个人信息、公共数据、公共传播信息、组织数据、衍生数据、商业秘密等不同数据进行了定义,明确了合法合规、分类多维、分级明确、就高从严、动态调整原则,从国家、行业、组织等多视角给出了公民个人、公共管理、信息传播、行业领域、组织经营等不同维度;将数据分为一般、重要、核心三个级别,一般数据又分1级、2级、3级、4级四个级别,就个人信息分为一般个人信息和敏感个人信息;随后给出了各种信息明确的定级流程和最低参考级别;根据数据加工程度的不同,将数据分为原始数据、脱敏数据、标签数据、统计数据、融合数据;给出了重新定级的七种情形和数据变化的定级参考;给出了可参考的数据分类分级实施流程;附录还给出了组织经营维度数据分类参考示例、个人信息分类示例及部分行业数据分类分级参考示例。

对于金融行业数据,2020年9月23日开始实施的中国人民银行发布的《金融数据安全 数据安全分级指南》,指出了金融数据基于安全进行分级管理的必要性与重要性,明确了数据安全定级的目标、原则、范围、要素识别与具体的定级规则,并根据金融业机构典型数据给出了四级归类、定义说明、内容与最低安全参考级别的非常详尽的定级规则参考表、定级工作流程参考图、数据安全级别升降示例表。另外，附录 C 专门阐释了重要数据的定义，列举了九种影响后果及四种重要类型。

于 2021 年 2 月 9 日实施，由中国人民银行发布的《金融业数据能力建设指引》规定了数据战略、数据治理、数据架构、数据规范、数据保护、数据质量、数据应用、数据生存周期管理能力域划分，明确了相关能力项，提出了每个能力项的建设目标和思路，是金融机构开展金融数据能力建设的"宝藏指引"。

于 2021 年 4 月 8 日实施，由中国人民银行发布的《金融数据安全 数据生命周期安全规范》规定了金融数据生命周期安全原则、防护要求、组织保障要求以及信息系统运维保障要求，建立覆盖数据采集、传输、存储、使用、删除及销毁过程的安全框架。该标准适用于指导金融业机构开展电子数据安全防护工作，并为第三方测评机构等单位开展数据安全检查与评估工作提供参考。

此外，考虑到金融业内在的复杂性与多样性，保险业、征信业展开了进一步的规范活动。2020 年发布的《互联网保险业务监管办法》对保险业提出了数据使用要求，如保险机构核保使用的数据信息应做到来源及使用方式合法。保险机构应丰富数据信息来源，深化技术应用，加强保险细分领域风险因素分析，不断完善核保模型，提高识别筛查能力，加强承保风险控制。同时对于数据保护与数据安全，保险机构应当按照国家相关标准要求，采取边界防护、入侵检测、数据保护以及灾难恢复等技术手段，加强信息系统和业务数据的安全管理。

对于征信业，2013 年国务院发布的《征信业管理条例》已规定，征信机构在中国境内采集的信息的整理、保存和加工，应当在中国境内进行。2021 年发布的《征信业务管理办法》针对金融业个人信息等数据的保护要求，作出进一步规定，征信机构经营个人征信业务，应当制定采集个人信用信息的方案，并就采集的数据项、信息来源、采集方式、信息主体合法权益保护制度等事项及其变化向中国人民银行报告。此外，《中国人民银行办公厅关于加强征信系统查询用户信息管理的通知》要求，信息使用机构控制使用信用信息基础数据库用户的权限、依法查询和报送信用信息，应制定信息异议机制、开展信息安全管理；《中国人民银行办公厅关于小额贷款公司接入人民银行征信系统及相关管理工作的通知》也规定了贷款公司在征信报送、信息查询和使用、用户管理、异议处理、安全管理等方面的责任。

第二节　金融数据合规的各重要概念

一、金融数据与个人金融信息

(一) 金融数据

截至目前,我国的法律、行政法规、部门规章等广义的法律层面上,并未有"金融数据"的明确定义。但在标准层面,于2020年9月23日实施,由中国人民银行发布的《金融数据安全　数据安全分级指南》对"金融数据"进行了定义,指金融业机构开展金融业务、提供金融服务以及日常经营管理所需或产生的各类数据,该类数据可用传统数据处理技术或大数据处理技术进行组织、存储、计算、分析和管理。

在上述标准根据金融业机构典型数据给出的四级归类、定义说明、内容与最低安全参考级别的详细明晰的定级规则参考表中,归纳了客户数据、业务数据、经营管理数据、监管数据四大类别,为金融业机构及监管部门提供了较为科学合理且便于实操的分类标准。

另外,个人金融信息在客户数据项下,属于金融数据的一部分。

于2021年4月8日实施,由中国人民银行发布的《金融数据安全　数据生命周期安全规范》沿用了《金融数据安全　数据安全分级指南》关于金融数据的定义。

(二) 个人金融信息

于2011年5月1日实施,由中国人民银行发布的《中国人民银行关于银行业金融机构做好个人金融信息保护工作的通知》,采取开放性列举的方式列举了个人身份信息、个人财产信息、个人账户信息、个人信用信息、个人金融交易信息、衍生信息,在与个人建立业务关系过程中获取、保存的其他个人信息七种个人金融信息类别。

近年来,随着各种规定与标准的出台、科技的进步、认识的加深,于2020年2月13日实施,由中国人民银行发布的《个人金融信息保护技术规范》在对个人金融信息的列举中,增加了鉴别信息(验证主体是否具有访问或使用权限的信息,如银行卡密码、个人金融信息主体登录密码、短信验证码、密码提示问题答案等),将信用信息修改为借贷信息,在个人身份信息中增加了生物识别信息,将个人金融信息的范畴进行了拓宽。

根据《个人金融信息保护技术规范》之定义,个人金融信息指金融业机构通过提供金融产品和服务或者其他渠道获取、加工和保存的个人信息,包括账户信息、鉴别信息、金融交易信息、个人身份信息、财产信息、借贷信息和其他反映特定个人金融信息主体某些情况的信息,具体如下:

(1)账户信息:账户及账户相关信息,包括但不限于支付账号、银行卡磁道数据(或芯片等效信息)、银行卡有效期、证券账户、保险账户、账户开立时间、开户机构、账户余额以及基于上述信息产生的支付标记信息等。

(2)鉴别信息:用于验证主体是否具有访问或使用权限的信息,包括但不限于银行卡密码、预付卡支付密码;个人金融信息主体登录密码、账户查询密码、交易密码;卡片验证码(CVN 和 CVN2)、动态口令、短信验证码、密码提示问题答案等。

(3)金融交易信息:个人金融信息主体在交易过程中产生的各类信息,包括但不限于交易金额、支付记录、透支记录、交易日志、交易凭证;证券委托、成交、持仓信息;保单信息、理赔信息等。

(4)个人身份信息:个人基本信息、个人生物识别信息等。个人基本信息包括但不限于客户法定名称、性别、国籍、民族、职业、婚姻状况、家庭状况、收入情况、身份证和护照等证件类信息、手机号码、固定电话号码、电子邮箱、工作及家庭地址,以及在提供产品和服务过程中收集的照片、音视频等信息;个人生物识别信息包括但不限于指纹、人脸、虹膜、耳纹、掌纹、静脉、声纹、眼纹、步态、笔迹等生物特征样本数据、特征值与模板。

(5)财产信息:金融业机构在提供金融产品和服务过程中,收集或生成的个人金融信息主体财产信息,包括但不限于个人收入状况、拥有的不动产状况、拥有的车辆状况、纳税额、公积金存缴金额等。

(6)借贷信息:个人金融信息主体在金融业机构发生借贷业务产生的信息,包括但不限于授信、信用卡和贷款的发放及还款、担保情况等。

(7)其他信息:对原始数据进行处理、分析形成的,能够反映特定个人某些情况的信息,包括但不限于特定个人金融信息主体的消费意愿、支付习惯和其他衍生信息；在提供金融产品与服务过程中获取、保存的其他个人信息。

二、金融业机构

《金融数据安全　数据安全分级指南》援引 2017 年《国民经济行业分类》（GB/T 4754—2017）中对金融业范围的描述，称金融业包括货币金融服务、资本市场服务、保险业等，本标准所述"金融业机构"指从事上述金融业的相关机构。可以看出，该标准以不完全列举的方式所展现的"金融业机构"的范畴较小，并未说明金融信息服务机构、金融中介机构是否属于该标准的"金融业机构"。

反观《个人金融信息保护技术规范》，其将金融业机构定义为由国家金融管理部门监督管理的持牌金融机构，以及涉及个人金融信息处理的相关机构，不仅涵盖了银行业金融机构、证券基金业金融机构、保险机构等在内的广义的持牌金融机构，还包括了金融科技公司、第三方支付公司等在内的持牌或非持牌的处理个人金融信息的相关机构。

本书中的金融业机构，将以《个人金融信息保护技术规范》的规定为准。

三、金融数据与个人金融信息的生命周期

（一）金融数据生命周期

《个人信息保护法》对企业处理个人信息的权利责任和义务作出了规范，涵盖了个人信息从收集、存储到使用、加工、传输、提供、公开、删除等所有处理过程。在这一前提下，《金融数据安全　数据生命周期安全规范》对金融数据生命周期作出定义，金融数据生命周期是指金融业机构在开展业务和进行经营管理的过程中，对金融数据进行采集、传输、存储、使用、删除、销毁的整个过程。各环节定义及相关风险如下：

1. 数据采集是指金融业机构在提供金融产品和服务、开展经营管理等活动中，直接或间接从个人金融信息主体，以及企业客户、外部数据供应方等外部机构获取数据的过程。数据采集过程存在数据泄露、数据源伪造、特权账户滥用、数据篡改等安全风险。

2. 数据传输是指金融业机构将数据从一个实体发送到另一个实体的过程，存在数据传输中断、篡改、伪造及窃取等安全风险。金融数据传输涉及与金融业机构相关联的全通信网络架构和通信方式，按照传输模式，可分为金融业机构内

部数据传输、金融业机构与外部机构或金融客户的数据传输两种形式,不同传输形式和不同传输对象采用的数据传输技术方式也不同。

3. 数据存储是指金融业机构在提供金融产品和服务、开展经营管理等活动中,将数据进行持久化保存的过程,包括但不限于采用磁盘、磁带、云存储服务、网络存储设备等载体存储数据。数据存储过程,可能存在数据泄露、篡改、丢失、不可用等安全风险。

4. 数据使用是指金融业机构在提供金融产品和服务、开展经营管理等活动中,进行数据的访问、导出、加工、展示、开发测试、汇聚融合、公开披露、数据转让、委托处理、数据共享等活动。数据使用不应超出数据采集时所声明的目的和范围,数据使用过程存在数据非授权访问、窃取、泄露、篡改、损毁等安全风险。

5. 数据删除是指在金融产品和服务所涉及的系统及设备中去除数据,使其保持不可被检索、访问的状态。

6. 数据销毁是指金融业机构在停止业务服务、数据使用以及存储空间释放再分配等场景下,对数据库、服务器和终端中的剩余数据以及硬件存储介质等采用数据擦除或者物理销毁的方式确保数据无法复原的过程。

值得注意的是,删除与销毁并不相同。用户已经删除的数据,并没有被完全清除,只是无法检索、访问,但仍然存在于物理存储介质上,通过特殊的技术手段仍有可能恢复;已销毁的数据经过软销毁(对数据多次覆写、清除)或硬销毁(将存储的物理介质焚化、粉碎)后,将消失而不可恢复。

(二)个人金融信息生命周期

按照《个人金融信息保护技术规范》之规定,个人金融信息生命周期指对个人金融信息进行收集、传输、存储、使用、删除、销毁等处理的整个过程,各环节描述如下:

1. 收集:对个人金融信息主体各类信息进行获取和记录的过程。

2. 传输:个人金融信息在终端设备、信息系统内或信息系统间传递的过程。

3. 存储:个人金融信息在终端设备、信息系统内保存的过程。

4. 使用:对个人金融信息进行展示、共享和转让、公开披露、委托处理、加工处理等操作的过程。

5. 删除:使个人金融信息不可被检索、访问的过程。

6. 销毁:对个人金融信息进行清除,使其不可恢复的过程。

不难看出,个人金融信息是金融数据的组成部分,二者生命周期不同环节也是完全对应的。

第三节 金融数据分类分级

一、金融数据,按照数据安全定级

由中国人民银行发布,于2020年9月23日实施的《金融数据安全 数据安全分级指南》指出:数据安全定级旨在对数据资产进行全面梳理并确立适当的数据安全分级,是金融业机构实施有效数据分级管理的必要前提和基础。实施数据分级管理是建立统一、完善的数据生命周期安全保护框架的基础工作,能够为金融业机构制定有针对性的数据安全管控措施提供支撑。

该指南明确,数据安全定级应遵循以下原则:合法合规性原则、可执行性原则、时效性原则、自主性原则、差异性原则、客观性原则。安全性(保密性、完整性、可用性)是信息安全风险评估中的重要参考属性。数据安全性遭到破坏后可能造成的影响(如可能造成的危害、损失或潜在风险等),是确定数据安全级别的重要判断依据。

该指南根据金融业机构数据安全性遭受破坏后的影响对象(国家安全、公众权益、个人隐私、企业合法权益)和所造成的影响程度(严重损害、一般损害、轻微损害、无损害),将数据安全级别从高到低划分为5级、4级、3级、2级、1级,一般具有以下特征:

(一)5级数据特征

重要数据,通常主要用于金融业大型或特大型机构、金融交易过程中重要核心节点类机构的关键业务使用,一般针对特定人员公开,且仅为必须知悉的对象访问或使用。数据安全性遭到破坏后,对国家安全造成影响,或对公众权益造成严重影响。

"必须知悉"是指对数据确定知悉范围,只有对数据知悉有明确的必要性时,该对象才能对数据知悉。一般情况下遵循工作需要原则和最小化原则,前者指因工作必须才可知悉,后者指知悉的范围满足最小够用即可。

(二)4 级数据特征

1. 数据通常主要用于金融业大型或特大型机构、金融交易过程中重要核心节点类机构的重要业务使用，一般针对特定人员公开，且仅为必须知悉的对象访问或使用。

2. 个人金融信息中的 C3 类信息。

3. 数据安全性遭到破坏后，对公众权益造成一般影响，或对个人隐私或企业合法权益造成严重影响，但不影响国家安全。

(三)3 级数据特征

1. 数据用于金融业机构关键或重要业务使用，一般针对特定人员公开，且仅为必须知悉的对象访问或使用。

2. 个人金融信息中的 C2 类信息。

3. 数据的安全性遭到破坏后，对公众权益造成轻微影响，或对个人隐私或企业合法权益造成一般影响，但不影响国家安全。

(四)2 级数据特征

1. 数据用于金融业机构一般业务使用，一般针对受限对象公开，通常为内部管理且不宜广泛公开的数据。

2. 个人金融信息中的 C1 类信息。

3. 数据的安全性遭到破坏后，对个人隐私或企业合法权益造成轻微影响，但不影响国家安全、公众权益。

(五)1 级数据特征

1. 数据一般可被公开或可被公众获知、使用。

2. 个人金融信息主体主动公开的信息。

3. 数据的安全性遭到破坏后，可能对个人隐私或企业合法权益不造成影响，或仅造成微弱影响但不影响国家安全、公众权益。

二、个人金融信息，按照敏感程度分级

《个人金融信息保护技术规范》根据信息遭到未经授权的查看或未经授权的变更后所产生的影响和危害，将个人金融信息按敏感程度从高到低分为 C3、C2、C1 三个类别。具体如下：

（一）C3 类别信息主要为用户鉴别信息。该类信息一旦遭到未经授权的查看或未经授权的变更,会对个人金融信息主体的信息安全与财产安全造成严重危害,包括但不限于:银行卡磁道数据(或芯片等效信息)、卡片验证码(CVN 和 CVN2)、卡片有效期、银行卡密码、网络支付交易密码;账户(包括但不限于支付账号、证券账户、保险账户)登录密码、交易密码、查询密码;用于用户鉴别的个人生物识别信息。

（二）C2 类别信息主要为可识别特定个人金融信息主体身份与金融状况的个人金融信息,以及用于金融产品与服务的关键信息。该类信息一旦遭到未经授权的查看或未经授权的变更,会对个人金融信息主体的信息安全与财产安全造成一定危害,包括但不限于:

1. 支付账号及其等效信息,如支付账号、证件类识别标识与证件信息(身份证、护照等)、手机号码。

2. 账户(包括但不限于支付账号、证券账户、保险账户)登录的用户名。

3. 用户鉴别辅助信息,如动态口令、短信验证码、密码提示问题答案、动态声纹密码;若用户鉴别辅助信息与账号结合使用可直接完成用户鉴别,则属于 C3 类别信息。

4. 直接反映个人金融信息主体金融状况的信息,如个人财产信息(包括网络支付账号余额)、借贷信息。

5. 用于金融产品与服务的关键信息,如交易信息(如交易指令、交易流水、证券委托、保险理赔)等。

6. 用于履行了解你的客户(KYC)要求,以及按行业主管部门存证、保全等需要,在提供产品和服务过程中收集的个人金融信息主体照片、音视频等影像信息。

7. 其他能够识别出特定主体的信息,如家庭地址等。

（三）C1 类别信息主要为机构内部的信息资产,主要指供金融业机构内部使用的个人金融信息。该类信息一旦遭到未经授权的查看或未经授权的变更,可能会对个人金融信息主体的信息安全与财产安全造成一定影响,包括但不限于:账户开立时间、开户机构;基于账户信息产生的支付标记信息;C2 和 C3 类别信息中未包含的其他个人金融信息。

个人金融信息主体因业务需要(如贷款)主动提供的有关家庭成员信息(如

身份证号码、手机号码、财产信息等），应依据 C3、C2、C1 敏感程度类别进行分类，并实施针对性的保护措施。

三、个人金融信息需经双重定级

因为上述两种标准并非完全对应的关系，因此对于属于金融数据范畴的个人金融信息，企业需要根据两种标准进行双重定级，并遵守所有相关的合规要求。

第四节　金融数据合规建议

政府监管部门不断加大对金融业机构的监管力度，切实落实金融业的数据规范。2019 年 9 月 16 日，央行发布《金融行业标准加强移动金融客户端应用软件安全管理规范》，对各金融机构在加强金融类 APP 个人金融信息保护方面提出要求，开展移动金融客户端应用软件实名备案，截至 2021 年 6 月 29 日，共有 1162 款 APP 通过移动金融客户端应用软件实名备案。2021 年，银保监会开出 2021 年 1 号罚单，中国农业银行因涉及数据泄露风险等，被罚 420 万元人民币。同年，中国银保监会发布的行政处罚信息显示，中国农业银行因员工非法查询、泄露客户账户交易信息，被处罚款 20 万元，其主管、副主任因直接责任被给予警告的处罚；建设银行因员工违规查询、泄露客户信息以及未按规定报送涉刑案件（风险）信息，被罚 30 万元，员工的直接责任人被罚禁止从事银行业工作 5 年。

银保监会对银行的处罚原因包括客户信息保护体制机制不健全，客户信息收集环节管理不规范，违反最小必要原则，查询客户账户明细事由不真实，对客户敏感信息管理不善致其流至互联网，违规存储客户敏感信息等，尤其是在未经客户本人授权的情况下，向第三方提供个人银行账户交易明细等个人金融信息。在保险业务领域，电话号码、车主车辆信息、身份证信息被批量买卖，健康信息泄露与保单泄露等问题亦不鲜见。

由此可见，金融机构因数据合规问题而被处罚的主要原因有以下几种。第一，数据合规意识薄弱，管理较粗放，违法违规搜集、使用、共享信息；第二，安全保障的硬件系统保护力度不足，存在数据泄露风险，网络信息系统存在较多漏洞,未建立信息科技风险管控系统、未有效识别及控制信息科技项目风险;第三,机构内部客户信息安全管理不到位。这些含个人金融信息在内的金融数据的不合规情况,在损害个人合法权益的同时,也会对金融行业产生负面影响。目前个别头部机构已经开始重视数据合规,但全行业的建设需要各部分机构了解相应的概念并完善制度。

一、原则:坚守底线思维

不管是《国家安全法》体现的立法目的,还是《网络安全法》《数据安全法》《个人信息保护法》"三驾马车"所形成的保护框架,均体现出立法机关明显已将"维护国家安全"放在了最重要的位置,其次便是人权保障中的"保护个人信息"。《个人信息保护法》第1条的"根据宪法,制定本法",以及《民法典》中人格权编关于个人信息保护的相关规定,均证明国家的立法趋势,即将个人信息相关权利回归至"人"这一主体,体现了国家对个体人权的充分尊重与保护。

提纲挈领的"三驾马车"都遵从上述主旨,那么更细致的法规、规章、标准等相关文件,当然更是以此为核心目的。相应地,企业也必须把维护国家与社会安全,尊重和保护个体人权作为一切数据活动所不能逾越的底线。

在政府、企业、个人等所有主体都对信息安全无比重视的今天,金融业作为经济的血脉,其重要性不言而喻,相关从业机构要以最重视的态度肩负起金融的安全保障义务。基于此种安全保障义务,各金融业机构不仅要重视个人的普通信息,更要针对个人金融信息(重要数据)进行全面且深入的特别保护;不仅要符合一般信息、数据的保护规定,更要符合结合金融业乃至银行业、保险业、证券业等本行业特点所制定的更精细化的规定。

二、关于数据的分类定级合规建议

对金融数据首先要进行定义、分类、定级、打标签,后续方可根据数据的不同种类、级别、用途,进行相应的收集、使用、传输、授权、防护等工作。应注意以下要点。

1.首先要参照国家相关规定与标准,制定规范化的内部文件,明确并统一数据的定义与范围。

在不同法律法规、部门规章等规定性文件及标准性文件中,对各类数据的范围划分与定义并不完全相同。对于机构内部文件而言,明确并统一数据的定义与范围,既有利于内部的理解、培训、实操,也有利于提高对外沟通对接的效率,减少因理解偏差导致的错误及相应成本。

2. 制定内部数据分类分级文件,明确数据分类定级的流程,制定具体分类分级方式,包括但不限于分类分级的标准、更新的流程、评审的周期等。

对于金融数据的安全定级,建议参照《金融数据安全 数据安全分级指南》的规定,根据数据的影响对象(个人隐私、企业合法权益、公众权益、国家安全)及影响程度(无损害、轻微损害、一般损害、严重损害)的不同,将数据分为1级、2级、3级、4级、5级五个安全级别;也可参照《网络安全标准实践指南——网络数据分类分级指引》的规定,根据数据一旦遭到篡改、破坏、泄露或者非法获取、非法利用,可能对国家安全、公共利益或者个人、组织合法权益造成的危害程度,将数据从低到高分成一般数据、重要数据、核心数据三个级别,并将一般数据分为A级、B级、C级、D级四个级别。

对于金融数据中的个人金融信息,可参照《个人金融信息保护技术规范》,分为账户信息、鉴别信息、金融交易信息、个人身份信息、财产信息、借贷信息和其他反映特定个人金融信息主体某些情况的信息;可按照敏感程度从高至低,将信息分为C3、C2、C1三个级别。另外需注意的是,两种或两种以上的低敏感程度类别信息经过组合、关联和分析后可能产生高敏感程度的信息;同一信息在不同的服务场景中可能处于不同的类别,应依服务场景以及该信息在其中的作用对信息的类别进行识别,并实施有针对性的保护措施。

在对金融数据进行初步分类定级后,还应综合考虑数据规模、数据时效性、数据形态(如是否经汇总、加工、统计、脱敏或匿名化处理等)等因素,对数据安全级别进行复核,调整形成数据安全级别评定结果及定级清单。

3. 根据相关标准,应列举重新定级的情形与周期。

例如,数据内容变化、数据时效性、数据规模、数据应用场景、数据加工处理方式发生变化,数据汇聚融合,国家或行业主管部门规定发生变化或重新定级周期届满等情况出现时,机构应对相关金融数据进行重新定级。

4. 除了完善的标准,在定级分类之前,首先应对数据资产进行详尽盘点。

三、围绕金融数据生命周期的合规建议

(一)数据的收集

金融数据收集,必须坚持以下原则,即权责一致、目的明确、选择同意、最少够用、公开透明、确保安全、主体参与,还应确保信息来源的可追溯性。另外根据收集方法的不同,有不同的注意要点。

1. 直接收集由客户(含个人金融信息主体与单位金融数据主体)提供的数据

以保险业务为例,在投保阶段,必然需要客户履行告知义务,提供与保险业务相应的数据,以评估保险标的风险;在理赔阶段,也必然需要客户提供相应信息、证明。因此,此方法虽然效率较低,但十分必要,且收集的相应数据极其重要。金融业机构应注意以下要点:

收集个人金融信息时,应预先明确收集的目的、应用场景,并严格遵照相应声明进行识别、使用、存储、保护等。

采集3级及以上数据时,应结合口令密码、设备指纹、设备物理位置、网络接入方式、设备风险情况等多种因素对数据采集设备或系统的真实性进行增强验证。并且,APP、WEB等客户端在完成相关业务后不应留存3级及以上数据,并应及时对缓存进行清理。

采集4级数据时,应满足:(1)对采集全过程进行持续动态认证,确保数据采集设备或系统的真实性,必要时可实施阻断、二次认证等操作。(2)对采集的数据进行数据加密。(3)不应通过人工方式采集。

除自然人的一般信息外,金融业机构的某些业务如人身保险业务,需收集个人敏感信息如个人健康信息、未满14岁未成年人的相关信息。此时,应严格遵循《个人信息保护法》所规定的最少必要及知情同意原则。

使用网络方式收集个人金融信息时,应采取技术措施(如弹窗、明显位置URL链接等),引导个人金融信息主体查阅隐私政策,在获得其明示同意后,方可开展有关个人金融信息的收集活动;在停止提供金融产品或服务时,应及时停止继续收集个人金融信息的活动。

对于C3类别信息,当通过受理终端、客户端应用软件、浏览器等方式收集时,应使用加密等技术措施保证数据的保密性,防止其被未经授权的第三方

获得。

2.从外部机构购买数据,或委托、授权外部机构收集数据

此方法是目前比较常规的数据收集方法,但是因把控不到位而遭受行政处罚的情况亦不鲜见。

自外部机构处获得数据时,首先应注意审查数据来源机构本身的主体资格、合法性、制度完善程度。其次应核实所购买的数据的收集方式、授权情况、分类分级、使用限制等,防止相应的个人信息民事赔偿责任、知识产权侵权责任、行政处罚责任乃至刑事责任。

必须注意,《个人金融信息保护技术规范》明确规定,不应委托或授权无金融业相关资质的机构收集 C3、C2 类别信息。

3.采用技术手段搜集公开数据

在技术手段发达的今天,爬取数据也是包括保险业机构在内的各机构经常使用的收集数据方法。鉴于本书前面章节对此已有较为详尽的阐释,在此笔者仅对此简述一二,以引起重视。

在爬取数据时应注意以下几点:第一,必须注意核实数据来源网站本身的知识产权制度,确定双方均已获得个人信息主体的授权,否则可能将承担赔偿个人损失的民事责任、承受罚款、关停业务等行政处罚,甚至可能会承担刑事责任;第二,应遵守被爬取平台相关协议如 Robots 协议,不能未经平台授权私自进行爬取;第三,使用、传播抓取到的数据时,务必对数据进行前置审查,如发现属于个人敏感信息或他人商业秘密的数据,应及时停止使用、传播等行为并立即删除。

(二)数据的传输

在数据传输环节,金融业机构需首先保障技术过硬,加强相应硬件的建设与软件的安全开发管理,采用防火墙、入侵检测等安全技术或设备。事前,应做好防范系统检查、渗透测试、支持库漏洞查找等工作,在不同网络区域之间预先设置安全隔离与访问控制。在传输过程中,应对通信双方进行身份认证,确保双方均为可信任主体;应采用数字签名、时间戳、密码技术、安全的密码算法等,以保障数据传输的抗抵赖性、完整性、安全性。事后,应采用完善的定期检查与风险评估机制。

对于 C3、C2 类信息及 2 级以上金融数据,以下要点应尤其注意:

1.通过公共网络传输时,C2、C3 类别信息应使用加密通道或数据加密的方

式进行传输,保障个人金融信息传输过程的安全。

2. 对于 C3 类别中的支付敏感信息,其安全传输技术控制措施应符合有关行业技术标准与行业主管部门有关要求。

3. 2 级及以上数据的内部传输,应事先经过审批授权明确当前授权的范围、频次、有效期等,避免出现一次性授权、打包授权等情况。2 级及以上数据的对外传输,应事先经过审批授权并采取数据加密、安全传输通道或安全传输协议进行数据传输。

4. 3 级及以上数据的内部传输,应采取数据加密、安全传输通道或安全传输协议进行数据传输。3 级及以上数据原则上不应对外传输,若因业务需要确需传输的,应经过事先审批授权,并采取技术措施确保数据保密性。

5. 4 级及以上数据传输,应对数据进行字段级加密,并采用安全的传输协议进行传输。4 级数据中的个人金融信息原则上不应对外传输,国家及行业主管部门另有规定的除外。

6. 通过物理介质批量传递 3 级及以上数据时应对数据进行加密或脱敏,并由专人负责收发、登记、编号、传递、保管和销毁等,传递过程中可采用密封、双人押送、视频监控等方式确保物理介质安全到位,传递过程中的物理介质不应离开相关责任人、监控设备等的监视及控制范围,且不应在无人监管的情况下通过第三方进行传递,国家及行业主管部门另有规定的除外。

(三) 数据的存储

1. 地域上:遵循境内存储原则,在我国境内产生或运营的金融数据原则上应于境内存储,如需出境必须履行相应的审批、评估手续。在我国境内产生的 5 级数据应仅在我国境内存储。

2. 规模上:(1) 应依据最小够用原则存储数据,不应以任何形式存储非业务必需的金融数据。(2) 根据数据的分类,按照相关规定,将本机构无正当理由留存的数据删除,如非本机构的银行卡磁道数据、网络支付密码等 C3 信息。若确有必要留存的,应取得个人金融信息主体及账户管理机构的授权。(3) C3 类别个人金融信息应采用加密措施确保数据存储的保密性。

3. 时间上:存储时限应满足国家法律法规与行业主管部门有关规定的要求,并符合个人金融信息主体授权使用的目的所必需的最短时间要求。超过该期限后,应对收集的个人金融信息进行删除或匿名化处理。

4. 安全保障上：(1)应利用不同且必要的加密措施和其他技术手段,对不同类别、不同等级的数据进行不同程度的加密及存储;如一条数据涉及多个类别与级别标签,应采取"就高不就低"原则进行加密和存储;低敏感程度类别或低安全级别的个人金融信息因参与身份鉴别等关键活动导致其敏感程度上升的(如经组合后构成交易授权完整要素的情况),应提升相应的安全存储保障手段。(2)应尽量做到"可用不可视",防范来自内部人员的数据泄露。(3)应根据安全级别、重要性、量级、使用频率等因素,将数据分域分级存储,并对数据存储区域进行规划,且对不同区域之间的数据流动进行安全管控。(4)脱敏后的数据应与用于还原数据的恢复文件隔离存储,使用恢复原始数据的技术应经过严格审批,并留存相关审批及操作记录。(5)金融数据存储不应因存储形式或存储时效的改变而降低安全保护强度。(6)应定期对数据存储过程中可能产生的影响进行风险评估,并及时针对相应风险采取相应安全防护措施。(7)应采取一定措施确保数据存储的完整性,存储3级及以上数据时,应采用密码技术、权限控制等技术措施保证数据完整性。(8)2级及以上数据应采取技术措施保证存储数据的保密性,必要时可采取多因素认证、固定处理终端、固定处理程序或工具、双人双岗控制等安全策略。(9)3级数据的存储应采取加密等技术措施保证数据存储的保密性。保存3级及以上数据的信息系统,其网络安全建设及监督管理宜满足网络安全等级保护3级的要求。文件系统中存放含有3级及以上数据的文件,宜采用整个文件加密存储的方式进行保护。(10)4级及以上数据应使用密码算法加密存储。

(四)数据的使用

1. 数据的内部使用

(1)建议采用"零信任体系",即动态授信体系,根据内部访问者的部门身份、需处理事务、需访问的应用或网址等评估维度,根据"业务需要"和"最小权限"原则,严格限定访问者的数据授权。必要时,根据实际情况,对于高等级数据还可限制访问的时间、IP地址、通道。例如,在保险业机构中,可就保险客服与理赔部成员给予不同的数据访问与使用权限。

(2)数据的录入、修改、使用、处理情况均应留痕,方便回溯数据变化与利用的过程,利于厘清责任、还原事实。

2. 数据的共享、转让与委托处理

以银行业为例，目前开放银行概念火热，其核心就是以 H5、SDK、API 等为接口的数据共享。另外，服务外包情况也比较普遍，体现于信息科技外包、辅助业务外包、催收业务外包等方面。事实上，不止银行业机构，金融业机构整体的数据共享、转让及委托处理都是普遍存在的情况，均应注意相应的合规监管。具体建议如下：

（1）事先：①在共享和转让前，应开展个人金融信息安全影响评估，并依据评估结果采取有效措施保护个人金融信息主体权益；②应对信息接收方开展信息安全保障能力评估，确保其有能力且提供了足够的安全保护措施，并与其签署数据保护责任承诺；③应与第三方签订协议，明确对方在金融数据合规方面的职责和义务；④C3 类别信息以及 C2 类别信息中的用户鉴别辅助信息，不应委托给第三方机构进行处理，不应公开披露，不应共享、转让；转接清算、登记结算等情况，应依据国家有关法律法规及行业主管部门有关规定与技术标准执行；⑤委托行为不应超出已征得个人金融信息主体授权同意的范围或遵循《个人金融信息保护技术规范》中对于征得授权同意的例外所规定的情形；⑥对委托处理的信息应采用去标识化脱敏处理，且不应仅使用加密技术。

（2）事中：仍建议采用"零信任体系"，应根据访问人员所需办理业务的具体情况给予相应授权，并对支付账号及其等效信息进行脱敏化处理；应定期对第三方保护个人信息安全的情况进行评估和监督。

（3）全程：①应部署信息防泄露监控工具、流量监控技术措施、信息转移过程的技术防护等措施，防止数据的泄露；②如发现第三方超出约定事项处理数据，或没有履行安全保护职责的，应当立即要求第三方停止相关行为，并采取有效措施保护安全，必要时应当提前终止业务关系。

3. 关于 C3、C2 类信息，以下要点应尤其注意：

（1）处于未登录状态时，不应展示与个人金融信息主体相关的 C3 类别信息；处于已登录状态时，除银行卡有效期外，C3 类别个人金融信息不应明文展示。

（2）应采取必要的技术手段和管理措施，确保在个人金融信息清洗和转换过程中对信息进行保护，对 C2、C3 类别信息，应采取更加严格的保护措施。

（3）涉及 C2、C3 类别信息的 Web 应用的安全技术要求如下：①应具备对网站页面篡改、网站页面源代码暴露、穷举登录尝试、重放攻击、SQL 注入、跨站脚本攻击、钓鱼、木马以及任意文件上传、下载等已知漏洞的防范能力。②处理个人金融信息相关的 Web 应用系统与组件上线前应进行安全评估。③应具备对处理个人金融信息的系统组件进行实时监测的能力，有效识别和阻止来自内外部的非法访问。

(五)数据的删除

应依据国家及行业主管部门有关规定及与个人金融信息主体约定的时限等，针对不同类型的数据设定其数据保存期，对于多个不同保存期数据的集合，选择最长时限为该数据集合的保存期。超过国家及行业主管部门有关规定、内部规章及合同协议所述保存期限的数据，应执行数据删除操作。

个人金融信息主体如基于注销账户等不同原因，要求删除个人金融信息时，金融业机构应依据国家法律法规、行业主管部门有关规定以及与个人金融信息主体的约定予以响应——应采取技术手段，在金融产品和服务所涉及的系统中去除个人金融信息，使其保持不可被检索和访问的状态。

(六)数据的销毁

制定数据存储介质的销毁流程与数据存储介质的销毁操作规程，明确数据存储介质销毁场景、销毁技术措施，以及销毁过程的安全管理要求，并对已共享或者已被机构内部部门使用的数据提出有针对性的数据存储介质销毁管控规程。

存储数据的介质如不再使用，应采用不可恢复的方式如消磁、焚烧、粉碎等对介质进行销毁处理。存储介质如还需继续使用，不应只采用删除索引、删除文件系统的方式进行数据销毁，应通过多次覆写等方式安全地擦除数据，确保介质中的数据不可再被恢复或者以其他形式被利用。

应明确数据销毁效果评估机制，定期对数据销毁效果进行抽样认定，通过数据恢复工具或数据发现工具进行数据的尝试恢复及检查，以验证数据删除结果。

3 级及以上数据存储介质不应移作他用，销毁时应采用物理销毁的方式对其进行处理，如消磁或磁介质、粉碎、融化等。4 级数据存储介质的销毁应参照国家及行业涉密载体管理有关规定，应由具备相应资质的服务机构或数据销毁部门进行专门处理，并由金融业机构相应岗位人员对其进行全程监督。

四、完善数据保护制度与数据安全组织建设

1.设立的相关数据保护制度,应至少包括个人金融信息保护管理规定、日常管理及操作流程、个人金融信息脱敏(如屏蔽、去标识、匿名化等)管理制度、外包服务机构与外部合作机构管理制度、金融信息安全影响评估制度、持续性的监测预警机制、早期干预机制与周期性的风险评估及应急处理流程和预案等。

2.完善数据安全组织建设,设立专门的金融数据保护部门及负责人,分设决策层、管理层、执行层、监督层等不同层级不同岗位;对数据保护部门的员工或其他与数据保护有密切关联的员工,应适用入职审核机制,必要时可进行背景调查;在劳动合同中设立相关保密条款;定期对内部员工、外部合作机构展开相关制度培训;在整个机构内部树立"数据合规先行"的理念,如要求产品经理在起草商业需求文档、市场需求文档、产品需求文档时将数据合规的要求列入其中;建立内外部检查及监督机制和内部责任与惩戒制度;建立对离岗员工的权限解除机制和安全处理记录机制等。

3.合规留痕极其重要。不论是制度建设还是组织架构,均应制作相应的文本,并且为一切相关行为做留痕记录。在面对政府的日常监管时,是否有相应的合规记录直接影响机构的责任承担情况,即相关处罚与否及处罚轻重。

五、完善个人便捷行使救济权的制度

《个人信息保护法》为个人信息保护注入了强心剂,其规定了单独同意、同意撤回权、可携带权等"明星条款"。对此金融业机构必须加强重视并加以落实,具体可参考以下方面。

1.建立便捷的个人行使权利的申请受理和处理机制。谨慎预设需要拒绝个人行使权利请求的情形。

2.建立完善的投诉与响应机制,设立专门的投诉管理部门和岗位,对投诉情况进行分析研究,协同公司产品开发、业务管理、运营管理等部门进行改进,完善消费者权益保护工作。

3.为用户提供拒绝或接受信息自动化决策的便捷选择。

4.建立完善的数据转移机制,落实个人信息的可携带权,并使用户的申请渠道便利化。这一点在表面上似乎有违一般商业逻辑,可能造成客户流失,但在另

一方面,该措施既会增强因可能产生沉没成本而观望的客户群体的尝试信心,也可凸显本机构的合规决心,展现本机构对法律与人权的尊重,从而增加获客量。

5. 建立用户更改、删除个人信息的路径,允许用户注销个人账户。

6. 对于前一业务中已使用完毕的信息,就立即销毁还是接受再次使用,或者接受去标识化或匿名化处理后的再次使用(如成为大数据的一部分,为开发产品、营销等提供依据)等问题,应给予客户采用便捷方式进行选择的权利。

六、金融科技升级与合规

（一）技术升级

金融业机构应自行发展数据安全新技术,或引入外部技术方案,增强在数据存储、传输等方面的数据保护,努力探索在不泄露各自数据前提下的隐私计算、多方计算、联邦学习等可以兼顾保密与计算的新兴技术。

（二）算法合规

要符合《互联网信息服务算法推荐管理规定》,给客户拒绝接受自动化决策、拒绝进入"信息茧房"的选择权。本书前面章节对此已有具体阐述。

（三）端口合规

在不同端口,如官方网站、客户端应用软件、APP、应用软件开发工具包（SDK）、小程序、公众号、在第三方平台（如淘宝、抖音等平台）开具的商铺等,保险企业应结合《移动金融客户端应用软件安全管理规范》《APP违法违规收集使用个人信息行为认定办法》《APP违法违规收集使用个人信息自评估指南》《常见类型移动互联网应用程序必要个人信息范围规定》《互联网信息服务算法推荐管理规定》等文件,对自家端口的情况在上线前进行安全评估,在上线后进行周期性合规自查与整改。

值得注意的是,网信办在2021年APP的通报原因,其中有55%是违反了必要原则,收集了与其提供的服务无关的信息,另有30%是未经用户同意收集使用个人信息,可见这两方面是端口合规必须慎之又慎的风险点。

七、建立透明的信息公开制度

1. 金融业机构应在网站的显眼位置公布自己的数据保护制度与隐私政策。

2.在告知用户时,应做到真实、准确、完整,将收集个人信息的目的、用途、场景、处理方式、共享与转让情况、用户救济途径等方面均公开于便于访问的位置。

3.在每次有未经授权的个人信息数据需要收集或使用时,均需企业明示提醒且在个人信息主体同意后方可进行。

虽然对合规的需求可能在短期内增加各个企业的合规成本,但从长远来看,有利于减少企业及员工在刑事责任、行政处罚、宣传营销、产品开发、民事责任等方面的风险,有利于提高用户体验,提高企业的受尊重度,从而降低企业成本,促进企业的可持续发展。因此,不论是银行业机构、保险业机构还是其他金融业机构,只有顺应时代潮流,重视数据,拥抱监管,才能实现行业蓬勃发展与社会长治久安。

八、金融数据跨境合规要求

在本书前面的数据跨境章节,已经对数据跨境相关的法律体系、应用场景、分类、合规要求、安全评估等方面进行了全行业的宏观阐释,本章此部分将对金融数据的跨境问题进行补充。

《个人金融信息保护技术规范》在使用个人信息部分提到:"在中华人民共和国境内提供金融产品或服务过程中收集和产生的个人金融信息,应在境内存储、处理和分析。因业务需要,确需向境外机构(含总公司、母公司或分公司、子公司及其他为完成该业务所必需的关联机构)提供个人金融信息的,具体要求如下:

应符合国家法律法规及行业主管部门有关规定;应获得个人金融信息主体明示同意;应依据国家、行业有关部门制定的办法与标准开展个人金融信息出境安全评估,确保境外机构数据安全保护能力达到国家、行业有关部门与金融业机构的安全要求;应与境外机构通过签订协议、现场核查等方式,明确并监督境外机构有效履行个人金融信息保密、数据删除、案件协查等职责义务。"

丛书总主编简介

李 华

盈科律师事务所创始合伙人、盈科全国业务指导委员会主任。

李华律师作为盈科全国业务指导委员会主任，负责盈科体系内的专业化建设，带领盈科律师，构建出完整的专业化法律服务体系，包括研究院、专业委员会及综合性法律中心，推动盈科律师专业化的法律服务，以适应法律服务市场不断细分的需要。在此基础上，通过集成各专业委员会纵深化的法律服务能力为客户提供综合性的法律服务。

曾荣获全国律师行业优秀党员律师、北京市优秀律师、朝阳区优秀律师、朝阳区首届优秀女律师、朝阳区优秀党员的荣誉称号。

本书主编简介

张 宾

华中科技大学工学硕士。现为北京市盈科律师事务所合伙人，盈科网络数据安全合规中心副主任，盈科北京知识产权法律事务部（二部）副主任，拥有律师执业资格、专利代理师执业资格、中国证券投资基金从业资格，并担任北海仲裁委员会/北海国际仲裁院知识产权专业仲裁员，西交利物浦大学校外导师，中国交通运输协会法律工作委员会常务理事，国家知识产权创意产业试点园区智库专家，中国中小企业协会调解中心调解员。

张宾律师专注于TMT、科技互联网行业，为行业有关单位提供知识产权、网络数据、区块链、股权投融资等综合的企业法律服务。执业以来，服务过众多大型企事业单位。在网络数据合规领域，张宾律师自2017年起代理有关网络数据、区块链等诉讼案件及非诉合规业务，就网络数据社会热点接受过《人民法院报》采访，曾担任"盈科网络数据安全合规论坛"主持人、"数据合规沙龙"发起人等，并受邀为北京市贸促会、北京市电子商务协会、天津市贸促会、河北省贸促会、航天科工集团、中国电力发展促进会知识产权分会、国网智能电网研究院（原国家电网全球能源互联网研究院）、东南大学、苏州大学等开展过法律讲座，致力于打造中国专业的、有影响力的TMT科技网络法律师团队。